成都

建设社会主义现代化国际大都市研究

基于城市功能视角

李霞　周振华　黄浩森　等著

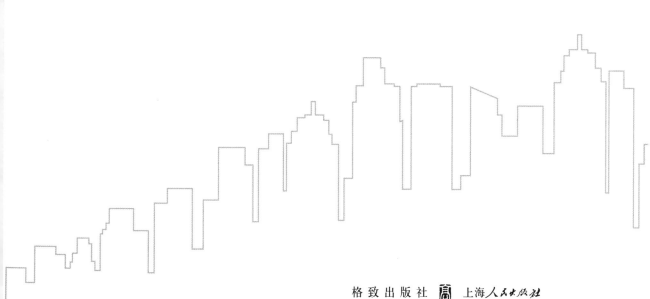

格致出版社　上海人民出版社

前　言

　　成都是成渝地区双城经济圈核心引擎、西部高质量发展的重要动力源,在全国发展大局中地位重要、责任重大,习近平总书记多次视察成都,赋予建设践行新发展理念的公园城市示范区的重大使命,并寄予展示中国式现代化万千气象的期望。这要求成都必须在新时代新征程上展现新担当新作为,在全球变局中,成都要加快融入国际体系,推进国际化新征程;在中国式现代化进程中,成都要肩负示范引领使命,书写发展新篇章;在"双循环"格局下,成都要强化枢纽功能,展现新的担当;在区域协调发展战略中,成都要发挥龙头作用,彰显引领新效应。为此,面向全球变局和国家战略布局,成都必须跳出成都看成都、站位全局看成都,在更广范围、更深层次上把握时代使命,努力在现代化建设中走在前、作表率,加快建设具有全球影响力和美誉度的社会主义现代化国际大都市。

　　近年来,随着"一带一路"建设深入推进,成都国际化水平迈上新台阶,开放型经济体系不断完善,国际门户枢纽功能持续增强。2024 年,成都实际使用外资 16.7亿美元,世界 500 强企业落户数量达 315 家,进出口总额突破 1.1 万亿元,各项指标位居中西部前列。国际航空枢纽建设稳步推进,成都双机场体系加快形成,国际航线网络持续拓展,辐射能力进一步提升。这些成绩表明,成都正从全国重要的开放门户向全球资源配置中心跃升,在国家战略布局中的作用愈发凸显。站在新的发展起点上,成都将锚定建设社会主义现代化国际大都市的战略目标,聚焦打造"三中心一基地",坚定不移做大做强做优城市核心能级,努力绘就更加美好的中国式现代化万千气象新图景。

为了全面分析和总结成都在建设社会主义现代化国际大都市过程中的战略机遇、战略目标与战略重点,本书结合全球化视野和国际化城市发展的一般规律,深入探讨成都在经济、文化、科技、生态等多方面的现状、问题及发展方向。

本书从"战略机遇"切入,首先梳理成都在全球变局、中国式现代化、"双循环"新发展格局和区域协调发展中的地位与作用。面对全球格局加速重塑,成都积极融入"一带一路"倡议和 RCEP 框架,努力嵌入全球产业链、供应链和价值链,在国际化发展中不断提升城市竞争力。与此同时,在中国式现代化的实践中,成都凭借其作为国家战略布局节点的优势,坚持践行新发展理念,以高质量发展为核心目标,深入推进科技创新、绿色产业发展和社会民生改善。在"双循环"新发展格局中,成都将展示更多新担当,通过强化西部经济中心和国际性综合交通枢纽的优势,助力全国统一大市场建设,优化资源配置,推动经济体系向更高水平转型升级。此外,在区域协调发展的总体布局中,成都通过强化在"成渝地区双城经济圈"和"成德眉资都市圈"的引领作用,显著提升极核城市的辐射效应和带动能力,为区域经济一体化发展提供有力支撑。

在对发展机遇分析的基础上,本书进一步明确成都在迈向国际大都市过程中需承担的多重角色与核心任务,从多维度剖析成都的综合经济实力,以及服务经济、总部经济、枢纽经济、平台经济和创新经济等核心领域,提出完善现代化产业体系、提升全球资源配置能力、强化国际文化交融功能及优化生态城市建设等重点突破方向。特别是,服务经济和总部经济是国际大都市的重要支柱,因此,成都需要推动生产性服务业向高端化、国际化转型,以进一步巩固其作为内陆开放高地的地位,并逐步缩小与顶级城市的差距。

围绕这些发展任务,本书提出成都未来发展的具体方向和路径。从功能定位上看,成都应聚焦高端产业引领、国际科创策源转化、全球金融资源配置、国际消费引流、生态城市建设等核心领域,打造兼具国际竞争力与区域带动力的开放型经济体系。在实施路径上,成都需要通过创新驱动提升核心技术竞争力,通过改革引领构建高效的城市治理体系,通过开放协同加深国际化程度,通过文化赋能塑造具有全球吸引力的城市品牌。科技创新被视为成都高质量发展的关键支柱,通过构建西部(成都)科学城、深化国际科创合作及加速科研成果转化,成都有望成为西部乃至全国的创新高地。同时,为增强全球服务能力,成都需要持续优化产业协作机制,吸引全球高端资源流入,并提升本地企业"走出去"的能力,在国际经济分工中争取更多话语权。

总体而言,成都的发展既是中国式现代化背景下的生动缩影,也是内陆城市从区域中心跃升为全球城市的重要案例。本书以推动成都高质量发展为主线,围绕战略机遇、功能定位和发展路径展开研究,力图通过对成都的深度剖析,为其建设社会主义现代化国际大都市提供更多视角的思考和建议。同时,剖析成都经验也将为其他内陆城市参与全球化竞争、推进区域经济协调发展提供丰富的理论指导和实践参考。

本书由成都经济发展研究院与上海全球城市研究院、上海师范大学全球城市研究院联合课题组共同完成,是集体劳动的结晶。

本书由国家哲学科学基金重大项目"以全球城市为核心的巨型城市群引领双循环发展研究(22&ZD067)"项目的首席专家周振华研究员负责整体总策划,茆训诚教授、张凡副研究员和高鹏助理研究员负责整合,成都经济发展研究院院长李霞、副院长黄浩森负责审阅修改。参与编写的作者有刘军伟、李梦宇、刘丹、杨婷婷、兰蓓、高鹏、詹舒才、王宇熹、王赟赟、张凡、阮项、安顿、杨朝远和郑怡林等。

目 录

第一章

成都建设社会主义现代化国际大都市的 "四位一体"战略机遇

"十五五"时期乃至未来更长一段时间内,成都处于加速迈向社会主义现代化国际大都市的关键阶段,也迎来前所未有的战略机遇期。在全球格局深刻变革的大背景下,成都的国际化发展面临广阔空间;在全面推进中国式现代化的历史进程中,成都作为国家战略布局的重要节点,承担着示范和引领的使命;在构建"双循环"新发展格局的时代要求下,成都凭借独特的区位优势和经济实力,在国内大市场和全球产业链中扮演着不可或缺的角色;同时,在国家推进区域协调发展的总体部署中,成都以"成渝地区双城经济圈"和"成德眉资都市圈"建设为契机,正在全力发挥极核引领带动作用。这一系列机遇与挑战正是成都未来一段时期蓄势而发的深层动力所在。因此,谋划成都未来发展必须深刻把握全球变局、中国式现代化、"双循环"新发展格局和区域协调发展这"四位一体"战略的机遇与使命,全面推进社会主义现代化国际大都市建设,努力在更高层次、更广领域实现新的跨越。

一是在全球变局中开启成都国际化新征程。在当前世界格局加速演变、全球经济体系深度重塑的背景下,成都以全球视野谋划城市未来,积极融入全球产业链、供应链和价值链,全面提升国际化能力与全球竞争力。通过主动融入"一带一路"倡议、区域全面经济伙伴关系协定(RCEP)等国际合作框架,成都在国际分工中明确定位,吸引高端资源要素集聚。以开放促改革、促创新,成都不仅参与全球化竞争,而且更将努力在国际合作中发挥引领作用,打造中国西部对外开放的桥头堡。

二是在中国式现代化进程中谱写成都发展新篇章。作为国家战略的重要布局点,成都坚定以党的二十届三中全会精神为指引,全面贯彻中共四川省委"四化同步、城乡融合、五区共兴"发展战略,以践行新发展理念为使命,书写中国式现代化的"成都样本"。成都聚焦高质量发展,坚持以科技创新赋能现代化经济体系建设,大力发展新兴产业和绿色经济,推动生态文明与经济发展深度融合。同时,成都通过改善社会民生、优化公共服务,彰显现代化城市以人为本的本质追求,成为西部地区现代化建设的标杆。

三是在"双循环"新发展格局中展现成都发展新担当。在构建"双循环"新发展格局的时代要求下,成都发挥作为中国西部经济中心和国际性综合交通枢纽的优势,全面增强自身在全国经济体系中的支点作用。在建设全国统一大市场,推动要素高效配置的过程中,成都不断强化与东中西部经济带的联通互动。在"双循环"格局中,成都以深化改革为动力,以创新协作为抓手,进一步强化开放型经济体制,助力区域和全国经济发展方式的转型升级,彰显大都市的担当与责任。

四是在区域协调发展中彰显成都龙头辐射新效应。在区域协调发展战略中,成都担负着核心引擎的重任,依托成渝地区双城经济圈和成德眉资都市圈的战略布局,强化极核引领带动作用,优化资源整合、功能协同与产业联动。通过高水平开放和科技创新,成都引领区域整体跃升,助力区域经济一体化发展。同时,成都以国际化视野推动成渝双核互动协作,构建区域经济发展新格局,打造中国经济增长的第四极,为全国发展注入持续动能。

把握"四位一体"战略机遇,不仅为成都的发展指明方向,更为城市实现高质量发展和现代化建设奠定坚实基础。在全球变局中开拓国际化新征程,在中国式现代化中书写发展新篇章,在"双循环"格局中展现发展新担当,在区域协调发展中彰显龙头引领新效应,成都将全面释放发展潜能,努力建设具有全球影响力的社会主义现代化国际大都市,树立中国内陆城市发展的新标杆,为实现中国式现代化贡献"成都方案"。

第一节　在全球变局中开拓成都国际化新征程

在全球变局和复杂国际环境下,作为中国西部核心城市,成都迎来了前所未有的发展机遇与挑战。依托"一带一路"倡议和全球经济重塑机遇,凭借独特的地理优势、强大的产业基础和日益开放的姿态,成都加速推进国际化进程,力争成为全球创新和合作的重要高地。通过优化产业结构,深化科技、文化、贸易合作,成都不断强化与全球市场,特别是亚太地区的连接,逐步打造开放互联的经济生态圈,成为中国西部的国际枢纽。未来,成都将通过深化改革、推动产业升级、优化营商环境等举措,提升国际竞争力和全球影响力,推动国际化进程迈向新高度。

一、全球经济格局变迁对成都的挑战与机遇

全球经济格局变化为成都带来机遇与挑战。通过加快产业转型、布局高端制造、数字经济和金融创新,成都可抓住全球经济重构的机会,提升在全球竞争中的地位,推动长期发展。

（一）多极化加速与新兴经济体崛起

近年来,全球经济格局发生深刻变化,呈现出多极化加速与新兴经济体崛起的趋势。这一变化体现在全球经济重心转移、贸易流动和资本流向等方面。

一是全球经济重心向亚洲和新兴市场转移。长期以来,欧美国家主导全球经济活动,特别在金融、技术和贸易领域。然而,随着中国、印度等新兴经济体崛起,全球经济重心逐步向亚洲和其他新兴市场转移。根据 IMF 统计,2023 年,中国经济总量达到 17.8 万亿美元,占世界总量的比重提升至 16.9%,稳居世界第二位,预计 2025 年进一步上升;印度作为全球第五大经济体,预计增长 6.1%,显著高于

3.0%的全球平均水平。2023年,全球产业链加速区域化与多元化布局,"友岸外包"逐步兴起以应对地缘政治和供应链风险。绿色低碳与数字化转型成为主旋律,推动供应链可持续与智能化发展。与此同时,新兴市场在产业链重构中崛起,生产环节正加速转移至东南亚、印度等地区。中国在新能源汽车和智能手机制造方面仍处于全球领先地位,其中新能源汽车2023年的产销量超过600万辆。

二是新兴经济体推动全球贸易流动的结构性变化。新兴经济体崛起推动了全球贸易流动的重心东移和南南合作的加强。自2022年RCEP生效以来,亚太地区成为全球最大的贸易区,占全球贸易总额的40%以上。RCEP成员经济体的贸易额已占全球总贸易额的30%。与此同时,到2030年中国的中等收入群体预计增至5亿人,将推动全球消费市场结构调整,尤其在中国、印度及东南亚地区。

三是新兴经济体金融力量崛起。全球经济格局的变化推动了多极化发展,并在产业、贸易、资本流动等领域产生深远影响。中国、印度等新兴经济体在全球经济中的地位提升,不仅改变了全球经济格局,也为国际竞争格局的重塑奠定基础。随着经济实力的增强,新兴经济体的金融地位也迅速提升。人民币在全球支付中的占比已从2015年的1%上升至2023年的3.3%,预计到2030年达到10%。此外,新兴市场吸引的外资持续增长,2022年全球FDI流入的60%以上来自新兴经济体。上海和香港等新兴金融中心崛起,挑战传统金融中心如纽约、伦敦和东京的地位。

(二)全球经济格局变迁对成都的挑战

新兴经济体崛起为成都带来前所未有的挑战。成都需抓住全球经济重构趋势,加大技术创新、产业升级和国际化合作力度,借助"一带一路"建设和区域经济合作的机遇,提升全球竞争力,推动经济高质量发展。

一是全球产业链重构与竞争加剧。全球产业链重构推动传统低成本制造向高技术、高附加值制造转型。虽然成都在传统制造业上有一定基础,但随着高端制造业向东南亚及沿海地区迁移,成都必须加速转型,推动智能制造、绿色能源、半导体等高端产业发展,同时吸引和留住技术创新型人才。成都须加快科技创新体系建设,尤其是在人工智能、大数据、半导体等领域的竞争中,缩小与沿海城市的差距。

二是国际化进程中的地理与政策障碍。作为中国西部内陆城市,成都的国际化水平相对较低,国际市场的参与度和影响力有限。全球经济多极化背景下,成都需突破地理局限,提升国际竞争力,在全球化背景下,发挥"一带一路"建设和成渝地区双城经济圈建设的相对优势,拓展与全球经济的联系。

三是全球金融格局变化带来的挑战。随着全球金融中心逐步分化,成都的金融市场相对较小,主要集中在国内。人民币国际化及资本市场开放为成都提供了突破机会,成都须加强金融产品创新,提升金融服务水平。同时,吸引外资银行和投资机构,提升金融监管透明度,加强与全球资本市场的对接,是成都在全球金融体系中发挥更大作用的关键。

(三)全球经济格局重塑为成都带来的机遇

一是新兴经济体崛起带来的市场拓展机遇。随着 RCEP 协议和"一带一路"倡议的推进,成都作为中国西部物流、交通、经济中心,正迎来区域经济一体化带来的市场机遇。成都已成为中国西部重要的铁路和航空枢纽,通过"中欧班列",可加强与欧洲、中东及非洲市场的联系。国家对西部地区的政策支持,如西部大开发和成渝地区双城经济圈建设,为成都提供了更广阔的发展空间,促进投资、企业和人才的引进,推动产业转型升级。

二是高端制造与技术创新机遇。成都具备在高技术领域占据一席之地的潜力,尤其在电子信息、航空航天、装备制造等产业基础上,能够推动智能制造、数字经济和创新技术的发展。同时,依托中法成都生态园、中德成都经济技术开发区、新川创新科技园、中意成都生态园、中韩成都生态园和中日成都地方发展合作示范区等国际合作园区的高水平开发,成都有望成为全球高端制造业的中心,并通过大数据、云计算、人工智能等技术提升数字经济水平,推进城市的创新驱动和数字化转型。

三是全球贸易与物流中心机遇。随着中国中等收入群体的崛起和消费升级,成都的消费市场潜力巨大。借助"一带一路"倡议,成都不仅能进一步加强与欧亚市场的贸易合作,还能通过"中欧班列"巩固其在全球供应链中的地位。成都的铁路、航空和物流基础设施建设不断完善,使成都成为中国与东南亚、西南亚及"一带一路"沿线国家的重要贸易和物流枢纽。

四是金融创新与人民币国际化机遇。人民币国际化进程为成都带来了跨境支付和投资领域的机遇。成都可以加强与"一带一路"沿线国家的金融合作,推动人民币在国际贸易中的使用。通过进一步深化金融改革,吸引外资金融机构入驻,成都有望提升自身在全球金融市场中的地位,并推动跨境资本流动,助力经济和产业新一轮发展。

二、 国际政治格局深度变革对成都的挑战与影响

全球政治、经济和科技格局深刻变化,推动国际秩序多极化进程。这加剧了大国竞争,同时也带来了全球治理和安全形势方面的挑战。对成都而言,既是挑战,也是机遇。成都作为国家西部经济中心、科技创新中心、对外交往中心,面临外部竞争和国际合作的双重考验,但也能借全球多极化和治理改革提升国际影响力,并在产业链重构中寻找发展空间。如何应对挑战、把握机遇,将决定成都在全球化竞争中的位置。

(一)国际政治秩序的变革与多极化

近年来,全球政治格局发生深刻变动,大国竞争加剧,全球治理体系面临挑战,地缘政治局势复杂化。这些变化深刻影响了全球经济、贸易、军事和文化等多个领域,带来了前所未有的冲击。

一是全球领导力重塑。随着中美等大国在国际舞台上的竞争加剧,全球领导力正面临重新洗牌。美国的传统主导地位受到挑战。特朗普政府时期推行"美国优先"政策,削弱了多边主义,美国对多边机构的资助减少约 17%。尽管拜登政府试图恢复多边合作,但在内外事务平衡上仍面临挑战。2024 年 11 月 6 日,特朗普在美国总统选举中获胜,2025 年 1 月 20 日正式就任美国第 47 任总统,开启"特朗普 2.0"时期。预计"特朗普 2.0"时期美国的对华政策将更加强硬,将以贸易为核

心,全面竞争,以快速响应、极限施压的方式与中国全面战略脱钩。与此同时,中国通过"一带一路"国际合作平台和亚洲基础设施投资银行(AIIB)等扩大全球影响力,计划到 2030 年向"一带一路"沿线国家投资超过 8 万亿美元。中美之间虽然在经济上高度互依,但在政治、技术和全球治理方面的分歧愈加加深,技术和贸易成为两国博弈的主要领域。

二是全球治理困境凸显。随着国际格局变化,全球治理体系面临严峻挑战。美国等西方大国单边主义加强,多边合作有效性下降,全球贸易增长放缓。世界贸易组织(WTO)数据显示,全球贸易政策不确定性已达 2010 年以来最高水平,预计全球贸易增长率仅为 1.7%。气候变化、公共卫生、难民危机等全球性问题因政治、经济和文化差异未能取得实质性进展。尽管在应对气候变化方面有所进展,但全球温度升高仍超出《巴黎协定》目标。同时,新兴经济体推动全球治理改革,金砖国家和上海合作组织等平台加速国际秩序多极化进程,金砖国家经济总量已占全球GDP 的 25% 以上,进一步增强了新兴市场的全球话语权。

三是地缘冲突升温。全球政治格局的调整使得地缘政治因素愈加复杂,传统的地缘政治对抗在新背景下加剧。欧洲的乌克兰危机导致俄罗斯与西方国家的对抗升温,北约和欧盟面临严峻考验。2023 年,欧盟在防务上的支出增至 2 000 亿欧元,增加 7% 以应对俄罗斯的军事威胁。中东地区依然是大国博弈的热点,沙特、伊朗、以色列等国的争斗未能得到有效遏制,美国与伊朗的冲突、叙利亚内战等不断使地区冲突复杂化,进而影响全球政治格局。

(二)国际政治格局深度变革对成都的挑战

随着国际政治格局的深度调整,全球大国竞争加剧、全球治理体系面临挑战、地缘政治局势复杂化等不确定性因素,都会对成都的经济、外贸、安全及城市国际化发展产生深远影响。

一是大国竞争加剧对成都外向型经济的挑战。中美等大国竞争加剧,直接影响全球市场和经济稳定,尤其对成都的外向型经济产生深远影响。作为内陆城市,成都依赖外贸和跨国投资,特别是在高技术产业和制造业领域,面临诸多挑战。中美贸易摩擦升级,全球经济环境动荡,关税壁垒和市场准入限制加剧,尤其在电子、半导体、新能源等高技术领域,对成都出口造成影响。根据成都市统计局数据,2023年成都市外贸总值约为5 700亿元,同比增长8.6%。随着中美竞争加剧,成都外贸和投资面临压力。全球供应链中断和重构将增加制造业成本,影响出口增长。为应对挑战,成都须加速产业升级,推动高端制造业和技术创新,减少对外部市场的依赖,并加强与"一带一路"沿线国家的合作,开拓新兴市场,降低全球经济不确定性风险。

二是全球治理体系变动对成都国际合作的制约。全球治理体系的挑战主要体现为多边主义动荡和新兴经济体崛起对传统秩序的冲击。随着全球政治多极化趋势的加剧,成都在全球治理体系中的角色面临新的机遇与挑战。作为内陆大都市,成都在中国的国际化进程中占有重要地位,但其在全球治理中的直接参与度和话语权仍然有限。尤其在全球气候变化、公共卫生等领域,成都的国际合作空间可能受到限制。与此同时,新兴经济体推动全球治理改革的呼声日益高涨,成都需借助"一带一路"倡议,提升其在国际平台上的话语权。通过加强与"一带一路"沿线国家的多层次合作,成都可以在全球治理体系中发挥更大作用,争取更多的发言权。成都还可通过城市合作平台,推动全球性问题如气候变化、公共卫生等领域的国际合作,争取更多国际资源,提升全球事务中的影响力。

三是地缘政治紧张对成都区域安全与经济稳定的威胁。尽管成都地理位置远离国际冲突前线,但亚太地区日益加剧的战略竞争和区域安全形势的复杂化,可能对成都的稳定与安全产生间接影响。区域冲突和大国博弈不仅可能导致供应链中断、能源价格波动,还可能引发跨国企业撤资等连锁反应,间接影响成都的经济发展。尤其在全球安全形势不稳的背景下,成都的基础设施和投资环境可能面临更多不确定性。

(三)国际政治格局深度变革给成都带来的机遇

全球政治格局的深度调整给成都带来了诸多挑战,也提供了诸多发展机遇。通过精准抓住这些机遇,成都仍然能够在国际化进程中获得更多的资源、合作机会及发展空间。

一是全球多极化为成都拓展国际合作提供新空间。随着全球政治格局日益多极化,新兴经济体的崛起为成都提供了更多的国际合作机会,尤其是在"一带一路"倡议的推动下。成都可以通过加强与中亚、东南亚、欧洲和非洲等地区和国际友城的合作,进一步拓展其外向型经济的发展空间。根据中国国家统计局数据,2023年中国与"一带一路"沿线国家的贸易额达到1.8万亿美元,占中国整体贸易总额的近30%。成都作为中国西部经济中心,具备天然的区位优势,可以借助"一带一路"建设推进基础设施建设、能源合作、文化交流及教育合作等领域的深度融合,提升在国际产能合作、技术创新和资金流动方面的影响力。随着亚太、非洲和拉美等地区新兴经济体的崛起,成都有机会通过强化与这些经济体的合作,开拓新兴市场,推动产业升级,吸引跨国企业在成都设立研发和生产基地,从而推动高端化和创新型产业的发展。

二是全球治理体系改革为成都提升国际话语权带来新机遇。全球治理体系正面临深刻调整,新兴经济体的话语权逐渐提升,成都有机会在国际事务中发挥更大作用,尤其是在气候变化、公共卫生和可持续发展等全球性问题上。成都作为中国西部的重要经济和对外交往中心,可以借此机会,推动全球气候变化和环境治理等议题,提升在全球治理中的参与度。根据世界银行数据,气候变化和环保治理已经成为全球最重要的议题之一,成都可以在绿色科技、环保产业和低碳经济领域进一步发力,推动绿色转型,并通过与国际组织如联合国气候变化框架公约(UNFCCC)的合作,提升本地绿色经济发展,加强在全球气候治理中的话语权。此外,成都可以在推动可持续发展目标的进程中扮演更为积极的角色,塑造更加可持续的城市发展模式,增强在全球治理中的影响力。

三是亚太战略竞争加剧为成都经济合作和投资创造新契机。亚太地区的战略竞争日益加剧,成都有望借助中国在该地区不断增长的经济影响力,强化与亚太国家的经贸合作,提升自身全球竞争力。根据亚洲开发银行(ADB)的预测,2023年亚太地区GDP增速将达到4.6%,显著高于全球平均水平。成都可以利用这一趋势,打造内陆开放高地,积极拓展与东南亚、印度、日韩等亚太国家的经济联系,推动跨国投资和产业合作,尤其在高端制造和技术创新领域。成都可以在传统优势产业如汽车、电子产品,以及新兴产业如半导体、新能源汽车、人工智能等领域加强国际合作,吸引外资和技术输入,推动产业结构升级。随着跨境电商的蓬勃发展,成都还可以借助数字经济和电子商务等现代服务业,进一步扩大国际市场份额。据中国电子商务研究中心(CBEC)数据,2023 年中国跨境电商市场交易规模已超过 2 万亿元人民币,成都有机会借此发展跨境电商平台,推动线上线下融合的全球商业生态系统。

三、 全球产业格局重塑对成都的挑战与机遇

全球科技革命正在重塑产业格局,推动经济向数字化、智能化、绿色化方向转型。这场变革不仅带来激烈的全球竞争,也为成都提供了新的发展机遇。从数字经济到智能制造,再到绿色产业,成都面临转型的压力,但也有机会借助科技创新提升产业竞争力,推动高质量发展。通过抓住这一历史性机遇,成都有望在全球产业链重构中占据关键位置,迈向更加开放、创新和可持续的未来。

(一)科技创新引领的全球竞争与合作新模式

随着人工智能、大数据、物联网、5G、量子计算等技术的迅速发展,全球产业链和供应链的架构发生了深刻变化,推动全球经济向高效、智能、低碳和创新方向转型。

一是科技创新推动数字化、智能化、绿色化革命,加速产业变革。全球正在迎来一场前所未有的数字化、智能化和绿色化革命。这场技术革命不仅改变了传统产业的生产方式,还催生了新兴产业的崛起。云计算、区块链、物联网、大数据等技术优化了生产流程,推动全球产业互联互通。预计到 2025 年,全球数字经济市场规模可达 23 万亿美元,占全球 GDP 的 24%。预计到 2030 年,人工智能和机器学习可为全球经济贡献 15.7 万亿美元。电动汽车、可再生能源等绿色技术正在重塑能源产业格局,2023 年全球清洁能源投资已超 5 000 亿美元,预计未来十年将持续

增长。

二是科技革命重构全球产业链供应链,提升智能制造和效率。随着人工智能技术的突破性发展,人工智能技术融合推动了定制化、自动化和智能化生产模式的广泛应用,极大提升了生产效率。全球智能制造市场已达1.4万亿美元,预计到2025年将增至2.6万亿美元。同时,供应链智能化程度不断提升,借助大数据、物联网和人工智能技术,供应链的灵活性和效率显著提高。2023年,全球工业互联网市场规模已达到300亿美元,预计到2028年将增至700亿美元。

三是科技革命推动新兴产业崛起,激发传统产业转型。科技革命催生了新能源汽车、清洁能源、半导体、5G通信、人工智能和生命健康等新兴产业,推动了全球经济结构的变化。新能源汽车的普及改变了全球汽车产业格局,并促进了电池和充电设施等相关产业的发展。2023年,全球新能源汽车销量已突破1000万辆,预计到2030年将突破1500万辆,年均增长20%。与此同时,半导体产业的战略地位日益突出,2023年全球半导体市场规模达5800亿美元,预计到2025年将突破8000亿美元。

四是科技革命增强跨国公司技术竞争力,推动全球化研发布局。科技革命推动了跨国公司在研发、生产和销售等环节的全球协作,大幅提升了技术竞争力。跨国公司通过全球化研发布局吸引创新人才,加速技术传播与应用。2023年,全球跨国公司研发投资已达6000亿美元,极大加速了技术更新,并推动了全球市场在技术领域的深度整合。

(二)科技革命重塑全球产业格局对成都的挑战

一是传统产业转型压力。成都在食品饮料、家具等传统领域展现了较高的产业发展质量和效率,这些领域不仅形成了区域品牌效应,还在国内外市场中具有较强的竞争力,成为推动区域经济发展的重要力量。然而在电子信息、机械制造、汽车和冶金等领域,成都依然面临着向高端、智能化、绿色化转型的巨大压力。尽管成都经济稳步增长,但与全球领先城市如北京、上海、深圳相比,成都在高技术、智能制造和科技创新领域仍存在显著差距。成都的高技术产业比重约为全国水平的

70％,在半导体、集成电路等关键领域的综合实力不强,产业升级面临技术和资金瓶颈。

二是数字化转型瓶颈。随着全球数字化进程的加速,成都在数字经济、智能硬件和软件开发等领域虽取得了一定进展,但仍面临诸多挑战。其中,企业数字化转型的意愿和需求挖掘不足,成为制约数字化发展的核心问题。许多企业对数字化转型的理解和行动尚处于初级阶段,对算力设施和数字工具的利用率较低,导致成都现有数字化基础设施未能充分发挥效能。此外,成都在高端技术人才(如 AI 工程师、大数据分析师等)的供给上存在显著缺口,进一步限制了数字经济的纵深发展。在数字化应用、产业互联网及政府数字服务领域,成都也面临技术与实施能力的双重瓶颈。未来,成都须从企业需求出发,推动算力设施的高效利用,优化数字资源配置,同时通过实施激励政策和生态培育,提升企业的数字化参与度,真正推动数字经济的高质量发展。

三是全球产业链重构压力。随着全球产业链的重构,成都面临愈加激烈的市场竞争,尤其是在智能制造、5G 通信和半导体等核心技术领域。虽然成都在电子信息和智能硬件等领域有一定基础,但在全球产业链的高端环节,成都的竞争力仍显不足。尤其在半导体、集成电路等高技术领域,成都的产业基础和技术水平与深圳、上海等创新城市存在较大差距,且自主研发能力较弱。全球政治经济形势的变化(如中美贸易摩擦和全球保护主义升温),也使成都在国际市场上的竞争面临更大不确定性。

四是绿色产业转型挑战。全球对低碳经济的重视为成都带来了机遇,但也提出了严峻挑战。尽管成都清洁能源占全市能源消费总量的比重已过半,但在电子信息、机械制造、食品饮料等传统优势产业领域中,煤炭和石油等化石能源的消费比例仍较高,使得成都在推动绿色产业和低碳经济转型时面临较大的结构性挑战。此外,成都在绿色技术创新和产业布局方面的投入不足,环保技术和绿色生产的技术储备仍显薄弱。

五是科技创新能力差距。科技创新成为全球竞争的核心,成都在全球市场的创新力面临较大压力。虽然成都吸引了不少外资企业和高科技公司,但成都的本土企业与全球科技巨头(如苹果、谷歌、华为等)相比,在技术研发、品牌影响力和全球市场份额方面仍处于劣势。成都的科技创新投入虽然逐年增加,但与北京、上海、深圳等一线创新城市相比,成都在技术创新和科研投入上的差距依然显著。根据成都市科技创新报告,成都的科研投入占GDP比重为1.7%,远低于北京(2.6%)和上海(2.3%)。跨国公司加速全球化研发和生产布局,使成都本土企业在全球市场的竞争力和影响力面临严峻考验。

(三)科技革命重塑全球产业格局给成都带来的机遇

科技革命正在加速重塑全球产业格局,特别是在数字化、智能化、绿色化等方面。随着全球产业格局的深刻调整,区域布局的变化显著影响了产业链的重组与分布。当前,产业链区域化趋势日益凸显,尤其是在亚洲、欧洲和北美等地区的主要经济体之间形成了相对独立但高度协作的产业网络。对成都而言,这一波科技革命不仅仅是挑战,更是巨大的发展机遇。成都可以通过抓住这一历史性机遇,进一步提升产业竞争力,推动高质量发展,促进城市经济的转型和升级。

一是全球数字化转型为成都提升产业竞争力提供新的发展动力。全球数字经济正在成为经济转型的核心驱动力,成都在这一过程中迎来了巨大的发展机遇。近年来,成都积极推进制造业、金融、教育、医疗等传统行业的数字化转型,并在"智慧城市"和"数字政府"建设中取得了显著进展。相关数据显示,成都数字经济已占成都GDP的30%左右,且增速高于全国平均水平。通过加大数字技术在各行业中的应用,成都有望加速传统产业向智能化、数字化方向转型,提升产业竞争力。此外,成都的创新创业氛围日益浓厚,特别是在电子商务、智能硬件和人工智能等领域,涌现出大量创新型企业,未来有望催生更多新兴产业,进一步推动经济结构的转型升级。

二是全球智能制造革命为成都引领高端产业转型创造关键机遇。智能制造作为科技革命的重要推动力,为成都的产业升级带来了跨越式发展机会。成都通过加快智能制造的应用,力图提升产业附加值,推动传统制造业向高端化、智能化、绿色化方向转型。成都市政府已推出"智能制造与产业升级"计划,支持工业机器人、智能工厂、3D打印等技术的应用,提升生产效率并降低成本。成都在电子信息产业、智能硬件和无人机领域的产业基础已逐步成熟,预计未来将在全球智能硬件研发和制造领域占据一席之地。通过智能制造,成都有望进一步巩固在高端制造领域的竞争力,提升产业的整体水平。

三是全球绿色低碳转型为成都推动可持续发展提供战略机遇。成都在风能、太阳能等新能源技术研发和应用方面具备优势。成都市政府已经推出相关政策支持绿色产业,尤其是在清洁能源、绿色建筑、绿色交通等领域,推动新能源产业快速发展。成都的气候条件和地理优势为新能源产业提供了良好的基础,预计到2030年,绿色建筑将在新建建筑中占50%以上,推动低碳经济的快速发展。通过加速绿色产业布局,成都可在全球绿色产业链中占据有利位置,进一步提升可持续发展的竞争力。

四是全球科技创新加速为成都打造科技创新高地带来突破性契机。成都在全球科技创新浪潮中具备较强的突破潜力,尤其在技术研发和创新能力方面,正逐步向西部地区科技创新中心迈进。近年来,成都加大了科技创新的投入,研发占GDP的比重已接近全国平均水平,特别是在信息技术、人工智能和量子计算等前沿领域,成都正在加速布局。依托四川大学、电子科技大学等高校和科研机构,成都形成了强大的创新资源优势,为科技创新提供了坚实支撑。同时,成都出台人才引进政策,积极吸引国内外优秀科技人才,尤其在人工智能、大数据等领域的人才引进成效显著。通过加大科技创新投入和人才引进,成都有望成为技术创新的重要高地,推动本地产业高质量发展。

五是全球产业链重构为成都成为内陆制造业中心提供战略机遇。全球地缘政治紧张和贸易摩擦导致部分跨国企业选择供应链"去全球化"或"友岸外包",尤其是在智能制造和电子信息等高技术领域。成都通过吸引外资和先进技术,积极打造全球产业链中的重要节点,成为高端产业向内陆地区转移的引领者。成都已吸引华为、三星、英特尔等全球科技巨头的投资,并借助"一带一路"倡议,进一步深化与跨国公司的合作。成都在全球产业链中的地位将逐步提升,成为内陆地区制造业与技术创新的中心。同时,科技革命为成都提供了跨国合作的契机,进一步加强国际化布局,提升全球市场的竞争力。

第二节　在中国式现代化中谱写成都发展新篇章

一、中国式现代化国家战略中的成都

(一)中国式现代化国家战略

中国式现代化是中国共产党领导的社会主义现代化,是一种区别于西方资本主义现代化的新型模式,充分体现了鲜明的中国特色。根据《中共中央关于进一步全面深化改革　推进中国式现代化的决定》(以下简称"《决定》"),中国式现代化以高质量发展为核心,强调改革开放、全面依法治国、生态文明建设及共同富裕等多重目标的有机统一。中国式现代化的理论内涵主要体现在以下几个方面:首先,是要解决14亿多人口的现代化问题,这在人类历史上前所未有,凸显了其规模的独特性;其次,以全体人民的共同富裕为根本目标,注重缩小城乡、区域和收入差距,体现了公平与共享的价值追求;再次,追求物质文明与精神文明协调发展,既注重经济繁荣,也强调文化自信与社会和谐,彰显了全面发展的理念;与此同时,推动人与自然的和谐共生,强调生态保护和绿色发展,实现经济社会的全面绿色转型;最后,坚持走和平发展道路,以推动构建人类命运共同体为目标,展现了开放包容的全球视野。

中国式现代化的战略意义在于,它是实现中华民族伟大复兴的必由之路,也是中国共产党百年奋斗的核心目标。党的二十大报告明确指出,中国式现代化是"全面建设社会主义现代化国家的中心任务"。其意义主要体现在三个方面:一是体现了中国特色社会主义制度的显著优势,通过不断完善制度体系,为现代化建设提供了强大的体制保障;二是突破了传统现代化路径的单一模式,创新了全球现代化的

多样化实践,为广大发展中国家提供了可借鉴的新选择;三是在推动中国发展的同时,引领全球治理变革,为全球可持续发展、和平与繁荣注入了新的活力。

根据党的二十大报告和《决定》的部署,中国式现代化的核心任务明确而具体:高质量发展是全面建设社会主义现代化国家的首要任务,这是撬动经济社会全面进步的关键;构建高水平的社会主义市场经济体制,推动科技自立自强,为创新发展提供动力;全面推进城乡融合发展和区域协调发展,持续缩小发展不平衡问题,促进共同富裕;健全全过程人民民主制度,推进法治国家建设,夯实社会治理的现代化基础;同时,深化高水平对外开放,强化全球开放合作,构建更加广泛的国际经济联系。通过这一系列目标的实施,中国式现代化不仅为实现中华民族伟大复兴提供了明确的方向和路径,也为全球现代化进程注入了中国智慧,贡献了中国方案。

(二)成都与中国式现代化的关系

成都作为中国西部的核心城市,在推进中国式现代化进程中扮演着关键实践平台的角色,其发展路径与中国式现代化的内涵高度契合,具有重要的示范作用。近年来,成都在经济现代化、城乡融合、绿色发展和开放合作等方面全面发力,不断推动高质量发展。

在经济现代化方面,成都已形成以电子信息、装备制造为代表的万亿级产业集群,国家级产业集群数量达 10 个,为全国产业升级提供了标杆。2024 年 9 月,京东方在成都投建的国内首条第 8.6 代 AMOLED 生产线全面封顶,这是四川迄今投资体量最大的单体工业项目,预计到 2029 年满产后年产值将超过 400 亿元。这一项目是成都万亿级电子信息产业蓬勃发展的生动注脚。同时,成都还大力发展战略性新兴产业和未来产业,比如人工智能与机器人产业规模在 2024 年估计突破 1 000 亿元,氢能产业已集聚 100 余家上下游企业,多类产品市场占有率居全国前列,为新质生产力的发展注入强劲动能。成都提出要构建"支柱产业、新兴产业、未来产业"竞相发展的现代化产业体系,通过"成都造"工业产品打造全球竞争力,持续塑造发展新优势。

在创新发展方面,成都正全面建设具有全国影响力的科技创新中心,全球创新指数排名跃升至第 23 位,连续 6 年上升。全市已聚集 59 所高校、47 家"中字头"科研机构及 146 家国家级科技创新平台,各类人才总量超过 650 万人。2023 年以来,成都把科技成果转化列为"一号工程",推出"成果转化 28 条",并上线"科创通"服务云平台,为 20 万家科技企业提供知识产权、科技金融等六大类服务。通过与清华大学、北京大学等 22 家国内知名高校院所建立战略合作,成都深入开展"校企双进·找矿挖宝"活动,挖掘成果 5 000 余项,促成合作项目 1 300 余个。与此同时,成都已打造 69 个中试平台和概念验证中心,形成"天使＋科创＋重产＋S 基金"全生命周期投资基金体系,推动更多科技成果在蓉落地转化。

在城乡融合和绿色发展方面,成都加快探索建设"公园城市示范地区",深入推进城乡融合发展战略。近年来,成都已建成超 1 500 个公园、8 800 千米天府绿道,将"公园城市"理念融入城市建设,成为人与自然和谐共生的生动实践。成都还在大力发展绿色氢能等低碳经济,推动绿色发展在经济和生态领域的全面转型。比如,四川首批氢燃料电池市政洒水车已在成都投入使用,车载核心技术由成都企业自主研发,进一步巩固了成都在绿色发展领域的领先地位。

在高水平对外开放方面,成都作为"一带一路"、长江经济带和西部陆海新通道的交汇点,已成为中国西部对外开放的桥头堡。近年来,成都全面拓展对外开放通道,成为国内第二个拥有双 4F 级国际机场的城市,航空旅客吞吐量排名全国第三位,货邮吞吐量排名第五位。国际班列通达境外 113 个城市,全国每 9 列中欧班列中就有 1 列从成都发出,稳居中西部外贸"第一城"地位。此外,成都已与五大洲 113 个国外城市缔结为友好合作城市,吸引 315 家世界 500 强企业落户,平均每天有 2 家外资企业在蓉投资。① 成都将继续深化"通道-枢纽-平台"一体化规划,推动"物流-贸易-产业"协同联动发展,进一步增强在全球供应链中的枢纽作用。

与此同时,成都在提升居民幸福感和满足美好生活需要方面也取得了显著成

---

① 参见肖莹佩:《谱写中国式现代化万千气象的成都篇章》,《四川日报》2024 年 9 月 30 日。

效。截至 2024 年 9 月底,成都已新增 240 所幼儿园和中小学,新增 22 家三级甲等医疗机构,建成托育服务机构 341 家、养老服务机构 45 家,形成了 15 分钟便民服务圈,更多居民在家门口就能享受到优质的教育、医疗、托育和养老服务。文化生活方面,成都拥有约 200 家博物馆、4 000 家书店、8 000 家咖啡馆、1 万家茶馆、2 万家火锅店,并每月举办 10 场以上大型演唱会,同时持续开展超过 10 万场的文化惠民活动。①公园露营、绿道骑行和龙泉山看日出等新生活方式,已成为成都居民假期的热门选择,展现出成都"公园城市、美好人居"的生动图景。

(三)中国式现代化国家战略给成都带来的挑战和机遇

随着中国式现代化的不断推进,成都在产业升级、区域协同、社会治理等方面仍面临诸多挑战。在高质量发展中,成都虽已在电子信息、人工智能等领域取得较大进展,但部分传统产业依然面临转型升级的压力,如何推动制造业高端化、智能化和绿色化,如何在全球竞争中抢占前沿技术制高点,成为亟待破解的难题。在城乡融合发展中,尽管成都取得了一定成效,但城乡之间在基础设施、公共服务和居民收入等方面仍存在较大差距,如何通过城乡要素平等交换和双向流动进一步缩小城乡差距,提升乡村经济活力,是推动城乡共同发展中需要解决的问题。在区域协同发展方面,成都作为成渝地区双城经济圈的极核城市,肩负带动周边地区发展的责任,但产业分工不清晰、交通物流效率有待提升、资源配置不均衡等问题,对成都的统筹协调能力提出了更高要求。此外,在国际化开放进程中,随着全球经济格局的深刻变化,成都不仅面临来自其他国际化城市的激烈竞争,还要在开放中防控潜在的经济、金融和技术风险。如何在全球供应链重构中抢占有利位置,成为成都国际化发展进程中必须应对的关键挑战。

在推进中国式现代化的过程中,成都不仅面临挑战,也迎来了一系列重大发展机遇。成渝地区双城经济圈作为中国式现代化区域协调发展的重要战略布局,为成都提供了坚实的战略支撑。通过深化与重庆的协同发展,成都可以在基础设施

---

① 参见肖莹佩:《谱写中国式现代化万千气象的成都篇章》,《四川日报》2024 年 9 月 30 日。

互联互通、产业分工协作和公共服务共享等方面取得突破,进一步巩固其作为中国西部经济中心的地位。在数字化转型方面,以人工智能、区块链、大数据等为代表的新一代信息技术发展为成都的数字经济发展提供了重要契机。通过推动数字经济与实体经济深度融合,成都能够提升产业附加值,培育更多具有全球竞争力的创新型企业。同时,中国式现代化强调人与自然和谐共生,这为成都在绿色发展领域抢占先机提供了全新机遇。成都已在推动绿色低碳产业发展、建设公园城市示范区方面取得初步成效,未来可以在新能源、绿色建筑和生态修复等领域进一步发力,成为全国绿色发展的示范样本。开放格局的深化也为成都带来更多国际合作机会。随着"一带一路"倡议和中欧班列等开放平台的推进,成都在全球资源配置中的地位日益凸显。通过优化国际营商环境、加快自贸试验区建设和吸引更多外资企业入驻,成都有望进一步提升在全球产业链和价值链中的地位。此外,科技创新成为成都发展的核心驱动力。成都已初步构建以高校、科研院所为核心的科技创新体系,国家实验室及多个"中字头"研究机构的落地为城市的科技创新注入了强劲动力。通过加强产学研协同、提升科技成果转化效率,成都可以进一步释放创新潜能,打造全国科技创新中心。

作为中国西部的重要中心城市,成都在全面融入中国式现代化国家战略的过程中,不仅为高质量发展、城乡融合、区域协同和国际开放提供了实践样本,也为全国现代化进程贡献了"成都方案"。成都须通过深化改革、推动创新和优化治理,应对挑战,破解发展难题,把握时代机遇,为实现中华民族伟大复兴的目标贡献更大的力量。

二、 新质生产力国家战略中的成都

(一)发展新质生产力国家战略

面对新一轮科技革命和产业变革的浪潮、大国竞争的日趋激烈及中国经济发展方式转型的历史性交汇,习近平总书记创造性地提出了"新质生产力"这一全新概念。发展新质生产力被赋予了推动经济高质量发展、增强国家综合实力和提升国际竞争力的战略意义,是中国在新发展阶段实现现代化强国目标的重要路径。发展新质生产力是应对全球科技竞争、重塑经济增长动力、实现现代化强国目标的重要国家战略。其核心内容围绕技术革命、要素创新和产业升级,强调通过发展高科技、高效能、高质量的生产力形态推动经济高质量发展。这一国家战略不仅为中国经济转型升级和国际竞争力提升提供了内在驱动力,也为实现人民对美好生活的向往和生态文明建设注入了强大动力。在这一过程中,劳动者素质的提升、生产工具的智能化升级及劳动对象的拓展与创新将成为关键抓手,协同推动生产力的全面跃升。

新质生产力的核心内涵。新质生产力的本质在于创新的主导作用,其核心特征是高科技、高效能、高质量,符合新发展理念的先进生产力形态。与传统生产力不同,新质生产力强调通过技术革命、要素创新和产业升级实现质的跃升。其主要内涵体现在以下几个方面:一是技术创新驱动。新质生产力以技术革命为核心推动力。信息革命带来的新一代信息技术(如人工智能、物联网、云计算、大数据)使生产力从传统形态向新质形态转变,这不仅提升了生产效率,还深刻改变了生产方式和社会结构。二是新型生产要素。与传统生产力依赖土地、劳动力和资本不同,新质生产力更多依赖数据、信息、知识和技术等新型生产要素。这些要素不仅直接创造价值,还通过与其他生产要素的结合放大价值创造效应。三是产业深度转型。新质生产力推动经济从农业经济、工业经济向数字经济迈进,强调战略性新兴产业和未来产业的培育与发展,加速产业结构优化与升级。

新质生产力的战略意义。发展新质生产力是国家战略的重要组成部分,不仅关乎中国经济的高质量发展,也对现代化强国建设、国际竞争力提升及人民美好生活的实现具有深远意义。一是建设现代化强国的关键。新质生产力是实现经济繁荣和综合国力提升的重要支撑。通过发展战略性新兴产业(如新能源、生物医药、高端制造)与未来产业(如量子信息、脑科学),新质生产力为中国构建现代化经济体系奠定了坚实基础。二是提升国际竞争力的核心支撑。历史经验表明,掌握先进科学技术的国家在全球竞争中更具优势。新质生产力通过颠覆性技术的研发和应用,增强中国在科技竞争中的话语权,助力实现科技自立自强。三是满足美好生活需要的必然要求。新质生产力通过产业转型升级和科技创新,形成高效优质的供给体系,从而满足人民在生态、文化、产品等多方面的多样化需求,提升生活质量。

新质生产力的核心要素。新质生产力的构成要素涵盖劳动者、劳动资料和劳动对象三大方面,并通过科学技术与管理的协同发展推动生产方式的变革。一是劳动者的全面升级。新质生产力对劳动者提出了更高要求,强调高素质劳动者的重要性。顶尖科技人才、一流科技领军人才和高技能技术人员是新质生产力的第一要素。通过深化教育改革和创新人才政策,培养适应新质生产力发展的新型劳动者队伍是国家战略的重要任务。二是劳动资料的技术跃升。新质生产力的动力源泉在于生产工具的智能化和数字化升级。新一代信息技术(如人工智能、5G、先进制造技术)推动劳动资料的更新换代,不仅解放了劳动者,还显著提升了生产效率,为生产力发展注入了强劲动力。三是劳动对象的拓展与变革。科技创新拓展了劳动对象的范围,使其更加多元化和高效化。例如,数据已成为重要的生产要素,不仅直接创造经济价值,还通过与其他生产要素的结合放大价值创造效应。新质生产力通过开发新能源、探索新材料及推动资源循环利用,为生产活动提供了更加丰富的物质基础。

发展新质生产力的重点方向。国家战略明确了发展新质生产力的核心方向,要求在以下领域加快布局和突破:一是战略性新兴产业和未来产业。推动人工智能、新能源、新材料、生物医药等战略性新兴产业的规模化发展,同时加强量子技术、脑科学、基因编辑等未来产业的前瞻性布局,抢占全球科技和产业制高点。二是高端技术与颠覆性创新。加大对基础研究和前沿科技的投入力度,推动关键核心技术的攻关与突破,尤其是在"卡脖子"领域实现技术自主可控。三是数字经济与智能制造。加速数字技术与实体经济的深度融合,推动产业数字化转型和智能化升级,构建数据驱动的高效经济体系。四是绿色低碳发展。发展新质生产力必须与绿色发展相结合。通过新能源开发、生态修复、低碳技术创新等手段实现经济效益与生态效益的同步提升,为可持续发展提供动力。

新质生产力的协同发展机制。新质生产力的形成需要多要素的协同发展,其核心在于劳动者、劳动资料、劳动对象及科技与管理的有机结合:一是推动生产主体升级。通过人才培养、教育改革和科技创新,提高生产主体的创新能力和综合素质。二是优化生产工具配置。加速先进技术的研发与应用,推动生产设备的智能化、数字化转型。三是拓展生产活动领域。通过发展新型产业和开发新资源,进一步夯实生产力的物质基础。

(二)发展新质生产力国家战略对成都的战略要求

发展新质生产力,是党中央作出的以推动经济高质量发展、实现科技自立自强、构建绿色低碳循环经济体系为核心目标的重大部署。这一国家战略对成都作为中国西部的重要中心城市和成渝地区双城经济圈的极核城市提出了明确的战略要求。成都须围绕科技自立自强、产业优化升级、绿色低碳发展、开放型经济建设和人才培养等核心领域,强化自身优势,补齐短板,主动承担起推动新质生产力发展的国家使命。通过深化改革、激发创新活力、整合全球资源,成都不仅能够在新质生产力布局中占据重要位置,也能为全国探索出一条可持续、高质量发展的新路径,为中国经济迈向新阶段贡献更大的力量。

首先,在科技自立自强上扛起核心使命。党中央强调发展新质生产力的关键在于科技自立自强。成都作为中国西部科技创新高地,必须承担起在国家关键核心技术攻关中的重要使命。具体要求包括:一是突破"卡脖子"技术瓶颈。党中央明确提出,要在关键领域实现技术自主可控。成都须集中力量在电子信息、人工智能、生物医药、新材料等领域开展"卡脖子"技术攻关,依托本地的 66 所高校、47 家"中字头"科研机构和国家级创新平台,增强基础研究与应用研究的联动性,打造面向国家重大需求的科技创新成果转化体系。二是打造国家创新策源地。成都作为成渝地区双城经济圈的创新极核城市,需要加快建设具有全球影响力的科技创新中心,推动科研成果从"实验室"到"生产线",提升国内外高端资源的整合集聚能力,成为国家新质生产力的重要策源地。

其次,在产业结构优化升级上承担示范责任。发展新质生产力的核心目标之一是通过技术创新推动产业结构优化升级。成都应在国家战略要求下,加快构建现代化产业体系,提升在全球产业链中的竞争力。一是提高战略性新兴产业占比。党中央要求以新兴产业为主导推动经济转型升级。成都须进一步聚焦电子信息、人工智能、新能源、新材料等高技术领域,优化产业布局,促进产业链向高端延伸,形成以高技术产业为驱动的新兴经济生态。二是推动传统产业智能化改造。根据国家战略要求,成都须加速传统产业的数字化、智能化转型。通过推动人工智能、大数据、云计算等技术与传统制造业的深度融合,提升产业附加值,增强传统产业的可持续竞争力。三是建设国家级未来产业试验区。国家战略明确提出要布局未来产业。成都应抢占量子信息、脑科学、基因编辑等前沿技术领域的战略高地,打造具有先发优势的未来产业试验区,为全国提供产业创新的实践样本。

再次,在绿色低碳发展上发挥引领作用。国家战略高度重视新质生产力发展中的绿色低碳转型要求。成都作为"公园城市"理念的首提地,必须承担起绿色发展的示范责任。一是深化绿色技术创新。中央要求加快推进绿色低碳技术的研发和应用。成都应聚焦新能源开发、生态修复、节能环保等领域,依托本地科研机构和企业,加强绿色技术的攻关与推广,为绿色转型提供技术支持。二是打造绿色低碳产业集群。成都应以"公园城市"建设为抓手,发展绿色制造、清洁能源与生态经济等产业集群,形成以绿色低碳为核心竞争力的产业体系,助力实现国家"双碳"目标。三是推广绿色城市样板。作为国家生态文明建设的重要试验田,成都须通过公园城市建设探索绿色低碳发展的新路径,并将成功经验推广到全国其他城市。

同时,在开放型经济建设上强化全球资源整合能力。国家战略要求将发展新质生产力纳入全球化视野,推动要素资源的跨区域流动与整合。成都在"一带一路"倡议和成渝地区双城经济圈的开放平台建设中具有重要地位,应进一步强化在全球化布局中的作用。一是建设国际化产业合作平台。成都应依托中欧班列(蓉欧快铁)、中国(四川)自由贸易试验区等开放平台,推动新质生产力核心要素的全球流动。通过吸引国际高端资源和技术,形成具有国际竞争力的产业集群。二是加强跨境创新合作。国家战略要求推动全球创新资源整合。成都须加强与"一带一路"沿线国家、欧美发达国家的科技创新合作,建设国际科技创新合作示范区,提升全球创新网络中的影响力。三是优化国际营商环境。成都应对标国际一流标准,进一步优化营商环境,打造更具吸引力的全球创新创业高地,为新质生产力要素的跨国流动提供保障。

最后,在人才培养与集聚上强化智力支撑。新质生产力的发展高度依赖高素质复合型人才和顶尖科技人才的支撑。党中央提出,要构建与新质生产力相适应的人才体系。成都要在以下方面发力:一是加速高端人才引育。成都应通过国际化引才计划和人才激励政策,吸引更多全球顶尖科学家和高技术领域专家落户,打造具有国际竞争力的人才高地。二是推动教育与科技深度融合。根据国家要求,成都应深化高校与科研机构的协同创新机制,培养更多具备跨学科创新能力的复合型人才,满足新质生产力的多元化发展需求。三是优化人才生态环境。成都应围绕高端人才需求,完善创新创业支持体系,优化人才生活环境,为创新型人才提供全方位发展保障。

(三)发展新质生产力国家战略给成都带来的挑战和机遇

发展新质生产力国家战略为成都带来了重要机遇,也提出了诸多挑战。在机遇方面,发展新质生产力与中国式现代化目标高度契合,为成都推动高质量发展提供了强大支撑。依托成渝地区双城经济圈建设和国家战略性布局,成都能够通过科技创新和产业协同,进一步巩固作为中国西部经济中心和创新高地的地位。同时,数字化转型、绿色低碳发展和国际化合作为成都拓展经济发展新赛道提供了契机。借助人工智能、大数据、新能源等前沿领域的突破,成都有望加速产业升级,培育全球竞争力强的高端产业集群。此外,成都还可以通过深化"一带一路"国际合作平台和中欧班列等开放平台建设,吸引更多国际化资源,提升国际影响力。然而,成都在发展新质生产力的过程中也面临诸多挑战,包括技术创新能力不足、顶尖科技人才短缺、城乡与区域资源分配不均、产业链协同效率不高,以及在全球竞争中的经济与技术风险防控能力有待提升等问题。特别是在转型升级的关键阶段，如何实现前沿技术突破、构建高效的创新生态、优化资源配置并缩小城乡差距，成为成都亟待突破的核心课题。因此，成都须充分发挥自身的区位和资源优势，聚焦科技创新、改革开放、绿色发展和人才培育，在挑战中把握机遇，努力在全国新质生产力发展中发挥引领和示范作用，为中国式现代化建设贡献更多"成都智慧"。

三、 高水平制度型开放国家战略中的成都

（一）高水平制度型开放国家战略

高水平制度型开放是中国适应国际经济格局变化、推动国内经济高质量发展的重要战略选择。从全球发展趋势、国家战略需求及城市竞争格局等多个层面来看，高水平制度型开放不仅是经济全球化深入发展的必然要求，也是中国迈向现代化强国道路上的重要支撑。

第一，这是全球经济格局深刻调整的现实要求。当今世界正经历百年未有之大变局，全球经济格局发生深刻变化，制度型开放已成为各国提高全球竞争力的关键手段。以《区域全面经济伙伴关系协定》（RCEP）、《全面与进步跨太平洋伙伴关系协定》（CPTPP）等为代表的新一代国际经贸规则，正从传统的商品和要素流动层面向规则、规制、标准等制度层面全面升级。规则制定权和制度竞争力成为国家与城市融入全球化的核心竞争要素。成都打造内陆开放高地，必须主动对接国际高标准规则，通过制度创新提升自身在全球经济体系中的话语权和竞争力。在全球化进入深度调整期的背景下，贸易保护主义和逆全球化思潮抬头，叠加全球新冠疫情后经济复苏不平衡等因素，全球产业链供应链正在加速重构。高水平制度型开放可以帮助成都优化资源配置，深度融入全球产业链、供应链和价值链体系，增强经济韧性和抗风险能力。

第二，这是国家战略的必然选择。首先，高水平制度型开放是中国推动全面对外开放、服务高质量发展的核心内容。中国过去40多年的对外开放主要集中在商品和要素流动层面，通过吸引外资、扩大外贸，快速融入全球市场。但随着经济发

展进入新阶段,传统开放模式的边际收益递减,制度性障碍逐渐成为制约生产要素流动和资源配置效率的关键因素。高水平制度型开放以规则、规制、标准和管理等为核心,能够有效破除制度性壁垒,提升市场的公平性和透明度,同时为企业参与全球竞争提供更高质量的制度保障。其次,构建以国内大循环为主体、国内国际双循环相互促进的新发展格局,是中国应对外部不确定性、实现经济安全和可持续发展的战略选择,而高水平制度型开放能够在促进国际循环畅通的同时,推动国内市场规则与国际高标准规则的对接,为企业更好融入国际市场创造条件,并通过开放倒逼国内改革,提升国内经济运行效率,助力国内大循环的构建。最后,中国式现代化的核心特征之一是实现高质量发展,而高水平制度型开放正是推动高质量发展的重要引擎。优化制度供给、深化开放合作,可以有效促进技术、资金、人才等高端要素的流动和集聚,为中国式现代化提供重要支撑。

第三,这是城市竞争格局变化的现实需求。在全球化和区域化并存的大背景下,城市间的竞争日益表现为制度竞争和软环境竞争,高水平制度型开放成为提升国际竞争力的关键。成都作为国家中心城市和成渝地区双城经济圈的极核城市,肩负着引领西部地区对外开放、服务国家战略的重任。通过高水平制度型开放,成都能够在规则对接、资源配置、营商环境打造等方面全面提升国际化水平,进一步增强在全球城市网络中的影响力。营商环境是吸引高端资源、促进经济发展的重要基础,而高水平制度型开放能够通过制度创新,优化投资、贸易、物流、产业等领域的规则体系,降低制度性成本,营造更加公平透明的市场环境。这不仅有助于成都吸引更多外资企业和高端项目,也能为国内企业"走出去"提供支持。在成渝地区双城经济圈建设和"一带一路"倡议的框架下,成都须通过高水平制度型开放,推动区域资源的高效配置,深化与重庆及周边城市在产业链、供应链和开放平台上的协同合作,打造内陆开放型经济高地。

第四,这是技术革命与数字经济发展驱动下的路径方向。当前,以人工智能、大数据、区块链等为代表的技术革命正在深刻改变全球经济结构和生产方式。高水平制度型开放能够为成都抓住数字化、智能化和绿色化等新一轮科技革命机遇提供制度保障。通过规则和标准的创新,成都可以在跨境数据流动、数字贸易、知识产权保护等领域率先破题,抢占数字经济发展先机,打造全球数字经济新高地。高水平制度型开放能够促进生产要素的创新性配置,让全球技术、资本、数据等高端资源更高效地流向成都,助力颠覆性技术和前沿产业的快速发展,为成都构建现代产业体系提供强有力的支撑。

（二）成都与高水平制度型开放

成都作为中国西部的重要中心城市,不仅是国家区域发展战略的核心支点,也是内陆对外开放的先行者和排头兵。在全球经济深度调整和国内经济高质量发展的背景下,成都主动参与高水平制度型开放,通过规则、规制、标准和管理等制度创新,实现从商品和要素流动型开放向制度型开放的转型。这种转型既是成都融入国家战略、提升国际竞争力的必然选择,也是成都迈向高质量发展的关键路径。依托独特的地理位置与战略优势,成都作为"一带一路"建设和长江经济带发展的重要节点城市,肩负着推动西部大开发和服务国家对外开放战略的重大使命。同时,成都作为成渝地区双城经济圈的极核城市之一,在国家区域发展格局中占据重要地位。通过高水平制度型开放,成都能够进一步消除制度性障碍,提升资源配置效率,强化与国际市场的深度对接,不仅在国内大循环中发挥"枢纽"作用,也为国际循环提供有力支撑,进而成为国内国际"双循环"的战略交汇点。

近年来,成都已在多个领域积极探索高水平制度型开放的路径,并取得显著成效,为进一步深化开放奠定了坚实基础。在自贸试验区建设方面,成都在贸易便利化、投资管理和金融创新等领域推出"一单制"提单模式、跨亚欧大陆桥多式联运提单等举措,大幅提升通关效率并降低物流成本。这些创新成果推动了四川自贸试验区的高质量发展,为全国其他地区提供了可复制推广的经验。同时,成都以打造市场化、法治化、国际化营商环境为目标,严格落实外商投资准入负面清单,完善外商服务机制,并通过搭建涉外商事法律服务平台和多元化纠纷解决机制,连续多年获评"国际化营商环境建设标杆城市",显著增强了对国际投资者的吸引力。

在产业开放方面,成都围绕数字贸易、跨国金融和国际科技合作等重点领域,持续推进制度创新,通过天府国际技术转移中心参与"一带一路"国际技术转移合作,并创新保税维修和研发管理机制,推动空中客车飞机全生命周期服务项目落地,不断提升在全球价值链中的地位。成都在地理与枢纽、经济与产业、科技与人才等方面形成了独特的比较优势:作为西南内陆腹地的重要节点城市,成都已建成覆盖全球的航空物流网络和高效的中欧班列通道;依托电子信息、生物医药、新能源汽车等领域的产业基础,成都产业链正向高端延伸,在全球产业链中的竞争力进一步提高;成都拥有多所高校和科研机构,通过营造国际化创新环境,不断吸引全球顶尖科技人才与资源集聚。这些优势为成都深化高水平制度型开放奠定了坚实基础,也为其建设国际门户枢纽城市提供了强大动力。

(三)高水平制度型开放给成都带来的挑战和机遇

高水平制度型开放为成都实现高质量发展和建设国际化大都市提供了重要契机,但同时也伴随着复杂而深刻的挑战。在全面融入国家对外开放战略、参与全球资源配置的过程中,成都须应对制度创新的复杂性、国际竞争的激烈性及高端资源集聚的不足等问题。

首先,成都在制度创新上面临复杂性挑战。因高水平制度型开放涵盖规则、规制、标准和管理等多个维度,需要与国际高标准规则接轨,同时协调国内多部门利益,且涉及高技术和知识密集领域,无现成经验可循,具有较大的不确定性和试错成本。其次,国际竞争日益激烈,全球化进入深度调整期,竞争已转向规则、技术和产业链高端环节,在营商环境建设、规则制定话语权及产业链供应链韧性等方面,成都仍需提升能力以应对全球开放型城市的竞争,同时需克服逆全球化和地缘政治博弈带来的不确定性。再次,高端资源集聚的不足成为制约因素,尤其是国际化人才、先进技术、跨国资本和高端服务等方面亟待突破,国际知名跨国企业及科研机构的集聚水平仍有提升空间,而国际化服务能力(如教育、医疗、语言等软环境)也需进一步优化。此外,区域协同发展压力较大。作为成渝地区双城经济圈的极核城市之一,成都需协调区域内开放水平的不平衡问题,避免资源错配,推动与重庆及周边城市形成联动效应。

　　与此同时,成都也面临着区域战略支撑、全球化资源配置和产业转型升级等多重机遇。一是国家战略支撑带来的政策机遇。通过"一带一路"建设、长江经济带建设和成渝地区双城经济圈建设的政策叠加优势,成都得以深化自贸试验区建设,优化开放平台功能并探索新型开放模式,进一步巩固在国家开放布局中的重要地位。二是全球化资源配置的契机。通过高水平制度型开放,成都可高效集聚全球资本、技术、数据和人才等高端资源,推动规则对接与制度创新,提升资源配置效率,增强国际市场影响力,为现代产业体系建设注入动力。三是产业转型升级的动力。开放能够助推成都产业链向高端延伸,为电子信息、生物医药、数字经济等领域的发展创造良好的制度环境。通过跨境数据流动规则创新和数字贸易发展,成都有望在全球数字经济竞争中抢占先机,同时吸引外资企业和国际技术合作,助力构建更加开放、创新的产业体系。四是营商环境优化空间广阔。通过深化规则创新,成都将优化外商投资服务机制,完善知识产权保护体系,提升跨境贸易便利化水平,从而增强对国际企业和投资者的吸引力,同时促进本地企业"走出去",提升在国际市场上的竞争力。五是国际门户枢纽地位提升。依托区位优势和物流网络基础,成都通过中欧班列、国际航空货运网络和西部陆海新通道的制度创新,将进一步强化国际物流、贸易和交往枢纽功能,扩大国际贸易规模,构建全球供应链,为迈向国际门户枢纽城市奠定坚实基础。

第三节　在"双循环"新发展格局下展现成都发展新担当

　　党的十八大以来,党中央提出了一系列新理念新要求。2022年6月,习近平总书记视察四川时要求"完整、准确、全面贯彻新发展理念,主动服务和融入新发展格局"。在"双循环"新发展格局的时代背景下,成都迎来了诸多战略机遇。作为超大城市,成都汇聚的技术、人才、资本等资源,具备的产业发展基础,拥有的链接国外、辐射区域的枢纽和通道,以及消费辐射能级和投资示范效应,与一般城市均不同,这就决定了成都在内外循环主要环节上起到的功能作用的特殊性。

一、 内外循环结构的历史演进脉络

新中国成立以来,中国的经济循环结构经历了从内循环主导到外循环蓬勃发展,再到内外循环协调发展的转变。1949—1977 年,面对国际封锁和经济基础薄弱的局面,中国以内循环为主,通过计划经济快速建立起现代工业体系,但封闭的经济环境限制了技术和管理经验的引进。1978 年后,随着改革开放政策的实施,中国逐步构建起全方位的外循环体系,市场在资源配置中的作用不断增强,外循环经济蓬勃发展,推动了经济总量的持续攀升。2001 年中国加入 WTO 后,外循环地位进一步凸显,出口导向型经济快速发展,中国在全球经济中的地位显著提升。然而,2008 年全球金融危机促使中国重新审视内外循环关系,开始强化内需市场,减少对外部市场的依赖。近年来,中国致力于构建"双循环"新发展格局,通过内外互动实现更高质量的发展,展现了应对全球经济变化、追求可持续发展的坚定决心(江小涓、孟丽君,2021;李宜达、王方方,2022)。

(一)内循环主导期(1949—1977 年):内循环单一发展,外循环作用式微

新中国成立之初,面对百废待兴的经济状况,国家采取了以内循环修复为主线的休整策略。从 1949 年至 1952 年的三年间,国家专注于国民经济恢复,为后续发展奠定了基础。1953 年,第一个五年计划启动,标志着中国经济进入了一个全新的发展阶段。由于国际社会对新中国的敌视态度和经济封锁,除了与亚非拉部分国家存在援助性往来,以及"一五"期间引进苏联的 156 个重大项目外,中国整体经济运行几乎完全依赖于国内循环,未能真正融入国际经济体系。在这一时期,中国确立了以重工业为先导的发展战略。新中国成立初期,工农业总产值中,农业和手工业占比高达 83%,现代工业仅占 17%,且缺乏标准重工业。基于现实需求和国际竞争考量,中国选择了通过计划经济推进农业剩余向工业化转移的道路,迅速建立起全面的现代工业体系。至"一五"结束时,石油、煤矿、钢铁等关键工业产品的产量达到了 20 世纪 30 年代苏联和日本的水平,成为中国人民站起来的重要标志。在计划经济框架下,这种强制性的资源集中化方式虽然促进了工业化的快速起步,但也

带来了显著的经济代价。它限制了农业、服务业及消费品工业的发展,同时不利于居民收入与消费的增长。此外,指令性生产计划构筑起的统购统销体制导致了经济结构失衡和资源配置扭曲,难以支撑国民经济长期健康的良性循环。

早期的内循环发展模式帮助中国初步建立了现代工业体系,并在一定程度上保护了新生政权免受外部冲击的影响。但是,封闭的经济环境也限制了技术和管理经验的引进,影响了技术创新和效率提升。随着时代变迁,中国逐渐意识到必须调整经济发展模式,寻求更加平衡和可持续的增长路径。

(二)外循环形成期(1978—2001年):内循环地位调整,外循环蓬勃发展

1978年成为中国经济发展的关键转折点。改革开放后,随着市场经济的逐步引入,计划经济的思维禁锢被逐渐打破,中国开启了以市场化导向构建经济循环体系的新篇章,重点聚焦沿海区域,开始探索外循环经济发展之路。在20世纪80—90年代,中国先后设立多个经济特区和众多沿海开放城市,继而推进沿海经济开放区、沿江和内陆开放城市及沿边开放城市的建设,循序渐进地构建起从南到北、由东向西的全方位对外开放格局,初步搭建起外循环体系的基本架构。在此过程中,外循环的参与主体不断丰富拓展,力量日益增强,市场组织得以培育完善,发展机制也愈发成熟高效。

这一时期,内循环地位相对下降,外循环作用持续攀升。数据见证了外循环的成长:1978年中国货物进出口总额仅206亿美元,世界排名第29位,而到1988年便突破1 000亿美元,随后更是加速增长,1994年突破2 000亿美元,1997年跨越3 000亿美元大关,与改革开放前封闭的经济循环格局相比,实现了质的飞跃,彰显出中国外循环体系建设的巨大成就。与此同时,外循环的快速发展有力推动了中国经济总量的持续攀升。1978年经济总量为3 645亿元,历经8年于1986年突破1万亿元,5年后的1991年突破2万亿元,此后至2001年的10年间,平均每年递增约1万亿元。

这一阶段的发展充分表明,外循环体系的建设为中国经济注入了强大动力,促使中国经济逐步融入世界经济体系,在国际经济舞台上崭露头角,也为后续经济的

进一步发展和深化改革奠定了坚实基础,开启了中国经济发展的全新篇章。

(三)外循环发展期(2002—2008年):内循环地位下降,外循环作用凸显

2001年中国加入WTO后,以深化外循环为目标的体制机制改革加速推进,市场在资源配置方面的作用日益增强。从2002年至2008年,中国外循环经济建设进入高速发展新阶段,这一时期的经济特征明显区别于改革开放初期至入世前的阶段。入世之前(1978—2001年),中国的出口额和进口额占GDP比重的平均值分别为13.38%和13.05%,最终消费支出对GDP增长贡献率的平均值为63.07%。相比之下,2002—2008年,出口额和进口额占GDP比重的平均值分别跃升至30.57%和26.25%,而最终消费支出对GDP增长贡献率则降至47.02%。国内交易与国际交易之比由之前的4.53大幅下降到1.70,这表明中国经济对外部市场的依赖度显著增加,外循环的地位愈发重要。随着外循环建设的深入发展,中国在全球经济中的地位不断提升。中国成为吸收外商直接投资最多的发展中国家之一。2006年,中国外汇储备规模首次超过日本,跃居全球第一。2008年,中国经济总量赶超德国,跻身世界前三名。这些成就不仅反映了中国对外开放政策的成功,也展示了中国在全球化进程中快速崛起的实力。

尽管外循环带来了显著的增长动力,但也暴露出一些问题。首先,过度依赖外部市场需求使得中国经济易受全球经济波动影响。其次,较高的外贸依存度可能导致产业结构失衡,如制造业占比过高,服务业发展相对滞后。此外,大量出口导向型产业的兴起,在一定程度上抑制了国内消费需求的提升,导致最终消费对经济增长的贡献率有所下降。

(四)外循环调整期(2009年以来):内循环地位提升,外循环作用渐收

自2008年全球金融危机爆发以来,国际经济环境的变化促使中国"双循环"关系发生结构性转变。面对逆差国家进口受限、贸易成本上升等挑战,国际循环的收紧使得中国不得不重新审视内外循环的关系,逐步提升了内循环的地位,外循环的作用则开始弱化。从2009年至2023年,中国在全球价值链中的加工贸易比重由改革开放后的前30年间超过50%下降至约30%,外贸依存度也显著降低,从2008年

的接近 60％降至 2023 年的 33％左右。出口额和进口额占经济总量的比重分别从前一阶段的 30.57％和 26.25％下降至 14.81％和 11.19％。这些数据表明,中国经济对外部市场的依赖程度明显减弱,外循环的作用逐渐收缩。随着外循环作用的减弱,中国加大了对内需市场的培育和发展力度,推动了内循环经济地位的不断提升。通过一系列政策调整,如扩大消费、促进产业升级和服务经济发展,内需市场逐渐成为经济增长的主要动力源。

2009 年以来,尽管外循环的重要性有所下降,但中国并未停止在全球经济舞台上的前进脚步,反而继续巩固和提升了自身的经济地位。尽管外循环作用减弱,中国的外循环经济体系依然在不断发展中取得了显著成就:2009 年,中国出口总额超越德国,成为世界第一大出口国;2010 年,中国经济总量赶超日本,成为仅次于美国的世界第二大经济体;2014 年,中国经济总量突破 10 万亿美元大关,成为国际上仅有的两个超过 10 万亿美元规模级别的大型经济体之一;2019 年,中国人均 GDP 首次突破 1 万美元大关,标志着经济发展进入了一个新的阶段。

2009 年以来的结构调整不仅反映了全球经济环境变化对中国的影响,更体现了中国应对挑战、寻求可持续发展的决心。通过强化内循环,中国不仅减少了对外部市场的过度依赖,还促进了产业结构优化升级,增强了经济的韧性和抗风险能力。同时,中国继续积极参与国际合作,致力于构建更加开放包容的外循环体系,以实现内外循环相互促进的新发展格局。

二、 新发展格局的内涵认知

党的十九届五中全会明确提出要"加快构建以国内大循环为主体、国内国际双循环相互促进的新发展格局",党的十九届六中全会强调"立足新发展阶段、贯彻新发展理念、构建新发展格局、推动高质量发展"。构建新发展格局,旨在依靠内需潜力和庞大的市场优势,促进国内"生产-分配-流通-消费"的良性循环,形成需求牵引供给、供给创造需求的高水平动态平衡。在此基础上,推动产品服务、资本技术及资源要素在国际和国内市场间的高效流动,实现二者的更好联通与互动互促,最终形成全方位、宽领域的深层次互动格局。构建新发展格局的主要着力点可以从三个角度概括:一是强化国内大循环,二是优化国外循环,三是促进国内国际双循环的协同效应;也就是说,通过充分发挥内需和市场优势,确保国内经济各环节顺畅运行,同时加强与国际市场连接,优化资源配置,以适应全球化的新趋势并提升国家整体经济韧性(如图 1.1 所示)(刘军伟、彭星,2022)。

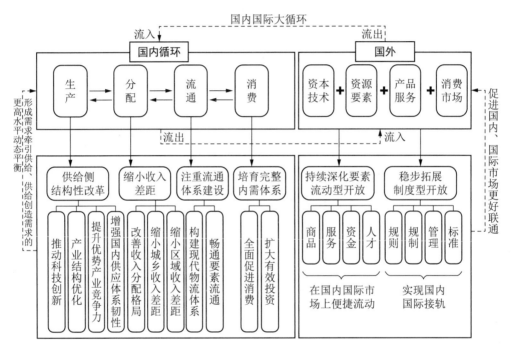

图 1.1 "双循环"新发展格局构架的基本框架

资料来源:刘军伟、彭星,2022。

所谓国内大循环,是指一国通过充分开发国内市场,推动本国生产、分配、流通、消费各个环节的有序进行,以实现国内经济资源与生产要素的充分流动及有效配置。具体来看,生产过程的国内循环既包括微观层面的分工即企业分工,也包括宏观层面的分工即社会分工。根据马克思分工理论观点,国民经济运行通过企业内部分工提升资源循环效率,依托社会部门分工构建要素循环基础。流通过程的国内循环既包括物流、商流及资本流等有形要素的循环,也包括信息流、数据流及技术流等无形禀赋的循环。马克思在《资本论》中将生产过程和流通过程划分为社会再生产的两个阶段,然而在现代流通体系中,信息技术与人工智能的发展促使生产和流通过程融为一体,因此,现代社会生产过程的循环往往伴随着流通过程的循环。分配过程的国内循环以生产过程的国内循环为基础。按照马克思的观点,分配本质上取决于社会供给情况。分配由生产决定,又以其结构性转变对生产施加反作用,在相互作用中推动分配过程的动态平衡。消费过程的国内循环是需求侧在经济循环体系中的关键发力环节。消费与生产的关系在经济循环体系中是首要的,生产为消费创造动力和能力,消费为生产提供对象与动机。马克思在《资本论》中指出,没有消费,就没有生产。只有消费过程完成,生产的价值才得以实现,国民经济才能实现可持续循环。

所谓国际大循环,是指一国通过对外开放推动市场规模的不断扩大,进而促进分工的专业化与生产要素的自由流动,在充分开发国际市场的过程中实现物质资本和人力资本的积累,以及资源的有效配置与利用。马克思主义政治经济学理论认为,社会化生产以分工协作为基础,随着生产力水平的不断提高,必然需要突破一国的界限,逐渐融入国际分工体系,以参与世界市场的方式满足自身市场规模的发展需要。世界市场的形成,能够丰富人们的选择,满足本国人民日益增长的多层次、多样化需求,推进生产性消费和生活性消费逐渐国际化。因此,马克思、恩格斯在《共产党宣言》中提到,依靠本国产品来满足的旧需求,会不断被来自其他国家产品所带来的新需求所替代。随着全球化的推进,世界各国联系日益紧密,基于自身比较优势的国际分工体系不断发展,国际经贸合作逐渐构成一国经济发展的重要外源动力。在马克思的国际分工理论看来,以资源要素外循环为导向的国际分工是人类生产力发展到一定阶段的必然产物,国际分工的深化又为社会生产力的发展创造了必要的前提。在经济全球化时代,一国只有坚持扩大对外开放,才能有效增进本国人民福祉,实现国民经济的良性循环。

"双循环"可以理解为一国经济资源与生产要素在国内和国外两个市场的充分流动及有效配置。为实现国内市场与国际市场的更好联通,一方面,应持续深化要素流动型开放,依托各类开放平台,推动商品、服务、资金、人才等要素在国内国际市场上便捷流动;另一方面,要稳步拓展制度型开放,推动国际贸易、外商投资、对外投资等领域的相关规则、规制、管理、标准创新,实现国内国际接轨。

三、 全球城市（区域）与"双循环"新发展格局

全球城市及其所在区域已成为国家参与全球竞争与合作的重要地域单元。从国内来看,以北京、上海和香港等全球城市为核心,以京津冀、长三角和粤港澳为腹地的城市群区域已深深嵌入全球分工与产业链体系中;同时,成都、重庆作为崛起中的新型全球城市,正引领成渝地区成为具有全球竞争力的增长极。国家"十四五"规划和2035年远景目标提出要全面形成"两横三纵"城镇化战略格局,共布局了19个国家级城市群,其中重点优化提升京津冀、长三角、粤港澳、成渝这4个巨型城市群,目标是打造成为具有国际影响力的世界级城市群。

人口集聚和城镇化建设促进全球城市及其所在区域形成了超大规模的内需市场(孙久文、殷赏,2022)。全球城市区域依托自身产业基础和强大的消费市场,率先形成需求牵引供给、供给创造需求的动态平衡,进而辐射和带动全国产业结构和消费结构升级,促进国民经济良性循环。全球城市区域一体化程度高,在本质上打破了行政区经济的藩篱,在一个巨大的城乡交融的区域内实现市场整合,优化城市之间的功能互补,扩大市场规模,提高产业集聚与关联度,形成强大的产业实力和整体竞争优势,构成国家经济发展的重心及区域发展战略的重要支点(宁越敏,2020;周振华、张广生,2020;方创琳,2021)。该类区域通常是中国现代物流体系、现代商贸体系建设的交通骨干地区,也是国内大循环中轴连接的必经区域。相对其他地区来说,全球城市区域交通设施更均衡,物流效率更高,由此形成的强劲的内聚力与外延力,可以促进资金、劳动力、技术等要素畅通流动(孙久文、宋准,2021)。此外,还有学者指出,全球城市区域作为创新高地具有激发内循环新动能的优势。曾刚、胡森林(2021)发现城市群是引领"双循环"发展的创新增长极,2019年中国60%以上的专利产出来自长三角、粤港澳、京津

冀三大地区。尤其是全球城市,因其具有较强的综合与系统集成的比较优势,更容易形成创新集群并迅速扩散,而成为引领全球创新思想、创意行为、创业模式及新型主导产业的主要策源地。

贺灿飞等(2021)提出要构建新时期中国产业空间优化策略,即"全球-地区-国家-城市群内部"多层嵌套型的价值链体系。其中,四大巨型城市群是实现"双循环"相互反哺和有效对接的关键节点:其内部根据垂直价值链和水平知识链构建创新产业地域综合体,其他城市群根据功能定位予以辅助,形成多元、互补的国内循环体系;四大巨型城市群积极融入全球价值链,构建吸收知识、技术的"全球通道",并参与全球竞争,边疆城市群融入地区价值链,获取战略性资源,形成国际循环体系。杨开忠(2020)认为,中国的世界级城市群将加速对接国际规则,加快投资贸易便利化,构建吸引集聚全球优质要素的体制机制,强化国际交往功能,提升全球运筹管理和资源配置能力,从而加速新发展格局的形成。目前中国已经逐步形成以京津冀、长三角、粤港澳和成渝地区四大巨型城市群为顶点、相邻区域的连线为通道围合而成的菱形结构,这些巨型城市群是中国落实"双循环"战略的重要战略空间。

随着"一带一路"倡议的深入推进,向西南、向东北、向西北的"亚洲脊梁"国际连接通道初步形成。随着"海权"向"陆权"的转变,以成都等为中心的内陆巨型城市群已经形成。当前,内陆以全球城市为核心的巨型城市群的枢纽集散功能与边境口岸地区的中转集散功能的协同效应开始形成,共同承担起国际商贸物流的重要纽带作用。跨国陆路交通运输通道所连接的境外主要中心城市、口岸或港口因具备区域辐射影响力等战略节点功能,是中资企业投资发展的首选。未来,可以内陆巨型城市群为战略载体开展双边多边合作,以共建境外产业合作区的模式,推动中转加工贸易、商品集散、创新服务发展和生活功能配套建设。

四、"双循环"新发展格局下成都的战略机遇与融入路径

中国经济发展呈现出显著的地区不平衡态势。从 2023 年四大经济板块的

GDP 占比数据来看,东部占比达 52.1%,中部和西部分别为 21.6% 和 21.5%,东北仅为 5%,这种差异清晰地揭示了区域发展的落差。西部地区在经济社会发展进程中面临着资源要素受限等诸多困境,整体发展水平和开放程度相对滞后,其经济发展与对外开放难以实现全面且同步的推进模式。因此,我们不能不切实际地期望所有区域能够一蹴而就地融入"双循环"新发展格局。在此背景下,大城市尤其是特大城市,因其集聚的丰富资源、完备的产业基础、优越的交通枢纽条件及较强的辐射带动能力,应当肩负起探索构建新发展格局的有效路径的重任。通过充分发挥自身优势,这些城市能够在畅通国民经济内循环和连接全球经济外循环方面发挥关键的引领与支撑作用,助力国家逐步缩小区域差距,实现经济的均衡、可持续发展,提升中国在全球经济体系中的竞争力与影响力。

作为超大城市,成都在资源禀赋、产业根基、交通枢纽地位及经济辐射效能等方面,明显不同于一般城市。其汇聚的技术、人才与资本等要素,为产业发展筑牢了坚实根基;所拥有的联通国际、辐射周边区域的交通枢纽及通道,进一步强化了其在区域经济格局中的关键地位;其突出的消费辐射能级和投资示范效应,共同塑造了成都独特的城市竞争力与影响力,也奠定了成都在"双循环"新发展格局中扮演重要角色的基础。"双循环"新发展格局涵盖供给、流动、需求等多元环节,且各环节紧密相连又各具特性,成都应精准把握这一格局的本质内涵与运行逻辑,深度剖析自身优势与潜力,紧密围绕各环节关键节点,明确契合自身特质的功能定位与发展方向。在供给侧,应充分发挥产业优势,优化资源配置,提升产品与服务质量,积极嵌入全球产业链关键环节,并引领带动区域产业协同发展;在流动环节,应依托交通枢纽优势,完善物流配送体系,增强资源要素的流通效率与内外转换能力,强化与国内外市场的互联互通;在需求侧,应深挖消费潜力,创新消费场景,提升消费品质,以消费升级推动产业升级,同时合理扩大有效投资,优化投资结构,激发市场活力,进而探索出一条具有成都特色的融入"双循环"新发展格局的有效路径,实现城市的高质量发展与全方位开放(如图 1.2 所示)。

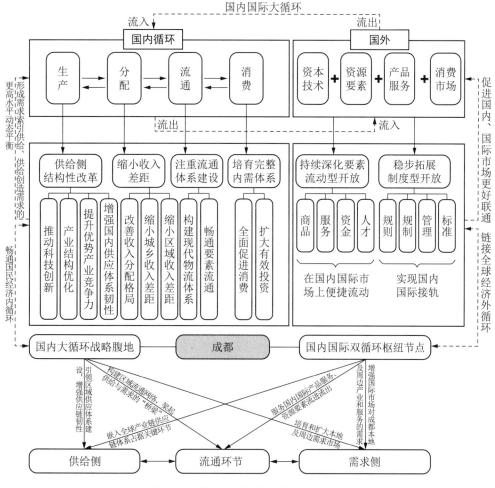

图 1.2　成都融入"双循环"新发展格局

资料来源：刘军伟、彭星，2022。

就供给侧而言，成都肩负着双重使命。一方面，成都将凭借独特的产业优势与资源整合能力，积极嵌入全球产业链供应链体系，精准定位并占据关键环节，从而提升在国际产业分工中的地位与话语权，为区域产业在全球竞争中赢得发展先机。另一方面，成都将充分发挥作为区域中心城市的辐射带动作用，引领成渝地区乃至整个中西部地区加强供应体系建设，通过优化产业布局、促进技术创新、完善协作机制等手段，全方位增强供应链的韧性与稳定性，保障区域产业生态的可持续发展，筑牢经济内循环的坚实基础。

聚焦需求侧,成都同样有着清晰的战略路径。一方面,成都将致力于提升国际消费影响力,通过打造具有全球吸引力的消费场景、引入国际知名品牌、举办高端消费活动等举措,塑造国际消费中心城市形象;同时不断优化国际贸易结构,提升贸易质量与效益,以高质量的产品与服务供给激发国际市场对本地及周边产业的需求,拓展外需市场空间。另一方面,成都将持续加大有效投资力度,精准投向战略性新兴产业、新型基础设施建设、民生保障等关键领域,以投资带动产业升级与城市功能完善,并且注重提升消费供给的质量与效率,丰富消费业态、优化消费环境、强化消费服务,加快培育和壮大本地及周边地区的内需市场,促进消费与投资的良性互动,形成需求牵引供给、供给创造需求的动态平衡,推动经济内循环的繁荣发展。

着眼于流通环节,成都具有得天独厚的优势与重要的战略地位。作为"一带一路"向西向南开放的节点城市,成都将全力打造高效便捷的国际物流通道与贸易平台,加强与沿线国家和地区的互联互通,促进国内外产品、服务及资源要素的顺畅流通,实现国际市场与国内产业的紧密对接,精准服务于全球经济循环。与此同时,成都将立足自身广阔的腹地市场,强化区域流通网络建设,以先进的物流技术、智能的信息系统、完善的配送体系为支撑,提升资源要素在内外市场之间的转换效率,构建起连接供给与需求、国内与国外的坚实桥梁,充分发挥在"双循环"格局中的枢纽作用,促进国内国际双循环的有机融合与高效协同发展,为区域经济的高质量发展注入强劲动力,提升成都在全球经济格局中的竞争力与影响力。

第四节　在区域协调发展中彰显成都辐射带动新效应

一、　全球化引领城市空间新格局与巨型城市区域的崛起

城市空间结构的演化是人类社会发展过程中的重要现象。从乡村到城镇、小城市、大城市,再到中心城市,这一过程既反映了空间规模的扩展,也体现了功能结

构的复杂化与升级(陈春明、贾吉生,2020)。然而,随着全球化的深入,城市的角色发生了深刻变革。从单一城市到都市圈,再到巨型城市区域,这种发展路径不仅重塑了城市的空间形态,也赋予了城市新的战略意义(刘小平、陈金林,2018)。城市的发展不再是单一节点的简单扩展,而是形成区域化的功能整合结构,成为推动区域经济增长和国家参与全球竞争的重要载体(Xu and Yeh,2010)。

在全球化背景下,国际化大都市逐步演变为全球经济体系中的核心节点(Kent,2012)。这些城市通过高度发达的服务业、创新产业和强大的国际连接能力,深度融入全球经济网络,推动经济要素的高效流动。在它们的带动下,资本、技术和人才等资源不断向区域集中,并以这些城市为核心形成了紧密的经济圈。然而,随着全球城市规模的不断扩大,其资源承载能力面临瓶颈,例如交通拥堵、环境压力和土地短缺问题日益显现。为解决这些问题,以国际化大都市为核心的都市圈逐渐成为优化功能配置的重要形式。都市圈的出现不仅是城市功能外溢的结果,也是空间重组的必然趋势。它通过强化核心城市与次级城市之间的分工协作,将经济、科技和文化功能延伸至周边区域,形成多层次、多中心的区域网络。例如,东京都市圈通过横滨和千叶等城市的功能承接,实现了制造业、物流和居住功能的有效分离与分工,从而提升了整个区域的综合竞争力(Xu and Yeh,2010)。都市圈的发展缓解了核心城市的压力,同时优化了区域资源配置,为更大规模的城市群体——巨型城市区域的形成奠定了基础。

巨型城市区域的兴起是全球城市化和经济区域化的高级阶段。这一概念由斯科特(Allen Scott)和霍尔(Peter Hall)等学者提出,是都市圈在全球化背景下的进一步拓展。巨型城市区域通常以一个或多个全球城市为核心,联合周边功能相关但空间分散的城市,通过区域协作形成高度整合的经济体。这种空间形态突破了单一城市的资源和空间限制,通过产业链、创新链的深度融合和跨城市协同,成为推动区域和国家参与全球竞争的新引擎。它们不仅通过资源优化配置提升了经济效率,还在全球治理中发挥了引领作用。例如,巴黎大区在绿色经济和气候变化应对中的全球化实践,为其他城市提供了示范;而纽约都市圈通过其金融和科技网络,成为全球资本流动的重要枢纽(Keivani and Mattingly,2007)。这些区域集中了全球经济活动的绝大部分资源。据统计,全球最大的 40 个巨型城市区域仅覆盖地球陆地面积的一小部分,却贡献了全球 66% 的经济活动和近 85% 的技术创新。这种集中效应使得巨型城市区域成为现代经济体系中不可或缺的组成部分。

各国政府和学术界也高度重视巨型城市区域的发展。例如,欧盟立项研究了欧洲的 9 个巨型城市区域,致力于通过跨境交通互联和区域协作提升区域整体竞争力;美国在"美国 2050"规划研究中确定了 11 个新兴巨型城市区域,强调通过区域内产业链优化和基础设施建设,推动区域经济一体化和全球竞争力的提升。这些经验表明,巨型城市区域已成为全球化合作与竞争的关键单元。

可以说,从单一城市到巨型城市区域的演化,不仅是城市空间发展的必然趋势,也是国家提升全球竞争力的重要路径(吴福龙,2016)。通过空间结构优化、资源整合和区域协同,巨型城市区域实现了更高效的资源配置和更强的经济辐射能力。未来,随着技术进步、产业转型和区域协作的深化,巨型城市区域将进一步巩固其在全球经济体系中的核心地位,成为塑造全球经济格局的重要力量。

二、 迈向巨型城市区域:中国的集群化发展路径

在全球化进程中,城市发展呈现出从单一城市向都市圈、再到巨型城市区域转变的显著趋势。巨型城市区域作为现代经济的核心空间载体,凭借高度集聚的资源和高效的要素配置,已成为国家参与全球竞争的关键平台。在这样的全球趋势下,中国的区域发展也正顺应这一逻辑,从传统的单一城市为主导逐步转向以城市群为核心。中国的区域发展战略,不仅致力于解决区域经济发展不平衡和优化全国经济布局,更以巨型城市群(区域)的构建为路径,提升国家整体的国际竞争力(王书铮、周志荣,2017)。

长期以来,中国实施区域发展战略是为了解决区域经济发展不平衡、优化全国经济布局、提升全球竞争力。随着全球化和新型城镇化的深入推进,区域发展已从传统的行政区划导向转向以城市群为核心的空间组织形式导向(李强,2019)。巨

型城市群的形成,不仅是中国区域经济发展的必然方向,更是国家提升国际竞争力的战略需要。在改革开放初期,中国采取了"梯度推进"战略,以东部沿海地区的优先发展为引擎,通过出口导向型经济迅速推动全国经济的增长。然而,这一发展路径也加剧了东中西部之间的差距。进入 21 世纪后,国家调整区域战略格局,提出"西部大开发""中部崛起""东北振兴"和"东部优化"四大区域发展战略,逐步缩小区域差距,并开始探索以城市群为核心的区域协调发展新模式。在新的全球化背景下,城市群尤其是巨型城市群的建设成为中国区域发展的重点方向。这些城市群以高度发达的经济体系和强大的资源配置能力,在国家参与国际竞争中扮演关键角色。一方面,巨型城市群通过集聚资源和优化分工,强化了区域内的协同效应;另一方面,这些区域作为开放门户和创新高地,进一步提升了中国在全球经济体系中的地位。长三角城市群、粤港澳大湾区、京津冀城市群及成渝地区双城经济圈,正是中国区域发展向巨型城市群演进的典型代表。长三角城市群以一体化发展为核心,粤港澳大湾区着力打造国际化开放高地,京津冀城市群通过功能疏解优化协同发展,而成渝地区双城经济圈则成为中西部崛起的增长极。这四大巨型城市群的崛起不仅顺应了中国区域发展的内在逻辑,也直接服务于国家深度融入全球经济的战略目标。

2015 年 4 月,中共中央、国务院印发《京津冀协同发展规划纲要》,提出通过疏解北京非首都功能,优化区域产业布局,提升生态环境质量,促进区域协调发展。京津冀城市群是中国的政治和文化中心,也是北方经济的核心区域。京津冀城市群的范围由首都经济圈扩展而来,包括北京、天津两大直辖市,以及河北省的 13 个地级及直管市。以北京、天津、保定和廊坊为中部核心功能区,京津保地区率先联动发展。根据规划,京津冀地区的目标是建设世界级城市群,通过优化城市空间布局、改善生态环境质量和完善城市治理体系,提升区域整体竞争力,形成富有活力、宜居和谐的现代化城市群。规划实施以来,北京非首都功能逐步向雄安新区疏解,区域协同发展水平显著提升。

2019 年 2 月,中共中央、国务院印发《粤港澳大湾区发展规划纲要》,明确将粤港澳大湾区建设成为国际一流湾区和世界级城市群,深化内地与港澳合作,提升区域整体实力和全球竞争力。粤港澳大湾区包括香港、澳门两个特别行政区,以及广东省广州、深圳、珠海、佛山、惠州、东莞、中山、江门、肇庆九个珠三角城市,总面积为5.6万平方千米,2018年末总人口已达7 000万人,是中国开放程度最高、经济活力最强的区域之一。粤港澳大湾区建设是党中央作出的重大决策,也是新时代推动形成全面开放新格局的重要举措。其发展目标包括建设充满活力的世界级城市群、国际科技创新中心、"一带一路"建设的重要支撑、内地与港澳深度合作示范区,同时打造宜居宜业宜游的优质生活圈,成为高质量发展的典范。以香港、澳门、广州、深圳四大中心城市为核心引擎,粤港澳大湾区与纽约湾区、旧金山湾区、日本东京湾区并称为"世界四大湾区",粤港澳大湾区以广府文化为纽带,通过实现国际化合作与创新成果转化,为中国深度参与全球经济提供坚实基础。

2019年12月,中共中央、国务院印发《长江三角洲区域一体化发展规划纲要》,明确提出将长三角地区打造为全国经济发展的重要引擎,率先基本实现现代化。长三角城市群由上海市、江苏省、浙江省、安徽省三省一市的26个城市组成,包括上海、南京、无锡、常州、苏州、南通、盐城、扬州、镇江、泰州,杭州、宁波、嘉兴、湖州、绍兴、金华、舟山、台州,以及合肥、芜湖、马鞍山、铜陵、安庆、滁州、池州、宣城。据统计,长三角区域的经济总量约占全国的20%,其发展潜力使长三角城市群到2030年完全有能力跻身世界五大城市群之列。长三角地区是中国经济最活跃的区域之一,而上海凭借其全国经济和金融中心的地位,长期引领长三角发展,是区域内不可撼动的龙头城市。江苏和浙江两省经济总量位居全国前列,经济活跃度高,产业多元化且协同显著。在区域功能分工中,上海定位为国际金融中心,杭州专注于数字经济与科技创新,苏州则发展先进制造业。长三角城市群在区域一体化战略部署下,通过各城市间的功能互补和协同发展,构建起一个具有国际竞争力的经济体,在中国经济高质量发展进程中起到了引领作用。

2021年10月,中共中央、国务院印发《成渝地区双城经济圈建设规划纲要》,明确以重庆和成都为核心,强化双城联动,推进区域协同发展,形成高质量发展的重要增长极。成渝地区双城经济圈位于长江上游,地处四川盆地,东邻湘鄂,西通青藏,南连云贵,北接陕甘,是中国西部发展水平最高、潜力最大的城镇化区域之一,也是长江经济带建设和"一带一路"建设的重要组成部分。成渝地区双城经济圈建设,是构建以国内大循环为主体、国内国际双循环相互促进的新发展格局的重大举措。通过优化区域资源配置,强化产业链协同,提升市场空间,成渝地区已逐步成为引领西部高质量发展的核心区域,为中国区域协调发展注入了强劲动力。

表 1.1 四大城市群战略定位

城市群	战略定位	来源	时间
成渝	具有全国影响力的重要经济中心; 科技创新中心; 改革开放新高地; 高品质生活宜居地	中央财经委员会第六次会议	2020 年
长三角	全国发展强劲活跃增长极; 全国高质量发展样板区; 率先基本实现现代化引领区; 区域一体化发展示范区; 新时代改革开放新高地	《长江三角洲区域一体化发展规划纲要》	2019 年
粤港澳	充满活力的世界级城市群; 具有全球影响力的国际科技创新中心; "一带一路"建设的重要支撑; 内地与港澳深度合作示范区; 宜居宜业宜游的优质生活圈	《粤港澳大湾区发展规划纲要》	2019 年
京津冀	以首都为核心的世界级城市群; 区域整体协同发展改革引领区; 全国创新驱动经济增长新引擎; 生态修复环境改善示范区	《京津冀协同发展规划纲要》	2015 年

资料来源:课题组整理。

中国的城市集群化发展以全球化和城镇化为背景,通过从单一城市到城市群再到巨型城市区域的路径,逐步构建起具有国际竞争力的经济区域。从东部沿海优先发展战略到区域协调发展政策的转型,使中国实现了从区域经济不平衡到功能互补、资源共享的空间组织格局。以长三角城市群、粤港澳大湾区、京津冀城市群和成渝地区双城经济圈为代表的巨型城市群,以其高度的经济协作能力和开放性,成为推动国家参与全球经济竞争的关键增长极和连接国际市场的核心平台。在未来,四大城市群须进一步优化内部功能分工,加强全球资源配置能力,巩固作为世界经济增长中心的地位。从四大城市群的发展路径可以总结出中国城市集群化发展的一般规律:通过区域内城市的功能分工和资源共享实现整体效率最大化;建设便捷、高效的交通和信息网络促进城市之间的互联互通;通过政策支持和产业链协同形成区域经济的强大竞争力;以开放合作为导向积极融入全球经济体系;注重生态保护和城市宜居性确保经济发展与社会、环境协调共进。

对于成都而言,作为成渝地区双城经济圈的极核城市之一,需要继续强化与重庆的联动发展,通过功能互补、交通一体化和产业协同,打造西部高质量发展的重要增长极。此外,成都应进一步发挥开放门户和创新高地的作用,加强国际化合作,提升在全球经济体系中的地位,为中国城市集群化发展提供更具代表性的成功案例。

三、 成都的引领作用与区域功能提升

国家政策的支持,区域发展的积累,以及广大的腹地,都为成都建设国际化大都市提供了发展的基础。作为成渝地区双城经济圈的极核城市之一,成都不仅是国家西部大开发战略和"一带一路"建设的枢纽节点,而且是长江经济带上游的重要门户。依托西部陆海新通道、丝绸之路经济带和成渝地区双城经济圈的战略支撑,成都的经济腹地不断扩大,从四川盆地延伸至西南、西北和中东部,并通过多条国际通道辐射东南亚、南亚、中亚及欧洲各国。这种经济腹地的拓展,使成都成为区域合作和国际化发展的重要连接点。

在区域层面,成都与重庆共同形成了以双城驱动为核心的多层城市圈格局。第一圈层以成都为中心,包括自贡、眉山、德阳等周边城市,土地面积占15%,却贡献了成渝地区65%的经济总量,展现出极强的经济集聚效应。第二圈层和第三圈层则分别承接制造业和资源开发功能,为成渝地区提供了广阔的发展空间和资源支持。这种多层次的区域结构,既满足了核心城市功能疏解的需求,也为区域内产业分工与协作提供了可能。

从产业结构来看,成渝经济圈形成了以成都为代表的第三产业集聚区,以及第二、第三圈层中以农业和制造业为主的梯度分布格局。成都作为区域内的服务业高地,拥有发达的金融、科技和文创产业,通过创新资源的集聚与溢出,为区域内其他城市提供了技术和产业支持。与此同时,第二、第三圈层的制造业和农业为成都提供了基础资源和生产保障,形成了完善的区域产业链条。这种分布模式不仅优化了区域内的经济结构,而且契合全球城市区域化发展的基本模式。此外,成渝地区双城经济圈在交通、生态和市场一体化等领域的协同推进,也为成都的发展提供了强有力的支撑。在交通领域,《成渝地区双城经济圈多层次轨道交通规划》明确了构建以成都和重庆为核心的轨道交通网络,通过连接周边城市群,提升区域内部的资源流动效率。在生态领域,《成渝地区双城经济圈"六江"生态廊道建设规划》强调了加强长江上游生态屏障建设,进一步夯实了区域可持续发展的基础。在市场一体化方面,国家出台了一系列支持政策,推动区域内资源、资本和劳动力的高效流动,为成渝地区整体竞争力的提升奠定了基础。

受益于良好的区域支持,成都也将"反哺"成渝地区双城经济圈建设。成都不仅是成渝地区双城经济圈的核心增长极,更是推动区域协同发展的重要引擎。通过创新驱动、产业协作、开放连接和绿色发展,成都将有效促进区域资源整合和整

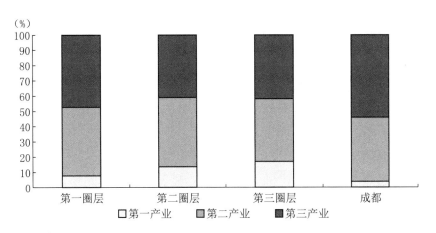

图1.3　成渝地区双城经济圈产业结构(2023年)

资料来源:各城市统计年鉴、县域经济年鉴。

体竞争力的提升。

在科技创新方面,成都依托丰富的高校资源、科研机构和高新技术企业,在电子信息、人工智能和生物医药等领域取得了显著成果。这些科技成果通过产业链延伸和资源整合,不仅提升了成都的创新能力,还带动了区域内其他城市的技术进步,使成渝地区成为具有全国影响力的科技创新高地。在产业布局上,成都通过构建现代服务业、高端制造业和文创产业体系,与重庆及周边城市形成了紧密的分工协作网络。成都在区域产业链的中高端环节发力,将部分制造业和服务业功能外溢至周边城市,推动形成合理的产业梯度分布。这种协作模式优化了区域经济结构,提升了成渝地区整体产业竞争力。作为开放门户,成都依托天府国际机场、中欧班列和陆港物流网络,连接东南亚、中亚和欧洲市场,通过"一带一路"和西部陆海新通道的重要节点地位,为成渝地区双城经济圈提供了广阔的国际化发展空间。成都在区域内的对外开放中扮演了全球连接枢纽的重要角色。同时,成都以"公园城市"理念为核心,在生态保护与经济发展的平衡中发挥了重要示范作用。作为长江上游生态屏障建设的先锋,成都通过绿色经济和环境治理,为区域的可持续发展提供了标杆范例。

成都在引领区域发展的同时,也应不断壮大自身实力,通过优化经济结构、提升治理能力和改善宜居环境,强化其作为区域极核的功能定位。在经济增长方面,成都构建了以现代服务业和高科技产业为主导的经济体系,成为成渝地区最重要的增长极。金融、科技服务和文化旅游等领域的快速发展,使成都在区域内具有强大的辐射和带动能力,为区域整体经济增长注入了源源不断的动力。在治理能力上,成都通过与重庆及周边城市的协同治理,优化资源配置效率,积累了跨区域协调治理的丰富经验。通过多层次轨道交通网络和区域市场一体化政策的实施,成都在交通、生态和市场协作中提供了实践样本,显著提升了成渝地区的协同治理能力。成都以"公园城市"理念为引领,通过完善教育、医疗、文化等公共服务,持续优化城市环境,打造了高品质的宜居宜业城市。这一模式不仅提升了成都吸引高端人才和优质资源的能力,也为区域内其他城市提供了可借鉴的现代化城市建设经验。在区域协作中,成都通过与自贡、眉山、德阳等第一圈层城市的紧密合作,以及与第二、第三圈层城市在资源供给和市场支持方面的深度联动,形成了"极核带动、圈层支撑"的发展格局。这种纽带作用促进了区域内资源的高效流动,进一步增强了成渝地区双城经济圈的整体协作能力。

成都作为成渝地区双城经济圈的核心引擎和区域极核,不仅引领区域协同发展,还应通过强化自身功能,为区域整体的高质量发展提供强大支撑。通过科技创新、产业协作、开放连接和生态保护,成都在推动成渝地区协调发展和中国区域经济布局优化中扮演至关重要的角色。未来,随着区域一体化和全球化的不断深化,成都将在成渝地区双城经济圈乃至全国经济格局中,承担更加重要的使命,成为中国西部崛起的重要增长极和参与国际竞争的新高地。

第二章

社会主义现代化国际大都市核心功能与成都对标

　　社会主义现代化国际大都市在全球经济、文化、科技交流中占据着关键地位，其核心功能的构成要件影响着城市的辐射范围与影响力。通过对其核心功能的剖析，我们能把握城市发展的前沿趋势。成都作为国内极具潜力的城市，正朝着社会主义现代化国际化大都市迈进。本章将对社会主义现代化国际大都市核心功能及成都作为国际大都市的基本特征展开研究，并进行国际比较，以明晰成都自身的优势与短板，为其后续发展提供战略指引，同时也为社会主义现代化国际大都市发展理论与实践提供有益参考。

第一节　社会主义现代化国际大都市核心功能的基本内涵

　　在全球化浪潮汹涌澎湃的当下，国际大都市以其强大的经济、文化、科技等辐射力在世界舞台上占据重要地位。社会主义现代化国际大都市有着超越传统国际大都市的独特内涵与使命。它在汲取国际大都市发展一般规律的基础上，紧密围绕人口规模巨大、全体人民共同富裕、物质文明和精神文明相协调、人与自然和谐共生等价值导向维度,展现出全新的风貌与特质,为城市发展开辟了崭新的路径,也为国际大都市(全球城市)理论与实践注入了中国特色的活力与智慧。深圳中国特色社会主义先行示范区、上海浦东社会主义现代化建设引领区、浙江共同富裕示范区等开创性和代表性实践,为我们全面理解社会主义现代化国际大都市核心功能提供了丰富的案例,也为成都等城市建设社会主义现代化国际大都市提供有益的借鉴与启示。

一、 社会主义现代化国际大都市内涵解析

社会主义现代化国际大都市是在社会主义制度框架下,依托庞大人口基数所蕴含的丰富人力资源与广阔市场潜力,以实现全体人民共同富裕为根本目标,推动物质文明与精神文明相互促进、协同发展,秉持人与自然和谐共生理念,深度融入全球经济、文化、科技等交流合作网络,在全球城市体系中具有强大影响力、引领力和示范力的现代化大都市。它不仅是经济繁荣的高地,更是社会公平正义的典范、文化多元包容的舞台、科技创新的前沿阵地、生态宜居的家园,是全方位彰显社会主义制度优越性与现代化建设伟大成就的城市形态。

（一）人口规模巨大是社会主义现代化国际大都市的显著特征

从人力资源角度看,庞大的人口为城市发展提供了丰富的劳动力资源,涵盖从体力劳动者到高端创新型人才的全谱系人才队伍,能够支撑起多元化产业体系的构建与发展。例如,在制造业领域,大量熟练工人可保障大规模生产的高效运行;在科技研发领域,众多科研人员的集聚有利于开展大规模、多领域的科研攻关项目。同时,巨大的人口规模也形成了庞大的消费市场,为城市的商业、服务业等产业提供了广阔的发展空间,促进国内国际双循环的良性互动。人口规模巨大也带来诸多挑战,如就业压力、公共服务资源分配压力等,这就要求城市在规划与管理中具备高超的统筹协调能力,实现人口与城市发展的动态平衡。

（二）全体人民共同富裕是社会主义现代化国际大都市的核心价值追求

全体人民共同富裕作为社会主义现代化国际大都市的核心价值追求,是指在

高质量发展基础上,通过实施合理的收入分配制度、创造公平的就业机会、构建完善的社会保障体系等多方面举措,让不同阶层、不同行业的居民都能共享城市发展成果。在产业发展方面,既要鼓励新兴产业、高端产业的创新发展,培育高收入群体,也要重视传统产业的转型升级与中小微企业的扶持,保障中低收入群体的就业与收入稳定。例如,通过税收调节、转移支付等手段,缩小贫富差距;通过发展职业教育与技能培训,提升劳动者就业能力与收入水平;通过建设保障性住房、提供基本医疗教育服务等,减轻居民生活负担,从而构建起橄榄型社会结构,实现从少数人富裕到全体人民共同富裕的转变。

(三)人与自然和谐共生反映了社会主义现代化国际大都市对可持续发展的深刻理解与坚定践行

城市发展不能以牺牲生态环境为代价,而是要将生态环境保护融入城市规划、建设与管理的全过程。在城市规划方面,保留并建设足够的城市绿地、湿地、公园等生态空间,构建城市生态网络;在建设方面,推广绿色建筑标准,采用节能环保材料与技术,降低建筑能耗与环境污染;在管理方面,加强对工业污染、交通污染、生活污染等的治理,发展绿色交通、循环经济等。例如,建设海绵城市以应对城市内涝与水资源循环利用问题,发展新能源汽车产业以减少机动车尾气排放,推进垃圾分类与资源回收利用以降低固体废弃物污染等,实现城市生态系统的平衡与稳定,打造绿色宜居的城市环境。

(四)物质文明和精神文明相协调是社会主义现代化国际大都市建设遵循历史唯物主义原理的必然结果

历史唯物主义认为,人类社会的发展是物质文明和精神文明相互作用、共同进步的过程。马克思指出:"从物质生产的一定形式产生:第一,一定的社会结构;第二,人对自然的一定关系,人们的国家制度和人们的精神方式由这两者决定,因而人们的精神生产的性质也由这两者决定。"[①]这就表明,精神文明的发展是建立在物

---

① 《马克思恩格斯全集》第 26 卷,人民出版社 1972 年版,第 296 页。

质文明发展的基础之上的。在社会主义现代化国际大都市中,雄厚的物质基础为精神文明建设提供了坚实的支撑。例如,发达的经济能够投入大量资金用于教育、文化设施建设等。像上海这样的城市,其强大的经济实力使得它能够建设众多高质量的博物馆、图书馆和文化艺术中心。这些文化场所的建设和运营需要大量的资金投入,而物质文明的发展成果为其提供了可能。同时,精神文明也对物质文明的发展起推动作用,正如马克思在《资本论》中提到的"劳动生产力的发展——这种发展部分地又可以和精神生产领域内的进步,特别是自然科学及其应用方面的进步联系在一起"[①]。先进的思想文化观念能够激发人们的创造力和创新精神,从而推动经济的持续增长。以科技创新文化为例,在一个鼓励创新、尊重知识的城市文化氛围中,科研人员更有动力去研发新技术、新产品。深圳以其浓厚的创新文化氛围,吸引了大量高科技人才,这种创新氛围推动了深圳在电子信息、人工智能等领域的物质生产的高速发展,创造了巨大的经济价值。

(五)社会主义现代化国际大都市作为全球城市网络体系的核心节点,扮演着至关重要的角色

社会主义国际化大都市不仅是中国经济和社会发展的引擎,也是全球经济、文化、科技交流的重要枢纽。在全球城市网络中,这类城市通过多种方式展现其核心节点的地位。在经济层面,这类城市致力于成为全球产业链的重要节点,通过吸引外资、促进贸易自由化和便利化,以及发展跨国企业,融入世界市场体系。它们不仅追求外向型经济的增长,更注重提升自身在全球价值链中的地位,实现从制造中心到创新和服务枢纽的转型。在文化交流方面,社会主义现代化国际大都市是中外文化交流的桥梁,推动本地文化走向世界,也接纳并融合多元文化元素。这有助于构建更加开放包容的社会环境,丰富城市居民的精神生活,并提升城市的国际形象与软实力。通过举办文化节庆、艺术展览等活动,加强与其他国家的文化互动,增进相互理解与尊重。在科技合作上,这类城市积极参与全球科研项目,建立国际

---

① 马克思:《资本论》第三卷,人民出版社 2004 年版,第 96 页。

合作实验室和技术转移平台,实现前沿科技成果的共享。它们鼓励跨国界的技术交流与人才流动,培养具有国际化视野的专业人才,为科技创新提供源源不断的动力。同时,重视知识产权保护,营造良好的创新创业生态,以期在全球科技竞争中占据有利位置。

总之,这种深度融合不仅仅是简单的对外开放,更是全方位、多层次、宽领域的参与和引领,旨在打造一个既具有中国特色又符合全球化趋势的现代都市典范,对内推动经济社会高质量发展,对外则彰显中国在全球事务中的影响力和贡献力。

二、 社会主义现代化国际大都市核心功能内涵解析

(一)全球资源整合与共享功能

社会主义现代化国际大都市应具备强大的全球资源整合能力,这不仅涵盖传统的经济资源,如资本、技术、人才等,还包括文化、信息等多元资源。社会主义现代化国际大都市在全球范围内广泛吸纳各类资源,并通过高效的配置机制,将其精准投放到城市发展的各个关键领域,以推动产业升级、创新突破与社会进步。同时,这种资源整合并非少数利益集团的独享,而是要在全体人民共同富裕的价值导向下,实现资源利用效益的广泛共享。例如,通过完善的教育、培训体系,使不同阶层的民众都能受益于引进的先进技术与知识资源,提升自身的就业能力与收入水平;通过文化资源的共享,丰富城市居民的精神文化生活,促进社会文明程度的整体提升。

深圳作为中国特色社会主义先行示范区,在全球资源整合方面表现卓越,其凭借优越的政策环境、活跃的创新氛围及完善的市场机制,吸引了大量国际资本、顶尖科技人才和前沿技术。例如,深圳的高新技术产业园区汇聚了众多世界知名企业的研发中心,这些企业带来了先进的技术和管理经验,与当地企业和科研机构相互协作、共享资源,不仅推动了深圳在电子信息、生物医药等领域的快速发展,还通过产业链的延伸与扩散,带动了周边地区相关产业的兴起,为区域协同发展奠定了基础。

浦东作为社会主义现代化建设引领区,依托上海的国际化大都市地位,在金融资源整合方面独具优势。通过建设陆家嘴金融贸易区等核心载体,浦东吸引了全球众多金融机构入驻设立分支机构或总部,形成了高度集聚的金融资源配置中心。同时,浦东积极探索金融创新,推动跨境金融业务的开展,如实施跨境人民币结算、设立自由贸易账户等,提升了中国在全球金融领域的话语权与资源整合能力。浦东还通过金融服务实体经济的机制创新,让更多企业尤其是中小微企业获得融资支持,以此促进经济的均衡发展与就业机会的增加。

(二)创新驱动与可持续发展功能

创新是社会主义现代化国际大都市发展的核心动力源泉。在科技创新方面,现代化国际大都市应持续投入研发资源,培育创新主体,构建完善的创新生态系统,以实现关键核心技术的突破与创新成果的高效转化。这种创新驱动不仅要推动物质文明的高度发展,如促进产业结构优化升级、提高经济发展质量与效益,还要与精神文明建设相协调。创新文化的培育、科学精神的弘扬,以及创新人才的全面发展,成为城市精神文明建设的重要组成部分。此外,创新驱动必须遵循人与自然和谐共生的原则,注重绿色创新、生态创新,推动可持续发展模式的形成。例如,在城市规划与建设中采用绿色建筑技术、智能能源管理系统等创新手段,降低能源消耗与环境污染;在产业发展中,大力扶持新能源、节能环保等绿色产业的创新发展,实现经济增长与环境保护的良性互动。

深圳作为中国特色社会主义先行示范区,始终将创新驱动发展战略置于首位。通过加大对科研机构、高校及企业研发中心的支持力度,打造了一批具有国际影响力的创新平台,如深圳湾实验室、鹏城实验室等。这些平台汇聚了全球顶尖的科研人才,在人工智能、5G通信、基因技术等前沿领域开展深入研究,取得了众多具有突破性的创新成果。同时,深圳注重创新成果的转化与产业化应用,通过完善的科技金融服务体系、知识产权保护制度及创新创业孵化机制,加速创新成果从实验室走向市场的进程。例如,深圳的大疆创新科技有限公司在无人机技术领域的创新成果,不仅在全球民用无人机市场占据主导地位,还带动了相关配套产业的发展,形成了完整的无人机产业链,为深圳的经济增长与就业岗位创造作出了巨大贡献。在可持续发展方面,深圳积极推动绿色交通体系建设,大力发展新能源汽车产业,推广电动公交车、出租车及共享单车等绿色出行方式,同时加强城市绿化与生态修复工程建设,提高城市的生态承载能力与环境质量。

上海浦东作为社会主义现代化建设引领区,在创新驱动与可持续发展方面也有着独特的实践路径。浦东聚焦于战略性新兴产业的培育与发展,如集成电路、生物医药、人工智能等领域,通过政策引导、资本投入与人才集聚,打造了具有全球竞争力的产业集群。例如,张江高科技园区作为浦东创新发展的核心区域,汇聚了众多国内外知名的生物医药企业和科研机构,在新药研发、医疗器械创新等方面取得了显著成就。同时,浦东在城市建设中注重生态规划与绿色发展理念的贯彻,积极推进海绵城市建设、生态廊道构建及水资源循环利用等项目,实现了城市现代化建设与生态环境保护的有机统一。

(三)文化传承与国际交流功能

社会主义现代化国际大都市承载着深厚的历史与文化底蕴,必须高度重视本土文化的保护、传承与创新发展。社会主义现代化国际大都市应深入挖掘城市的历史文化遗产、民俗文化传统及独特的地域文化特色,通过文化场馆建设、文化活动举办、文化产业发展等多种形式,让本土文化在现代社会中焕发出新的活力与魅力。同时,在全球化背景下,积极开展国际文化交流与合作,以开放包容的姿态吸纳世界优秀文化成果,促进多元文化的交融互鉴。通过文化的国际传播,提升城市的国际知名度与影响力,塑造具有独特魅力的城市文化形象,增强城市的文化软实力与国际竞争力。例如,举办国际文化艺术节、文化展览、学术交流会议等活动,搭建中外文化交流的平台,促进文化艺术作品的展示与传播、文化思想的碰撞与交流,以及文化产业的合作与发展。

深圳作为中国特色社会主义先行示范区,在文化传承与国际交流方面走出了一条具有特色的创新之路。深圳尽管是一座年轻的城市,但在短短几十年间积累了丰富的现代文化元素与创新文化内涵。深圳通过建设深圳博物馆、关山月美术馆、深圳书城等一系列文化设施,展示城市的发展历程与文化成就,同时积极推动文化创意产业的发展,将现代科技与文化艺术相结合,创造出了众多具有国际影响力的文化产品与文化品牌。例如,深圳的华侨城创意文化园以其独特的创意氛围与艺术气息,吸引了大量国内外艺术家、设计师在此创作与交流,成为深圳文化创意产业的重要地标与国际文化交流的热门场所。此外,深圳积极举办各类国际文化活动,如深圳国际文化产业博览交易会(文博会),这是全球规模最大的文化产业盛会之一,吸引来自世界各地的文化企业、艺术家、学者等参与,展示全球文化产业的最新成果与发展趋势,促进中外文化产业的深度合作与文化交流。

浙江作为共同富裕示范区,通过加强文化遗产保护与开发利用,建设了一批文化遗址公园、博物馆、文化小镇等。如良渚博物院的建成开放,让古老的良渚文化得到生动展示与传承。同时,浙江积极推动文化与旅游、科技、金融等产业的融合发展,打造了杭州西湖等一批具有国际知名度的文化旅游目的地与文化产业集群。在国际文化交流方面,浙江利用杭州作为 G20 峰会举办地等国际平台的影响力,加强与世界各国在文化艺术、教育科技、商务贸易等领域的交流合作,提升了浙江这一共同富裕示范区在国际文化舞台上的知名度与影响力。

（四）社会公平与和谐治理功能

社会主义现代化国际大都市面临着人口规模巨大的挑战,必须构建公平公正的社会制度与和谐有序的社会治理体系。在教育、医疗、就业、住房等民生领域,社会主义现代化国际大都市应确保资源的公平分配与优质供给,为全体居民提供平等的发展机会与基本生活保障。通过完善的社会保障体系、社会福利制度及社会救助机制,关爱弱势群体,缩小贫富差距,促进社会公平正义的实现;运用现代信息技术与创新治理理念,提升城市治理的精细化、智能化与科学化水平,构建政府、社会组织、企业与居民共同参与的多元治理格局,加强社会矛盾纠纷的预防与化解,维护社会和谐稳定;采用学区制改革、教育信息化建设等手段,促进优质教育资源的均衡共享;推进分级诊疗制度、医疗联合体建设等,提高医疗服务的可及性与公平性。

浙江作为共同富裕示范区,致力于在高质量发展中促进共同富裕,在社会公平与和谐治理方面有着丰富的实践经验与显著成效。在教育公平方面,浙江通过教师轮岗交流、远程教育平台建设等措施,提升薄弱学校的教育质量,缩小城乡教育差距。在医疗保障领域,浙江建立了覆盖全民的基本医疗保险制度,并不断完善大病保险、医疗救助等补充保障机制,提高居民的医疗保障水平。在社会治理方面,浙江积极探索数字化治理模式,利用大数据、人工智能等技术构建智慧城市治理平台。例如,杭州的城市大脑项目,通过对城市交通、环境、公共安全等多领域数据的实时采集、分析与处理,实现了城市治理的精准决策与高效运行,有效提升了城市的运行效率与居民生活质量,同时也促进了社会和谐稳定。

浦东作为社会主义现代化建设引领区,在社会治理创新方面也有着诸多亮点。浦东通过推进"一网通办""一网统管"等政务服务改革与城市管理创新举措,提升了政府服务效能与城市管理精细化水平。例如,"一网通办"平台整合了各类政务服务事项,实现了线上线下一体化办理,大大提高了企业和居民办事的便捷性与满意度;"一网统管"平台则通过整合城市管理各个领域的数据资源,构建了城市运行管理的智能感知、分析与处置体系,能够及时发现并精准处置交通拥堵、环境污染、公共设施故障等问题,有效维护了城市的正常秩序与和谐稳定。

综上可知,社会主义现代化国际大都市核心功能内涵丰富且多元,在全球资源整合与共享、创新驱动与可持续发展、文化传承与国际交流、社会公平与和谐治理等方面具有独特的要求与使命。通过深圳中国特色社会主义先行示范区、浦东社会主义现代化建设引领区、浙江共同富裕示范区等实践案例,我们看到不同地区在社会主义现代化国际大都市建设过程中的创新举措与成功经验。成都在建设社会主义现代化国际大都市的过程中,应充分借鉴这些经验,结合自身的历史文化、经济基础、人口规模等实际情况,制定科学合理的发展战略与路径策略。在全球资源整合与共享方面积极拓展国际合作空间,在创新驱动与可持续发展方面加大科技投入与绿色转型力度,在文化传承与国际交流方面提升文化品牌影响力与国际传播力,在社会公平与和谐治理方面促进基本公共服务均等化与社会治理创新。

三、社会主义现代化国际大都市核心功能更迭升级的特征

国际大都市作为世界经济体系中的关键节点,其核心功能中的核心环节始终处于动态更迭、持续攀升的进程之中。这一演变轨迹与全球经济、技术、文化等多领域的突破性发展紧密相连,深刻反映了不同历史时期的发展需求与竞争焦点。

在经济功能领域,传统的价值链曲线曾将制造环节置于低端位置。然而,随着新一轮科技革命与制造业革命的蓬勃兴起,高端制造环节借助先进技术实现了华丽转身。以智能制造为例,它融合了大数据、人工智能、物联网等前沿技术,使生产过程具备高度的智能化、自动化与精准化特征。这种变革不仅极大地提升了产品的附加值与技术含量,还重塑了全球产业分工格局。高端制造企业能够依据实时数据反馈迅速调整生产策略,优化产品设计与生产流程,从而在全球市场竞争中占据有利地位。例如,德国的一些高端汽车制造企业利用智能制造技术,实现了个性化定制生产,在满足消费者多样化需求的同时,大幅提高了生产效率与产品品质,引领了全球汽车制造业的发展潮流。

金融功能方面,伴随金融资本全球化流动的加速,全球财富管理、金融资本掌控及金融市场领导权已成为金融发展的核心环节。在国际大都市中,金融机构通过构建广泛的国际业务网络,汇聚与调配全球资本。它们凭借专业的风险管理与投资策略,对海量金融资产进行精细化管理,进而影响全球财富的分配与流动方向。以纽约为例,作为全球金融中心之一,华尔街汇聚了众多国际知名金融机构。这些机构在全球金融市场中扮演着关键角色,通过复杂的金融衍生品交易与资本运作,不仅为全球企业提供了融资渠道,还在一定程度上左右着全球经济的波动趋势。它们对金融资本的流向具有强大的引导力,能够在瞬息万变的市场环境中迅速作出反应,维护自身及全球金融体系的稳定。

贸易功能也经历了显著的转变。早期,贸易主要聚焦于单纯的商品流与加工贸易。而随着全球经济一体化进程的深化,要素流动呈现出高度知识化、服务化与

智能化的特征。如今,服务贸易与技术贸易的重要性日益凸显,并且贸易与投资功能深度融合。例如,在全球信息技术产业中,软件服务外包、技术专利授权等服务贸易形式蓬勃发展。印度凭借其在软件技术领域的优势,通过承接全球软件服务外包业务,实现了经济的快速增长与产业升级。同时,跨国公司在全球范围内的投资布局往往与贸易活动相互交织,它们通过在不同国家设立生产基地、研发中心与销售网络,实现了资源的优化配置与产业链的全球整合,进一步推动了贸易功能的升级与拓展。

科创功能的演变同样引人注目。最初,科创中心主要以科技论文发表数量、发明专利授权量及高科技产业产值等创新成果产出为核心衡量指标。然而,随着全球创新网络的加速形成,传统的"基础研究、应用研究、成果转化、商业化"线性串联协同模式已逐渐演变为泛在化趋势。如今,全球创新资源配置、科技创新指挥控制及创新成果前沿引领成为核心功能。例如,硅谷作为全球知名的科创中心,汇聚了全球顶尖的科技企业、高校与科研机构。在这里,创新活动不再受限于地理空间与时间,科研人员通过便捷的网络平台实现了跨地域、跨时域的合作交流。创新资源在全球范围内得到高效配置,风险投资机构能够迅速识别有潜力的创新项目并提供资金支持,科技巨头则凭借其强大的技术实力与市场影响力,引领全球科技创新的发展方向,推动新兴技术如人工智能、区块链等加速从实验室走向商业化应用。

对于成都而言,在建设社会主义现代化国际大都市的征程中,深刻理解国际大都市核心功能核心环节的更迭升级规律具有极为重要的战略意义。成都在经济功能升级方面,应积极顺应高端制造与智能制造的发展趋势,依托自身雄厚的制造业基础,如电子信息产业、装备制造业等,加大对人工智能、大数据等新技术的投入与应用。通过推动传统制造业向智能化转型,提升产业附加值与竞争力,打造具有全球影响力的高端制造产业集群。例如,成都可以进一步加强与国内外高校、科研机构的合作,共建智能制造研发平台,吸引高端人才与创新项目落地,推动智能制造技术的创新突破与产业化应用。

在金融功能提升上,成都应积极培育本土金融机构的国际化视野与竞争力,加强金融市场建设与监管创新。通过完善金融服务体系,吸引更多国内外金融资本流入,提升对区域乃至全球财富管理的参与度。例如,成都可以借鉴上海、香港等国际金融中心的经验,发展特色金融产业,如文化金融、科技金融等,打造具有成都特色的金融品牌与业务模式,逐步提升在全球金融市场中的话语权与影响力。

贸易功能转型方面,成都应充分利用"一带一路"倡议带来的机遇,大力发展服务贸易与技术贸易,促进贸易与投资的协同发展。依托成都的文化旅游资源、软件服务外包优势及航空运输枢纽地位,打造服务贸易新高地。例如,成都可以加强与欧洲、东南亚等地区在文化创意产业、旅游服务贸易等领域的合作,举办国际文化旅游节、服务贸易洽谈会等活动,提升成都服务贸易的国际知名度与影响力。同时,鼓励本地企业"走出去",通过对外投资在全球范围内整合资源,构建以成都为核心的全球贸易网络节点。

科创功能升级过程中,成都要积极融入全球创新网络,强化对全球创新资源的配置能力与科技创新的指挥控制能力。加大对高校、科研机构的支持力度,培育一批具有国际竞争力的科研创新团队。建设一批高水平的科技创新平台,如综合性国家科学中心、国家技术创新中心等,吸引全球顶尖科技企业与创新人才入驻。例如,成都可以依托天府新区、成都高新区等创新载体,打造全球科技创新合作示范区,加强与国际科技创新前沿地区的合作交流,推动成都在人工智能、生物医药、航空航天等领域的创新成果达到国际领先水平,并实现创新成果的快速转化与商业化推广,引领区域乃至全球相关产业的发展方向。

总之,国际大都市核心功能和核心环节的更迭升级为成都建设社会主义现代化国际大都市提供了宝贵的经验借鉴与战略指引。成都应紧紧抓住时代机遇,积极推动自身核心功能的优化升级,在国际大都市竞争格局中脱颖而出,实现经济社会的高质量发展与国际化大都市建设目标的顺利达成。

第二节　国际大都市核心功能的构成要件

国际大都市的核心功能由一系列相互关联的构成要件组成,这些要素共同塑造了城市的全球影响力。首先,强大的综合经济实力是基石,这不仅体现在GDP总量上,更在于拥有高质量的服务经济,能够提供金融、法律、咨询等高端服务,支撑城市在全球经济体系中的地位。其次,高密度的总部经济意味着大量跨国公司和功能性机构选择在此设立总部或区域中心,它们不仅是经济活动的指挥中枢,也促进了知识和技术的快速流通。高频次的枢纽经济确保了城市作为全球连通性节点的地位,通过高效的交通、物流和信息网络,实现与世界各大经济体之间的畅通无阻交流。这种便捷的连接性对于吸引投资、促进贸易至关重要。再者,高能级平台经济反映了城市内部要素市场的成熟度,包括资本市场、技术市场、人才市场等的高度发展,使得资源能够迅速有效地配置到最有价值的地方。最后,高浓度的创新经济是推动城市持续发展的动力源泉,这里汇聚了大量的科研机构、初创企业和创意人才,形成了充满活力的创新生态系统,各类孵化器、加速器和科技园区为新想法提供了生长的土壤,鼓励着科技创新和商业模式革新。

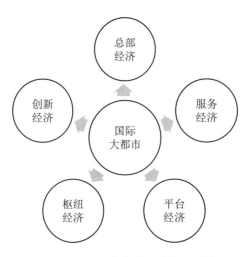

图 2.1　国际大都市的五大核心要件

资料来源:课题组绘制。

一、 强大的综合经济实力，高质量的服务经济

纽约、东京、伦敦、新加坡等国际大都市均拥有强大的经济实力，具有全球经济中心地位。纽约、东京的经济总量超过 1 万亿美元，占所在国 GDP 的比重分别为 5% 和 20%，是全球仅有的两个 GDP 破万亿美元的城市。伦敦的经济总量超过 5 000 亿美元，居全球第五位，并形成了以服务经济为主的产业结构，服务业比重超过 80%，特别是高端生产性服务经济发达。新加坡在金融科技创新方面处于领先地位，推动数字金融革命，为全球投资者提供便捷和高效的金融服务。新加坡集聚了大量金融机构、贸易公司、交易所、律所、会计公司、广告公司、设计公司、交通通信服务公司等高端生产性服务业企业，为全球实体产业提供服务，成为海外资产配置的首选地。

二、 高密度的总部经济，跨国功能性机构集聚

纽约、东京、伦敦、迪拜等国际大都市在快速发展中，逐渐成为跨国公司总部和全球功能性机构的首选地。这些城市的跨国公司总部集聚度高，总部经济发达。如纽约在 20 世纪 80 年代就确立了世界"总部中心"地位，一大批跨国公司总部和国际功能性机构在纽约得到快速发展。东京自 20 世纪 90 年代开始成为越来越多的跨国公司为实现其全球经济控制功能的选址地，目前东京聚集了超过 2 300 家外资企业总部，占日本的 76%，东京的世界 500 强总部数量居全球第二位。在伦敦，有超过 100 家的欧洲 500 强企业设立总部，超过 3/4 的世界 500 强企业设立分公司和办事处。2023 年上半年，迪拜吸引了 6 家跨国公司和 50 家中小企业落户。迪拜为打造世界一流的经贸枢纽功能，实施了"迪拜经济计划 D33"，其目标是十年内实现经济总量翻一番，这进一步增强了迪拜对跨国公司的吸引力。

三、 高频次的枢纽经济，全球连通性广且畅通

纽约、伦敦、东京等国际大都市均拥有广泛的国际联系网络，是全球重要的要

素集散枢纽。以纽约为例,纽约大都市区拥有美国最繁忙的机场系统。2018年,纽约三大机场共服务旅客1.38亿人次,较十年前增长32%,其中45%的客流量是国际客流。纽约港是美国最大的海港,拥有优良的海陆空铁立体化集疏运体系,是美国最重要的产品集散地。优良的设施体系,广泛的国际联系,使得纽约的全球连通性始终处于全球领先地位。上海全球城市研究院《全球城市发展指数2023》报告显示,纽约的全球网络连通性连续多年领先全球其他城市。另据麦肯锡全球研究院《数字时代下的全球流动》报告,纽约在商品流、服务流、人员流、金融流、数据流等方面整体处于第一梯队。

四、 高能级平台经济,高度发展的要素市场

纽约、伦敦、东京等国际大都市要素市场发达,是拥有全球影响力和话语权的全球金融中心。目前,纽交所是全球最大的主板证券交易所,上市公司总市值、IPO数量及市值均居全球第一位,市值接近全球股市总市值的40%,上市公司超过2 400家。伦敦是全球最大的外汇交易中心,其外汇交易总量占全球的比重高达43.1%。同时,这些国际大都市的要素市场上国际企业或机构参与度高,国际化程度强。纽交所2 400多家上市企业中,22%来自海外;伦交所2 100多家上市企业中,30%来自海外。庞大的交易规模、众多的金融产品、活跃的金融创新及完善的制度环境等,使得纽约、伦敦等始终保持全球金融中心地位,具备全球要素市场的定价权和规则制定权。

五、 高浓度创新经济,创新活力竞相迸发

纽约、伦敦、东京等国际大都市创新经济发达,是全球科技创新中心。东京自1949年开始就推动自有企业全球创新网络布局,设立了东京亚洲总部特区,巩固东京亚洲总部基地和研发中心地位。伦敦作为全球"创意之都",引领了英国创意经济发展。除了科技创新之外,制度创新方面也具有国际引领力。纽约推出的"科技天才管道""经济适用房计划"等政策制度,伦敦实施的"专利盒"政策、"知识天使"

创新指导网络计划等,都极大地激发了创新活力。上海全球城市研究院《全球城市发展指数 2020》报告显示,纽约、东京、伦敦、新加坡、迪拜在综合创新能力、科技服务功能、创新环境、文化创造力等方面领先世界。

第三节　成都国际大都市发展基本特征与国际比较

成都正在建设具有全球影响力的国际门户枢纽城市,构筑具有国际竞争力和区域带动力的开放型经济体系。塑造全球综合竞争力、提升全球城市地位,对成都建设具有影响力的社会主义现代化国际大都市具有重要意义。本部分对成都在全球城市体系中的地位进行分析,系统梳理成都在国际大都市发展中的坐标定位,识别成都在建设国际大都市进程中面临的挑战。

一、综合实力：已稳步进入世界强二线,但与顶级国际大都市相比仍存在显著差距

GaWC(全球化和世界城市研究网络)世界城市排名是国际通用的、衡量世界城市地位的方法,具有权威性、客观性和一致性,受到国内各大城市政府部门的高度重视。2023 年 12 月 20 日,GaWC 中国办公室在上海师范大学全球城市研究院设立。现利用 2024 年最新数据对成都在世界城市中的地位进行分析。

在 GaWC 的世界城市排名中,成都自 2008 年的第 179 位(S 等级,发展程度一般,全球经济依赖度最低),逐年攀升至第 59 位,进入世界强二线城市等级(Beta+,具有较好的连接区域和全球经济能力),表明成都高端生产性服务业发展态势强劲,全球服务的能力实现跨越式发展。根据课题组使用 2024 年最新数据的测算,成都将继续保持在全球 58 名左右的位置,保持在国内其他二线城市中的领先地位。

但与顶级国际大都市相比,成都存在一定差距,且面临后位城市的追赶,位置并不稳固。GaWC 的世界城市排名,本质上是通过间接的流量度量对城市的先进

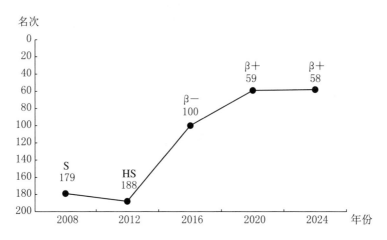

图 2.2　GaWC 世界城市排名中成都名次的变动情况

资料来源:课题组绘制。

生产性服务业水平进行评估,衡量一个城市融入世界城市网络的程度。根据 2024 年最新数据测算的全球网络连通性水平(Global Network Connectivity,GNC),国内不同层级的城市之间存在较大差距:香港、北京、上海处于第一梯队,GNC 均在 60 000 以上;广州、台北、深圳处于第二梯队,GNC 在 40 000 左右;成都、天津、杭州、重庆、南京等城市处于第三梯队,GNC 均在 30 000 左右。在世界强二线城市中,成都所处位置靠后,面临着降级为中二线城市的风险。同时,成都与处于世界中二线城市的天津、杭州之间 GNC 差距较小,与天津仅有 300 多点差距。

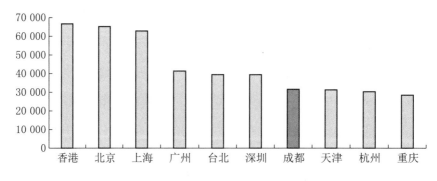

图 2.3　中国 GNC 排名前 10 位城市

资料来源:课题组绘制。

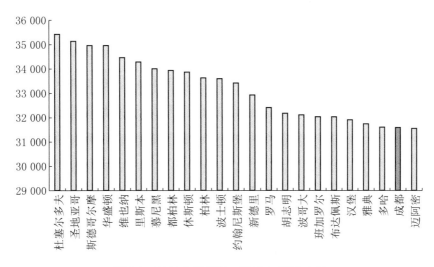

图2.4　2024年世界强二线城市GNC水平

资料来源:课题组绘制。

二、 服务经济：成为经济发展的主要驱动力，但全球影响力相对不足

成都服务经济的全球影响力与顶级国际大都市相比存在较大差距。回顾国际大都市发展历程,20世纪70年代开始的全球化进程带来的最显著影响就是经济发展的转型,即逐步从工业化走向后工业化,服务经济成为国际大都市经济发展的首要特征。从人均GDP和服务经济占比数据来看,成都正处于从工业化向后工业化转型发展的阶段,服务经济占比稳步提升,对经济的驱动作用逐渐显现。根据公开渠道披露的最新统计数据,2020年成都服务业进出口贸易额约为911亿元(折合约134亿美元)。而2022年伦敦、新加坡、东京的服务贸易量分别达到7 200亿、6 092亿、3 700亿美元,上海、北京、香港的服务贸易量也分别达到2 454亿、1 379亿、1 269亿美元。虽然数据不是同一年份,但仍能反映成都与全球主要国际大都市在服务贸易能级上存在的数量级差距。

成都的专业服务业能力较不均衡,服务经济发展地位有待提升。国际大都市的全球资源配置能力突出表现为高度发达的产业服务环境,尤其是众多服务全球的会计、律师、中介、金融、咨询、资产评估、科技研发等高端服务行业企业。根据

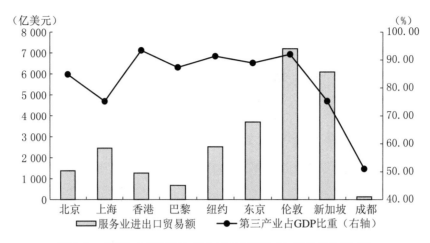

图 2.5　成都与主要国际大都市服务经济比重、服务贸易额对比

资料来源:根据各城市 2022 年官方统计资料按可比口径整理,部分为 2019 年数据。

2024 年数据,成都全球网络连通性突出表现在金融和会计两个行业上,贡献率分别为 45% 和 50%。尤其是金融行业的全球网络连通性排名为第 18 位,超过总体的全球连通性排名,属于成都的优势领域。而在广告、法律、管理咨询行业中,成都与国内一线城市差距显著,表明二线城市的"本土化"进程相对滞后。成都的金融、会计行业还面临着国内其他二线城市的追赶:金融行业跨国公司分支机构数量上,成都为 19 个,低于同为二线城市的天津;会计行业跨国公司分支机构数量上,成都为 15 个,与一线城市差距不大,但低于同为二线城市的杭州。

表 2.1　国内部分城市分行业跨国公司分支机构数量

	金融	会计	广告	法律	管理咨询
北京	48(9)	21(2)	17(1)	20(0)	10(0)
上海	57(2)	22(0)	20(0)	19(0)	11(0)
广州	28(0)	19(0)	13(0)	0(0)	1(0)
深圳	24(2)	18(0)	4(0)	1(0)	1(0)
成都	**19(0)**	**15(0)**	**3(0)**	**0(0)**	**0(0)**
杭州	18(0)	16(0)	3(0)	0(0)	0(0)
天津	23(0)	15(0)	1(0)	0(0)	0(0)
重庆	18(0)	13(0)	1(0)	0(0)	0(0)

注:括号内为总部数量。
资料来源:课题组绘制。

三、 总部经济：成就显著，但能级不强，"引进来"的同时也要"走出去"

总部经济是成都做强国家西部中心城市核心功能，提升城市地位的重要载体和抓手。近年来，成都在吸引和培育跨国公司总部方面取得了显著成就。2023年《财富》世界500强榜单中，总部位于成都的企业共有5家，分别为新希望（第363位）、蜀道投资（第389位）、通威集团（第476位）和成都兴城投资（第493位）。同时，随着生物医药产业的迅速发展，英国制药企业阿斯利康在成都高新区设立了中国西部总部。

从大型跨国企业数量和能级来看，成都的全球影响力依然有限。世界500强企业数量与北京（53家）、上海（12家）、东京（38家）、巴黎（27家）差距明显。专业服务业是总部经济发展的关键配套环节，而成都在五个典型生产性服务业总部上未有布局。

在逆全球化思潮和全球经济增速下行的影响下，大型跨国公司的投资布局将更为谨慎，成都须从引进外资逐渐转向"引进来"与"走出去"两手抓。尤其是鼓励本土企业"走出去"具有重要意义，将有效提升企业的国际竞争力和品牌价值，推动技术创新和产业升级，提升国际地位和软实力。

四、 枢纽经济：具备一定全球连通性，对外开放程度有待进一步提升

国际大都市通过跨国公司、全球性服务机构来实现全球资源配置，形成要素集聚、流量节点的枢纽经济，体现在资金流、技术流、信息流、人才流、商品流等各类流量之中。

在设施连接的有形流量枢纽上，成都依托国际空港、铁路港"双枢纽"建设，以及"空中丝绸之路＋西部陆海新通道"立体通道体系的完善优化，基本形成网络化的设施枢纽框架。2023年，成都航空旅客吞吐量达到7 492万人，位居全国第三；天府机场跻身全球繁忙机场行列，旅客吞吐量居中西部第一。但在设施连接的全球连通水平上，成都仍然与顶级国际大都市存在差距。从截至2024年9月的数据来

表 2.2　天府机场国际航线对比

机　　场	国际直达航点数量(个)	国际直达航线数量(条)	航点平均航线数量(条)
成都天府	39	58	1.49
上海浦东	81	175	2.16
法兰克福	272	432	1.59
班加罗尔	27	49	1.81

资料来源:课题组编制。

看(表 2.2),成都天府机场已有 39 个国际和地区直达航点,直达航线数量达到 58 条,航点的平均航线数量为 1.49 条。选取国内领先枢纽上海浦东国际机场、全球领先枢纽法兰克福机场和国外潜力枢纽班加罗尔机场作为对标机场。上海浦东国际机场拥有国内最多的直达航点和直达航线,分别为 81 个和 175 条。法兰克福机场的国际直达航点达到 272 个,直达航线达到 432 条。班加罗尔机场的国际直达航点和航线数量要略低于成都天府机场,分别为 27 个和 49 条,但班加罗尔机场每个航点的平均航线数量要超过成都天府机场。

在跨国总部分支联系的无形流量枢纽上,成都的全球化融入程度有较大提升空间。根据由生产性服务业总部分支机构数量计算的全球网络连通性(表 2.3),成都与全球 59 个城市建立了强连通联系,处于世界二线城市平均水平,不到北上广深等国内一线城市的一半水平,甚至弱于同层级的天津,突出表现在与布鲁塞尔、马德里、墨西哥等城市的联系较弱。

五、 平台经济:处于起步快速发展时期,亟待从区域市场走向国际市场

大宗商品交易平台等全球性市场平台,是国际大都市在全球范围内推动资源要素流动、集聚、组合、交易的重要场所,突出表现为全球包容性、国际参与性和国际影响力。成都的平台经济正快速崛起。成都是中国中西部地区金融机构种类最齐全、数量最多、金融市场发展速度最快的城市,已集聚各类金融机构及中介服务机构 2 600 余家,存款余额、贷款余额、上市公司数量等主要金融指标均位居中西部第一。成都电子商务创新驱动、引领多个领域发展,数字化转型平台加速建设,搭

表 2.3　中国按照 GNC 联系方向排名前 10 位城市

排名	全球网络连通方向		强连通方向（GNC≥100）	
	城市	数量	城市	数量
1	北京	730	北京	225
2	上海	722	香港	197
3	香港	719	上海	188
4	广州	681	深圳	111
5	台北	678	广州	109
6	深圳	673	台北	107
7	**成都**	**669**	天津	63
8	天津	664	**成都**	**59**
9	杭州	661	杭州	54
10	苏州	656	重庆	51

资料来源：课题组编制。

建智慧蓉城应用场景，推动了全国首创的"算力券"。

但与北京、上海等国内的国际大都市相比，成都的平台经济发展规模相对较小、国际化程度偏低。在资本市场上，2024 年的统计数据显示，成都的上市公司市值规模为 1.35 万亿元，与北京的 25.16 万亿元、上海的 11.39 万亿元、深圳的 10.50 万亿元相比存在较大差距。在金融资产与大宗商品交易市场上，北京拥有 30 多个地方交易场所；上海在原油期货、铜期货、黄金等三大市场上已经具有国际话语权；郑州商品交易所实现油脂油料板块品种整体国际化，"郑州价格"成为相关品种国际贸易定价的重要参考。相比之下，成都的平台经济需要从本土区域市场走向国际市场，进一步提升整体能级。

六、创新经济：发展有基础、有势头，未来成长面临诸多挑战

在新一轮科技革命催化下，科技创新功能正在孕育新的产业和经济形态，并加速重塑全球城市体系格局。国际大都市纷纷通过完善的创新生态系统，吸引集聚更多的创新企业和创新人才等要素。成都具备创新经济发展土壤，拥有建设成为具有全国影响力的科创中心的潜力。成都是中国西部地区重要的教育中心，在校

大学生近 130 万人。在一系列政策的支持下,成都的创新创业势头稳步发展,"科创贷""算力券"和 DEMO CHINA 大会等举措逐步破解了科创企业发展难题。

面对国内外复杂形势和发展需求,成都的创新经济发展依然任重而道远。根据 2023 年全球科技创新中心发展指数排名(GSTICI),成都在第 67 位,与第 2 位的纽约、第 5 位的东京、第 3 位的伦敦,以及第 4 位的北京、第 10 位的上海形成较大差距。成都的研发投入强度相对较低,2023 年研发支出为 733.26 亿元,仅为东京、北京、上海等城市的 1/4—1/3 水平。创新产出上,2022 年,成都的专利数量为 1.95 万项,与东京的 28.95 万项、上海的 24.14 万项、北京的 20.27 万项差距较大。科创企业主体上,截至 2023 年底,成都的国家高新技术企业总数增至 1.3 万家,与北京的 2.83 万家、上海的 2.4 万家差距不小。创新转化上,成都的高校科研成果转化实施效果并不理想。根据国家知识产权局调查,高校专利普遍面临着转化率偏低、转化价值偏低的困境。在当前产业链、创新链中逆全球化态势加剧的背景下,成都须进一步培育原创性科技创新能力,推动国际科研合作,构建创新生态,吸引国际化科技人才,以塑造成都在全球科技创新网络中的地位和影响力。

第三章

成都建设社会主义现代化国际大都市的战略目标与核心功能

随着国家发展战略的不断推进，成都的城市定位与发展方向愈发明确。从习近平总书记提出支持成都建设全面体现新发展理念的"公园城市"，到成渝地区双城经济圈建设的战略布局，再到《成都市国土空间总体规划（2021—2035 年）》将成都定位为"三中心一基地"，成都迈向社会主义现代化国际大都市的步伐日益坚定。

在此背景下，本章将围绕成都建设社会主义现代化国际大都市的总体战略目标、战略功能定位、中心功能定位及核心功能定位展开深入剖析，基于成都的历史、现实与未来愿景，探寻成都的城市发展核心功能体系的构建路径，力求彰显中国特色、时代特征与成都特质，为成都建设成为社会主义现代化国际大都市提供理论支撑与实践指引。

第一节　成都建设社会主义现代化国际大都市的总体战略目标

依据面向未来的战略定位，成都将通过若干重要时间节点实现建设社会主义现代化国际大都市的总体战略目标，包括近期目标、中期目标和远期目标。

一、 近期主要目标

到 2030 年,成都社会经济综合实力和国际影响力进一步提升,社会主义现代化国际大都市的核心功能逐渐凸显,在 GaWC 世界城市排名中跻身 Beta＋序列头部城市。

1. 强化西部经济中心地位,提升居民生活品质。率先基本实现社会主义现代化,争取人均 GDP 达到中等发达国家水平。通过优化产业结构,推动传统产业转型升级,大力发展现代服务业和新兴产业,进一步巩固成都作为西部经济中心的地位。在这一过程中,创造更多高质量就业岗位,提高居民收入水平,为"烟火里的幸福成都"筑牢坚实的经济基础。同时,围绕先进制造业基地建设,加大对高端装备制造、电子信息等优势产业的扶持力度,推动智能制造技术的广泛应用,提升产品质量和生产效率,增强在全球产业链中的竞争力。

2. 发挥西部科技创新中心引领作用,推动产业升级。全面提升国家中心城市功能,在"双循环"新发展格局中勇当西部引领城市。充分发挥西部科技创新中心的关键作用,建立健全科技创新激励机制,鼓励企业加大研发投入,加强与高校、科研机构的产学研合作。加快科技成果转化平台建设,推动创新成果快速落地应用,大力发展人工智能、生物医药、新能源等新兴产业,强化"奋进中的创新之城"的引领地位。积极打造国际创新基地,吸引国内外顶尖科研团队和创新企业入驻,营造良好的创新创业生态环境。

3. 凸显西部对外交往中心优势,拓展开放格局。基于铁路的陆权新优势更加显著,初步建成国家向西向南开放的门户枢纽城市。凭借西部对外交往中心的定位,加强与"一带一路"沿线国家和地区在交通、贸易、文化等方面的互联互通。积极拓展国际铁路运输线路,提升国际物流枢纽功能,吸引更多国际知名企业设立区域总部或生产基地。举办各类国际经贸洽谈会、文化交流活动等,提升成都在国际舞台上的知名度和影响力,展现"奋进中的创新之城"的开放姿态。

4. 促进融合发展,彰显城市特色。推动经济、文化、科技、金融和生态融合协调发展。利用数智技术深度挖掘成都丰富的文化资源,打造具有地域特色和国际影响力的文旅平台,如开发以古蜀文化、三国文化为主题的数字文旅产品,点亮"烟火里的幸福成都"的文化魅力。依托西部科技创新中心和国际创新基地,持续推动科技创新,为产业发展提供强大动力,巩固"奋进中的创新之城"的地位。加强生态保护与建设,优化城市生态空间布局,推进城市绿道、公园等生态基础设施建设,让雪山美景成为城市的亮丽名片,凸显"雪山下的公园城市"特色,建成全国性公园城市示范区,引领全国公园城市发展潮流。同时,不断完善教育、医疗、养老等公共服务设施,丰富居民文化娱乐生活,提升"烟火里的幸福成都"的生活质感。

二、 中期主要目标

到 2035 年,成都基本搭建起社会主义现代化国际大都市的基本框架,形成基本功能和核心竞争力。

1. 打造"一带一路"内陆开放型经济高地,推动成渝城市群发展。成为"一带一路"内陆开放型经济高地、向西向南国际门户枢纽城市,深度发挥西部经济中心和西部对外交往中心的功能。积极参与"一带一路"建设,加强与沿线国家和地区的产业合作,吸引更多世界 500 强企业入驻,推动产业向高端化、国际化迈进。加强与重庆的协同发展,在交通、产业、生态等方面实现深度融合,推动成渝世界级城市群基本形成,提升在全球经济格局中的地位。

2. 提升城市能级,强化科技创新与产业融合。城市能级和影响力显著提升,成功进入世界城市一线 Alpha-城市行列。持续加大对西部科技创新中心的建设投入,培育一批具有国际竞争力的创新型领军企业,打造一批国家级科技创新平台。推动科技与产业深度融合,以科技创新引领产业升级,加快传统制造业向智能化、绿色化、服务化转型,巩固西部先进制造业基地地位,提升产业整体竞争力。

3. 建设美丽宜居公园城市,提升幸福指数。建成美丽宜居的公园城市。通过实施一系列生态保护和修复工程,城市生态环境得到根本改善,空气质量优良率大幅提高,河流水质明显提升,实现雪山与城市的和谐共生,进一步凸显"雪山下的公园城市"魅力。加强历史文化街区和文化遗产的保护与传承,举办各类高水平的文化活动,提升城市文化软实力。随着经济的发展和社会的进步,人民生活更加富裕,基本公共服务实现优质均衡,让"烟火里的幸福成都"成为城市的显著标识。

三、 远期主要目标

到 2050 年,成都建成具有世界影响力的社会主义现代化国际大都市。

1. 成为全球城市网络重要节点,引领区域发展。全面建成泛欧泛亚区域性经济中心、科技中心、文创中心、金融中心和贸易中心,在全球城市网络中的联通度和全球资源配置能力显著提升,成为全球城市网络的重要节点,进入世界城市排名 Alpha 层级的一线城市。充分发挥西部经济中心、西部科技创新中心、西部对外交往中心的引领作用,以及全国先进制造业基地的产业支撑作用,积极参与全球经济治理,在全球产业链、供应链、创新链中占据关键位置,引领成渝地区乃至中国西部地区的高质量发展。

2. 实现共同富裕,构建幸福和谐家园。共同富裕基本实现,城乡居民享受更加幸福安康的生活,城市幸福宜居、全龄友好、文明和谐。持续完善社会保障体系,加大对农村和偏远地区的扶持力度,缩小城乡差距,实现公共服务均等化。丰富居民精神文化生活,提升居民的幸福感和获得感,让"烟火里的幸福成都"成为全体居民的美好家园。

3. 建成"人城境业"和谐统一的公园城市,树立全球典范。全面建成生态环境优美、人文气息浓厚和营商环境友好的公园城市。拥有天蓝地绿、水清岸绿、亲近自然、清新灵动的生态环境,成为生态宜居的全球典范,彰显"雪山下的公园城市"的极致魅力。具备浓厚的文化氛围和丰富的生活气息,打造令人向往的现代人文环境,传承和弘扬成都独特的历史文化。构建创新驱动、开放引领、场景赋能的产业生态,实现科技创新与生态保护、文化传承、产业发展的深度融合,达到"人城境业"高度和谐统一,打造具有全球吸引力的城市发展模式。

4.实现成渝地区双城经济圈一体化,打造世界级城市群。全面实现成渝地区双城经济圈一体化发展,建成可持续发展的世界级城市群。加强与重庆在产业协同创新、基础设施互联互通、生态环境共建共保等方面的深度合作,形成优势互补、协同发展的良好局面。共同发挥西部经济中心、西部科技创新中心等功能,提升成渝地区在全球的竞争力和影响力,为国家区域发展战略作出重要贡献。

第二节　成都建设社会主义现代化国际大都市的战略功能定位

成都是一座底蕴深厚的历史文化名城,也是中国极具活力与幸福感的城市代表。2018年2月,习近平总书记来川视察期间,高瞻远瞩地提出支持成都建设全面体现新发展理念的城市,并且首次创新性地提出"公园城市"这一先进理念,为成都的城市建设与发展指明了新方向,注入了新的活力与内涵,推动成都在城市规划和发展模式上进行全新探索。2020年1月,在中央财经委员会第六次会议上,习近平总书记从国家战略高度出发,亲自谋划、亲自部署、亲自推动成渝地区双城经济圈建设这一重大战略布局,并明确要求成都建设践行新发展理念的公园城市示范区。这一指示将成都的发展置于更广阔的区域发展格局中,赋予了成都在成渝地区协同发展中发挥引领示范作用的重要使命,进一步提升了成都的城市定位和发展要求,为成都带来了前所未有的发展机遇。2022年6月,习近平总书记再次莅临四川视察,此次视察内容丰富且具体,涉及多个关键领域。在高标准农田建设方面,习近平总书记强调要夯实农业基础,保障粮食安全;在加强粮食生产方面,习近平总书记对成都的农业发展提出了明确要求,即确保"天府粮仓"的地位稳固;在推动乡村振兴方面,习近平总书记为成都的农村发展和城乡融合指明了道路;在保护历史文化遗产方面,习近平总书记强调成都丰富文化资源的重要性,要求加强对历史文化的传承与保护;在长江流域生态保护修复方面,习近平总书记强调了成都在维护区域生态平衡中的责任与担当;在科技创新方面,习近平总书记鼓励成都加大科技研发投入,提升创新能力,以科技驱动城市发展,为成都的高质量发展提供了全方位的指导。

2024年9月27日,国务院批复了《成都市国土空间总体规划(2021—2035年)》(以下简称"《规划》")。可以说,这是成都城市发展历史上一次极其重要的定位调整。《规划》中明确成都为"四川省省会,西部地区重要的中心城市,国家历史文化名城,国际性综合交通枢纽城市"。同时,将成都的城市功能定位为"三中心一基地",即"西部经济中心、西部科技创新中心、西部对外交往中心和全国先进制造业基地"。"三中心一基地"及公园城市示范区的战略功能定位,不仅为成都勾勒了清晰的发展蓝图,更为其建设成为社会主义现代化国际大都市奠定了坚实的基础。

一、 基于国土空间总体规划和公园城市建设的战略功能定位

(一)西部经济中心

提升全球资源配置能力和整体经济效率,是成都迈向国际化经济强市的关键。通过加强有序承接产业梯度转移的空间保障,成都能够吸引更多优质产业资源,为构建现代化产业体系奠定基础。以产业建圈强链理念变革产业发展方式,旨在打破传统产业发展的孤立模式,以产业链为纽带,整合上下游资源,形成产业集群效应,提升产业的整体竞争力。此举不仅能增强产业链供应链韧性,确保在面对外部冲击时产业的稳定运行,还能提升产业安全水平,保障关键产业的自主可控。

突出实体经济发展是成都经济稳健增长的根基。深入推进智造引领,建设制造强市,体现了成都顺应制造业智能化发展趋势,以智能制造为突破口,提升制造业的质量和效益。同时,促进生产方式绿色低碳转型,符合全球可持续发展的大趋势,不仅有助于降低制造业对环境的影响,还能催生新的绿色产业和技术,为经济增长注入新动力。

推动服务业结构优化、能级提升和供给创新,是成都经济结构调整的重要方向。生产性服务业向专业化和价值链高端延伸,能够为制造业提供更高效、更优质的服务支持,促进制造业与服务业的深度融合。生活性服务业向高品质和多样化升级,满足了人民日益增长的美好生活需要,提升城市的生活品质。着力增强在全

球消费市场的集聚带动能力和资源配置能力,打造国际消费中心城市,将进一步提升成都在全球消费领域的影响力,吸引国内外消费资源,推动消费升级,带动经济增长。

（二）西部科技创新中心

坚持以科技创新引领现代化产业体系建设,是成都实现高质量发展的核心驱动力。在推进科技创新和科技成果转化上同时发力,既能提高科技研发的针对性和实用性,又能将科技成果快速转化为现实生产力,服务国家重大战略需求,同时支撑成都本地产业的升级换代。

《规划》指出,以西部（成都）科学城为核心完善创新体系,整合各类创新资源,形成创新要素集聚效应。以成渝（兴隆湖）综合性科学中心为牵引,打造国家战略科技力量重要承载地,有助于成都在国家科技创新战略布局中占据重要地位,吸引顶尖科研人才和项目,提升基础研究和应用基础研究能力,为突破"卡脖子"关键核心技术提供坚实的科研基础。

做强高能级产业创新平台、高校院所协同创新平台和高品质功能服务平台,能够促进产学研用深度融合。增强中试验证、成果转化、应用示范能力,解决科技成果从实验室到市场的"最后一公里"问题,加速科技成果产业化进程,推动产业创新发展。

（三）西部对外交往中心

《规划》提出,增强服务国家总体外交大局的支撑作用和参与全球治理的能力,是成都作为西部重要城市的责任担当。通过加快构建对外交往新格局,成都能够在国际舞台上发挥更重要的作用,提升国际影响力。

全面增强对外交往中心功能,需要不断完善立体化战略大通道体系、高效率枢纽体系、高能级开放平台体系和国际供应链体系。这些基础设施和开放体系的建设,能够提升成都的对外联通性和开放水平,培育国际合作和竞争新优势,吸引更多的国际资源和要素集聚。

加快提升国际大都市形象,加强城市间国际交流合作,充分彰显天府文化魅力,有助于提升成都的国际知名度和美誉度。建设国际交往活跃、国际高端要素集聚、国际化服务完善、国际影响力凸显的西部对外交往中心,将使成都成为展示中国文化和城市形象的重要窗口,促进中外文化交流与合作。

(四)全国先进制造业基地

锚定国家先进制造业发展重点,以新型工业化引领制造业高质量发展,推进信息化和工业化深度融合,加快制造业数字化转型,是成都制造业顺应时代发展潮流的必然选择。数字化转型能够提升制造业的生产效率、产品质量和管理水平,增强制造业的竞争力。

《规划》突出发展电子信息、装备制造、医药健康、新型材料、绿色食品等支柱产业,加快发展人工智能、低空经济、前沿医学等战略性新兴产业,超前布局量子、生命科学、光芯片、新型储能等未来产业,融合发展生产性服务业,构建层次分明、协同发展的产业体系。这种产业布局有助于增强产业体系竞争力,确保成都在不同产业领域都能占据一定的优势地位。

《规划》还强调要推进产业建圈强链,围绕产业链布局创新链,增强供应链稳定性,形成产业协同发展的良好生态。加快建设具有国际竞争力的先进制造业集群,进一步提升成都制造业的规模效应和品牌影响力,建成全国先进制造业基地,为国家制造业发展作出重要贡献。

(五)公园城市示范区

2018年2月,习近平总书记在四川天府新区视察时强调"要突出公园城市特点,把生态价值考虑进去,努力打造新的增长极,建设内陆开放经济高地"。自此,"公园城市"这一全新的城市理念,走向全国,走向世界。2022年1月,国务院批复成都建设践行新发展理念的公园城市示范区,赋予成都先行先试的使命。批复要求,国务院各有关部门加强与四川省协调配合,在公园城市建设、生态产品价值实现、城乡融合发展等方面支持成都市先行先试,在项目布局、资金安排、要素供给等方面给予积极支持,营造良好政策环境。

当前,成都正全面建设践行新发展理念的公园城市示范区,在城市践行"绿水青山就是金山银山"理念,城市人民宜居宜业,城市治理现代化上率先突破,坚持生态优先绿色发展。

二、 基于战略功能定位的城市核心功能体系构建的基本逻辑

成都建设社会主义现代化国际大都市的城市核心功能体系构建,基于"三中心一基地"及公园城市示范区的战略功能定位,遵循着清晰的纵向深化与横向关联逻辑。

在纵向深化上,战略功能定位明确了各中心功能地位。西部经济中心、西部科技创新中心决定了经济与科创功能的核心地位;西部对外交往中心对应门户枢纽和文化功能;全国先进制造业基地关联经济与科创;公园城市示范区凸显生态功能。进而,从中心功能细化出核心功能定位,如经济功能中的国际高端产业引领、科创功能中的国际科创资源转化等。

在横向关联方面,各中心功能相互促进。经济、科创、金融功能紧密相连,门户枢纽功能与经济、消费功能相互关联,文化功能与消费、对外交往功能相互作用,生态功能与其他功能相互协调。七个核心功能更是耦合互动,国际高端产业引领与国际科创资源转化相辅相成,全球金融资源配置提供支撑,国际枢纽经济带动相关功能发展,全球文化融汇促进国际消费与交往,国家公园城市生态功能提供基础,共同构建起有机协同的城市核心功能体系(图3.1)。

（一）纵向深化逻辑

首先,从战略功能定位到中心功能地位。"三中心一基地"及公园城市示范区的战略功能定位是成都城市发展的宏观指引。

西部经济中心强调经济发展的核心地位,这促使成都将经济功能作为中心性功能进行培育。经济功能的强化不仅能带动区域经济发展,还能为其他功能的发展提供物质基础。

西部科技创新中心的定位决定了科创功能在城市发展中的关键地位。科技创新是推动产业升级和经济高质量发展的核心动力,所以科创功能也成为中心性功

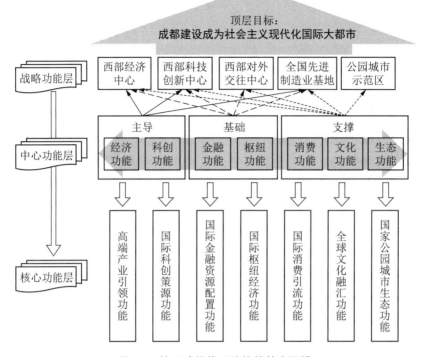

图 3.1　核心功能体系建构的基本逻辑

资料来源:课题组绘制。

能。通过科技创新,成都可以提升自身在全球产业链中的地位,增强经济发展的可持续性。

　　西部对外交往中心的定位对应门户枢纽功能和文化功能。门户枢纽功能是实现对外交往的基础,高效的交通和物流枢纽能促进人员、物资和信息的流动,为国际交流合作提供便利。文化功能则是对外交往的软实力,成都深厚的文化底蕴有助于在国际交往中展示独特魅力,吸引全球关注。

　　全国先进制造业基地的定位与经济功能紧密相连,同时也对科创功能提出需求。先进制造业的发展需要强大的经济实力支撑,也依赖科技创新实现产业升级。而公园城市示范区的定位明确了生态功能的重要性,良好的生态环境是城市可持续发展的保障,也是吸引人才和投资的重要因素,成为支撑性功能之一。金融功能和消费功能则是在经济发展过程中衍生出的重要功能,金融功能为经济活动提供资金支持和资源配置渠道,消费功能拉动经济增长,它们共同构成了城市发展的功能体系。

其次,从中心功能地位到核心功能定位。

在经济功能层面,成都锚定西部经济中心的目标,着力界定国际高端产业引领功能。于全球经济格局风云变幻之际,成都脱颖而出的关键在于大力发展高端产业。这不仅意味着要积极吸引全球高端产业资源汇聚蓉城,更要通过技术创新与管理升级,全方位提升产业的附加值与市场竞争力。如此方能发挥引领示范作用,推动区域经济朝着高端化、智能化、绿色化方向迈进,在全国乃至全球经济版图中占据重要地位。

科创功能方面,成都身为西部科技创新中心,明确国际科创资源转化功能至关重要。长期以来,科研成果的产出固然是科技创新的重要环节,而将国内外丰富的科创资源高效转化为实际生产力,才是推动经济持续增长的核心动力。为此,成都须不断完善科技成果转化机制,搭建多元化、专业化的成果转化平台,加速科技成果从实验室走向市场的进程,促进科技与经济的深度融合,以科技创新驱动产业变革与经济发展。

着眼于金融功能,随着经济全球化和金融国际化浪潮的奔涌,成都要想跻身国际大都市行列,必须具备强大的全球金融资源配置功能。这要求成都积极打造国际化金融市场,吸引全球知名金融机构入驻,汇聚海量金融资金。通过构建完善的金融服务体系,为城市的产业升级、科技创新及区域协同发展提供全方位、多层次的金融支持,提升成都在全球金融领域的影响力与话语权。

基于门户枢纽功能,成都充分依托自身在交通和物流领域的显著优势,进一步拓展国际枢纽经济功能。凭借航空、铁路、公路等综合交通网络的不断完善,成都全力打造国际一流的交通枢纽。在此基础上,大力发展临空经济、临港经济等特色经济模式,吸引相关产业集群式发展。产业集聚效应不仅能够带动区域经济繁荣,还能有效提升城市的经济辐射力,使成都成为连接国内外市场的重要经济枢纽。

消费功能领域,成都全力打造国际消费中心城市,国际消费引流功能是其中的关键所在。通过持续优化城市消费环境,从基础设施建设到商业服务品质提升,全方位满足消费者需求;通过不断丰富消费业态,融合传统与现代、本土与国际元素,打造独具特色的消费场景,吸引国内外消费者纷至沓来,推动消费升级,激发消费对经济增长的基础性作用,助力成都成为全球消费市场的重要目的地。

文化功能维度,成都作为历史文化名城,承载着深厚的文化底蕴。全球文化融汇功能的界定,彰显了成都在全球文化交流中的宏伟愿景。成都不仅要传承和弘扬本土优秀文化,更要积极与世界各国文化展开对话与交流,促进不同文化的相互交融、相互借鉴。通过举办各类国际文化活动、打造文化交流平台等方式,提升城市的文化影响力,让成都成为展示中华文化魅力的重要窗口,在全球文化舞台上绽放光彩。

在生态功能方面,成都紧扣公园城市示范区的定位,着重塑造国家公园城市生态功能。成都致力于打造具有全国示范意义的生态城市典范,通过科学规划与严格保护,优化城市生态环境,构建人与自然和谐共生的发展格局。良好的生态环境不仅是城市可持续发展的坚实基础,更是吸引高端人才、优质企业的重要引力。通过实现生态与城市发展的良性互动,成都将走出一条绿色、低碳、可持续的现代化发展之路。

(二)横向关联逻辑

国际高端产业引领功能和国际科创资源转化功能相互促进。高端产业的发展依赖科技创新成果的转化应用,而科技创新成果的产业化也需要高端产业的承接和推广。例如,在电子信息、生物医药等高端产业领域,科技创新不断推动产品升级和技术突破,而高端产业的发展又为科技创新提供了实践平台和市场需求。

全球金融资源配置功能为国际高端产业引领功能和国际科创资源转化功能提供资金支持。金融机构可以为高端产业项目和科技创新企业提供融资服务,促进产业发展和科技成果转化。同时,高端产业和科创企业的发展也会带来更多的金融业务需求,推动金融功能的进一步完善。

国际枢纽经济功能与国际高端产业引领功能、国际消费引流功能相互关联。

国际枢纽的建设有利于高端产业的集聚和发展,因为便捷的交通和物流能降低企业的运营成本。同时,枢纽带来的大量人流、物流也会促进消费增长,而国际消费引流功能的提升又能进一步提升城市的吸引力,促进高端产业和枢纽经济的发展。

全球文化融汇功能与国际消费引流功能、国际交往功能相互促进。丰富多元的文化可以吸引国内外游客和消费者,促进成都文化消费和旅游消费的增长。在国际交往中,文化交流也能增进不同国家和地区之间的了解与合作,提升城市的国际影响力。

国家公园城市生态功能为其他核心功能的发展提供生态基础。良好的生态环境能提升城市的宜居性,吸引高端人才和企业入驻,有利于国际高端产业引领、国际科创资源转化等功能的实现。同时,其他核心功能的发展也需要注重生态保护,实现可持续发展。

第三节　成都建设社会主义现代化国际大都市的中心功能定位

依据"三中心一基地"及公园城市示范区的战略功能部署,可清晰确立经济功能、科创功能、消费功能、金融功能、枢纽功能、文化功能和生态功能作为成都建设社会主义现代化国际大都市的中心功能。这一体系的构建并非偶然,而是基于成都的历史底蕴、现实基础及未来发展愿景的综合考量。成都作为西南地区的核心城市,拥有深厚的文化积淀、十足的经济活力和独特的区位优势。在迈向现代化国际大都市的征程中,这些功能相互交织、协同作用,将共同塑造成都独特的城市竞争力与魅力。

一、主导性中心功能

(一)经济功能:城市发展的根基与动力源泉

产业结构优化与升级。成都已逐步形成了多元化且具有竞争力的产业格局。电子信息产业无疑是其产业版图中的一颗耀眼明珠,以英特尔、富士康、华为等为代表的企业集群,构建起从芯片研发制造这一核心环节到电子终端产品生产的完整产业链。这不仅意味着成都在全球电子信息产业分工中占据了一席之地,更带动了上下游相关产业的蓬勃发展。例如,芯片研发制造环节的发展,催生了对高精度半导体材料、先进芯片制造设备的需求,从而吸引了相关供应商在成都设立生产基地或研发中心;而电子终端产品生产环节的繁荣,则促进了产品包装、物流配送、售后服务等配套产业的兴起。这种产业间的协同效应,使得成都的电子信息产业生态系统日益完善,规模效应不断凸显,成为推动成都经济持续增长的重要引擎。

区域经济辐射与带动。作为西南地区的经济重镇,成都在区域经济协调发展中扮演着极为关键的角色。通过与周边城市建立紧密的产业协同与合作机制,成都有效地带动了整个成渝地区双城经济圈的经济发展。例如,在汽车制造领域,成都与重庆之间形成了良好的产业互补格局。成都侧重于汽车零部件研发与生产,尤其是在电子控制系统、新能源汽车电池等关键零部件方面具有较强的技术优势;而重庆则在整车制造方面拥有雄厚的产业基础和丰富的生产经验。两地企业通过合作,实现了零部件供应与整车装配的高效对接,提高了整个区域汽车产业的生产效率和产品竞争力。此外,成都还通过产业转移、技术输出等方式,将一些相对成熟的产业或技术向周边城市扩散,促进了区域内产业结构的优化升级,提升了整个区域的经济发展水平。

另外,在数字化和智能化的引领下,成都正经历着深刻的经济转型,这一过程不仅推动了传统产业的升级换代,还促进了新兴产业的蓬勃发展。通过积极引入大数据、人工智能等前沿技术,成都实现了制造业从传统模式向智能工厂的转变,显著提高了生产效率与管理水平。例如,《2023成都市制造业数字化转型案例集》展示了成都制造业利用数字化生产管理平台优化生产流程,实现精细化管理和资源高效配置的经验。同时,成都在新兴优势产业如大数据、人工智能领域初步形成了较为完整的产业链布局,并积极探索量子计算、区块链等未来赛道,为经济发展注入新动能。智慧城市建设方面,"智慧蓉城"项目稳步推进,促进了政务服务"一网通办"、城市运行"一网统管",提升了城市管理和服务水平,增强了居民的生活便利性。此外,成都致力于构建开放协同的发展环境,出台多项政策措施支持中小企业数字化转型,吸引国内外优秀企业和人才集聚,营造了良好的创新生态。尽管在制造业理论知识和技术支持上仍存在挑战,但随着政策持续优化和技术不断进步,成都的数字经济正逐步走向成熟,展现出强劲的增长潜力和广阔的前景。

(二)科创功能:引领城市迈向未来的智慧引擎

首先,科研实力与创新平台构建。成都拥有一批在国内乃至国际上具有较高知名度和影响力的高校和科研机构,如电子科技大学在电子信息领域科研成果丰硕,其研发的多项通信技术和芯片技术处于世界前沿水平;四川大学在生物医学、材料科学、化学工程等多学科领域研究实力雄厚,承担了众多国家级科研项目。这些高校和科研机构为成都的科技创新提供了坚实的人才储备和理论基础。同时,成都积极打造各类科研创新平台,如成都科学城、天府国际生物城等。成都科学城聚焦于信息技术、新能源、高端装备制造等前沿科技领域,汇聚了大量的科研团队、企业研发中心与创新创业企业。在这里,科研人员能够便捷地获取先进的实验设备、技术资源与资金支持,加速科研项目的推进与科技成果的转化。天府国际生物城则以生物医药产业为核心,集研发、生产、临床试验、销售等于一体,形成了一个完整的生物医药创新产业链。在这一产业链中,从基础研究阶段的基因测序、药物靶点发现,到临床前研究阶段的药物研发、动物实验,再到临床试验阶段的患者招募、疗效评估,以及最后的产业化生产与市场推广,各个环节紧密衔接,协同创新,推动了生物医药领域的快速发展。

其次,科技成果转化与创新创业生态培育。成都在科技成果转化方面取得了显著成效。在电子信息领域,部分企业和科研团队深度参与5G通信技术的研发与标准制定,使得成都在5G网络建设、5G应用创新等方面走在全国前列。例如,一些企业研发的5G智能终端设备、5G工业互联网解决方案等已在市场上得到广泛应用,推动了传统产业的数字化转型与智能化升级。在生物医药领域,生物制药企业在抗癌药物研发方面取得了一系列重要突破。这些企业通过与高校、科研机构的合作,整合各方资源,在药物靶点筛选、药物分子设计、临床试验等环节不断取得新进展,部分抗癌药物已进入临床应用阶段,为全球癌症患者带来了新的希望与治疗选择。

为了进一步促进科技成果转化,成都积极营造良好的创新创业氛围,建立了完善的科技成果转化服务机构与创新创业孵化基金。科技成果转化服务机构为科研人员提供专利申请、技术评估、市场对接等一站式服务,帮助科研成果顺利走出实验室,走向市场。创新创业孵化基金则为初创企业提供资金支持、创业辅导、资源对接等服务,降低了创新创业的门槛与风险,激发了广大科研人员与创业者的创新热情与创业活力。在这种良好的创新创业生态环境下,大量科技型中小企业如雨后春笋般涌现,它们在人工智能、大数据、物联网等新兴领域不断探索与创新,为成都的科技创新注入了新的活力与动力,逐步形成了一个充满生机与活力的科技创新生态系统。

二、 基础性中心功能

(一)金融功能:城市发展的资金血脉与资源调配枢纽

首先,传统金融领域稳健发展。成都在金融领域的发展势头强劲,正加速向西部金融中心迈进,金融机构数量不断增加,金融市场规模也呈现出稳步扩大的良好态势。在传统金融领域,银行、保险等各类金融机构蓬勃发展,它们在服务实体经济、推动区域经济发展方面发挥着中流砥柱的作用。银行机构通过多样化的信贷产品,为企业提供了充足的流动资金与固定资产投资资金,有力地支持了企业的生产经营与项目建设。例如,成都的一些商业银行针对中小企业推出了专门的信贷产品,简化贷款流程,降低贷款门槛,帮助中小企业解决融资难、融资贵的问题,促进了中小企业的发展壮大。保险市场通过提供各类保险产品,为企业与居民提供了全方位的风险保障,增强了社会的抗风险能力。例如,在企业财产保险方面,为企业的固定资产、存货等提供保险保障,降低了因自然灾害、意外事故等造成的企业财产损失风险;在人寿保险方面,为居民提供养老、医疗、意外等方面的保障,减少了居民的后顾之忧。

其次,金融创新与新兴业态培育。成都在金融创新方面也积极探索,大力发展新兴金融业态,科技金融、绿色金融、普惠金融等成为新亮点。科技金融为科技创新企业提供了强有力的支持,风险投资机构、私募股权投资机构等纷纷聚焦成都的科技创新领域,为科技企业提供风险投资、股权融资等多元化的金融支持。截至2023年底,成都全市各类风险投资机构、私募股权投资机构数量超500家,累计为科技创新企业提供风险投资、股权融资超1 000亿元。绿色金融则紧密结合成都的绿色发展战略,推动城市绿色产业的发展与生态环境保护项目的实施。金融机构通过发行绿色债券、开展绿色信贷等方式,为新能源、节能环保、生态农业等绿色产业提供资金支持,促进了城市的绿色转型与可持续发展。例如,某银行向一家新能源汽车制造企业发放了绿色信贷,用于企业的生产线升级改造和新产品研发,推动了企业的技术进步和市场拓展。普惠金融致力于提高金融服务的覆盖面与可及性,让更多中小微企业和普通民众能够享受到金融服务的便利。金融机构通过开展小额信贷、移动支付、农村金融服务等业务,为弱势群体提供了基本的金融服务,促进了社会公平与经济均衡发展。截至目前,成都已在农村地区设立金融服务站超2 000个,覆盖了全市80%以上的乡镇。

（二）枢纽功能:连接内外的开放桥梁与交流纽带

首先,航空枢纽建设与临空经济发展。成都拥有双流国际机场和天府国际机场,据相关数据显示,2023年,成都双流国际机场和天府国际机场旅客吞吐量总计达到8 000万人次,货邮吞吐量达到200万吨,均位居全国前列。双流国际机场航线网络成熟,航线数量超过350条,广泛覆盖全球50多个国家和地区,是连接国内外的重要空中桥梁。而天府国际机场作为新兴的航空枢纽,自投运以来发展迅猛,航线数量已达200余条,其中国际航线超过100条,进一步拓展了成都在全球的航空版图。

航空枢纽的建设不仅极大地方便了人员的往来交流,促进了旅游、商务等领域的蓬勃发展,还带动了航空物流、临空经济等相关产业的繁荣兴盛。航空物流方面,依托航空枢纽的高效运输能力,成都积极构建物流园区与保税区,吸引了众多国内外知名物流企业和电商企业纷纷入驻。这些企业借助航空运输的快捷性与安全性,实现了货物的快速周转与全球配送,形成了一条高效便捷的航空物流供应链。例如,一些高附加值的电子产品、生鲜产品、时尚服装等通过成都的航空物流枢纽迅速运往全球各地,满足了全球消费者的需求,同时也提升了成都在全球物流网络中的地位。临空经济方面,成都围绕航空枢纽周边规划建设了临空经济示范区,重点发展航空航天、高端制造、现代物流、国际贸易、商务会展等产业。例如,在航空航天产业领域,成都已吸引了成发集团、空客 A320 飞机全生命周期服务中心等一批航空发动机研发制造企业、飞机零部件生产企业入驻,形成了完整的航空航天产业集群。

其次,铁路枢纽与国际物流通道构建。成都作为中欧班列(成都)的起点,在铁路运输方面也发挥着举足轻重的作用。中欧班列(成都)加强了成都与欧洲及中亚地区的紧密贸易往来与经济联系,成为“一带一路”沿线国家的重要物流通道与贸易节点。通过中欧班列,成都的企业能够将产品直接出口到欧洲市场,同时也能够进口欧洲的先进技术设备、高端消费品等。例如,成都的汽车零部件企业通过中欧班列将产品运往欧洲的汽车制造企业,而欧洲的一些高端机械设备则通过中欧班列进入成都的工厂,促进了双方的产业合作与技术交流。此外,中欧班列还带动了沿线地区的经济发展,促进了区域间的互联互通与协同发展。在国内铁路运输方面,成都作为西南地区的铁路枢纽之一,与全国铁路网紧密相连,能够实现货物和人员的快速运输与调配。例如,成都通过铁路运输将四川盆地丰富的农产品运往全国各地,同时也将其他地区的工业产品、原材料等运输到成都,促进了区域间的物资交流与经济合作。

三、 支撑性中心功能

(一)消费功能:城市活力与吸引力的直观体现

首先,特色消费场景与文化融合。成都以独特而丰富的文化底蕴为消费功能注入了源源不断的活力。古蜀文化、熊猫文化、美食文化等文化元素与现代商业深度融合,打造出了别具一格的消费场景。春熙路、太古里等商业街区堪称典范,这里不仅汇聚了路易威登、古驰、香奈儿等众多国际知名品牌,满足了高端消费者对时尚与品质的追求,同时巧妙地融合了传统川西建筑风格与现代时尚元素。古色古香的青瓦飞檐、雕花门窗与时尚的玻璃幕墙、LED灯牌相互映衬,形成了独特的视觉景观。消费者在这里不仅能够尽情购物,还能深入体验成都的传统文化魅力,如在传统茶馆中品尝香茗,欣赏川剧变脸表演,感受成都悠闲惬意的生活方式。此外,成都还有许多以特色文化为主题的商业街区,如宽窄巷子,这里保留了大量的明清时期川西民居建筑,汇聚了各种传统手工艺品店、特色小吃店、民俗文化体验店等,游客可以在这里购买到精美的蜀绣、竹编等手工艺品,品尝到龙抄手、钟水饺等成都特色小吃,还可以亲身体验川剧脸谱绘制、剪纸等民俗文化活动。

其次,消费市场规模扩张与结构升级。成都的消费市场规模持续扩张,社会消费品零售总额呈现出稳健的增长态势,且消费结构正经历着深刻的升级变革。传统的购物消费依然保持强劲势头,而文化旅游消费、餐饮消费、娱乐消费等新兴消费领域则呈现出更为迅猛的增长态势。文化旅游消费方面,成都凭借丰富的历史文化遗产与自然景观资源,吸引了大量国内外游客。游客们不仅热衷于参观武侯祠、都江堰等著名景点,还积极参与文化体验活动,如学习蜀绣、川菜烹饪等,为文化旅游消费市场注入了新的活力。餐饮消费领域,成都美食以麻辣鲜香的独特口味闻名遐迩,火锅、串串香、川菜等各类美食吸引着无数食客前来品尝。同时,成都的餐饮市场不断推陈出新,融合菜、创意菜层出不穷,满足了不同消费者的口味需求。娱乐消费方面,成都的酒吧、夜店、演艺场所等娱乐设施一应俱全,丰富多彩的夜生活成为吸引年轻人的重要因素。此外,成都还积极举办各类大型娱乐活动,如音乐节、演唱会、话剧演出等,进一步丰富了市民与游客的娱乐生活。随着消费结构的升级,消费者对于品质消费、个性化消费、体验式消费的需求日益增长,成都的消费市场也在不断适应这一变化趋势,通过打造高端购物中心、提供个性化定制服务、开发沉浸式体验场所等,满足消费者日益多样化的需求。

最后,消费促进活动与城市知名度提升。成都积极举办各类精彩纷呈的消费促进活动,进一步激发了消费市场的巨大潜力,显著提升了成都在国内外消费市场的知名度与影响力。成都国际美食节堪称美食盛宴,吸引了来自世界各地的美食商家与食客参与。在美食节上,不仅有成都本地的传统美食展示与销售,还汇聚了来自全球各地的特色美食,为消费者提供了一场舌尖上的环球之旅。同时,美食节还举办美食烹饪比赛、美食文化讲座等活动,增进了人们对美食文化的了解与交流。成都购物节则以各大商场、购物中心推出的精彩纷呈的优惠活动、新品发布会、时尚秀场等,吸引了八方消费者前来购物消费。此外,成都还举办汽车展销会、糖酒会、家居博览会等各类专业消费展会,满足不同消费者群体的需求,促进了相关产业的发展。这些消费促进活动的成功举办,使得成都逐渐成为全球消费者心目中向往的消费之都,吸引着越来越多的游客前来体验成都独特的消费魅力。

(二)文化功能:城市灵魂与魅力的核心彰显

首先,历史文化遗产保护与传承。成都拥有源远流长的历史文化,如金沙文化、三国文化等,这些珍贵的文化遗产犹如一颗颗璀璨的明珠,是成都独特的文化标识与精神象征。成都高度重视文化遗产的保护与传承工作,通过建设成都博物馆、金沙遗址博物馆等一系列现代化的文化场馆,对本土文化遗产进行了精心的保护、深入的研究与生动的展示。在这些文化场馆中,游客们可以近距离观赏到精美的文物古迹,如金沙遗址出土的太阳神鸟金饰,其精湛的工艺与独特的造型令人叹为观止;还可以通过多媒体展示、虚拟现实体验等现代科技手段,生动展示成都的历史文化脉络与发展变迁。同时,成都积极传承非物质文化遗产,如蜀绣、川剧、竹编等。通过开展非遗传承人培训、非遗技艺展示与体验活动等,让更多的人了解和喜爱成都的非物质文化遗产,使这些古老的技艺得以代代相传。例如,成都建立了蜀绣培训基地,邀请蜀绣大师亲自授课,培养了一批又一批年轻的蜀绣传承人;在一些景区和文化街区,设置了川剧表演舞台,定期上演川剧经典剧目,让游客们能够近距离欣赏到川剧的独特魅力;还举办竹编技艺大赛,鼓励民间艺人展示和创新竹编技艺,推动了竹编文化的传承与发展。

其次,国际文化交流与创意产业发展。成都积极开展丰富多彩的国际文化交流活动,搭建起了多元文化交流与融合的广阔平台。成都国际非遗节是全球非物质文化遗产领域的盛会,吸引了世界各地的非物质文化遗产项目和传承人齐聚成都。在非遗节上,各国的非遗项目通过展览、表演、技艺展示等形式进行交流与互动,增进了不同文化之间的相互了解与尊重。成都国际音乐季则汇聚了全球顶尖的音乐艺术家与团体,涵盖了古典音乐、流行音乐、民族音乐等多种音乐类型。音乐季期间,各类音乐会、音乐节庆活动在成都的各大音乐厅、剧院、户外广场精彩上演,为市民和游客带来了一场场震撼心灵的音乐盛宴,同时也促进了国际音乐文化的交流与传播。成都的文化创意产业如同一颗颗新星闪耀升起,蓬勃发展。成都的熊猫文化、美食文化等本土文化元素被巧妙地融入动漫、游戏、影视、文创产品等文化创意产业中,打造出了一批具有成都特色的文化品牌。

(三)生态功能:社会主义现代化国际大都市的宜居宜业宜游的生态底色

首先,自然生态资源基础。成都地处四川盆地西部,拥有得天独厚的自然生态资源。境内山脉纵横,龙门山、龙泉山等山脉绵延起伏,森林覆盖率较高,为城市提供了丰富的森林资源,不仅在涵养水源、保持水土方面发挥着关键作用,还构成了城市重要的生态屏障。众多河流穿城而过,岷江、沱江等水系及其支流孕育了成都平原的繁荣,河流网络为城市提供了充足的水资源,同时也塑造了多样的湿地生态系统。如三岔湖、青龙湖等湿地公园,成为众多珍稀动植物的栖息地,在调节气候、净化空气、维护生物多样性等方面有着不可替代的作用。此外,成都的气候条件相对温和湿润,四季分明,这种宜人的气候为丰富的植被生长提供了良好环境,进一步增添了城市的自然生态魅力。

其次,公园城市建设理念与实践。成都秉持公园城市建设理念,将城市与公园有机融合,致力于打造城园相融的生态格局。通过大规模建设城市公园、绿道等生态基础设施,构建起了贯穿城市内外的生态脉络。例如,天府绿道体系的规划与建设堪称典范,其总长度达数千公里,宛如一条绿色丝带串联起城市的各个区域。绿道沿线不仅有绿树成荫、繁花似锦的自然景观,还配套建设了休闲驿站、体育健身设施、文化展示场所等,集生态、休闲、文化、体育等多种功能于一体,为居民提供了亲近自然、锻炼身体、享受文化生活的公共空间。同时,成都在城市规划中注重留白增绿,将公园绿地巧妙地融入城市街区,形成了众多口袋公园、社区公园,使居民能够在步行范围内便捷地享受绿色空间,极大地提升了城市生态空间的可达性与普惠性。

最后,生态产业发展与绿色转型。在产业发展方面,成都积极推动生态产业的培育与传统产业的绿色转型。一方面,大力发展生态农业,利用成都平原肥沃的土地资源,推广绿色种植、养殖技术,生产出了大量绿色有机农产品,如都江堰的猕猴桃、蒲江的丑柑等,不仅保障了居民的食品安全,还提升了农产品的市场竞争力,促进了农业增效、农民增收。另一方面,在工业领域,成都加大对节能环保产业的扶持力度,吸引了一批新能源、新材料、资源循环利用等领域的企业入驻,推动了工业产业结构的优化升级。例如,在新能源汽车产业方面,成都聚集了多家整车制造企业和零部件供应商,形成了较为完整的产业链,在减少碳排放、缓解能源压力的同时,也为城市经济发展注入了新的动力。此外,成都还积极发展生态旅游产业,依托丰富的自然生态资源和历史文化底蕴,开发出了青城山、都江堰、西岭雪山等一批知名的生态旅游景区,将生态优势转化为经济优势,实现了生态与经济的良性互动。

第四节 成都建设社会主义现代化国际大都市的核心功能定位

成都作为中国西南地区的经济、文化和交通枢纽,正致力于打造成为具有全球影响力和美誉度的社会主义现代化国际大都市。这一目标不仅需要遵循国家和四川省的战略要求,还需要结合成都自身的发展特质进行精准定位。本部分将从经济功能、科创功能、消费功能、金融功能、门户枢纽功能、文化功能和生态功能七个中心功能出发,进一步细化并论证每个功能中的核心定位。

一、高端产业引领功能

首先,服务国家战略全局与全省发展大局。在全球经济格局深刻变革的当下,国家正积极推动经济转型升级,迈向高质量发展阶段,而关键在于高端产业的培育与发展。成都作为中国重要的区域中心城市,有责任在这一进程中担当重任。从国家层面来看,在一些具有战略意义的高端产业领域,成都能够凭借自身优势发挥关键作用。例如,在航空航天产业方面,成都已具备一定基础,拥有相关科研机构与企业。随着国家对航空航天技术自主创新需求的不断增长,成都加大在该领域的投入,如加强航空发动机研发制造能力,有助于提升中国航空航天产业整体水平,保障国家在航空航天领域的战略安全,增强中国在全球航空航天产业竞争中的话语权。从全省战略出发,四川整体经济的协同发展需要成都发挥引领作用。成都的经济规模与产业集聚度在省内占有显著优势。通过聚焦高端产业引领功能,成都将带动全省产业结构优化升级。以电子信息产业为例,成都已经形成了较为完整的电子信息产业链,聚集了众多知名企业。在此基础上,成都可进一步向高端芯片研发、新型显示技术等前沿领域进军,将部分相对成熟的产业链环节向省内其他城市延伸,如将电子信息产品的简单加工制造环节转移至周边劳动力资源相对丰富的地区,而自身专注于高端环节的创新与研发,从而促进全省电子信息产业形成分工明确、协同高效的发展格局,推动四川整体经济实力在全国的提升。

其次,构建对内对外产业协同网络。对内而言,成都市区内部各区域间的产业协同效应仍有巨大的可挖掘空间。目前,成都中心城区以服务业、总部经济等为主,郊区则分布着较多制造业园区,但各区域间的协同联动尚未达到理想状态。高端产业引领功能的强化能够有效改善这一局面。例如,中心城区的金融机构、科研院校与郊区的高端制造业企业之间可建立更为紧密的合作关系。中心城区的金融机构能够为郊区高端制造业企业提供精准的金融服务,如风险投资、产业基金支持等,助力企业技术创新与规模扩张;科研院校则可为企业提供前沿技术研发支持与专业人才培养。以成都的汽车制造产业为例,位于成都经济技术开发区的汽车生产企业可与中心城区的高校合作开展新能源汽车电池技术研发项目,同时借助金融机构的资金支持加快研发进程与产业化应用,从而提升成都汽车产业整体竞争力,促进区域内产业协同发展。

对外而言,在经济全球化浪潮中,国际产业分工合作日益深化,成都若要在全球产业价值链中迈向高端,必须具备高端产业引领能力。一方面,积极引入国际高端产业资源。例如,吸引国际先进的半导体企业在成都设立研发中心或生产基地,不仅能带来先进的技术与管理经验,还能带动本地上下游配套产业的发展,如半导体材料供应、芯片封装测试等企业的技术升级与规模扩张。另一方面,推动成都本土高端企业走向国际市场。如成都的生物医药企业在创新药物研发取得一定成果后,可通过在欧美等地开展临床试验合作、建立海外研发中心等方式,参与国际标准制定与竞争,提升成都高端产业在全球产业价值链中的地位,使成都成为国际高端产业交流合作与竞争的重要参与者。

全球科技与产业变革日新月异,高端产业是科技创新的集中体现与经济发展的新引擎,成都必须紧跟时代步伐。当前,数字经济、人工智能、量子信息等新兴高端产业正处于快速发展的黄金时期。成都拥有众多高校与科研机构,如电子科技大学在电子信息与人工智能领域科研实力雄厚。基于此,成都应积极布局新兴高端产业,在人工智能领域开展从基础算法研究到应用场景开发的全链条创新。例如,利用成都丰富的城市数据资源,开展人工智能在城市交通管理、医疗健康服务、金融风险防控等领域的应用创新,打造具有成都特色的人工智能产业生态,在现代高端产业创新发展的浪潮中脱颖而出,实现从传统产业基地向高端产业引领城市的转型与跨越。

二、 国际科创策源转化功能

首先,从服务国家战略全局、全省发展全局与成都发展基础的关联维度来看。在当今全球科技竞争的白热化赛道上,中国矢志不渝地将科技创新作为驱动经济转型升级、保障国家安全与提升国际竞争力的核心战略要旨。以信息产业为例,在半导体芯片技术这一关乎产业命脉的关键领域,中国虽已取得一定进展,但仍面临着国外技术封锁与高端芯片自给不足的严峻挑战。成都坐拥电子科技大学等在电子信息学科领域卓有建树的高等学府,以及一批专注于集成电路研发设计与制造工艺研究的科研院所和企业集群,已经具备了在芯片技术创新突破方面有所作为的初步条件。若成都全力聚焦国际科创策源转化功能,整合各方资源,加大高端芯片基础研究、先进制造工艺研发及人才培养引进的力度,则有望在国产高端芯片的设计架构创新、极紫外光刻等关键制造技术攻克上取得实质性突破,为国家信息产业的自主可控发展贡献成都力量,在国家科技战略布局中占据关键一席。

成都作为四川的政治、经济、文化与科创中心,在科创领域的辐射带动效应对于优化全省产业结构、促进区域协调发展具有不可替代的枢纽作用。以生物医药产业为例,成都已初步构建起集药物研发、临床试验、生产制造与流通销售于一体的较为完整的产业生态体系,天府国际生物城更是汇聚了国内外众多知名药企与科研机构。凭借这一产业优势与科研集聚效应,成都能够将先进的生物医药研发技术与创新成果向省内绵阳、德阳、乐山等周边城市辐射扩散。例如,成都的科研团队在基因治疗技术研发方面取得突破成果,可以通过技术转让、合作研发等方式,助力绵阳的医药企业提升其在生物医药高端制造领域的技术水平与产品附加值,带动德阳的医疗器械制造企业与之协同创新,开发适配新型治疗技术的高端医疗器械产品,进而推动全省生物医药产业集群向全球价值链高端攀升,实现区域产业协同发展与整体竞争力提升。

其次,从对内与对外关系层面来看。成都内部尽管已汇聚了较为丰富的科创资源,但目前这些资源在整合协同与高效利用方面仍存在诸多亟待解决的问题。高校、科研院所与企业之间往往存在信息壁垒,加之利益分配机制不完善及缺乏统一协调的合作平台等,导致科研成果转化效率不高,大量具有潜在市场价值的科研成果被束之高阁,难以转化为实际生产力与经济效益。国际科创策源转化功能的明确界定与深入推进,将倒逼成都构建一套全方位、多层次的科创资源整合协同创新机制。例如,搭建一个综合性的科创资源大数据平台,该平台将整合高校的科研设备设施信息、科研人才专长与研究项目进展情况,科研院所的前沿技术研究成果与行业技术标准制定资源,以及企业的市场需求信息、生产制造能力与资金投入意向等数据资源,并运用人工智能算法与大数据分析技术,实现科创资源的精准匹配与高效对接。在此基础上,进一步完善科研成果转化收益分配制度,激励高校、科研院所与企业积极参与产学研深度合作,形成以市场需求为导向、以科技创新为核心动力、以产业化为最终目标的良性循环创新生态链。

与此同时,国际科技合作与交流已成为推动科技创新跨越发展的重要驱动力,成都通过确立国际科创策源转化功能,能够以更加积极主动的姿态融入全球科创网络,与世界顶尖科创城市和国际知名科研机构建立广泛而深入的合作关系。例如,与美国旧金山湾区(硅谷)在人工智能、信息技术领域开展联合科研项目合作,互派科研人员交流学习,共享前沿技术研究成果与创新实践经验;与德国慕尼黑在高端装备制造、新能源汽车技术研发方面建立战略合作伙伴关系,共同攻克智能制造关键技术难题,推动新能源汽车电池技术与自动驾驶技术的创新突破;与以色列特拉维夫在生物医药、农业科技等领域开展深度合作,引进以色列先进的农业技术与生物医药创新企业孵化模式,助力成都相关产业的创新发展与国际化进程。同时,成都在吸引国际顶尖科创资源汇聚的过程中,也能够将本土优质的科创成果推向国际市场,参与国际标准制定与科技竞争,提升成都在国际科创领域的知名度与影响力,塑造成都作为国际科创高地的崭新形象。

最后,从现实与未来关系的视角审视,成都在当前的科创发展进程中,既遇到一系列现实困境与挑战,又面临无限广阔的未来发展机遇。现实中,尽管在近年来成都在科技创新投入上呈现稳步增长的态势,但与北京、上海、深圳等国内一线城市,以及纽约、东京、首尔等国际科创中心城市相比,在科研经费投入总量、研发强度及吸引国际顶尖科技人才等方面仍存在较大差距。例如,在一些高投入、高风险、长回报周期的前沿基础科学研究领域,如量子计算、脑科学研究等,成都由于科研经费相对有限,难以开展大规模、持续性的基础研究项目,导致在这些领域的研究进展相对滞后于国际领先水平。

　　然而，科技发展的未来趋势充满着无限可能与希望。在人工智能、量子信息、生物技术、新能源技术、航天航空技术等新兴科技领域，全球各国均处于起步探索与快速发展的关键时期，尚未形成绝对的技术垄断与竞争壁垒。成都凭借自身现有的科研基础、产业优势与人才储备，若能紧紧抓住这一历史机遇，通过精准定位与强力推进国际科创策源转化功能，提前布局新兴科技领域的基础研究与应用开发项目，加大对科技创新人才培养引进与科研基础设施建设的投入力度，优化科技创新政策环境与服务保障体系，有望在未来的科技竞争中脱颖而出，成为全球新兴科技领域的重要创新策源地与产业化示范基地。例如，在量子信息领域，成都可依托四川大学、电子科技大学等高校在物理学、信息科学等学科领域的雄厚研究实力，联合国内相关科研院所与企业，共同打造量子信息科技创新研究院，集中力量开展量子通信网络架构设计、量子计算原型机研发、量子加密技术应用等前沿研究项目，力争在未来十年内取得一批具有国际影响力的重大科研成果，为成都建设社会主义现代化国际大都市奠定坚实的科技基石，使成都在全球城市竞争格局中凭借科技创新实力实现弯道超车，迈向国际一流大都市行列。

三、 全球金融资源配置功能

　　首先，服务国家战略全局。随着经济全球化的深入推进，中国在国际经济格局中的地位日益凸显，对全球金融资源的合理配置和高效利用成为提升国家经济竞争力与金融话语权的关键因素。积极推动人民币国际化进程，拓展海外投资渠道，加强与世界各国的金融合作与交流，构建多层次、多元化的国际金融体系成为中国的重要战略任务。成都作为中国重要的区域金融中心之一，拥有较为完备的金融基础设施和丰富的金融机构类型。成都的金融市场涵盖了银行、证券、保险、基金等多个领域，且在科技金融、普惠金融等特色金融领域已取得了一定的发展成果。例如，成都在科技金融方面，通过政府引导基金、风险投资机构与高校科研成果转化的紧密结合，为科技创新企业提供了有力的资金支持，在一定程度上助推了科技成果的产业化进程。这种在特色金融领域的探索与实践经验，为成都进一步拓展全球金融资源配置功能奠定了坚实的基础。若成都能够强化全球金融资源配置功能,将有助于中国在全球范围内优化金融资源布局,推动人民币在跨境贸易与投资中的更广泛应用,提升中国金融体系在国际金融市场中的稳定性与影响力,由此成都将在国家金融战略布局中发挥更为积极的作用。

四川作为中国西部经济大省,正处于经济转型升级与高质量发展的关键时期,产业结构优化调整、重大基础设施建设及区域协调发展等战略任务都离不开金融资源的有力支撑。成都的全球金融资源配置功能能够为全省提供多元化的资金来源与高效的金融服务。成都可以利用自身在金融领域的影响力,吸引国内外资金流入四川,投向战略性新兴产业、现代服务业及传统产业智能化改造等重点领域。例如,引导国际资本参与四川的新能源汽车产业集群建设,支持本地企业开展技术研发与市场拓展,促进产业升级换代,提升四川产业在全球产业链中的竞争力。同时,通过金融资源的合理配置,还可以加强成都与省内其他城市之间的经济联系与协同发展,如为省内中小城市的基础设施建设项目提供融资支持,推动区域一体化进程,带动全省经济的均衡发展与整体繁荣。

其次,从对内与对外关系层面来看。成都虽已形成一定规模的金融产业体系,但目前金融资源的配置效率仍有较大提升空间,不同金融机构之间、金融市场各板块之间的协同合作尚不够紧密。通过定位全球金融资源配置功能,成都能够构建更为完善的对内金融资源整合与协同机制。例如,建立统一的金融信息平台,整合银行、证券、保险等各类金融机构的客户信息、信用数据与业务资源,打破信息壁垒,实现金融资源的精准对接与高效配置。以企业融资为例,中小企业往往面临融资难、融资贵的问题,通过该平台,银行可以更全面地了解企业的经营状况与信用风险,证券机构可以为有潜力的企业提供直接融资渠道,保险机构则可以开发适合企业需求的风险管理产品,从而形成多元化的金融服务合力,提高企业融资效率,促进实体经济的健康发展。

当下,国际金融市场竞争激烈且机遇与挑战并存,成都凭借独特的地理位置、文化底蕴及在新兴市场经济体中的经济影响力,初步具备了参与全球金融资源配置竞争的潜力。通过确立全球金融资源配置功能,成都能够积极拓展对外金融合作渠道,加强与纽约、伦敦、香港等国际金融中心的交流与互动。一方面,吸引国际知名金融机构在成都设立分支机构或开展业务合作,引入先进的金融产品、管理经验与风险管理技术。例如,吸引国际顶尖投资银行在成都开展跨境并购咨询业务,为四川企业"走出去"提供专业的金融服务支持,提升成都在国际金融服务领域的专业水平与国际形象。另一方面,推动成都本土金融机构走向国际市场,参与国际金融业务竞争。成都的银行可以通过在海外设立分行或参股国际金融机构的方式,拓展国际业务范围,为中国企业的海外投资与贸易活动提供金融保障;成都本地证券机构可以与国际证券交易所合作,开展跨境证券发行与交易业务,提升成都金融市场在国际资本市场中的地位与影响力,逐步构建起成都与国际金融市场双向互动、资源共享的开放格局。

最后,从现实与未来关系考量。成都的金融功能虽然在中国西部地区具有一定优势,但与国际顶级金融中心相比,在金融市场规模、金融产品创新能力、国际金融人才储备等方面存在明显差距。例如,在金融衍生品市场的发展上,成都相对滞后,限制了金融机构的风险管理能力与市场竞争力。然而,全球金融格局正处于深刻变革之中,随着新兴技术如区块链、人工智能、大数据在金融领域的广泛应用,金融服务模式与金融业务形态正在发生颠覆性变化。同时,亚洲地区在全球经济中的比重不断上升,新兴市场经济体对全球金融资源的配置需求日益增长。成都若能抓住这一历史机遇,通过聚焦全球金融资源配置功能,加大在金融科技研发投入、国际金融人才引进与培养,以及金融市场开放创新等方面的力度,有望在未来的全球金融竞争中实现弯道超车。例如,利用区块链技术构建跨境金融交易清算系统,提高交易效率与安全性;通过人工智能技术开展智能投顾服务,满足投资者个性化的金融服务需求;积极培育国际金融人才,打造具有国际视野与专业素养的金融团队。通过这些举措,成都能够逐步缩小与国际先进水平的差距,在全球金融资源配置领域占据一席之地,为建设社会主义现代化国际大都市提供强大的金融动力与坚实的金融保障,从而在国际城市金融竞争格局中脱颖而出,实现国际化进程的稳步推进。

四、 国际枢纽经济功能

首先,从服务国家战略全局和全省发展大局来看。随着全球经济一体化进程的加速,国际贸易与投资活动日益频繁,中国需要构建全方位、多层次的对外开放格局以深度融入世界经济体系。成都作为中国内陆重要的门户城市,其地理位置优越,处于"一带一路"和长江经济带的重要交汇点,具备成为内陆开放高地的天然潜质。成都拥有较为发达的交通网络,双流国际机场和天府国际机场的"双机场"格局使成都的航空运输能力在国内名列前茅,中欧班列(成都)也已成为连接欧亚大陆的重要物流通道。这些交通基础设施为成都发展国际枢纽经济提供了坚实的硬件支撑。例如,通过航空运输,成都能够快速地将中国西部地区的特色产品如电子信息产品、生物医药制品等运往全球各地,同时将国外的先进技术设备、高端消费品引入国内,促进国际贸易的繁荣,从而在国家构建陆海内外联动、东西双向互济的开放格局中扮演关键角色,成为国家向西向南开放的战略支点,有效拓展中国对外开放的广度和深度,助力国家在全球经济治理中发挥更大影响力。

与此同时,成都的国际枢纽经济功能能够有效整合四川全省资源,带动区域协同发展。成都可以凭借其国际枢纽地位,将省内各地的优势产业产品推向国际市场。如绵阳的电子信息产品、德阳的装备制造产品等,通过成都的物流枢纽进行集货、分拨和转运,将降低物流成本,提高产业竞争力。同时,国际资本、技术和人才通过成都的枢纽通道流入四川,能够促进全省产业的升级换代和创新发展。例如,引入国外先进的智能制造技术和管理经验,助力四川传统制造业向智能化、高端化转型,推动区域经济高质量发展,实现全省在全国乃至全球产业链分工中的地位提升,增强四川整体经济的抗风险能力和可持续发展能力。

其次,从对内与对外关系层面考量。成都作为四川的核心城市,其门户功能的强化和国际枢纽经济功能的培育能够促进省内城市间的要素流动与产业协同。成都可以通过打造国际物流枢纽,优化物流配送网络,提高物流效率,降低物流成本,使省内其他城市能够更便捷地接入全球供应链。例如,建立覆盖全省的物流分拨中心和配送站点,实现与中欧班列(成都)、航空货运等运输方式的无缝对接,让省内中小城市的企业能够像位于沿海地区的企业一样,快速响应国际市场需求,开展进出口业务。同时,成都的国际枢纽经济还能带动相关配套产业在省内的布局与发展,如物流仓储、货代、供应链金融等产业,形成以成都为核心,辐射全省的产业集群,提升全省产业的协同效应和整体竞争力。

全球产业链供应链的重构与区域经济合作的深化为成都提供了广阔的发展空间。成都通过发展国际枢纽经济功能,能够加强与世界各国各地区的经济联系与合作。在贸易方面,成都可以与更多国家建立贸易伙伴关系,拓展贸易品种和市场范围。例如,通过与东南亚国家开展农产品、热带水果等特色产品的进出口贸易,与欧洲国家进行高端装备、精密仪器等工业品的贸易往来,成都将提升在全球贸易格局中的地位。在投资合作方面,成都的国际枢纽经济能够吸引更多的跨国公司在成都设立区域总部、研发中心或生产基地,利用成都的交通枢纽优势和产业配套能力,优化其全球生产布局。同时,成都也能够鼓励本地企业"走出去",借助国际枢纽平台获取全球资源,提升企业的国际化经营水平,促进成都与世界经济的深度融合,塑造成都在国际经济合作中的重要角色。

最后,从现实与未来关系考量。成都已经在门户功能建设方面取得了显著成效,交通枢纽地位不断提升,对外贸易和投资规模持续扩大。然而,与东部沿海的国际大都市相比,成都在国际枢纽经济功能的完善程度上仍存在差距,如国际物流服务的精细化程度、国际供应链的整合能力及高端要素资源的集聚效应等还有待提升。但从未来发展趋势看,全球经济数字化、智能化转型加速,绿色发展理念深入人心,新兴技术如5G、物联网、大数据等在物流和供应链领域的应用将重塑国际枢纽经济的运行模式。成都可以利用自身在科技研发、新兴产业培育方面的优势,提前布局未来国际枢纽经济的发展方向。例如,构建基于5G和物联网技术的智能物流园区,实现物流过程的实时监控、智能调度和精准配送;利用大数据分析优化国际供应链管理,提高供应链的弹性和效率;发展绿色物流和低碳供应链,符合全球可持续发展的要求。通过这些举措,成都能够在未来形成具有全球竞争力的国际枢纽经济功能,为建设社会主义现代化国际大都市奠定坚实的经济基础。

五、 国际消费引流功能

首先,随着中国经济结构的调整与转型,消费已成为拉动经济增长的关键驱动力之一,构建以国内大循环为主体、国内国际双循环相互促进的新发展格局成为国家的重要战略任务。成都作为中国西部重要的经济中心和消费市场,具有独特的消费文化与庞大的消费群体。成都自古以来就是西南地区的商贸重镇,商业氛围浓郁,消费文化多元包容,从传统美食文化到时尚购物,从休闲娱乐到文化艺术消费,均有着深厚的底蕴与广泛的群众基础。这种消费基础为成都承担起国际消费引流的使命提供了可能。例如,成都的美食文化闻名遐迩,以川菜为代表的美食不仅在国内广受欢迎,在国际上也逐渐崭露头角。通过打造国际美食之都的形象,吸引世界各地的游客前来品尝美食,进而带动住宿、旅游、购物等一系列消费,这无疑是对国内消费市场的有力激活,也为国家"双循环"格局的构建贡献成都力量。

与此同时,成都的国际消费引流功能能够对作为人口大省和旅游资源大省的四川全省产生强大的辐射带动效应。成都可以整合周边地区如乐山的大佛文化旅游资源、阿坝的自然景观旅游资源等,打造具有国际影响力的旅游消费线路,将国际游客吸引到成都后,再向省内其他地区分流,带动全省旅游消费产业的协同发展,促进区域经济平衡增长,提升四川整体的经济活力与国际知名度。

其次,从对内与对外关系来看。成都市区内各个区域的消费资源丰富,但尚未形成高度协同的整体优势。例如,中心城区的高端商业综合体与郊区的特色文化旅游消费点之间缺乏有效的联动机制。通过国际消费引流功能的打造,可以构建起区域间消费资源的协同整合平台。如中心城区的高端商场可以与郊区的古镇旅游景点合作,推出特色旅游购物套餐,将城市购物消费与乡村旅游消费有机结合,促进消费资源在市内的自由流动与优化配置,满足不同层次消费者的多样化需求,提升成都整体消费品质与市场活力。

成都文化旅游资源丰富,武侯祠、锦里所承载的三国文化,青城山、都江堰所蕴含的道家文化与水利工程智慧等独特的文化资源是成都吸引国际游客的核心竞争力。借助国际消费引流功能,成都能够将这些文化资源与现代消费模式相结合,开发出具有国际吸引力的旅游消费产品。例如,以三国文化为主题打造沉浸式的文化旅游体验项目,包括实景演出、文化展览、特色餐饮与纪念品购物等,通过国际旅游推广渠道,吸引全球三国文化爱好者前来消费体验,使成都成为国际文化旅游消费的重要目的地,加强成都与世界各国的文化交流与经济联系,提升成都在国际消费市场的地位与影响力。

最后,从现实与未来关系考量。成都的消费市场已经具备了一定的规模和影响力,但在国际消费市场中的份额和知名度仍有较大提升空间。随着国内居民收入水平的提高和消费观念的转变,对高品质、国际化消费的需求日益增长。同时,国际游客对中国文化旅游消费的兴趣也在不断增加。成都须抓住这一机遇,进一步细化国际消费引流功能。例如,目前成都的奢侈品消费市场虽然在国内有一定地位,但与国际知名时尚之都相比,在品牌集聚度、新品首发速度等方面仍存在差距。通过优化营商环境,吸引更多国际一线时尚品牌在成都开设旗舰店、举办时尚活动,提升成都在国际时尚消费领域的吸引力,满足国内消费者对高端时尚消费的需求,同时吸引国际时尚爱好者前来打卡消费。

展望未来,随着科技的不断进步与全球消费趋势的演变,数字化消费、绿色消费、体验式消费等将成为主流。成都可以凭借自身在科技研发、文化创意与旅游资源方面的优势,提前布局未来消费市场。例如,利用成都在数字经济领域的发展成果,打造智能消费街区,通过虚拟现实(VR)、增强现实(AR)等技术为消费者提供全新的购物体验;结合成都的生态优势,开发绿色消费产品与旅游线路,如生态农业观光旅游与有机食品购物体验等。通过国际消费引流功能的持续完善,成都能够在未来的国际消费市场竞争中占据有利地位,成为全球消费潮流的引领者之一,为建设社会主义现代化国际大都市奠定坚实的消费基础。

六、 全球文化融汇功能

首先,当今世界正处于多元文化相互碰撞、交流与融合的时代浪潮之中,文化软实力在国际竞争与合作中的重要性愈发凸显。中国秉持着文化自信与开放包容的理念,积极推动中华文化走向世界,促进不同文明之间的对话与互鉴,以构建人类命运共同体。成都作为中国历史文化名城,拥有着源远流长、底蕴深厚且独具特色的文化遗产与人文资源。从古老的古蜀文明到金沙文化,从武侯祠承载的三国文化到都江堰蕴含的水利工程文化,再到充满烟火气息的市井民俗文化,成都的文化资源丰富而多元,为成都承担起全球文化融汇的使命提供了得天独厚的素材与根基。例如,成都可以深入挖掘古蜀文明,通过举办国际文化展览、开展学术研讨交流活动等,向全球展示中华文明的多元性与独特魅力,吸引世界各地的文化学者、爱好者和普通民众参与探索与交流,从而助力中华优秀传统文化的国际传播,提升国家文化软实力与国际影响力。

成都作为四川的省会城市与文化中心,可以发挥全球文化融汇功能的强大辐射带动效应,整合省内各地的特色文化资源,如阿坝藏族羌族自治州的藏族、羌族文化,凉山彝族自治州的彝族文化等,打造具有国际吸引力的文化旅游线路与文化交流项目。成都可充分发挥文化枢纽作用,将四川的多元文化推向世界舞台,吸引国际游客深入体验四川各地的文化风情,带动全省文化旅游产业及相关文化创意产业的蓬勃发展,促进区域文化经济的繁荣与文化传承创新,提升四川整体文化在国际文化版图中的知名度与美誉度。

其次,从对内与对外关系来看,对内,成都市区内不同区域、不同群体的文化资源丰富多样,但目前缺乏有效的整合与深度融汇,尚未形成强大的文化合力与协同创新效应。通过定位全球文化融汇功能,成都能够构建起完善的内部文化资源整合与创新发展平台。例如,建立成都文化资源大数据平台,整合全市各类文化场馆、文化活动、文化遗产、文化创意企业等信息资源,运用数字化技术进行分类管理与精准推广。在此基础上,促进不同文化主体之间的交流合作与创新融合,如传统戏曲艺术与现代舞台技术的结合、古老手工艺与时尚设计理念的碰撞等，催生出一批具有成都特色、兼具国际时尚感的文化创新产品与文化演艺项目，在丰富市民文化生活的同时，提升成都文化的品质与魅力，使成都成为国内文化创新与融合发展的典范城市。

对外，成都凭借其独特的文化魅力与开放包容的城市精神，能够积极拓展对外文化交流与合作渠道。一方面，吸引国际知名文化机构、艺术团体、文化企业在成都设立分支机构或开展文化交流项目。例如，邀请世界顶级博物馆来蓉举办巡回展览，引进国际著名音乐剧团进行演出交流，吸引国际知名文化创意企业与成都本地企业开展合作，共同开发文化创意产品等，将国际前沿的文化理念、艺术形式与文化产业运营模式引入成都，提升成都文化的国际化水平与创新活力。另一方面，成都能够将自身的文化特色与文化成果推向国际市场，参与国际文化竞争与合作。如成都的蜀绣、蜀锦等传统手工艺品可以通过国际文化贸易渠道走向世界，成都的特色美食文化可以通过在海外开设餐厅、举办美食文化节等方式进行传播推广，成都的现代音乐、舞蹈、戏剧等艺术作品可以参加国际文化艺术节、赛事等活动，等等。通过展示成都文化的独特风采，在国际文化交流与合作中赢得尊重与认可，成都将逐步塑造作为全球文化融汇高地的城市形象。

最后，从现实与未来关系的视角考量。成都已经在文化建设方面取得了显著成就，文化产业规模逐步扩大，文化活动丰富多彩，文化遗产保护与传承工作也卓有成效。然而，与国际知名文化大都市相比，成都在文化的国际传播力、文化产业的全球竞争力及文化融汇的深度与广度等方面仍存在较大差距。例如，成都的文化品牌在国际上的知名度和影响力相对有限，文化产业的国际化运营水平有待提高，在文化与科技深度融合创新方面还有很大的发展空间。展望未来，随着科技的飞速发展，尤其是数字技术、网络技术、人工智能技术等在文化领域的广泛应用，文化传播与交流的方式将发生革命性变革，文化产业的业态也将不断创新升级。成都若能抓住这一历史机遇，通过聚焦全球文化融汇功能，加大在文化科技融合创新方面的投入，培养和引进国际文化交流与文化产业经营管理人才，加强国际文化合作平台建设等举措,有望在未来的全球文化竞争中脱颖而出。例如,利用 VR、AR 技术打造沉浸式文化体验项目,让全球游客身临其境地感受成都文化的魅力;借助人工智能技术进行文化创意产品的个性化设计与精准营销;通过建设国际文化创意产业园区,吸引全球文化创意企业和人才汇聚成都,开展文化创新合作与产业孵化。通过这些努力,成都能够逐步缩小与国际先进水平的差距,构建起全球文化融汇的多元生态体系,为建设社会主义现代化国际大都市注入强大的文化动力,从而在国际城市文化竞争格局中凭借独特的文化融汇魅力占据重要地位。

七、 国家公园城市功能

首先,中国正处于生态文明建设的关键时期,积极探索创新型生态城市发展模式,以应对日益严峻的环境挑战并实现可持续发展的长远目标。国家大力倡导人与自然和谐共生理念,推动生态保护与城市建设协同共进,构建生态安全格局与美丽中国建设蓝图。成都坐拥得天独厚的生态基底,其地处四川盆地西部,自然山水格局独特,拥有广袤的森林资源、丰富的水系网络及多样的生物栖息地。成都平原沃野千里,周边山脉环绕,如龙门山、龙泉山等山脉不仅构成了城市的天然生态屏障,更蕴含着丰富的自然资源与生态服务功能。例如,龙门山地区拥有众多珍稀动植物,是生物多样性的宝库,其森林资源在水源涵养、气候调节等方面发挥着不可替代的作用。成都以优良的生态基础,有能力在国家公园城市建设方面先行先试,为全国提供可复制、可推广的成功范例。通过打造国家公园城市,成都能够在生态系统保护与修复、生态资源合理利用、生态价值转化等方面进行深入探索与实践,为国家生态文明建设提供实践经验与制度示范,助力中国在全球生态治理舞台上展现中国智慧与担当,推动中国生态城市建设迈向新的高度。

四川作为中国西南地区的生态大省,在长江上游生态屏障建设中承担着极为重要的使命,而成都的国家公园城市功能对于全省生态建设具有强大的辐射带动效应。成都可以充分发挥自身在城市规划、生态产业发展、生态文化传播等方面的优势,为省内其他城市提供全方位的示范与引领。例如,在生态规划方面,成都能够将国家公园城市理念融入城市总体规划与专项规划之中,通过科学合理的规划布局,实现城市空间拓展与生态保护的平衡协调,这种规划经验可以为省内其他城市在城市新区建设、旧城改造等过程中所借鉴。在生态产业发展方面,成都积极培育的生态农业、生态旅游、生态康养等绿色产业模式,可以通过产业转移、技术输出、品牌共享等方式,带动周边城市相关产业的发展与升级,促进区域生态经济协同发展。同时,成都在生态文化传播方面的影响力也将带动全省范围生态文化氛围的营造,提升全省人民的生态意识与生态文明素养,推动四川建设成为生态环境优美、生态经济繁荣、生态文化昌盛的绿色大省,筑牢长江上游生态屏障,确保整个长江流域的生态安全与可持续发展。

其次,成都城市内部的生态建设与城市发展正处于深度融合与转型提升的关键阶段。传统的城市建设模式往往导致生态空间被不断挤压,生态系统的完整性与连通性遭到破坏,城市生态功能无法得到充分发挥。而国家公园城市功能的定位为成都提供了全新的城市发展理念与路径。通过构建国家公园城市,成都致力于打造一体化的城市生态网络体系,将城市公园、湿地、河流、森林等生态要素有机串联,形成连续完整的生态廊道与生态斑块镶嵌的空间格局。例如,成都大力推进的天府绿道建设项目,以绿道为纽带,将城市内部众多分散的生态景观连接起来,不仅为居民提供了便捷的休闲游憩空间,更促进了城市生态系统物质循环、能量流动与信息传递的畅通无阻,增强了城市生态系统的自我调节能力与稳定性。同时,国家公园城市功能还将推动生态产业与城市其他产业的深度融合发展,催生一系列新兴业态与创新模式。如在城市新区建设中,将生态理念贯穿于产业园区规划与建设全过程,打造生态产业园区,吸引大量绿色环保企业入驻,实现产业发展与生态保护的良性互动,提升城市的综合竞争力与居民的生活品质。

在全球生态城市建设与国际交流合作日益频繁的大背景下,成都的国家公园城市功能使其在国际舞台上具备了独特的竞争优势与合作潜力。一方面,成都能够凭借国家公园城市建设的特色与亮点,吸引国际上众多知名的生态研究机构、环保企业、城市规划设计团队等前来开展交流合作。例如,与国际顶尖的生态科研机构合作开展生态监测与评估技术研发项目,共同探索城市生态系统健康评价指标体系与方法;邀请国际著名的城市规划设计团队参与成都国家公园城市的规划设计竞赛,引入国际先进的规划理念与设计手法,提升成都国家公园城市的规划建设水平。另一方面,成都可以将自身在国家公园城市建设过程中积累的丰富经验与成功案例推向国际,积极参与国际生态城市建设标准制定、经验分享与国际项目合作。如在联合国人居署举办的国际城市可持续发展论坛等国际会议上,成都作为国家公园城市建设的典型代表进行主题发言与案例展示,分享在生态保护、生态修复、生态价值转化等方面的实践经验,为其他国家和城市提供有益的借鉴与启示,从而提升成都在国际生态城市领域的知名度与影响力,塑造成都作为国际生态宜居城市的良好形象,促进成都与世界各国在生态领域的广泛交流与深度合作。

最后,成都在生态功能建设方面已经取得了显著的阶段性成果,城市绿化水平显著提高,生态环境质量逐步改善,一系列生态保护与建设工程成效初显。然而,与国际上一些已经成熟的国家公园城市或生态示范城市相比,成都仍存在一定的差距与不足。例如,在生态系统的精细化管理与智能化监测方面,成都尚未建立起完善的技术体系与管理平台,难以实现对生态资源的精准掌控与高效利用;在生态文化的国际化传播与品牌塑造方面,成都的生态文化特色与内涵尚未得到充分挖掘与有效传播,在国际上的知名度与美誉度有待进一步提升。展望未来,随着全球科技的飞速发展与生态理念的不断创新,城市生态建设将迎来前所未有的发展机遇与挑战。成都若能紧紧抓住这一历史机遇,聚焦国家公园城市功能,加大在生态科技研发投入、生态文化创意产业培育、国际生态合作交流平台建设等方面的力度,充分利用大数据、人工智能、物联网等新兴技术手段,加强生态系统的监测、评估与管理,创新生态文化传播方式与载体,积极拓展国际生态合作领域与项目,那么成都有望在未来的国际生态城市竞争中脱颖而出,成功构建起具有国际一流水平的国家公园城市功能体系,为建设社会主义现代化国际大都市奠定坚实的生态基础,从而在国际城市生态竞争格局中占据重要地位。

第四章

成都强化高端产业引领功能的战略重点

成都强化高端产业引领功能是推动城市高质量发展、提升综合竞争力的关键举措。这不仅有助于抢占未来产业发展的制高点,也为成都构建现代化产业体系、推动传统产业转型升级提供了重要支撑。在推动战略性新兴产业和未来产业发展的同时,成都通过优化产业结构,有望在全球产业链中占据更高位置,进一步彰显其在成渝地区双城经济圈中的极核作用,为实现社会主义现代化国际大都市的战略目标奠定基础。

第一节　全球城市产业格局变化的发展背景与趋势

一、全球城市产业变革的发展背景

全球城市产业格局正经历深刻变化,这一变化由全球经济、科技进步和政治格局调整等多重因素推动。当前,世界正处于百年未有之大变局,新一轮科技革命和产业变革深入发展,人工智能、量子计算、5G、生物技术、新能源等尖端技术的突破加速了产业数字化、智能化转型,推动全球产业链向高附加值和知识密集型方向调整。同时,逆全球化思潮抬头,贸易保护主义加剧,全球化从"快速全球化"转向"慢全球化",导致全球产业链、供应链、价值链重组步伐显著加快。地缘政治的不确定性进一步推动这一趋势,特别是乌克兰危机、欧洲能源格局调整及气候变化议题,使全球能源供应链发生了深刻变化。许多国家纷纷加大对本地产业的支持力度,强化自主可控和安全保障,推动产业从全球分散布局向区域化、本地化方向转移。

北美、欧洲和亚洲逐步形成供应链区域化的"三足鼎立"格局,各区域内部的经济联系和循环日益增强。美国依托《美墨加协议》(USMCA),加深与墨西哥和加拿大的经济合作,推动制造业回流以减少对外部供应链的依赖。特斯拉等跨国企业正在北美区域内重组供应链,依靠区域内资源和产业协同增强韧性。欧洲则在绿色转型中寻求能源和产业链的本地化,例如德国加快新能源发展,构建低碳经济支撑的内循环体系。亚洲地区凭借制造业的全球优势,深化区域一体化合作,《区域全面经济伙伴关系协定》(RCEP)的实施,进一步加强了区域内部的供应链整合,巩固了东亚和东南亚地区的产业竞争力。这种区域化趋势使得跨区域间的供应链依赖有所降低,但区域内的分工和协作更加紧密。

与此同时,技术竞争成为全球产业格局调整的重要推动力,各国争相抢占人工智能、半导体、生物技术等前沿领域的技术制高点。美国通过《芯片与科学法案》大规模扶持半导体产业,欧洲在清洁能源技术上发力,而中国通过"双碳"战略推动绿色技术的创新和应用。这些举措不仅促进了高技术产业的快速崛起,也加速了传统产业的数字化、智能化和低碳化转型。在这一过程中,全球产业格局的变化还表现为生产性服务业的重要性日益提升。物流、金融、咨询等服务业成为制造业转型升级的核心支撑,推动了城市产业结构进一步向服务化方向发展。

能源格局的调整是全球产业变化的重要推动因素之一。乌克兰危机暴露了欧洲对外部能源供应的高度依赖,促使其加速推进新能源技术的发展和能源本地化建设。与此同时,美国大力投资可再生能源和页岩气技术,试图在全球能源市场中占据更强的主导地位。这种能源本地化趋势加速了相关产业链的区域化重组,同时为绿色低碳经济发展创造了新的增长点。在此背景下,新能源汽车、新能源电池及清洁能源技术成为全球城市争夺的产业高地,绿色低碳经济的崛起已经成为全球产业格局调整的核心动力之一。

此外,全球城市的产业布局正在向数字化、智能化和本地化方向转型。数字技术的渗透使得城市逐渐成为数字经济的主要集聚地。平台型企业的崛起、工业互联网的广泛应用,以及智能制造的普及,使得全球城市产业结构更加技术密集。与此同时,区域化、本地化趋势不仅体现在能源和制造业领域,还在数字经济和服务业中进一步深化。例如,区域内部的数字平台和服务网络正在强化区域内的经济联系,提高区域内经济循环的效率。

总体而言,全球城市产业格局的变化是经济全球化面临挑战、区域化崛起、技术创新驱动和能源格局调整共同作用的结果。在这一过程中,城市产业的竞争焦点逐渐从传统制造业转向高附加值的尖端技术和数字经济领域,同时,区域化和本地化趋势推动产业链分布更加紧密,区域内部合作更加高效。面对这一复杂背景,全球城市需重新定位自身在区域和全球产业链中的角色,加速适应区域化竞争与技术驱动的产业发展需求,构建更加可持续、创新驱动和韧性十足的现代产业体系。这种变革不仅是应对当前经济和政治挑战的需要,也是全球城市持续增强竞争力和实现长期发展的必由之路。

二、 全球城市产业格局的变化趋势

(一)核心技术掌控力成为全球产业竞争的关键

尖端技术自主可控,是一个国家提升本国产业国际竞争力的关键,也是维护国家总体安全的根本保障(杜鹏、王孜丹、曹芹,2020)。尖端技术领域成为全球大国战略博弈的主战场。主要发达国家均制定了发展本国尖端技术的国家战略,加强对他国尖端技术发展的战略遏制,为此还强化了对尖端技术相关跨境贸易投资的限制,以实现自身对尖端技术的有效管控。

首先,全球尖端技术竞争加剧。当前,尖端技术领域的全球竞争,已经从跨国公司的市场行为,上升为世界各国的战略举措。国家干预在全球尖端技术发展中的主导力将进一步长期化、显著化。一是制度环境与规则竞争。各国将数字经济、生物技术等尖端技术领域视为未来发展的关键,纷纷出台政策支持相关产业。例如,在数字经济领域,美国试图主导全球数字贸易规则的制定,为以 FAANG(美国市场上五大最受欢迎和表现最佳的科技股公司缩写,即 Facebook、Apple、Amazon、Netflix、Google)为代表的企业争取市场主导权;欧盟则强调严格数据隐私保护和跨境监管;日本倡导通过法治和合作确保数据安全。这种规则竞争不仅反映了各国利益诉求,还为本国尖端技术发展争取了有利的制度环境和资金支持。二是技术遏制与中美竞争。技术遏制是全球尖端技术竞争的重要组成部分,尤其体现在美国对中国高技术产业的遏制上。2008 年金融危机后,中美经济实力持续接近,竞争加剧。新冠疫情进一步催化了中美在科技领域的脱钩趋势。美国通过《部分脱钩:美国对华经济竞争的新战略》,该报告明确提出在关键领域对华进行遏制,并通过制裁名单限制中国高科技企业的国际合作。

其次,主要发达国家强化对尖端技术的管控力度。为确保尖端技术的战略优势,主要发达国家纷纷立法,强化跨境贸易和投资管控。一是出口限制。美国通过《出口管制改革法案》强化特定技术的出口限制,对华为等中国企业实施制裁。日本也计划出台类似政策,限制人工智能和机器人技术出口。二是投资审查。各国通过扩大审查范围和设立多重审查机制,严格控制外资对尖端技术领域的投资。例如,美国《外国投资风险审查现代化法案》赋予外资审查机构更大权限,覆盖关键技术、核心数据和基础设施;日本将投资敏感行业的审查门槛降至 1‰,即使无控制力的投资也须审查;欧盟通过《外国投资审查框架》,从整体利益出发限制外国企业的投资行为。三是审查程序与门槛。各国投资审查机制趋于严格化、多样化。日本要求清单内企业接受政府审查,若涉及核能等关键行业,需提前申报。欧盟则通过最低标准和跨国合作审查提高审查效率和覆盖范围。这些措施提高了外国资本进入尖端技术领域的难度,进一步巩固本国技术优势。

(二)加速服务化和深度数字化成为全球产业转型的新态势

服务化与数字化相互融合、相辅相成,共同引领全球产业发展的未来趋势。近年来,全球产业服务化加速推进,服务业的产出规模、贸易总量与制造业的融合水平及对全价值链的贡献显著提升,全球正迈入服务经济时代。同时,产业数字化持续深化,数字技术深刻变革服务业与制造业的发展模式和路径。作为产业数字化的基础,数字新型基础设施建设受到各国重视,成为全球产业战略竞争的新焦点。

首先,全球产业结构服务化进程不断加速。服务化和数字化深度融合已成为全球产业转型的重要特征。服务业正日益主导全球经济,产值和贸易总量显著增长。根据研究数据,过去十年全球服务业在 GDP 中的占比稳步上升:发达国家达到约 70%,中等收入国家为 54%,低收入国家稳定在 40%。特别是知识密集型服务业快速增长,研发和无形资产投资显著增加,2016 年全球企业在这些领域的投入占比提升至 13.1%。服务贸易也日趋活跃,2005—2017 年间年均增长 5.4%,超越货物贸易增速,其中计算机和研发服务增速最快,预计到 2030 年电子商务将贡献高达 2.1 万亿美元的增量。

服务业与制造业的边界日益模糊,制造企业通过数字化转型提供"服务包",以实现全价值链增值。日本小松制作所和德国西门子等企业,通过技术创新实现从制造商到服务商的转型,展示了制造业与服务业融合的潜力。此外,服务环节在全球价值链中的地位持续上升,研发、营销、金融等环节成为利润的重要来源。例如,免费服务(如社交媒体、云服务)的经济贡献估值高达 8.3 万亿美元,却未完全计入全球服务贸易统计。

其次,全球产业形态数字化程度持续深化。数字技术的快速渗透正深刻变革服务业和制造业的发展模式。物联网、区块链、云计算等技术使服务从本地化转向全球化,通过数字交付实现远程交易。2008—2018 年间,全球数字交付服务出口年均增长 5.8%,其占服务贸易出口的比例从 45.7% 提升至 50.2%。这一趋势扩展了服务贸易的地理范围,推动新零售、新金融等模式的兴起,同时增强了传统行业如教育和医疗的可贸易性。

数字化对制造业的效能提升尤为显著。随着物联网和工业互联网的普及,产业数字化成为经济发展的新赛道。2019 年数据显示,发达国家数字经济的 86.3%

来自产业数字化,高于发展中国家的 78.6%。未来,具备技术壁垒的制造领域将涌现新一代数字经济领军企业。

新型数字基础设施成为竞争焦点。新型数字基础设施建设是数字经济发展的基础和保障。世界主要经济体纷纷加码 5G 网络、大数据中心和工业互联网等领域的投资,为数字产业发展提供支撑,同时推动传统基础设施的智能化改造。全球竞争在 5G 和天基互联网等领域日益白热化,各国试图通过基础设施建设抢占产业数字化的技术和市场先机。

(三)产业链区域化成为全球产业布局的新方向

经济全球化的进程,其核心是产业链在全球范围内的拓展布局。跨国公司通过全球范围内的资源优化配置,充分利用了不同地方的资源禀赋,最大限度获取全球化的红利。但是,产业链全球布局也面临着来自地缘政治、自然灾害等方面的威胁和挑战。近年来,全球多边贸易体系遭遇重大挫折,区域贸易安排快速发展。新冠疫情引发各国政府对本国供应链安全的高度关注。这都促使跨国公司开始更多地近岸布局供应链,强化全球产业链区域化、本地化布局的发展趋势。全球化推动了跨国公司通过全球资源优化配置获取利益,但地缘政治和自然灾害等风险让全球产业链承压(Wan and Bai,2024)。近年来,多边贸易体系受挫,新冠疫情加剧供应链安全担忧,促使跨国公司加速区域化和本地化布局。

首先,区域贸易安排作用强化。多边贸易体系(如 WTO)的地位下降,而以自由贸易协定(FTA)为核心的区域贸易安排崛起,推动了更高标准的国际贸易规则。例如,《区域全面经济伙伴关系协定》(RCEP)等超大型 FTA 显著提升了区域化程度,代表了未来国际贸易发展的方向。一是新规则与"三零原则"。高标准 FTA 引入零关税、零壁垒、零补贴的"三零原则",优化成员经济体间要素流动。但这些规则也在一定程度上限制跨国公司跨区域布局,进一步强化区域产业链的形成。例如,《全面与进步跨太平洋伙伴关系协定》(CPTPP)采用严格的原产地规则,提高区域内原料和中间产品的使用率。二是竞争中立原则。区域贸易协议通过限制国有企业竞争优势推动公平竞争,提升规则透明度,同时适度灵活调整以适应成员经济体差异。

其次,全球产业链的区域化加速。贸易治理体系变化叠加疫情冲击,跨国公司更关注供应链安全,采取扁平化、多元化布局策略,形成美、欧、中三大产业链中心。随着三大区域中心形成,美国主导北美,德国引领欧洲,中国在亚洲占据核心地位。中国不仅与亚洲邻国保持紧密联系,还成为全球价值链的重要节点。

全球产业链的区域化过程加速了全球产业链和供应链的区域治理格局。亚太地区在全球产业体系中的地位日益凸显。特别是在全球产业链的区域化加速背景下,亚太成为支撑全球制造业和高端产业核心发展的关键区域。与当前全球贸易治理体系的变化和疫情冲击的叠加,亚太地区优势逐渐显现,成为全球产业链新格局中的重要组成部分。中国作为亚太地区的核心国家,不仅是全球最大的制造业国家,在全球价值链中占据着至关重要的节点,也通过与亚洲邻国的紧密合作,进一步巩固了在全球产业体系中的领导地位。中国的先进制造业特别是电子信息、机械设备和汽车制造,在亚太地区已经深度嵌入全球产业链,并推动亚太地区产业结构的日益多元化。特别是自 2017 年起,中国超越日本成为亚洲 ICT 产业的区域中心,标志着中国在全球科技发展中的话语权和影响力进一步提升。中国庞大的市场、强大的制造能力及日益强大的创新势能,不仅为亚太地区注入了持续强劲的经济驱动力,也为区域内外的其他国家提供了广泛的合作机遇。

新冠疫情暴露了全球产业链的脆弱性,亚太地区的供应链安全受到越来越多的关注。随着各国推动本土化生产和供应链弹性提升的政策措施实施,亚太国家纷纷加强与中国的产业合作。与此同时,跨国公司针对新形势调整布局,高端产业的多元化和对供应链安全的重视促使其加速本地化生产布局。特别是美国、德国和日本等发达国家,纷纷出台政策,推动在亚太地区的制造业升级,以促进其产业结构的多元化,缓解全球产业链风险。这一趋势带动了亚太地区在全球产业结构中的重要性不断上升,尤其是中国作为区域核心国家,进一步巩固了在全球产业链中的战略地位。

最后,中国的关键地位越来越明显。随着全球贸易的性质从简单的制成品链式交换结构转变为涉及中间品的更为复杂的网状贸易结构,中间品自然而然地成为一国深度嵌入国际产业链、价值链、创新链的标志物。目前,中国已连续 12 年保持全球最大的中间品出口国地位,制造业中间品贸易在全球占比达到 20％左右,国家海关数据则显示中间品贸易对中国对外贸易增长的贡献率接近 60％。尽管部分国家试图"去中国化",但中国仍是全球产业链的重要区域。一是复杂供应链的挑战。像苹果这样复杂产品的供应链涉及全球数十个国家。短期内重塑全球供应链难度巨大。2019 年,47.6％的苹果供应商位于中国,中国企业在加工制造环节不可替代。二是市场与效率优势。中国从低成本优势转向高性价比优势,劳动生产率快速提高,外资企业对中国投资环境的认可度逐年增加。

总体而言,亚太地区,尤其是中国,日益成为全球产业链的重要枢纽,不仅担当全球制造业的增长引擎,还在高端产业链重塑中发挥着至关重要的作用。未来,亚太区域将继续扮演支撑全球产业体系的重要角色,带动全球产业格局的进一步调整与优化。同时,中国将在全球产业链结构的重塑中持续推动区域和全球经济协同发展,进一步提升在全球经济中的话语权和影响力。

(四)增速迟缓化成为全球产业跨境贸易投资的新常态

近年来,全球贸易和跨境投资相对全球 GDP 增速呈收缩趋势,尤其在新冠疫情冲击下,这一"放慢化"趋势愈发显著。

首先,跨境贸易增速放缓。一是贸易规模下降。2008 年全球金融危机后,贸易增速从长期高于 GDP 增速的态势转为低于 GDP 增速。全球贸易增速与 GDP 增速的比值从 1.5 降至 1.0 以下,疫情进一步加剧了这一趋势。2020 年,全球经济萎缩2.5％—8.8％,而出口贸易增速下降 17.1％—40.9％,进口贸易增速下降 14.5％—3.8％。全球货物贸易实时趋势指数在 2020 年第二季度跌至 87.6,创历史新低。二是价值链贸易收缩。全球商品跨境贸易在全球产出中的比重持续下降,出口总额占生产价值链总产出的比例从 2007 年的 28.1％降至 2017 年的 22.5％。

其次,跨境投资显著减缓。新冠疫情对供应链和产业链的稳定性造成冲击,影响全球跨境投资。2019 年全球外国直接投资(FDI)总额为 1.39 万亿美元,同比下降 1%。2020 年,跨境并购数量减少 70%,绿地投资也大幅受阻。跨国公司经营活动受疫情干扰,对外投资意愿也相应减弱。

最后,保护主义强化。全球保护主义措施正在增加,全球贸易保护主义持续升温。2018 年至 2020 年 5 月,各国累计发起 739 起贸易救济案件,其中电子电气、化工等复杂产业链案件占 70%以上。主要发达国家的保护主义措施有多种多样的发展趋势。例如,特朗普政府"美国优先"战略显著影响全球贸易秩序,阻挠 WTO 正常运作,如阻止上诉机构法官任命,削弱争端解决机制。通过《美墨加协议》提高劳工标准和原产地要求,以抑制产业链外迁。对中国实施技术出口管制,限制投资,并制裁华为等高科技企业,威胁全球产业链安全。新冠疫情期间,保护主义抬头。美国为鼓励企业回迁提供优惠政策,直接动员跨国公司加大本土投资。日本则拨款 2 200 亿日元支持企业撤回部分海外产能,并对依赖海外生产的企业提供超过一半的搬迁费用补贴。

三、 成都产业发展的基础

(一) 产业规模

从产业整体的规模来看,成都依托"5＋5＋1"现代产业体系①的构建,产业综合实力稳步提升。2023 年,成都的 GDP 总量达到 22 074.7 亿元,同比增长 6.0%。具体来看,第一产业实现增加值 594.9 亿元,增速为 3.0%;第二产业实现增加值 6 370.9 亿元,同样增长 3.0%;第三产业实现增加值 15 109.0 亿元,增速较快,达到 7.5%。从产业贡献率来看,第一产业、第二产业和第三产业对经济增长的贡献率分别为 1.8%、15.4%和 82.9%。在新冠疫情得到有效控制后,政府政策的支持促进了市场活力的复苏,产业规模在波动后逐步恢复稳定。

对比来看,2023 年上海的 GDP 达到 47 218.66 亿元,比上年增长 5.0%。其中,第一产业增加值为 96.09 亿元,下降 1.5%;第二产业增加值为 11 612.97 亿元,增长

---

① "5＋5＋1"现代产业体系是指由电子信息、装备制造、医药健康、新型材料、绿色食品五大先进制造业,会展经济、金融服务业、现代物流业、文旅产业、生活服务业五大现代服务业,以及新经济构成的产业体系。

1.9%;第三产业增加值为 35 509.60 亿元,增长 6.0%。第三产业增加值占地区生产总值的比重为 75.2%。

上海与成都的经济发展展现出明显差距,主要体现在经济总量、产业结构和全球化水平上。首先,从经济总量看,上海 GDP 超过成都一倍,展现出更强的综合实力。这种差距不仅源于上海的国际金融、贸易与航运中心地位,更反映其在全球化经济中的深度嵌入。其次,产业结构上,上海第三产业增加值占 GDP 的 75.2%,形成以服务业为主的高端经济格局。成都第三产业增加值为占 GDP 的 68.4%,虽然增长 7.5%,对经济贡献率达 82.9%,但在服务业的精细化程度和国际化水平上与

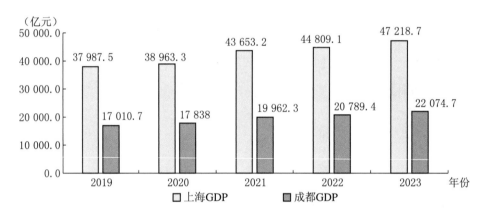

图 4.1　2019—2023 年上海、成都 GDP

资料来源:根据成都市和上海市国民经济和社会发展统计公报数据绘制。

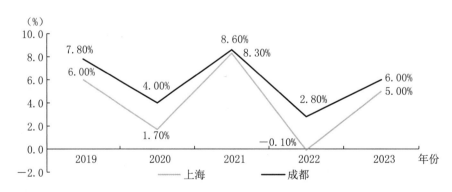

图 4.2　2019—2023 年上海成都 GDP 增速

资料来源:根据成都市和上海市国民经济和社会发展统计公报数据绘制。

上海相比仍存较大差距。此外,第二产业的规模与贡献反映了成都工业基础相对薄弱,增加值远低于上海。总体来看,成都虽在增长动能上表现突出,但在经济总量、服务业全球化水平及工业高端化发展方面仍与上海有较大差距,这也为成都未来提升全球影响力、加速产业升级提供了明确方向。

近年来,成都 GDP 突破 2 万亿元大关。回顾上海当时由 2 万亿元迈向 3 万亿元的发展历程,可以发现以下值得成都借鉴的经验:首先,上海在经济总量达到 2 万亿元后,充分发挥了服务业对经济的支撑作用。2012—2017 年间,上海第三产业占 GDP 比重从约 60% 持续提升至 70% 左右,为 GDP 在短短五年内从 2.02 万亿元增至 3.01 万亿元提供了主要动能。金融、航运、贸易、专业服务等高端服务领域的开放与升级,带动城市整体能级快速提升。其次,上海通过建设自贸试验区和实施更高水平的开放政策,强化了对全球资源要素的配置能力。2013 年设立的中国(上海)自由贸易试验区,为投资贸易便利化和制度创新提供试验田,助推了跨国公司地区总部及研发中心的集聚。同时,上海注重科技创新与产业融合,积极培育新兴产业和高端制造业,加快构建“制造＋服务”的双轮驱动产业体系,为经济持续增长夯实基础。对成都而言,在 GDP 突破 2 万亿元的新起点上,应借鉴上海注重服务业升级、扩大对外开放、强化科技与产业融合的成功经验,深耕高端服务业与先进制造业协同发展,持续打造市场化、法治化、国际化的营商环境。同时,依托成渝地区双城经济圈建设机遇,加强与沿线城市的产业联动,进一步提升自身在全国乃至全球范围的资源配置能力,为向 3 万亿元目标迈进奠定坚实基础。

从重点产业的规模来看,成都始终将先进制造业视为激发创新潜力和汇聚高端资源的关键平台,持续强化其作为经济发展核心动力的地位。工业经济保持稳定增长,2023 年规模以上工业增加值同比增长 4.1%,显示出坚实的产业基础和发展潜力。在先进制造业领域,成都取得了显著进展。五大重点先进制造业领域合计增长 4.0%,呈现出全面向好的发展态势。其中,医药健康产业同比增长 10.1%,领跑各产业,显示出生物医药产业的强劲增长势头;装备制造产业增长 8.1%,体现了制造业向高端化、智能化转型的趋势;电子信息产业增长 4.0%,保持了稳定增

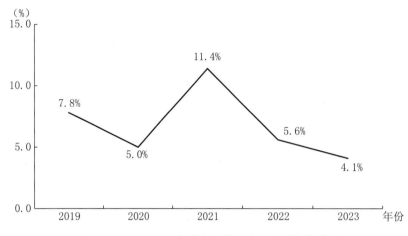

图 4.3　2019—2023 年成都规模以上工业增加值增速

资料来源：根据成都市国民经济和社会发展统计公报数据绘制。

长，为成都的数字经济和智能化发展提供了有力支撑；绿色食品产业增长 2.4％，新型材料产业虽然下降 1.9％，但整体仍展现出成都工业结构的多元化和韧性。

成都坚持将现代服务业作为推动供给侧结构性改革、满足人民日益增长的美好生活需要的重要支撑，以及激发疫情后经济持续复苏的强劲动力。2023 年，全市规模以上服务业实现营业收入为 9 041.1 亿元，同比增长 16.2％，相较全国和全省平均水平分别高出 7.9 个百分点和 0.2 个百分点。现代服务业整体保持平稳增长。其中，金融业增加值达到 2 555.6 亿元，占服务业增加值的 16.9％，金融业成为成都服务业中的主导行业。租赁和商务服务业实现较快增长，增加值达到 1 117.7 亿元，同比增长 11.6％，相较全国和全省平均水平分别高出 2.3 个百分点和 0.2 个百分点。信息传输、软件和信息技术服务业实现增加值 1 574.2 亿元，同比增长 6.2％。科学研究和技术服务业也呈现稳定发展态势，实现增加值 1 014.2 亿元，同比增长 8.6％。

成都致力于发展新经济、培育新动能，作为推动新旧动能转换和重塑城市竞争优势的关键措施。这一战略已经取得显著成效，新产业、新业态、新模式在成都不断涌现。截至 2021 年，成都新经济企业注册数量已超过 58.3 万家，同比增长 27.3％。其中，9 家企业成功达到"独角兽"企业标准，22 家新经济企业顺利实现上市或过会。新经济领域实现的营业收入高达 20 693.5 亿元,同比增长 26.8%;新经济增加值为 5 266.5 亿元,同比增长 18.5%,占全市 GDP 的 26.4%。值得一提的是,新经济领域从业人数达到 391.6 万人,同比增长 5.1%。在全国范围内,成都新经济总量指数持续保持领先,连续数月位居第二,成都被誉为"最适宜新经济发展的城市"之一。

从规模以上工业和重点产业发展情况来看,成都与上海相比存在一定差距。2023 年,上海规模以上工业实现战略性新兴产业总产值占 GDP 的 43.9%,其中集成电路、生物医药和人工智能三大先导产业规模达到 1.6 万亿元,显示出高度成熟的产业链和领先的科技水平。新能源汽车和新能源产业产值增速分别达 32.1% 和 21.3%,进一步彰显了上海在高端制造领域的全球竞争力。相较之下,成都 2023 年规模以上工业增加值同比增长 4.1%,先进制造业五大重点领域整体增长 4.0%,其中医药健康、装备制造和电子信息分别增长 10.1%、8.1% 和 4.0%,显示出稳健的增长态势,但在总量规模和行业深度上与上海仍有显著差距。在现代服务业方面,上海的信息传输、软件和信息技术服务业增加值增速达 11.3%,带动相关新兴服务业快速发展。而成都尽管租赁商务服务业和科学技术服务业增长迅速,但营业收

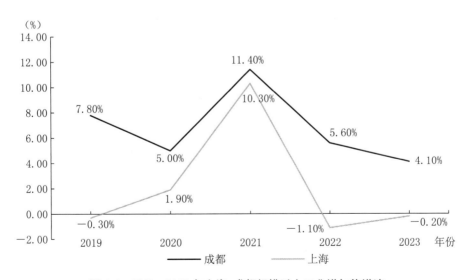

图 4.4　2019—2023 年上海、成都规模以上工业增加值增速

资料来源:根据成都市和上海市国民经济和社会发展统计公报数据绘制。

入和增加值规模仍无法与上海抗衡。总体来看,成都在部分领域具备增长潜力,但与上海相比,在科技创新、产业链完整性和高端产业规模上还有明显短板。未来可加强产业协同与创新资源的整合,以缩小与一线城市的差距。

从市场主体规模来看,成都以提升市场主体获得感为核心指标,稳固市场预期,优化营商环境,从而为产业规模的持续扩张提供了坚实的微观基石。2022年,成都新登记市场主体数量为57.94万户,高居副省级城市榜首;至2022年底,市场主体总量达363.89万户,位列副省级城市第一位,保持了领先地位。同时,市场主体注册资本(金)总额达到150 554.6亿元,同比增长12.66%。分行业来看,2022年共有7个行业门类的新登记市场主体实现了同比增长,其中"采矿业""电力、热力、燃气及水生产和供应业"及"信息传输、软件和信息技术服务业"的同比增长率分别达到了65.52%、12.58%和10.35%。

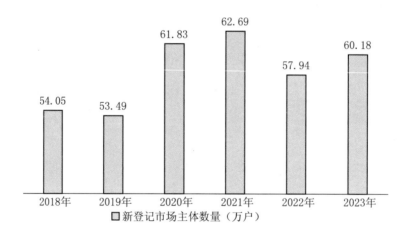

图4.5 2018—2023年成都新登记市场主体数量

资料来源:根据成都市国民经济和社会发展统计公报数据绘制。

(二)产业结构

从三次产业结构演变来看,成都第三产业的崛起在地区经济格局中占据核心地位。过去五年间,第三产业的增速显著超越第一、第二产业,并且始终保持高于GDP的增长速度。如今,服务业已成为成都经济增长的主导力量。根据2023年的数据,服务业增加值在成都经济中的占比高达68.4%,对经济增长的贡献度也达到了82.9%。同时,三次产业的结构比例也实现了优化,从2019年的3.6:30.8:65.6转变为2023年的2.7:28.9:68.4。这些数据显示出成都第三产业在推动地区经济发展中的关键作用,并预示着未来第三产业将持续保持强劲增长势头。

成都与上海在产业结构上存在明显差异,尤其体现在第三产业的占比和高端服务业的发展上。2023年,成都第三产业占GDP的68.4%,而上海高达75.2%。尽管成都第三产业快速增长,对经济增长的贡献率达82.9%,但与上海的服务经济

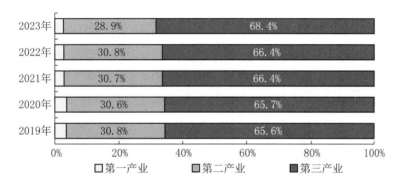

图4.6 2019—2023年成都三次产业结构

资料来源:根据成都市国民经济和社会发展统计公报数据绘制。

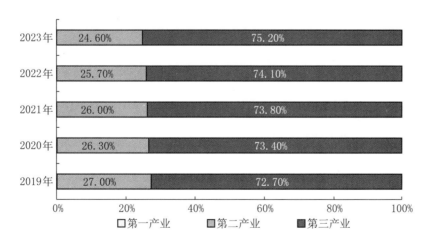

图4.7 2019—2023年上海三次产业结构

资料来源:根据上海市国民经济和社会发展统计公报数据绘制。

形态相比,仍以传统服务业为主。上海的高端服务业,尤其是金融、信息技术等领域,具有强大的全球竞争力,构成了城市经济的重要支柱。2019—2023年,上海的第三产业比重持续上升,形成了以服务经济为核心的格局。而成都同期也取得了显著进步,第三产业比重从65.6%提升至68.4%,但仍处于产业转型的初期阶段。上海通过产业升级,推动金融、科技研发等高端服务业向前发展,进一步巩固了全球服务能力;而成都则正通过加速工业升级和推动服务业现代化,助推经济结构的优化。此外,上海的工业化程度较高,生产性服务业已作为支柱产业之一,进一步加速经济全球化的步伐;相比之下,成都的工业化进程相对滞后,生产性服务业占比仍较低。这些阶段性差异意味着,成都可以借鉴上海加强高端服务业与生产性服务业融合发展的经验,提高产业综合竞争力,缩小与先进城市的差距。上海在20世纪90年代完成工业化转型,21世纪初以来通过自贸试验区等形成"服务业主导、制造业高端化"发展格局。成都目前仍处于工业化中后期,传统制造业比重大,生产性服务业尚不足以支撑高级化。总体看,上海处于服务经济成熟阶段,成都正处于工业与服务业并重的加速升级期。成都需在高端服务、科技创新和制造业转型等环节加强力度,为经济高质量发展注入新动能。

从产业转型升级来看,成都坚定实施创新驱动发展战略,持续优化产业结构,

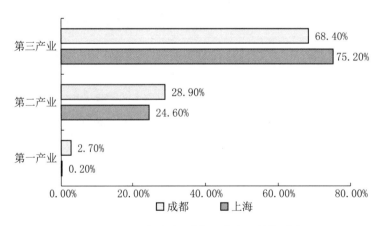

图4.8　2023年上海、成都三次产业结构对比

资料来源:根据成都市和上海市国民经济和社会发展统计公报数据绘制。

高端产业发展态势显著。2023 年,高技术制造业增长迅速,增加值同比增长 4.9%,其中航空航天器及设备制造业、电子及通信设备制造业分别实现了 9.5% 和 5.3% 的增长。传统优势产业——汽车制造业发展质效良好。成都具备研发设计、零部件制造、整车生产、后服务完整产业链,集聚大众、丰田、沃尔沃等整车企业 32 户,博世、江森、宁德时代等新能源和智能网联领域关键零部件企业 1 000 余户,初步建成具有全国影响力和区域带动力的现代产业集群,并加快向新能源和智能网联转型升级发展。2023 年,全市实现汽车产量 84.3 万辆,同比增长 6.9%,其中新能源汽车整车产量、产值分别为 8.3 万辆和 248 亿元;实现汽车产业主营业务收入超 2 072 亿元,增长 6.7%。在推进乡村振兴和城乡融合方面,成都持续加大力度,全面提升农业农村现代化水平。农作物生产保持稳定增长,高标准农田建设步伐加快,新增 33 万亩。粮食总产量实现稳步增长,蔬菜及食用菌、园林水果产量分别实现 1.6% 和 9.0% 的增长,同时,为加速农业现代化进程,成都积极打造天府农博园和成都国家现代农业科技创新中心,推动现代农业技术的创新与应用。2023 年,全球首座超高层无人化垂直植物工厂在成都成功投用,标志着成都在设施农业领域取得了重要突破,为都市现代农业的发展注入了新的活力。

(三)产业开放水平

在对外贸易方面,2013—2022 年,成都的经济开放度与竞争力均实现了显著的提升。十年间,成都的进出口总额近乎翻倍,确立了自己在中国西部地区的"外贸领军者"地位。2022 年,成都的经济总量已突破两万亿元大关,全年货物贸易进出口总值高达 8 346.4 亿元。其中,与"一带一路"沿线国家和地区的贸易往来尤为紧密,总额达到 2 690.9 亿元,在成都进出口总值中的份额显著。2023 年,成都的进出口总额出现了一定程度的下滑,降至 7 489.8 亿元,同比下降 9.7%。具体来看,出口总额为 4 538.6 亿元,下滑 8.3%;进口总额为 2 951.2 亿元,下滑 11.7%。尽管如此,与"一带一路"沿线国家和地区的贸易合作依然保持增长态势,实现进出口总额 3 133.3 亿元,同比增长 1.8%,占全市进出口总额的 41.8%。与东盟、欧盟的贸易往来则分别下滑 9.5% 和 19.1%。此外,高新技术产品的出口总额为 2 766.3 亿元,同比下降 17.6%。

自 2013 年以来,成都积极响应国家号召,成功获批国家级市场采购贸易方式试点和两个国家进口贸易促进创新示范区。2022 年,成都的货物进出口总额和一般贸易总额分别达到 8 346.4 亿元和 1 822.5 亿元,较 2013 年分别增长 1.7 倍和 0.9 倍。值得一提的是,自 2015 年国家发布《推动共建丝绸之路经济带和 21 世纪海上丝绸之路的愿景与行动》以来,成都的外贸发展迎来了新的契机,2015—2022 年,货物进出口总额、一般贸易总额和跨境电子商务交易额的年均增长率分别达到 19.1%、15.2% 和 95.1%。

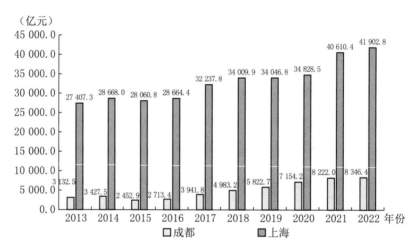

图 4.9　2013—2022 年上海、成都货物进出口总额对比

资料来源:根据上海、成都两市统计年鉴、政府工作报告和统计公报数据绘制。

与上海相比,成都的对外贸易差距主要体现在规模和增长水平上。2023 年,上海的进出口总额达到 4.21 万亿元,同比增长 0.7%,其中出口为 1.74 万亿元,进口为 2.47 万亿元。相比之下,成都在 2023 年的进出口总额为 7 489.8 亿元,同比下降 9.7%。尽管成都在"一带一路"沿线国家和地区的贸易保持增长,在西部地区的外贸表现突出,但外贸规模相对较小且波动性较大。且与上海具备更为多元化的国际市场链接和更强的全球供应链地位相比,成都面临着在国际市场拓展和贸易多样化方面的挑战。

在对外投资方面,成都的对外投资能力持续增强。2022 年,成都的外商直接投资(FDI)达到了 25.9 亿元,外商投资企业达到 4 755 家。据《环球时报》数据,成都在过去十年间一直稳居"中国最具投资吸引力城市"榜首,这一荣誉不仅是对成都的认可,也是对其经济发展成果的肯定。2022 年,落户成都的世界 500 强企业达到 315 家,比 2013 年增长了 63 家,这一数据充分展示了成都在国际舞台上的影响力。2023 年,成都在吸引外资方面继续保持强劲势头,全年新设外商投资企业 713 家,进一步巩固了成都作为投资目的地的地位。同时,外商直接投资(FDI)到位金额达到 22.9 亿美元,新设或增资合同外资 1 000 万美元以上的外资企业有 80 家。

在自贸试验区建设方面,成都同样取得了令人瞩目的成绩。2023 年新增企业数量高达 42 601 家,新增注册资本达 2 415.4 亿元。其中,新增外资企业 369 家,新增外资注册资本 75.7 亿元。这些数字充分展现了成都在自贸试验区建设上的活力和潜力。

(四)产业创新能力

一方面,园区活力驱动产业创新集聚。园区是产业创新的重要载体,集技术研发、产业孵化、资源整合和政策支持于一体,为推动城市经济转型升级提供了关键支撑。在成都,园区建设已成为引领产业创新的核心动力,形成了一批以成都高新区、金牛高新技术产业园区为代表的高科技园区集群。成都高新区作为全国首批国家高新区,其"一区四园"发展格局涵盖高新西区、高新南区、天府国际生物城和未来科技城。通过聚焦电子信息、生物医药、数字经济等重点领域,高新区吸引了 4 781 家高新技术企业和 80 万高端人才的入驻,成为全国创新发展的重要阵地。以芯片设计与制造、高端医疗器械和人工智能为核心的重点产业集群已形成规模效应。2024 年,成都高新区园区内创新项目累计融资超 19 亿元,推动超过 200 个项目实现产业化,巩固了在科技成果转化中的领先地位。金牛高新技术产业园区在推动产业集聚和技术创新方面同样成绩显著。园区专注于轨道交通和卫星互联网两大领域,整合上下游资源,成功构建了千亿级轨道交通产业集群和百亿级卫星互联网产业链。截至 2023 年,轨道交通产业总产值已突破 1 000 亿元,园区成为成都市轨道交通装备制造的核心基地。同时,卫星互联网领域吸引了多家国内外领先企业入驻,推动园区在该领域的产业布局和技术创新上持续提升。金牛高新技术产业园区通过加大基础设施建设力度,促进企业与高校及科研机构的合作,构建产学研深度融合的创新模式。园区内孵化企业超过 500 家,其中"专精特新"企业达到 30 多家,为成都在战略性新兴产业领域的突破性发展提供了坚实支撑。园区的快速发展不仅带动了全市经济增速,也为科技创新与产业融合开辟了新路径。

另一方面,技术与产业双向赋能构建创新优势。成都通过技术与产业的双向赋能,逐步构建从基础研究到市场应用的完整创新生态体系,不断夯实科创能力,为全国科创中心地位的确立提供强大动能。天府实验室、川藏铁路技术创新中心和国家超算成都中心等国家级平台,成为成都技术创新的核心支柱。天府实验室整合了高校、企业与科研机构的优势资源,搭建了 50 个科研平台,聚集 993 名高端科研与管理人才,攻克了 27 项关键核心技术,为人工智能、生物医药等领域的发展提供了深层次支持。川藏铁路技术创新中心通过建设智能建造实验室等 10 个研发平台,吸引了 1 500 余名创新人才,并承接 20 个国家重大科技项目,为行业关键技术的突破提供了技术支撑。国家超算成都中心则在智慧城市、医疗大数据等领域展现出强大的算力支持能力,为成都多个前沿领域的技术应用奠定了基础。在创新资源的投入上,成都保持持续增长的态势,资金和资源配置向高价值领域倾斜。2023 年,成都市科技经费投入保持稳定增长,投入强度持续提升。全市共收入研究与试验发展(R&D)经费 824.12 亿元,占全省 R&D 经费投入的比重为 60.7%,比上年增加 90.86 亿元,增长 12.4%。通过举办"科创天府·智汇蓉城"等科技成果转化活动,成都推动科技成果交易金额达 43.67 亿元,意向签约金额为 5.45 亿元。线上"科创通"平台与线下科创生态岛的结合,为超过 4 000 家科技型企业提供了从技术开发到市场化的全链条服务。成都高新区作为技术与产业双向赋能的代表性区域,通过实施"中试跨越行动计划",构建了涵盖功率半导体、集成电路、高端医疗器械等十大领域的中试平台,覆盖制造业重点产业链的 70%。49 个中试平台的投运为企业提供了关键技术验证和市场化推进的条件,有效缩短了科技成果的转化周期。截至 2024 年,高新区累计孵化 1 883 个创新项目,协助企业融资超过 19 亿元,其中电子信息产业规模已达 3 298.9 亿元,成为中国万亿级电子信息产业的重要承载地。这种技术创新与产业发展深度结合的模式,不仅使成都在人工智能、数字经济等领域形成全球竞争力,也奠定了成都在全国科创生态版图中的核心地位。

（五）产业区域影响力

作为四川省的省会,成都凭借其总部企业在资金、管理和研发等方面的显著优势,成功地与重庆在产业辐射能级上达到了相当的水平。本研究基于到 2022 年底的跨国 500 强总部-分支企业统计数据,并采用 GaWC 的网络链接度计算方法,深入分析了成都和重庆分别与四川省内各地级市的网络关联度,可视化结果如图 4.10 所示。

从整体角度看,成都与重庆在四川省内的腹地覆盖范围相近,涵盖了相似的

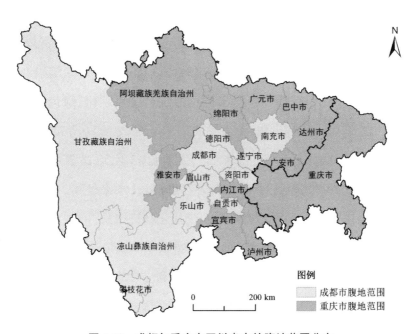

图 4.10　成都与重庆在四川省内的腹地范围分布

资料来源:课题组根据公开数据测算绘制。

地理区域和城市数量。这一分布格局表明,两座城市的经济影响力在地理上呈现出一定的重叠。然而,当深入到具体的城市层面时,可发现一些显著的差异。在"成德眉资"同城化政策的推动下,成都积极推进总部企业之间的合作,并加强了总部与分支企业之间的链接关系。这种合作模式使得成都在与德阳、眉山和资阳的网络关联度上相对于重庆具有显著的优势。这一优势不仅提升了成都在这些城市的产业辐射能力,也进一步巩固了其在四川省内的经济中心地位。值得注意的是,尽管绵阳作为四川的第二大经济体和科技城,在地理位置上与成都相邻,但其却纳入了重庆的腹地范围,表明绵阳的经济联系和影响力在一定程度上与重庆更为紧密。

第二节　高端产业引领功能的国内外经验借鉴

一、 上海:创新驱动、协同发展与国际化融合

近年来,上海通过精准规划、创新驱动、产业链协同发展和国际资源整合,成功发挥了高端产业的引领功能,为建设现代化产业体系提供了宝贵经验。围绕现代化产业体系,上海明确了发展方向:提出推动传统产业数字化、绿色低碳转型的双重目标,深化传统产业价值链优化;大力发展集成电路、生物医药、人工智能三大先导产业,以及电子信息、生命健康、汽车等六大重点产业,形成多点支撑的产业结构;抢占数字经济、绿色低碳、元宇宙等新兴赛道,以及未来健康、未来智能等未来产业方向,构建具备前瞻性和国际竞争力的现代化经济体系。

在政府政策支持方面,上海始终将政策引导和资源配置放在首位,为高端产业发展提供了有力支撑。通过财政补贴、税收减免和专项资金支持等多种政策工具,上海吸引了一大批企业和高端人才落地。例如,在集成电路领域,上海为企业提供了从研发到量产的全流程支持;在生物医药领域,张江高科技园区成为国家级生物医药创新基地,为初创企业提供全方位服务。政府还通过优化营商环境,如简化审

批流程、加速项目落地等,为企业创造了良好的经营条件。这些政策措施不仅提升了上海在全球市场中的吸引力,也为国内其他地区提供了可借鉴的经验。

在科技创新方面,上海通过加大研发投入、构建创新生态、推动产学研深度融合,极大提升了技术创新能力,助力高端产业发展。中芯国际在芯片制造技术领域的进展,使上海成为中国集成电路产业的核心枢纽;复星医药、百济神州等企业在新药研发领域取得的创新成果,显示了生物医药行业的强劲发展势头。通过产学研合作,上海推动高校和科研机构的研究成果快速向企业转移。例如,复旦大学与企业联合攻关人工智能芯片技术,为产业发展注入了新的动力。此外,上海还通过建设国家实验室、产业技术研究院和共享实验室等创新平台,为中小企业提供研发支持,降低其进入高端技术领域的门槛。这种从研发到应用的快速转化机制,使上海的高端产业始终保持在技术前沿。

在产业链协同发展方面,上海注重空间集聚和资源整合,形成了多个世界级产业集群。例如,自贸试验区临港新片区聚焦集成电路制造和封装测试,张江高科技园区重点发展生物医药研发和产业化,虹桥国际中央商务区则致力于时尚消费品设计和贸易服务。通过精准对接和供应链协同,上海在智能电动汽车领域打造了一条覆盖整车制造、核心零部件研发、供应链服务的完整产业链,上汽集团与宁德时代的合作是一个典型案例。与此同时,上海还通过举办产业链对接会、搭建供应链协同平台等,进一步加强企业间的合作,推动上下游协同创新。这种全产业链的协同发展模式,不仅提升了产业竞争力,也为区域经济可持续发展奠定了基础。

在国际化资源整合方面,上海充分发挥开放型经济的优势,将高端产业发展与全球资源深度对接。通过自贸试验区政策,上海吸引了大量外资企业在人工智能、集成电路和生物医药等领域设立研发中心。例如,微软和谷歌在上海的研发中心为人工智能技术的本地化应用提供了支持;特斯拉超级工厂落地上海,为中国新能源车市场注入了新的活力。上海还通过举办国际性展会和论坛,如中国国际进口博览会、世界人工智能大会等,为全球企业搭建了展示和合作的平台。这些国际化举措,不仅为本地企业拓展了全球市场,也提升了上海在全球产业链中的话语权。

从上海的发展经验来看,高端产业引领功能的成功发挥主要得益于以下几个方面:一是明确发展方向,精准产业布局。通过科学规划,上海有效平衡了传统产业转型和未来产业布局,为区域经济发展提供了持续动力。二是创新驱动发展,构建科技生态。借助科技创新,上海实现了关键技术突破,并通过平台建设和资源整合,促进了技术转化和应用。三是集群化发展,强化产业链协同。通过产业链上下游的密切协作,提升了整体竞争力。四是开放与国际化,融入全球网络。上海利用开放政策和全球化优势,吸引了优质资源和国际合作,为其他地区提供了国际化发展的样本。

综上,上海通过精准政策引导、技术创新、产业链协同及国际资源整合,成功构建了现代化高端产业体系,为全国乃至全球的区域经济发展提供了可借鉴的经验。这种以创新驱动和协同发展为核心的模式,不仅提升了城市的全球竞争力,也为其他地区探索高端产业发展提供了有效路径。

二、 深圳:产业集群化、创新引领与前瞻化布局

深圳作为中国高端产业发展的重要引领者,通过构建多元化的产业集群、强化技术创新、优化政策支持,以及前瞻性布局未来产业,成功打造了具有国际竞争力的现代化产业体系。这一过程中,深圳聚焦于网络与通信、半导体与集成电路、超高清视频显示、智能终端等 20 个战略性新兴产业,同时瞄准合成生物、量子信息、空天技术等八大未来产业的发展方向,在产业发展和技术创新领域积累了丰富的经验,形成了高度集约化和协同化的高端产业发展模式,为其他城市提供了重要的参考。

一是产业集群化发展的引领作用。深圳的高端产业发展以产业集群化为核心策略,通过资源整合、政策支持和技术攻关,推动各领域协同发展,形成了一系列全球领先的产业集群。例如,在网络与通信产业方面,深圳通过推动固网通信、移动通信和卫星通信的协同发展,成为国家 5G 通信技术的主要研发和应用中心,并通过建设未来网络试验设施和中高频器件创新中心,强化了关键元器件和网络通信

芯片的技术攻关。同时，深圳在半导体与集成电路领域构建了从设计、制造到封测的全产业链布局，并围绕 12 英寸芯片生产线和 EDA 工具等领域推进关键技术突破，从而逐步成为全国集成电路产业的重要集聚地。类似地，在超高清视频显示和智能终端产业，深圳通过推动 4K/8K 显示技术的突破、智能手机与 VR/AR 等终端设备的研发，打造了从核心元器件到整机制造的完整产业链条，进一步巩固了在全球科技产业中的地位。这种集群化发展的模式不仅提高了深圳在单一领域的技术和市场竞争力，还通过产业链上下游的协同优化，形成了完整的创新生态。例如，坪山在生物医药产业的集聚效应中，已发展为全国生物药创新的核心区域，而南山则重点布局了智能机器人和精密仪器制造领域，通过产业资源的优化配置，为产业集群的整体发展提供了支撑。这种多元化产业集群的形成，使深圳具备了同时发展多领域高端产业的能力，为城市经济增长提供了强劲动力。

二是技术创新驱动高端产业发展。技术创新是深圳高端产业发展的核心驱动力。深圳在提升研发能力、构建创新平台和促进技术成果转化方面采取了一系列有效措施，显著增强了高端产业的技术竞争力。近年来，深圳加大研发投入，支持量子信息、脑科学与类脑智能、区块链等前沿领域的突破性研究。例如，在量子信息领域，深圳通过粤港澳大湾区量子科学中心的建设，推动了量子计算、量子通信技术的产业化应用；在区块链领域，通过推动跨链互操作、"区块链＋供应链"等技术的突破，深圳初步形成了区块链技术创新引领区。此外，深圳在搭建国家级创新平台方面取得了显著成效。国家高性能医疗器械创新中心、未来网络试验设施、合成生物研发基地等创新载体，为高端产业提供了坚实的研发基础。这些平台不仅加速了前沿技术的开发，也通过开放共享的模式，为企业和科研机构提供了低成本、高效率的研发环境，从而显著提高了技术成果的转化效率。在开源生态建设方面，深圳积极推动软件与信息服务领域的源头创新，特别是在操作系统、数据库等基础软件领域形成了重要突破。同时，通过实施开源生态孵化工程和推进低代码开发平台建设，深圳进一步强化了技术创新在产业转型中的引领作用。

三是政策支持与资源整合的保障作用。深圳在高端产业发展中，通过精准的政策支持和高效的资源整合,为产业发展创造了优质环境。一方面,深圳出台了一系列产业扶持政策,包括财政补贴、税收优惠和金融支持等,特别是在半导体、生物医药和新能源等领域,为企业提供了良好的政策保障。例如,深圳针对新能源产业制定了专项支持政策,通过推动分布式光伏、海上风电和氢能技术的应用,加快构建安全高效的现代能源体系。另一方面,深圳注重资源的空间布局优化,通过支持南山、宝安、坪山等多个区域的发展,使得高端产业的空间分布更加科学合理。例如,前海深港现代服务业合作区成为吸引国际资本和技术的重要平台,而宝安和坪山则分别在智能机器人和生物医药领域形成了强大的集聚效应。

四是前瞻性布局未来产业。在战略性新兴产业的基础上,深圳还通过前瞻性布局,抢占未来产业发展的制高点。在合成生物领域,深圳通过推进合成生物学研发基地和技术创新中心的建设,加速人工噬菌体、人工肿瘤治疗等前沿技术的突破;在空天技术领域,深圳重点布局航空航天材料与部件、无人机、卫星等领域,并规划建设国内领先的空天技术研发与制造基地;在深地深海领域,深圳通过推动深地矿产开发、深海高端装备制造和深海智能感知技术的应用,逐步打造了深地深海科技创新高地。这些未来产业的布局不仅体现了深圳对全球产业发展趋势的深刻洞察,也为其在国际科技竞争中赢得了先机。通过重大科技基础设施的建设和创新平台的搭建,深圳在未来产业的技术研发和应用推广中逐步形成了核心竞争力。

五是国际化与区域协同。深圳在高端产业引领中充分发挥其国际化优势,通过融入全球产业链和技术网络,推动区域内外的协同创新。深圳积极引进国际顶尖技术和人才,与跨国企业和研究机构建立了广泛的合作关系。同时,依托粤港澳大湾区的区域协同发展机制,深圳加强了与香港、澳门的产业合作,推动区域内创新资源的高效整合。例如,深圳通过前海深港合作区的建设,吸引了大量国际资本和高端服务企业的落地,进一步提升了在国际产业链中的话语权。

深圳在高端产业发展中的经验表明,通过产业集群化发展、技术创新驱动、政策精准扶持和国际化协同,可以有效推动现代产业体系的建设。深圳通过打造多元化的高端产业集群,强化核心技术攻关,前瞻性布局未来产业和融入全球创新网络,成功构建了创新驱动、资源整合、国际化导向的高端产业发展体系。这些实践不仅提升了深圳的全球竞争力,也为其他城市提供了高端产业发展的借鉴路径。未来,深圳将继续以创新为引领,深化高端产业布局,为全球高端产业发展贡献"中国方案"。

三、 达拉斯:多维协同创新、智力资源支撑与基础设施支持

达拉斯作为美国内陆经济的核心,与成都在区位和发展模式上存在一定的相似性。两者都不靠近海岸,但凭借强大的区域枢纽功能和产业集聚效应,成为各自国家经济的重要增长极。达拉斯通过创新驱动、多维协同和强大的基础设施网络,突破了地理位置的限制,逐步发展为全球知名的高端产业中心,这些经验对成都等内陆城市具有重要借鉴意义。作为美国得州经济最为多样化的区域,达拉斯-沃斯堡大都会区不仅汇聚了石油、金融等传统产业,还在高端制造、信息技术、生命科学等领域形成了国际竞争力。通过丰富的教育资源、密集的技术人才、协同的创新生态和完善的物流基础设施,达拉斯成功构建了一个充满活力的高端产业发展体系。

首先,达拉斯通过多维协同创新,构建了高端产业发展的创新生态。以理查森创新区(Richardson IQ)和飞马园区(Pegasus Park)为代表,达拉斯为企业、科研机构和初创团队提供了高密度的协作网络。理查森创新区通过与得克萨斯大学达拉斯分校(UTD)的深度合作,在人工智能、机器学习等领域推动产学研结合,成为信息技术与电信领域的创新高地。而飞马园区聚焦生命科学,通过灵活的实验室和办公空间设计,为生物医药领域的技术研发和成果转化提供了强大的支撑。通过协作、跨界和知识共享,达拉斯创新生态为高端产业持续发展奠定了坚实基础。

其次,达拉斯采用场景驱动的创新模式,在智慧城市和交通出行等领域抢占前沿科技赛道。例如,达拉斯创新联盟在市中心西区打造了智慧城市生活实验室,通过智慧停车、智能路灯和环境监测等技术,为城市公共服务优化提供新解决方案;AllianceTexas移动出行创新区通过整合工业机场、铁路和物流枢纽,为无人机运输

和自动驾驶技术的测试和商业化提供独特场景。这些场景驱动的创新实践,使达拉斯在未来技术布局中始终处于全球前沿。

再次,达拉斯强大的教育资源和人才基础为高端产业发展提供了智力支持。区域内拥有15所主要大学,包括得克萨斯大学达拉斯分校、得克萨斯大学西南医学中心和南卫理公会大学等顶尖学府,为技术研发和产业发展培养了大量高技能人才。尤其是在生物医药领域,得克萨斯大学西南医学中心的六位诺贝尔奖获得者及其科研成果为生命科学产业提供了强大支撑。此外,达拉斯通过吸引国际人才和高素质劳动力,进一步巩固了技术创新中心的地位。

物流和基础设施优势是达拉斯高端产业发展的重要保障。达拉斯-沃斯堡国际机场是美国第四大繁忙机场,覆盖200多个国际目的地,其庞大的内陆港和物流设施每天协调数千辆卡车和联运列车,为电子商务和高端制造提供了高效服务。这种强大的交通网络不仅支撑了区域经济的繁荣,也为创新型企业提供了无缝连接全球市场的能力。

最后,达拉斯的政策支持和商业环境进一步强化了其高端产业的引领能力。低税率政策、简化的行政流程和优越的营商环境吸引了包括AT&T、埃克森美孚和丰田在内的多家全球500强企业落户,为区域创新注入了持续动力。结合高效的公共服务体系,达拉斯为科技企业和创业者提供了发展的沃土。

综合来看,达拉斯通过多维协同创新、场景驱动研发、教育资源支持及基础设施和政策优势,构建了一个高度活跃的高端产业体系。作为内陆城市,达拉斯的成功经验表明,地理位置的限制并非发展高端产业的瓶颈,只要充分发挥区域资源优势、优化产业布局,并推动创新生态建设,就能打造出具有全球竞争力的经济增长极。这些经验对于正在推进高端产业发展的成都等内陆城市具有重要的借鉴意义。

四、 杜塞尔多夫:多元化布局、会展经济引领和数字化与创新驱动

杜塞尔多夫作为德国西北部的重要工业和经济中心,与成都在区位与产业发

展上具有一定的可比性。两者均为各自国家的内陆城市,依托独特的区位优势和
丰富的资源禀赋,通过多元化产业布局、国际化资源整合和创新驱动战略,成功突
破了地理限制,成为所在区域乃至全球高端产业的重要引领者。杜塞尔多夫位于
德国鲁尔工业区中心,是欧洲重要的物流枢纽、工业制造中心和金融重镇,其区位
类似于四川盆地中的成都,通过辐射周边地区实现了经济资源的整合和优化配置。
在产业发展方面,杜塞尔多夫以多元化的产业结构为核心,通过广告与通信业、生
物科技、物流与会展业、时尚与美容等领域的协同发展,构建了一个高度活跃的产
业生态体系,成为全球经济中的重要一环。

第一,多元化产业布局。杜塞尔多夫的高端产业发展得益于其在多个领域的
独特优势。广告与通信业是该市的传统强项,杜塞尔多夫聚集了 BBDO、Grey
Group 等全球顶尖广告公司,以及沃达丰等通信巨头,为区域经济提供了源源不断
的动力。这些企业不仅巩固了杜塞尔多夫在德国乃至欧洲的广告与通信中心地
位,还为数字化经济发展注入了强劲动能,助力杜塞尔多夫成为物联网技术和智慧
城市建设的先锋。在生物科技和生命科学领域,杜塞尔多夫同样具备全球竞争力。
依托海因里希·海涅大学等科研机构,以及凯杰(Qiagen)、汉高等行业领军企业,
杜塞尔多夫在工业生物技术、医药研发和精准医疗等领域取得了显著成果。杜塞
尔多夫的生命科学企业不仅活跃于欧洲,还通过全球合作扩展了国际影响力,成为
跨国企业和初创公司的理想落脚点。

第二,会展经济驱动产业集聚。杜塞尔多夫会展业是其经济发展的重要支柱。
每年在杜塞尔多夫举办的国际会展,如 Drupa(国际印刷展)、K 展(塑料工业展)和
MEDICA(世界医疗设备展),不仅吸引了大量国际参展商和观众,也带动了当地服
务业、制造业和物流业的协同发展。杜塞尔多夫通过打造国际会展平台,促进了各
行业之间的交流与合作,为区域经济注入了活力。尤其是医疗和生物科技展会,使
得杜塞尔多夫成为全球医疗和生命科学领域的核心枢纽。借助这些会展平台,当
地企业得以更好地展示技术创新、开拓国际市场,同时吸引了更多的跨国公司和技
术人才前来落地发展。这种以会展经济推动产业集聚的模式,为其他城市提供了

可借鉴的经验。

第三,国际化与资源整合。杜塞尔多夫以其开放的营商环境和优越的地理位置,成为众多跨国公司的欧洲业务中心。包括华为、中兴在内的中国企业选择将欧洲总部设立在杜塞尔多夫,充分体现了该市的国际化吸引力。通过吸引国际企业的入驻,杜塞尔多夫不仅推动了本地经济增长,还构建了更为完善的产业链条,进一步增强了在全球经济网络中的地位。此外,杜塞尔多夫在金融和保险业方面也具有重要地位。作为德国西部的金融中心,杜塞尔多夫拥有大量银行和保险机构,为高端产业发展提供了强有力的资金支持。通过整合金融资源与产业链需求,杜塞尔多夫成功实现了经济要素的高效配置,为高端产业注入了新的活力。

第四,物流与交通优势。杜塞尔多夫的高端产业发展离不开其优越的交通与物流条件。杜塞尔多夫国际机场是德国第三大机场,年均旅客吞吐量超过 2 000 万人,连接 200 多个国际目的地,为城市国际化发展提供了便利。其与科隆的铁路、公路网络高度联通,使得杜塞尔多夫在欧洲的物流枢纽地位更加稳固。完善的交通网络不仅提升了货物和人员流动的效率,也吸引了更多企业选择杜塞尔多夫作为区域运营中心。

第五,数字经济与创新驱动。杜塞尔多夫在高端产业发展中,注重推动传统产业的数字化转型和新兴产业的创新突破。以沃达丰、德勤为代表的企业,不断推动数字经济在杜塞尔多夫的发展,同时支持初创企业在物联网、大数据和智慧城市领域的技术研发和商业化应用。此外,杜塞尔多夫的创新生态系统通过加强产学研合作,加速了技术成果的产业化进程,为企业提供了更多创新机会。

杜塞尔多夫凭借多元化的产业布局、国际化的资源整合、会展经济的驱动、完善的交通物流网络,以及数字经济和创新驱动战略,成功构建了一个全球化的高端产业体系。这座城市通过开放、协同和技术创新,不仅实现了自身经济的繁荣,也为全球高端产业的发展树立了标杆。对成都这样的内陆城市而言,杜塞尔多夫的经验表明,通过优化产业布局、加强国际合作和推动创新驱动发展,可以有效提升区域竞争力,构建面向全球的高端产业生态系统。

第三节　成都强化高端产业引领功能的战略方向

成都强化高端产业引领功能应当重点把握三大战略方向,即全球化产业生态、创新驱动体系和区域协同发展。通过构建全球化引领的现代产业生态体系,成都能够在全球供应链重组中赢得主动权;通过以创新驱动为核心的高能级产业体系,成都将占据未来产业发展的制高点;通过依托成渝地区双城经济圈构建区域高端产业集群,成都将进一步巩固在国内外经济格局中的枢纽地位。这些战略方向不仅将提升成都自身的产业竞争力,也将为全国乃至全球的高端产业发展贡献中国智慧。

一、 构建全球化引领的现代产业生态体系

在全球经济加速重组的背景下,成都须以更大的格局融入全球产业链、供应链和创新链,通过强化科技创新、产业融合及要素集聚,打造一个具有全球竞争力的现代产业生态体系。

(一)全球化产业链的核心枢纽

成都在全球化产业链中的核心地位,需要依托"一带一路"建设、成渝地区双城经济圈建设等的叠加优势,优化产业链的国际协同布局。一方面,应着力发展先进制造业和高技术产业,特别是在电子信息、装备制造、生物医药等领域实现关键技术的突破。通过掌握核心技术和高附加值环节,成都能够推动产业链向价值链高端攀升,增强全球竞争力。

另一方面,成都应围绕服务贸易和生产性服务业构建现代服务体系。通过大力发展金融服务、科技咨询、现代物流等领域,成都可强化其作为全球资源配置中心的功能。例如,在金融服务方面,成都应支持供应链金融创新,推动绿色金融发展,为全球产业链中的企业提供多元化资金解决方案;在现代物流方面,依托成都国际铁路港和航空枢纽,进一步打通国际物流大通道,形成覆盖亚欧市场的高效物

流网络。

（二）多层次产业协同生态

成都须通过多层次的产业协同构建高效的生态系统，以先进制造业为主体，形成技术创新链、生产配套链和服务供给链的深度融合。

一方面，要构建高效协同的产业链网络。成都应通过技术创新和资源整合，提升产业链各环节的协同性。例如，在电子信息领域，通过引入龙头企业和跨国投资，推动从研发设计到制造、营销的全链条发展；在生物医药领域，可聚焦新药研发和高端医疗器械制造，通过专业技术服务平台推动行业整体升级。

另一方面，要培育灵活高效的"微型生态圈"。支持龙头企业在全球价值链中发挥整合作用，吸引更多中小企业融入产业链，形成"小而精"的"微型生态圈"。这些生态圈以龙头企业为核心，通过技术共享、资源整合和协作创新，提升整体经济韧性，促进中小企业快速成长，推动区域经济的可持续发展。

（三）开放与合作的区域资源整合

国际化是成都现代产业生态体系建设的核心导向。成都须在开放合作中引入优质资源，推动区域经济与国际市场的全面对接，提升全球竞争力。

一要深化与中欧、中亚等市场的合作。成都在"一带一路"建设中占据重要节点，应充分利用其作为西部国际门户的地位，与中欧班列、陆海新通道等合作机制深度融合。通过发展跨境电商、国际物流和产业合作园区，成都能够吸引更多国际企业和资本，构建更加开放的产业生态。

二要建设国际化技术合作平台。成都应加强与全球主要经济体在技术领域的合作，打造国际化技术合作平台和创新网络。通过引入全球领先的技术与标准，成都可以在智能制造、新能源、人工智能等前沿领域取得突破，提升全球技术创新的整合能力。

三要打造会展经济平台。依托成都的国际化影响力，推动会展经济与产业发展深度结合，成都可打造国际化的会展经济平台。例如，通过举办全球性的高端产业博览会和技术交流峰会，为企业提供展示和合作的机会，提升成都在国际市场的知名度和影响力。

二、 构建以创新驱动为核心的高能级产业体系

创新是高端产业发展的第一动力，也是提升区域核心竞争力的重要抓手。成都作为西部科技创新中心，应以科技创新为核心驱动，深入推进数字化和绿色化转型，着力构建面向未来的高能级产业体系。这一体系的构建不仅需要基础研究与技术转化的结合，更需要数字技术的全面赋能与绿色发展的全面推进，以此奠定成都在全球经济竞争格局中的领先地位。

（一）创新驱动的核心支撑

成都须深化科教资源与产业需求的结合，通过加大对高校、科研机构和龙头企业的支持，推动基础研究和技术应用双轮驱动。特别是在半导体、生物医药、合成生物等领域，构建关键技术攻关平台和联合创新中心，抢占全球科技前沿。

一是科教资源与产业需求的深度结合。成都拥有丰富的科教资源，汇聚了四川大学、电子科技大学等一批高水平高校和科研院所。这些机构在基础研究、人才培养和技术攻关中发挥着重要作用。未来，成都应进一步强化科教资源与产业需求的深度结合，通过建立联合创新平台，推动高校、科研机构和企业形成技术创新共同体。在半导体、生物医药、合成生物等前沿领域，成都可重点构建关键技术攻关平台，围绕产业链关键环节的技术瓶颈，集中力量攻克"卡脖子"难题。

二是构建产业创新生态。成都需通过政策引导和市场驱动，建立良好的产业创新生态。一方面，优化创新资源配置，鼓励企业与科研机构共建技术创新中心、产业技术研究院等创新载体；另一方面，推动创新成果的快速转化，建设更多专业化孵化器和产业化基地，形成从研发到商业化的全链条支持体系。成都还应注重技术成果的跨领域应用，通过"交叉创新"拓展产业发展边界，提升整体创新效能。

三是人才驱动的创新力量。人才是创新的核心资源。成都应加大力度吸引全球高端人才，构建从技术研发到产业化应用的多层次创新人才梯队。通过设立专项人才引进计划、加大对青年科技人才的支持力度，以及完善国际化的工作生活环

境,提升成都对全球创新人才的吸引力,为高能级产业体系的发展提供持续的智力支撑。

（二）数字化转型的赋能引领

以新一代信息技术为基础,推动制造业数字化、服务业智能化和农业现代化,提升全产业链的智能化水平。通过工业互联网、人工智能和区块链技术的广泛应用,构建高效、安全、绿色的产业运行体系,形成具有全球示范意义的数字经济产业集群。

一是推动全产业链数字化升级。数字化是提升产业效率、优化资源配置的重要手段。成都应以新一代信息技术为基础,全面推动制造业、服务业和农业的数字化升级。在制造业领域,成都应加快工业互联网的应用推广,构建高效智能的生产体系;在服务业领域,推动人工智能和区块链技术的深入应用,提升信息流、资金流和物流的整体效率;在农业领域,通过物联网、大数据等技术的应用,提升农业生产的精准化和可持续性。

二是构建数字经济产业集群。成都数字经济的发展需要以重点产业集群为核心载体。围绕电子信息、人工智能、云计算和大数据等领域,打造具有全球影响力的数字经济产业高地。同时,成都还应通过数字平台经济的带动作用,推动共享经济和新零售等新兴业态的发展,形成数字经济与传统产业深度融合的综合优势。

三是智慧城市的全面推进。成都可通过数字技术推动智慧城市建设,提升城市治理能力和公共服务水平。例如,依托物联网、5G网络和大数据技术,实现城市交通、能源管理和环境监测的智能化,提升市民生活品质。同时,以智慧城市建设为抓手,培育智慧制造、智慧物流和智慧医疗等新兴产业,为高能级产业体系的发展提供更多场景支持和产业机会。

（三）绿色发展与可持续创新

绿色发展是产业体系未来发展的重要方向。成都应以"双碳"目标为契机,加快推进节能环保、新能源、新材料等绿色产业发展,同时推动传统产业绿色化改造,形成低碳高效的循环经济体系。

一是推进绿色产业发展。成都应以"双碳"目标为契机,大力发展节能环保、新能源和新材料等绿色产业。重点布局光伏、风能、氢能等清洁能源产业链,同时推动储能技术的研发与应用,为能源结构转型提供技术保障。在新材料领域,围绕绿色建筑材料、高性能复合材料等方向,培育一批具有国际竞争力的绿色材料企业。

二是推动传统产业的绿色化改造。在传统产业领域,成都应通过引导企业实施绿色改造和技术升级,提升生产效率并降低资源消耗。支持高耗能企业引入清洁生产技术,建设绿色工厂,形成以低碳为核心的可持续产业生态。同时,通过建立绿色供应链管理体系,推动上下游企业共同践行绿色生产和运营。

三是构建循环经济体系。成都应推动资源的高效利用与循环利用,构建全生命周期管理的循环经济体系。例如,在城市废弃物处理方面,建立涵盖分类、回收和再利用的完整链条;在工业领域,推动"工业共生"模式,实现不同产业之间的资源共享与能量流动,降低整体能源消耗。

四是建立绿色发展创新机制。成都应探索通过市场化手段推动绿色发展。例如,通过碳交易市场和绿色金融工具,为绿色技术和项目提供融资支持;引入绿色发展评价体系,将企业和城市的可持续发展指标纳入考核范围,激励各方参与绿色发展创新。

三、 塑造成渝地区双城经济圈引领的高端产业集群

成渝地区双城经济圈建设为成都提供了与重庆联动发展的独特机遇。作为中国西部地区的两大经济中心,成都与重庆地理相邻、资源互补,产业协同具有天然优势。通过产业协同、资源共享和市场联通,成都可以在区域内推动高端产业集群化发展,与重庆共同打造具有世界影响力的城市经济圈,为区域协调发展和国家战略布局提供强大支撑。

（一）区域联动的产业集聚效应

成渝地区双城经济圈的核心在于实现两地的联动发展,通过优势互补与协同

合作,构建起区域一体化的产业集聚效应。成都与重庆在电子信息、汽车制造、航空航天等领域具备坚实基础,应充分发挥各自的资源禀赋与产业特点,强化跨区域分工协作。

一是统一标准,优化跨区域产业链协同布局。两地在产业链上中下游的分布上各具特色,应通过统一技术标准和产业政策,推动资源要素的高效流动。例如,成都在电子信息领域的研发设计和高端制造方面具有显著优势,而重庆在汽车制造领域具备强大的生产能力与市场基础,两地应以市场化为主导,打破行政区划限制,实现跨区域产业链的深度对接。

二是构建共享平台,实现资源优化配置。通过建立跨区域的共享平台,如技术创新服务平台、产业协同发展中心和数据互联共享体系,提升资源利用效率。依托平台经济,两地企业可共享研发设施、供应链服务和市场渠道,显著降低生产成本,提升区域整体竞争力。

三是构建区域创新网络,强化科技资源高效配置。成都与重庆应加强科技资源的整合,构建贯穿区域的创新网络。成都可依托丰富的高校资源和科研实力,专注于基础研究和前沿技术开发,而重庆则以制造业优势为基础,推动科研成果的产业化转化。两地协同创新可形成从技术开发到产品落地的全链条支持,增强区域科技创新能力。

(二) 特色产业的错位发展

成渝地区双城经济圈的另一大优势在于,两地在产业布局上的差异性为错位发展提供了可能性。成都和重庆应根据各自的资源禀赋与发展特性,优化产业分工布局,避免同质化竞争,构建协同共赢的产业发展体系。

一是成都聚焦电子信息、生物医药和现代服务业。成都在电子信息产业和生物医药领域具有显著的技术和市场优势,应继续巩固在集成电路、软件服务、高端医疗器械等领域的领先地位,打造具有全球竞争力的高端产业集群。同时,成都还可重点发展现代服务业,特别是在科技服务、金融服务和国际物流领域,进一步提升资源配置能力。

二是重庆强化汽车制造业和装备制造业。重庆作为中国重要的汽车制造基地和装备制造业中心,应依托产业基础和市场规模,继续做强汽车制造业,同时在智能制造、轨道交通、通用设备等方向加大技术投入,与成都的电子信息和生物医药形成互补关系。

三是协同发展新兴产业。针对新能源、新材料和绿色低碳领域,成渝两地可共同探索新技术研发与商业化路径。例如,在新能源产业中,成都可专注于核心技术研发,而重庆则可发挥其制造能力,加速产品的产业化进程。

（三）区域创新与全球对接

成渝地区双城经济圈的战略目标不仅是构建区域内协同发展的产业生态,还在于通过深化与全球市场的互动合作,推动区域经济向更高层次迈进。

一是融入国家战略,打造国际化产业高地。成渝地区双城经济圈是"一带一路"建设和长江经济带建设的节点区域。成都应充分发挥作为航空枢纽城市的优势,链接欧洲、中亚和东南亚市场,而重庆可依托长江航运通道,拓展同沿线经济体的贸易合作。通过加强国际合作与交流,两地将共同打造在全球范围内具有影响力的产业高地。

二是提升国际物流能力,构建亚欧物流网络。物流能力是产业国际化发展的基础。成都应以国际铁路港和航空枢纽为核心,加强与重庆港口的物流协作,共同形成贯通亚欧的多式联运体系。同时,通过优化通关政策和物流服务质量,提升区域物流效率和竞争力。

三是建设高水平国际合作平台。成都与重庆可联合打造"一带一路"国际合作平台,通过举办高水平的国际产业论坛和展会,吸引全球企业和资本入驻。例如,在电子信息、生命科学等领域举办专项对接活动,提升区域在全球市场的知名度和影响力。

四是打造全球供应链服务中心。成都应发挥生产性服务业优势,强化对全球供应链的整合能力。例如,通过建立供应链金融、共享生产平台和智能物流系统,为国内外企业提供高质量的供应链服务,提升区域对全球资源的吸附能力。

第四节　成都强化高端产业引领功能的路径与策略

一、总体思路

以成都打造"西部经济中心、西部科技创新中心、西部对外交往中心、全国先进制造业基地"为战略目标，坚持以习近平新时代中国特色社会主义思想为指导，全面贯彻党的二十大精神，落实"一带一路"倡议，以及成渝地区双城经济圈建设、长江经济带建设等重大国家战略，着眼于促进区域协调发展，推动产业结构转型升级，提升全球资源配置能力。以科技创新为核心动力，以产业链、供应链、创新链的深度融合为路径，推动高质量发展，建设以先进制造业和现代服务业为核心的现代化产业生态圈。通过强化国际化、数字化、绿色化转型，构建集聚要素、优化资源、联动区域的枢纽经济体系，为实现成都在全球竞争格局中的枢纽地位奠定坚实基础。

二、发展路径

（一）发展新质生产力，构建现代化的产业生态圈

大力推进现代化产业体系建设，加快发展新质生产力。充分发挥创新主导作用，以科技创新推动产业创新，加快推进新型工业化，提高全要素生产率，不断塑造发展新动能新优势，促进社会生产力实现新的跃升。坚持高效协同、开放共享理念，强化产业生态圈协同关联产业、配置关联要素作用，系统整合提升产业配套链、要素供应链、产品价值链、技术创新链、服务供给链，加快形成要素资源集约集成、产业配套合作紧密、生产生活生态协调、全球市场供应供销便捷的产业竞争优势。聚焦产业配套链，推动产业链主导型企业整合更广泛区域的上下游生产能力，完善从研发设计、生产制造到营销服务的产业全链条发展体系。聚焦要素供应链，推动平台支撑型企业、供应链头部企业跨区域建设要素市场交易平台、共性技术攻关平

台、共享生产服务平台,引导各类资源要素跨地域、行业、企业合理流动。聚焦产品价值链,支持头部企业跨境、跨区域开展多种形式资本运作,打造利益共同体,瞄准集成电路的高端芯片设计、航空装备大部件系统集成、汽车动力系统、原研药研制等高附加值环节形成新的产业增值模式,培育若干个"微型生态圈"。聚焦技术创新链,支持创新型企业、人才、中介机构整合技术创新资源,发布并动态更新促进产业创新发展的"共享服务清单",共建共用实验场景、应用场景、孵化育成平台、检测认证服务平台,抢抓未来战略产业发展主动权。聚焦服务供给链,以产业生态圈为单元整合生产、生活服务配套设施,瞄准产业要素敏感性、产业人群个性化需求创新服务供给模式,推进产业生态圈联盟实体化、常态化运行,差异化、精准化制定行业监管、市场培育、模式创新、专业服务、要素配置等产业政策体系。

（二）提升先进制造业能级,增强产业链国际竞争力

加快建设具有国际竞争力的先进制造业集群。以创新引领、数字赋能、服务融合为发展导向,以构建掌握产业链核心环节、占据价值链高端地位的先进制造业新体系为战略路径,创建国家制造业高质量发展试验区,着力锻造面向全球、面向未来、服务国家战略的成都制造业核心优势。聚焦巩固提升优势领域国际竞争力,重点围绕"芯屏端软智网"六大电子信息产业领域和航空装备、汽车、智能制造、轨道交通、能源环保五大装备制造产业领域,全力打造电子信息、装备制造等世界级产业集群。为增强战略性新兴领域的技术链掌控力和产业链拓展能力,成都应聚焦生物医药、新能源、新材料和节能环保等产业,加快技术突破和业态创新,推动制造业企业应用新技术和新工艺,做大做强战略性新兴产业集群。[①]聚焦抢占前沿领域发展先机,培育发展北斗星链、合成生物等未来产业集群,构建一批未来产业增长新引擎。聚焦提升特色优势领域发展位势,在电子装备、高端材料、商用航天等重点领域培育一批特色鲜明的龙头企业,推动产业集聚融合发展。聚焦推进城市更新与产业转型互促互进,推动都市工业依托特色街巷、专业楼宇等新产业载体,加

---

① 　参见成都市商务局:《成都"制造"变"智造"书写推进新型工业化新篇章》,《成都科技》2024 年 2 月 18 日。

快向轻型化升级,引育一批总部型、创新型、技术型都市工业企业。

(三)加快发展高能级现代服务业,提升成都服务全球的资源配置能力

推动生产性服务业专业化和向价值链高端延伸。以赋能先进制造业、融通产业循环为目标牵引,以"优产业提能级、建平台聚流量、强枢纽促循环"为关键路径,加快培育"在成都、链欧亚、通全球"的生产性服务业集群,打造国家先进生产性服务业标杆城市、全球服务资源配置战略枢纽。聚焦提升产业核心竞争力,构建以总部经济为发展模式,以科技服务、金融服务、流通服务和信息服务为核心引领,以商务服务、服务贸易、人力资源服务和节能环保服务为基础支撑,以智能化解决方案服务、总集成总承包服务、柔性化定制服务、共享型生产服务、全生命周期管理服务等新经济新业态为增长潜力的先进生产性服务经济体系。聚焦提升产业空间承载力,以"集聚成点、串点成轴、点轴互动"为导向优化生产性服务业空间体系,塑造"一轴带动两港协同三级支撑"的空间发展格局,打造城市核心级、片区服务级和园区配套级生产性服务业功能区。聚焦提升国际要素融通链接力,建设要素运筹中心,发挥成都国际门户枢纽城市作用,拓展服务半径,形成立足成都、服务全川、联动成渝的区域供应链服务网络,搭建"一带一路"和长江经济带生产性服务业合作交流平台,构建辐射国内的供应链服务网络,集聚生产性服务机构,构建链接泛欧泛亚的供应链服务网络。

(四)强化成渝双城经济区产业协同,打造现代区域产业集群

聚焦成渝双城在电子信息、汽车制造、装备制造、先进材料、医药健康、特色消费品等领域互补环节,分类推进两地联动协作,共建跨区域产业集群,共同做大极核经济体量。电子信息、汽车制造、装备制造等产业应着力打破行政区划壁垒,以市场化为主要方式,促进生产要素跨行政区流动整合,优化产业链协作和供应链配套,打造稳定共享的供应链体系;同时,强化关键核心技术联合攻关,共同解决技术路径迭代、产品创新迭代。先进材料、医药健康等产业应着力技术研发平台、产业化应用平台共建,推动大企业、大产品、大平台培育,以创新链协同打造引领加快聚势成链。食品饮料、精品服饰、特色轻工等特色消费品产业应以市场化为手段、互

惠互利为原则,共同搭建展销平台,强化产业链供应链协作,打造区域产业发展闭环,提升产业安全韧性。

三、 推进策略

(一) 近期(1—3 年)策略

一是夯实基础设施与创新平台。聚焦关键技术短板和产业链瓶颈,整合科研院所、龙头企业、创业团队等创新主体资源,形成一批标志性联合攻关项目和应用场景。完善新型基础设施布局,构建互通共享的公共技术服务平台,为先进制造与现代服务业发展奠定坚实基础。

二是优化营商环境与要素供给。深化"放管服"改革,进一步完善市场化、法治化、国际化的营商环境。加强金融、人才、数据等关键要素保障,出台针对高水平制造业和生产性服务业的精准支持政策,吸引国内外龙头企业及优质项目落户集聚。

三是加快成渝双城重点领域对接。在电子信息、汽车制造等领域先行打破行政区划壁垒,促进跨区域上下游深度协作,探索统一标准、跨地共享的数据互联与供应链协同,逐步形成区域产业合作试点示范。

(二) 中期(3—5 年)策略

一是打造世界级产业集群。聚焦"芯屏端软智网"、航空装备、汽车、智能制造、生物医药等重点领域,培育若干在全球价值链中具有引领地位的龙头企业,推动技术突破与产业模式创新,强化电子信息与装备制造在国际产业体系中的竞争优势。

二是培育高能级现代服务业体系。加快总部经济、金融服务、专业咨询、科技服务、商贸物流等重点产业集聚,推进数字化赋能与制度创新,构建"一轴带动、两港协同、三级支撑"的生产性服务业空间格局。深化与"一带一路"、长江经济带等区域的经贸合作,打造更具影响力的国际服务枢纽。

三是强化成渝双城产业生态圈。在汽车、装备制造、食品饮料、精品轻工等领域形成更紧密的产业链分工与协同布局,共建跨区域的研发、设计、孵化平台,补齐核心技术短板,强化供应链安全与区域一体化发展效应。

（三）远期（5—10年）策略

一是构建高水平现代化产业生态圈。通过持续强化科技创新、数字赋能与绿色发展，形成先进制造业与现代服务业"双轮驱动"的产业体系，在更大范围内集聚全球高端要素，建成国际门户枢纽城市的经济核心支撑。

二是奠定全球资源配置中心地位。以国际化产业链、供应链和创新链协同为关键，搭建跨国跨区域的要素配置平台，塑造若干个具有全球影响力的产业集群品牌，在新一代信息技术、未来能源、合成生物等前沿领域取得领先地位。

三是共建成渝世界级城市群。与重庆等区域核心城市协同推进基础设施互联互通和产业链、创新链深度融合，打造高能级、互补性强的跨区域都市圈格局，形成贯通国内、辐射全球的战略支点，为国家高水平对外开放和区域协调发展提供有力支撑。

第五章

成都强化国际科创策源转化功能的战略重点

当前,科技竞争已成为国家和城市综合实力竞争的核心要素。全球城市正朝着以科技创新为驱动的发展模式转变,国际科创策源转化功能愈发关键。一方面,科技创新带来的技术突破和产业变革,正在重塑全球经济格局,拥有强大科创策源转化能力的城市,能够在新兴产业发展中抢占先机,引领全球经济发展潮流。另一方面,全球科技创新资源流动加速,城市间的合作与竞争日益激烈,积极融入全球科创网络,强化国际科创策源转化功能,成为城市提升国际竞争力的必由之路。

成都作为中国西部地区重要的中心城市,具备良好的产业基础、丰富的科教资源和优越的地理位置。发展并强化国际科创策源转化功能,有利于成都整合西部创新要素,形成区域创新合力,带动西部地区整体创新水平提升,促进区域协调发展。同时,这有助于成都吸引全球高端创新资源,提升在全球科创版图中的地位,推动城市向社会主义现代化国际化大都市迈进,实现经济高质量发展。

第一节　国际科创策源转化功能的发展背景与趋势

在当今全球化进程加速与科技变革日新月异的时代,国际科创策源转化功能已经成为驱动城市乃至国家迈向高质量发展、占据国际竞争优势地位的核心动力源泉。深入探究其发展背景与趋势，对于明晰未来发展路径、精准施策具有重要意义。

一、发展背景

（一）全球科技竞争格局重塑：新兴力量崛起与传统强国捍卫

随着新兴经济体在过去几十年间迅猛发展，全球科技竞争版图经历了深刻变革。以中国、印度、巴西等为代表的新兴国家，依托庞大人口基数所蕴含的丰富人才储备潜能，以及持续上扬的经济增长曲线对科研投入的有力支撑，在诸多关键科技领域崭露头角。

传统科技巨头如美国，凭借长期积累的深厚科研底蕴、充裕的资金，以及顶尖高校与科研机构的集群优势，在人工智能、半导体芯片、生物医药等前沿高地持续加大筹码，全力巩固其霸主地位。美国政府每年向科研领域注入巨额资金，顶尖高校如斯坦福大学、麻省理工学院等汇聚了全球最卓越的科研人才，孵化出诸如谷歌、苹果等科技巨头，引领全球科技风尚。欧盟各国亦不甘示弱，德国凭借精湛的制造业根基在工业 4.0、高端装备制造领域独占鳌头；法国在核能、航空航天技术方面底蕴深厚。

而新兴经济体中，中国近年来在 5G 通信技术领域取得突破性进展，华为公司的 5G 技术标准引领全球，推动通信产业变革；在高铁技术上，中国凭借自主研发与创新，打造出全球最先进、最庞大的高铁网络，实现技术输出与产业带动。印度则在软件服务外包领域依托大量廉价且高素质的软件工程师，占据全球软件外包市场可观份额。全球科技竞争格局的变革促使各国、各地区城市纷纷将科创策源转化置于发展战略核心，力求抢占未来科技发展的潮头，不被时代浪潮所淘汰。

（二）知识经济时代的内在需求：创新驱动增长的刚性要求

知识经济以磅礴之势席卷全球，科技创新成为经济增长的核心引擎已是不争事实。在经合组织（OECD）成员经济体中，科技创新对 GDP 增长的贡献率平均超过 70%，部分高科技产业聚集区甚至高达 90% 以上。

企业作为经济活动的微观主体，愈发深切感知到科技创新带来的产品附加值提升与市场份额扩张的魔力。苹果公司以持续创新的产品设计、操作系统优化及生态构建，凭借 iPhone、iPad 等系列产品颠覆消费电子市场，多年来雄踞全球市值榜首，塑造品牌忠诚度极高的消费群体。特斯拉在电动汽车领域突破电池技术瓶颈，引入自动驾驶技术，改写传统汽车产业格局，引领新能源汽车潮流，促使传统车企加快转型步伐。

对于城市而言，构建卓越的科创策源转化功能恰似打造一块强力磁石，吸引高端创新企业纷至沓来，进而孕育产业集群。例如，深圳从曾经的小渔村蜕变成为全球知名的科技之都，正是凭借强大的科创策源转化能力，吸引华为、腾讯、大疆等一大批顶尖科技企业扎根，形成电子信息、互联网、无人机等优势产业集群，辐射带动周边区域经济腾飞。

（三）区域协同发展的战略支撑：中心城市辐射带动使命

从国内区域发展宏观视野审视，一系列区域协同发展战略深入推进，如京津冀协同发展、长三角一体化、粤港澳大湾区建设，以及成渝地区双城经济圈打造等。在这些战略布局中，核心城市被赋予带动周边协同共进的历史重任。

科创策源转化功能无疑担当起区域协同发展的关键"引擎"角色。例如，上海作为长三角地区的龙头城市，在生物医药、集成电路、人工智能等前沿科技领域科研实力强劲。上海科研机构在生物医药研发领域斩获关键技术突破，周边苏州、无锡、嘉兴等城市则依托自身产业配套优势，在制药生产、医疗器械制造等环节进行精准承接，构建起上下游贯通的完整的生物医药产业链，实现区域内人才、技术、资金等要素的高效流通与优化配置，提升整个区域在国际科创领域的竞争力，形成协同发展的强大合力。

成渝地区双城经济圈建设中，成都与重庆双城联动，成都凭借深厚的科研教育根基，在电子信息、航空航天等领域发力科创策源；重庆依托雄厚的制造业基础与物流枢纽优势，快速实现科技成果转化落地，共同推动成渝地区迈上高质量发展新台阶,为区域协同发展注入澎湃动力。

(四)城市自身发展的历史积淀与转型需求:传统与现代的碰撞融合

诸多城市拥有独特的历史文化底蕴与发展脉络,这为科技创新厚植了人文根基。例如,北京作为拥有数千年历史的古都,长期以来是中国的政治、文化中心,集聚了丰富的人才、文化资源,高校、科研院所林立,故宫博物院等历史文化瑰宝蕴含的中华智慧为现代科技创新提供灵感源泉。

在近现代工业化进程推动下,众多城市逐步搭建起相对完备的科研教育体系,积累海量科研成果。然而,时代车轮滚滚向前,传统产业增长乏力困境凸显。传统制造业面临成本攀升、资源约束、环保重压等多重挑战,亟待科技创新赋能实现转型升级。例如,武汉曾以钢铁、汽车等重工业闻名遐迩,近年来在光电子技术领域发力,依托光谷科研力量,推动传统制造向智能制造、绿色制造转变,孵化出众多新兴光电子企业,重塑城市产业竞争力,对国际科创策源转化功能的需求迫在眉睫,既有科研优势亟待激活,催生新兴产业,实现城市发展的转型升级。

成都正通过一系列战略性措施,不断提升科技成果转化的能力。2023年上半年,成都新增国家级创新平台6家(总数145家)、国家级孵化载体2家(总数76家),科技型中小企业入库数量达到5 798家,同比增长14%;有效发明专利拥有量91 958件,同比增长27.9%。2023年1—7月,技术合同登记成交额同比增长66.8%,达到了1 037.46亿元。成都的科技类创新创业载体总数达到272家,服务于1.18万家企业和团队。这些数字充分展示了成都在科技创新领域的雄厚实力和巨大潜力。成都在知识产权创新方面也取得了显著成绩。2023年上半年,成都发明专利授权数量和有效发明专利拥有量分别同比增长14.6%和15.5%(图5.1)。在世界知识产权组织(WIPO)发布的全球创新指数"科技集群"百强榜中,成都升至全球第24位,位列全国第8位。

成都在深化科技体制改革方面取得了显著成效。西南交通大学等4所在蓉高校入选国家赋予科研人员职务科技成果所有权或长期使用权试点单位,37家在蓉高校、科研院所和国有企业入选四川省专项改革试点。这些改革试点的实施,促进

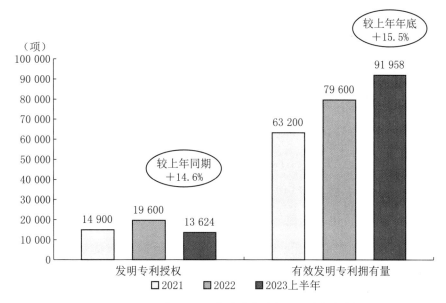

图 5.1　2021 年至 2023 年上半年成都知识产权数量

注："有效发明专利拥有量"不包括统计期内已失效或专利保护期限届满的发明授权。
资料来源：根据 Wind、成都市统计局、成都市科技局等数据绘制。

了 530 余家新创办科技企业的诞生，并带动了近 300 亿元的社会投资。

　　成都的创新成果与技术转移平台建设同样值得关注。西部（成都）科学城的高端创新平台集聚效应显著，天府实验室实体化运行，国家川藏铁路技术创新中心、国家精准医学产业创新中心载体基本建成。这些平台的建设，不仅推动了原创科技成果的诞生，如第一代 X86CPU 芯片、C919 客舱核心控制系统等，还促进了科技成果的市场化应用，如"成都造"氢燃料电池柯斯达客车、碲化镉发电玻璃等，为成都的经济发展注入了新的活力。成都已培育国家和省级技术转移示范机构 47 家，推进建设天府国际技术转移中心、国家技术转移西南中心、成都知识产权交易中心等成果交易平台。

　　产学研协同创新是成都科技创新的另一大特色。成都不断深化与高校院所的战略合作，与清华大学、上海交通大学、北京航空航天大学等 21 家域外知名高校院所建立了战略合作关系，并与 25 家域外知名高校达成了项目合作。2022 年，成都引进了 104 个域外高校院所科研平台和 134 个顶尖科技创新团队，28 个院士团队的成果在成都得到了转化实施。

成都还积极构建了科技成果供需对接的桥梁。通过与四川大学、电子科技大学、西南交通大学等高校的合作,成都推动了11个环高校知识经济圈的建设发展,涉及大健康、电子信息、现代交通、数字经济等多个产业和领域。这些经济圈的建设,不仅支持了近1 000名高校院所科技人才创办超过500家企业,还通过"校企双进""菁蓉汇"等系列活动,吸引了近8 000家在蓉企业和3 000余名专家教授的参与,近三年累计促成了近2 600项企业与高校院所的研发转化合作项目。科技部发布的《中国科技成果转化年度报告(2022)》显示,四川大学2021年的科技成果转化合同金额高达204 754.81万元(含以转让、许可、作价投资和技术开发、咨询、服务方式),位列全国第五。自科技部发布该报告以来,四川大学几乎从未掉出前十的位置。

此外,清华大学在成都设立的清华四川能源互联网研究院,也是成都科技创新的一个亮点。该研究院不仅在科研领域取得了显著成就,承担了700余项科研项目,还在产业发展方面发挥了重要作用,孵化的17个高能级项目已经正式注册为公司,为成都的科技创新和产业发展提供了强有力的支撑。

通过这些战略性措施的实施,成都正逐步构建起一个充满活力的科技创新生态系统,不仅促进了科技成果的有效转化,也为城市的可持续发展注入了强大动力。成都的科技创新实践,为其他城市提供了宝贵的经验和启示,也为全球科技创新发展贡献了中国智慧和中国方案。

(五)科技成果转化效率:制约发展的关键瓶颈与突破需求

在科技创新链条中,科技成果转化效率起着承上启下的关键作用,却长期成为制约发展的瓶颈。一方面,从科研机构到企业的成果转移过程存在诸多阻碍。许多高校、科研院所积累了大量前沿科研成果,但由于缺乏有效的沟通机制与转化渠道,这些成果往往束之高阁。例如,部分高校实验室研发出具有潜在市场价值的新材料技术,但因不了解企业需求和市场运作规律,难以找到合适的合作企业将技术产业化。

　　另一方面,科技成果转化的中间环节烦琐复杂,涉及知识产权评估、技术交易规范、风险投资介入等多个方面。在知识产权评估环节,由于缺乏统一精准的评估标准,技术价值难以准确衡量,影响后续转化进程;技术交易市场发育不完善,交易信息不对称,使得买卖双方难以高效对接。据统计,国内高校专利实施率仅为10%左右,远低于发达国家30%—40%的水平,凸显提升科技成果转化效率的迫切性。无论是科研机构渴望实现成果价值最大化,还是企业急需前沿技术推动产业升级,都对突破这一瓶颈有着强烈诉求,进而促使各地将优化科技成果转化效率纳入国际科创策源转化功能发展的重点考量范畴。

　　成都虽有75家在蓉高校院所共盘点专利5.1万件,进入转化资源库专利达3.3万件,但缺乏明确的本地转化数据对比,侧面反映出成果本地转化率可能处于较低水平。从知识产权评估来看,由于缺乏统一精准的评估标准,难以准确衡量技术价值。技术交易市场也发育不完善。以2024年成都第二届知识产权供需对接会为例,尽管实现签约金额超5亿元,意向成交项目金额超40亿元,但相对于大量的存量专利,占比仍较小,且需借助大型活动来推动,说明日常交易对接不够活跃、不够高效。创新平台成果溢出也不足。以西北工业大学与成都的合作为例,截至2024年9月,四川天府新区西工大先进动力研究院虽已签约校内科研团队23个,共计140人,申请发明专利15项,但对比其强大的科研实力和众多科研成果,对成都相关产业的整体带动和溢出效应还不够显著,未形成大规模的产业聚集和协同发展态势。另外,企业吸纳转化能力有待提高。成都计划到2029年实现高新技术企业数量突破1.2万家,目前虽未明确企业在科技成果吸纳转化方面的具体数据,但从当前存在的转化效率问题来看,部分企业在与高校、科研机构的合作中,主动性不够、合作深度不足,对前沿科技成果的吸纳和转化能力还须提升,以满足未来大量科技成果转化落地的需求。在科研人员激励方面,目前尚未有明确数据表明成都与其他科技成果转化效率高的地区存在差距,但从实际情况来看,激励机制不够完善,导致科研人员参与成果转化的积极性不高。在科技金融结合上,成都虽有"积分贷"等创新尝试,但整体上对科技成果转化的资金支持力度,相较于庞大的科研成果转化需求,仍显不足。

二、 发展趋势

(一)多主体协同创新成主流:构建紧密融合的生态闭环

未来,科创策源转化将彻底告别科研机构的"孤军奋战"局面,呈现多主体协同作战的全新态势。企业,尤其是大型龙头企业,凭借雄厚资金实力与贴近市场需求的天然优势,深度嵌入科技创新前沿阵地。例如,华为公司在全球多地设立研发中心,集结数以万计的科研人员,每年投入巨额研发资金,不仅在5G通信技术领域全球领先,还将触角伸向人工智能、芯片研发等领域,快速将科研成果转化为具有市场竞争力的产品推向全球市场。

高校、科研院所专注于基础研究与前沿理论探索,为科技创新筑牢根基,源源不断输送原创性知识成果。清华大学、北京大学等国内顶尖高校在量子计算、脑科学等前沿科学领域发表大量高水准学术论文,培养顶尖科研人才,诸多科研成果成为企业技术突破的关键灵感。

政府则充分发挥引导、协调与支撑功能,通过制定优惠政策、搭建产学研合作平台、设立产业引导基金等多元举措,打通创新成果从实验室迈向市场的"最后一公里"。如在苏州工业园区,政府出台专项政策鼓励企业与高校开展科研合作,设立数十亿产业基金,吸引大量科研项目落地转化,成功打造出生物医药、纳米技术等优势产业集群,多方协同构建起紧密融合、高效运转的创新生态闭环,大幅提升国际科创策源转化效率。

(二)前沿科技领域深度聚焦:瞄准变革性技术制高点

在全球科技白热化竞赛跑道上,各地将矢志不渝聚焦量子科技、脑科学、基因编辑、可控核聚变等前沿颠覆性领域。一方面,这些领域潜藏着足以重塑产业架构、改变人类生活生产方式的巨大能量。量子计算一旦实现商用突破,其超高速运算能力将在密码破解、药物研发模拟、气象灾害预测等复杂计算场景带来指数级效率提升,彻底颠覆传统计算模式;基因编辑技术精准操控生物基因序列,有望攻克癌症、遗传性疾病等疑难病症,革新医疗健康产业。

另一方面,为在前沿科技赛道抢占先机,研发投入将持续井喷式增长。各地政府、企业与科研机构不惜重金打造世界一流科研设施,招揽全球顶尖科研人才。例如,合肥近年来聚焦量子科技领域,投入巨资建设量子信息科学国家实验室,吸引潘建伟院士团队等一大批顶尖人才汇聚,在量子通信、量子计算关键核心技术上取得系列重大突破,奠定在国际量子科技领域的领先地位,持续强化国际科创策源能力。

(三)开放合作走向国际化纵深:全方位融入全球创新网络

城市的科创策源转化进程将以更为开放、包容的胸襟全方位融入全球创新浪潮。一方面,深化与国际科研强区、顶尖机构的双边与多边合作,共建联合实验室、国际科技合作园区。例如,上海张江与英国剑桥科技园携手打造中英科技合作园区,汇聚中英两国科研人才,在生命科学、信息技术等领域开展前沿合作研究,共享科研数据、互派科研人员交流学习,汲取国际先进研发管理经验,加速科研成果产出与转化。

另一方面,积极投身国际科技标准制定,在全球科技治理舞台上发声,提升话语权。中国企业在5G标准制定过程中发挥关键引领作用,华为、中兴等企业联合国内科研力量,提交大量核心技术提案,使自主研发的5G技术标准成为全球主流,助力5G科技成果在全球广泛应用。同时,通过举办高规格国际科技展会、学术交流盛会,吸引全球科创目光,打造国际科创交流高地。乌镇世界互联网大会已成为全球互联网领域顶级交流平台,吸引全球互联网巨头、顶尖学者汇聚,分享前沿理念、展示创新成果,拓宽国际科创策源转化交流渠道。

(四)绿色科技与可持续发展融合:科技创新赋能生态未来

面对全球气候变化、资源枯竭等严峻挑战,绿色科技将全方位贯穿科创策源转化全流程。城市发展规划蓝图中,新能源、节能环保、循环经济等绿色科技领域被置于优先发展序列。

在能源领域,研发高效太阳能电池、大容量风力发电、智能电网管控等技术,推动城市能源体系向清洁、低碳、高效转型。例如,丹麦哥本哈根凭借先进风力发电技术与智能电网优化,基本实现城市电力供应绿色化,成为全球可持续能源利用的典范。建筑行业大力推广绿色建筑材料、节能建筑设计与智能建筑控制系统,降低建筑全生命周期能耗。新加坡在城市建设中广泛应用绿色建筑技术,打造滨海湾花园等绿色建筑地标,不仅节能环保,还成为城市生态景观新名片。绿色科技的鲜明特色,将丰富国际科创策源转化内涵,提升城市可持续发展影响力。

（五）科创金融深度赋能：筑牢科技创新资金根基

随着科创策源转化节奏日益加快,科创金融支撑体系愈发关键,恰似为科技创新注入源源不断的"血液"。各地将精心构建多元化科创金融架构,风险投资、天使投资等早期资本蓬勃发展,敏锐捕捉初创科技企业的创新火花,为其提供启动资金,陪伴成长。例如,北京中关村作为中国科技创新高地,活跃着数千家风险投资机构,每年为初创科技企业注入海量资金,孕育出百度、小米等众多明星科技企业。

银行等金融机构打破传统信贷模式束缚,针对科技企业轻资产、高风险、高成长特性,创新开发知识产权质押贷款、科创企业信用贷款等特色产品。资本市场为成熟科技企业开辟绿色通道,科创板、创业板成为科技企业上市融资、实现价值跨越的重要平台。上海证券交易所科创板开板以来,吸引众多硬科技企业挂牌上市,为企业研发投入、产能扩张募集巨额资金,实现科创金融与科创策源转化紧密联动、良性循环,为科技创新提供坚实资金保障,持续提升国际科创策源转化功能层级。

综上所述,国际科创策源转化功能的发展背景交织着全球竞争、时代需求、区域战略与城市转型等多元因素,机遇与挑战并存;而未来趋势则展现出协同创新、前沿聚焦、开放融合、绿色可持续及金融赋能等多维度深度变革态势。精准把握这些关键要素,成都方能在国际科创大舞台上大展身手,为建成社会主义现代化国际大都市的宏伟目标筑牢坚实科技根基。

第二节　强化科创策源转化功能的国内外经验借鉴

一、上海：科技创新与产业升级的驱动力量

（一）产学研协同与人才培养

上海高校引领产学研协同与人才培养，科技成果转化取得显著成就。2020年，上海高校、科研机构以许可、转让、作价投资三种方式转化成果达47亿元，连续两年居全国第一，成果转化现金和股权个人奖励达23.4亿元，奖励人次为3.3万人次，较上年度增长了7倍以上。2021年，上海高校院所等科研事业单位共输出技术合同金额215.2亿元，同比增长65.7%。

2022年，上海交通大学发起了一项颇具想象力的计划——"天工计划"，为入选计划的科学家聘请实战经验丰富的"创业导师"，并邀请各个知识领域的多位"名师"开展创业培训，提升科学家创业成功率，培养一批复合型跨界人才。该计划不仅提供专业指导，还通过私董会和融资服务帮助科学家获得必要的资金支持，如抗码生物最近就获得了薄荷天使基金和菡源资产等的投资。截至2023年11月，已有9家加入"天工计划"的"交大系"创业企业获得融资，总金额达3.51亿元。在这些措施的推动下，上海交通大学的专利数量和科技成果转化合同金额均有显著增长，形成了一个包括先进产业技术研究院、知识产权管理公司、国家大学科技园等在内的多元化科技成果转化生态系统。目前，已有56家教师创业企业通过完成人实施的方式成立，这些企业吸引了超过30亿元的社会资本，市场估值超过400亿元，为经济和社会发展作出了重要贡献。

（二）整合科研设施，推动新型研发机构试点

上海张江综合性国家科学中心通过引导布局重点研究领域的新型研发机构，支持企业在大科学装置附近建设技术研发实验室，充分利用大科学装置的溢出效应；设立中国科学院上海高等研究院，整合上海光源等科研设施，推动多学科交叉

融合应用研发。

上海张江综合性国家科学中心在创新政府资金支持方式和绩效评价机制方面也作出了积极探索,旨在培育新型体制机制的研发机构,推动多学科交叉融合的应用研发和科技成果的产业化。此外,借鉴比利时 IMEC 和中国台湾工研院的模式,上海微技术工业研究院采用市场化运作模式,集研发、工程、咨询、孵化和投资为一体,与上海市科委、嘉定区政府签订三方协议,明确了目标、定位、支持方式和考核指标,成为新型产业技术研发组织的试点,推进了政府科技投入支持方式的改革,为科技成果的转化提供了新的动力和方向。

(三)G60 科创走廊:金融创新驱动科技成果转化与产业集群发展

G60 科创走廊的建设是长三角地区科技成果转化和产业升级的重要举措。G60 科创基金作为该区域首只科技成果转化基金,由 9 座城市共同出资,总规模达 100 亿元,首期规模为 20 亿元,已投资 17 家企业,总额达到 5.42 亿元。这些企业覆盖了集成电路、生物医药、高端装备等七大战略性新兴产业,均为快速成长的科技型企业。

G60 科创走廊的金融创新举措包括在上海证券交易所设立资本市场服务基地,为企业提供科创板上市咨询服务,以及江苏银行、浦发银行和渤海银行等金融机构推出的 G60 科创贷和股债联动产品,为被投企业提供授信额度,放大了投资效果。此外,G60 科创基金通过金融供给一体化,促进了九城市战略性新兴产业集群的建设。例如,基金的支持帮助集成电路领域的深圳西斯特公司落户嘉兴平湖。

这些金融创新和资本运作不仅加速了企业的发展壮大,而且通过推动区域内的产业链合作和技术联合攻关,促进了长三角地区产业集群的一体化发展,为区域内的科技型企业提供了更加广阔的发展空间和更加有力的金融支持。通过这些措施,G60 科创走廊正成为推动长三角地区科技创新和产业升级的重要引擎。

(四)上海生物医药科技成果转化的创新实践与全链条推进

近年来,上海医疗技术成果转化在全国名列前茅。上海市卫健委数据显示,2021 年上海医疗机构输出技术合同数为 3 005 项,合同金额达 7.8 亿元,相比 2017 年合同数和金额增幅分别为 1.9 倍、4.9 倍。2021 年上海全市医疗机构成果转化数为 311 项,其中发明专利 167 项,专利转让金额超过千万的有 19 项,最高一项达 2.19 亿元。

在医疗研究领域,以往的创新模式,大多是科研、论文再到科研的"小循环"。医院往往"小发明"多、"大突破"少,走到转化阶段时,难以成为企业的首选。上海第九人民医院把科研和论文都变成产品,变"小循环"为"大循环",打破研究与产业之间的壁垒,让"大循环"最终服务患者。上海第九人民医院注重培育高价值专利,紧扣"医工交叉",先后落地上海市生物材料研究测试中心、全链条设计 3D 打印技术临床转化中心、生物材料与再生医学研究院、手术机器人临床研究中心等。以高价值专利为核心,向前覆盖专利挖掘与布局,向后延伸到转移转化,上海第九人民医院转化办做着"筑梦"的工作,全过程推动、加快创新药物和医疗器械的研发,最终保障医疗机构、成果发明人和企业三方的合作利益。

设立中间机构,构建生物医药协同创新机制,激活医药创新成果转化。上海市生物医药科技产业促进中心致力于填补企业、高校和研究所之间的空白,专注于那些短期内可能不盈利,但对行业发展至关重要的创新项目。通过承担建设上海市生物医药产业技术功能型平台,该中心为大学、研究所和中小型创业企业提供了小试、临床前工艺验证、临床研究样品制备等服务,有效促进了生物医药创新生态的建设。上海市生物医药科技产业促进中心的平台建设得到了政策和市场的支持,通过财政经费支持的仪器设备和引入的专业团队,为早期初创公司提供了低成本的工艺开发服务,降低了产业化风险。特别是近两年,该中心围绕上海的行动方案,布局了临床研究转化平台和细胞治疗产品第三方检测平台,进一步推动了科技成果的转化和产业化。

(五)推动股权投资行业高质量发展,助力科技与产业金融良性循环

2023 年,上海市政府出台了《关于进一步促进上海股权投资行业高质量发展的若干措施》,旨在通过 32 条创新政策举措,优化股权投资行业的全流程服务,引导资本投向早期、小型和科技型企业。这些措施覆盖了从机构设立、行业管理到退出渠道、财税优惠等多个方面,致力于营造政府领投、机构跟投的投资氛围,推动资本成

为长期和耐心资本,吸引更多投资机构在上海落户并长期发展。

上海在推动"科技-产业-金融"良性循环方面已有多项举措落地。2023年11月,全国社保基金长三角科技创新股权投资基金在上海启动,首期规模达51亿元,专注于集成电路、生物医药、人工智能等关键领域,以支持上海成为全球科技创新中心,并促进长三角地区的一体化高质量发展。此外,上海还在积极推动设立专注于天使投资的社会组织,构建专业化的投融资服务平台,建立天使投资数据库,加强对早期项目的发现和培育。在吸引外资方面,已有90家国内外知名投资机构参与上海的合格境外有限合伙人(QFLP)试点,累计试点规模达到186亿美元。同时,上海私募股权和创业投资份额转让平台的建立,为投资退出提供了便利,截至2023年末,已成交69笔,总金额约204亿元,并完成了21单份额质押业务,融资金额约33亿元。这些政策和措施的实施,为科技创新和产业发展提供了更加有力的金融支持。

二、 北京:科技创新体制机制

(一)政策体系和体制机制建设

截至2024年4月,北京全市登记的技术转移机构达到174家;支持北理工、北工大等单位建设5家产业开发研究院,并持续支持清华工研院打造一站式、全链条科技成果转移转化平台;推动15家概念验证平台开展119项概念验证服务;率先布局23家标杆孵化器;推动组建国产化人工智能等24个创新联合体;累计支持建设20家技术创新中心;重点布局建设光场、工业芯片核心软硬件等一批共性技术平台。各区也根据产业布局需求,建设了各具特色的科技成果转化基础设施。

(二)"三城一区"加速跑战略

北京通过"三城一区"强化金融赋能科技创新,推动科技成果转化。以中关村科学城、未来科学城、怀柔科学城和北京经济技术开发区为核心,构建起科技创新和高新技术产业发展的重要平台,依托各区域的科技资源和产业优势,通过政策引导、资金支持、金融服务体系建设和资本市场服务等措施,加速科技成果的转化和产业化。中关村科学城作为全国科技创新的重要源头和高新技术产业的聚集地,加强与高校和科研机构的合作。未来科学城重点发展新兴产业和未来产业,通过引进和培养高水平科研团队,建设一批高水平的研究机构和创新平台,打造成为科技创新和人才培养的重要基地。怀柔科学城围绕国家重大科技基础设施集群,聚焦物质科学、空间科学、生命科学等领域,推动大科学装置的建设和应用,促进重大科技成果的产出和转化。北京经济技术开发区通过优化营商环境、提供政策支持和金融服务,吸引和培育高新技术企业,推动科技成果的产业化和规模化生产。2023年,"三城"流向"一区"技术合同成交额达24.3亿元,同比增长9.6%。

（三）实施"朱雀计划",强化人才培养

北京在国内率先启动技术经纪专业职称评定工作,加强科技成果转化方面的专业人才支撑。"朱雀计划"作为北京在科技成果转化领域的一项重要措施,旨在通过系统的培训和实践项目的实施,培养一批既懂科技又懂市场的复合型人才。这些人才将成为推动科技成果转化的关键力量,帮助科研机构和企业更好地对接,加速科技成果的产业化进程。

（四）医学创新和成果转化改革

2022年10月,北京开展医学创新和成果转化改革试点,天坛医院、安定医院两家试点医院共出台或修订16项院内成果转化制度规范,医院科技成果转化的实施路径进一步清晰,激励机制进一步完善,效率进一步提升。通过试点,北京探索出一条医院科技成果转化使用权作价入股,实现实体化推进的新道路。2023年,北京地区医疗卫生机构实现科技成果转化409项,合同金额达到15.4亿元,创历史新高。2024年,北京市卫健委印发医学创新和成果转化改革试点工作院内制度建设经验,向全行业推广试点经验。

2023年,北京启动首都医学科技创新成果转化"优促计划",以项目为抓手,开展"选优"和"促优"行动,对转化类项目进行重点辅导和培育,并推动项目转化落地。首轮"优促计划"从全市68家医疗机构征集405个成果转化类项目,先后开展10场精准辅导、3场产业和知识产权主题辅导、6场集中推介,促成25个项目合作意向签约,正在协助41个项目对接意向企业、199个项目对接意向落户产业园区及优惠政策。北京还以人才为导向,鼓励医疗卫生机构开展不同形式、不同范围的成果转化人才培训和培养,如 2021 年北京市卫健委、清华大学、北京清华工业开发研究院联合开展了"首都医疗卫生领域创新力培养——探索计划"。

(五)与周边地区协同发展,推动京津冀科技成果协同转化

北京与周边地区协同发展,推动京津冀科技成果协同转化,共同培育技术转移机构和服务平台。京、津、冀共同实施《促进科技成果转化协同推动京津冀高精尖重点产业发展工作方案(2023 年)》,2023 年共同培育技术转移机构 20 家,打造概念验证、中试熟化服务平台 28 家,科技成果共享库汇集成果 4.89 万条,50 余家在京高校院所与津、冀签订技术交易合同 500 余项,合同金额达 7.4 亿元。

三、 美国:硅谷的科技成果转化实践

(一)集聚世界一流大学和科研院所

硅谷地区集聚了斯坦福大学、加州大学伯克利分校、加州大学旧金山分校、加州州立大学圣何塞分校等众多世界一流大学。其中,与硅谷发展紧密相关的斯坦福大学,其工学院的博士、硕士毕业生有 90%以上在离学校 50 公里以内的地区就业。硅谷地区不仅集聚了世界一流大学,而且还拥有世界一流的实验室,如位于加州大学伯克利分校的劳伦斯伯克利国家实验室。截至 2016 年,这个实验室出了 70位美国国家科学院院士、13 位诺贝尔奖获得者、18 位美国国家工程院院士。硅谷地区集聚的这些大学、院所为硅谷的发展输送知识和人才,这是硅谷地区科技成果转化发展的基础。

(二)人才多元化和高度的流动性

硅谷吸引了来自全球的追逐理想和梦想的创业者。他们不仅在硅谷创新创业,同时还与自己的母国在创新链上建立了一种联系。这种高度的人才聚集效应带来的规模效应和区域创新效应,带动了硅谷整个区域人力资本的快速积累与提升。除了人才的多样化,人才的高度流动也是硅谷的一大特点。硅谷每年企业间的人才流动保持在 20%—30%之间。也就是说,企业内的员工是不断更新的。实

际上，人才的快速流动加大了区域内企业间的知识溢出，提升了区域创新活力。

（三）建立全链条机制

硅谷各大高校都建立了自己的创新孵化机构，并且为科研人员提供了从立题到落地的全链条服务。它们以新的形式把教学与研究功能充分结合起来，并深度参与科技成果的转化与应用、技术转让、科技服务、国际科技交流与合作等具体孵化过程，现已成为高技术领域初期企业形成的起点。

大学所创办的衍生企业，其形式主要有由高校教师、学生创办的高技术企业、技术转让产生企业、高校员工乃至高校持股企业等。这些企业的诞生使得人才在高校和企业间频繁地流动，促进了科技知识理论与实践在更深的层次达到融合。与此同时，硅谷拥有全美35%左右的创业资本公司为创新创业公司提供资金支持，同时还拥有专业的科技中介服务机构，贯穿从研发到产业化的各个环节。

（四）科技金融体系

在硅谷诞生和成长的许多科技企业都受惠于硅谷银行。硅谷银行通过"股权投资＋债权融资＋科创服务"的业务模式与风险投资机构合作，为科技企业量身定制金融产品，为其提供多样化、综合化的增值服务，有效地解决了科技企业和金融服务机构之间的信息不对称问题，以及科技企业的融资难问题。

科技银行的设立与成功运作，可有效地弥补科技金融体系的结构性缺陷，建立起科技和经济结合的协调机制，有助于实现科技资源配置的优化，推动科技成果的转移转化及产业化，是化解科技与经济"两张皮"的有效手段。

四、英国：发挥政府在推进科技成果转化中的引导作用

（一）英国财政部支持下的大学衍生企业

大学衍生企业①是英国最具创新性的企业类型之一，对英国经济发挥着极其重

---

① 大学衍生企业是指其所拥有的核心专利、技术成果等源自高校的科技成果转化的企业。一些大学衍生企业由高等院校继续持有部分所有权；另一些大学衍生企业基于高校内部知识产权而设立，但高等院校已经通过出售股份或知识产权等形式完成了退出。

要的作用。英国财政部希望能够通过这些举措确保英国高校的研究人员能够顺利地在英国创办和发展创新型企业。英国财政部设立 2 000 万英镑的基金,以支持在大学学术研究基础上建立更多的衍生企业;加速大学衍生企业的创办,并促进创办流程的标准化;保护创始人持有大学衍生企业的股权;建议生命科学领域的大学衍生企业中大学持股占比在 10%—25%之间,软件等知识产权密度较低行业的大学衍生企业中大学持股比例小于 10%;设立风险投资奖学金计划,为风险投资基金培养"世界领先的投资者"。

(二)英国技术集团的组建

1981 年,根据英国政府的决定,英国技术集团(British Technology Group,简称 BTG)由英国国家研究开发公司(NRDC)和英国国家企业委员会(NEB)合并组建。BTG 的运行机制是通过自身卓有成效的工作,同英国各大学、研究院所、企业集团及众多发明人有着广泛的紧密联合,形成"技术开发-推广转移(销售)-再开发及投产"一条龙的有机整体,实现利润共享,真正起到联结开发成果和现实生产力的桥梁和纽带作用。BTG 不仅通过转让技术使用权获取价值,而且通过建立新的风险投资企业,把获得的巨大报酬返还给技术提供者、商业合伙人和股东。这种运作模式使 BTG 在技术供方和技术发展方中都拥有能够共同获得利益的合作伙伴,同世界许多技术创新研究中心及全球主要的技术公司都有密切联系。

英国政府通过强化顶层设计,积极发挥政府在推进科技成果转化中的引导作用,完善高校科技成果转化的政策体系,破除高校科技成果转化机制障碍,从政策层面为高校科技成果转化提供保障;明确政府、高校和企业等创新主体在科技成果转化体系中的定位和作用,加大对高校科技成果转化的支持力度;引导高校提高对科技成果转化工作的重视程度,推动高校为科技成果转化成立专门机构、搭建合作平台和构建创新中心,为高校科技成果转化营造良好的氛围。

第三节　成都强化科创策源转化功能的战略方向

一、战略定位

　　成都的总体战略定位为"打造中国西部具有全球影响力的科技创新中心"。成都作为中国西部地区的重要城市,拥有西部地区最为丰富的科技资源。为了将来自众多高校院所、新型研发机构的科技禀赋充分发挥出来,成都须从政策体系、体制机制、资金支持和人才支撑等方面构建起一套高效促进科技成果转化的工作体系,吸引和推动更多重磅的、原始创新的科技成果在蓉转化落地,服务成都国际化的科技创新中心建设,为成都的经济发展注入创新动能,并为高水平科技自立自强提供支撑。

　　紧跟西部大开发的步伐,成都应发挥作为西部中心科创策源地的作用。2024年4月23日,习近平总书记在重庆主持召开新时代推动西部大开发座谈会,强调要贯彻落实党中央推动西部大开发的政策举措;要坚持以大开放促进大开发,提高西部地区的对内对外开放水平。习近平总书记的重要讲话强调了发展特色优势产业、深化科技创新合作及推动传统产业升级的重要性,为成都乃至整个西部地区的高质量发展指明了方向。成都应积极响应,主动与长三角、珠三角、京津冀、粤港澳大湾区等经济活跃区域的产业和企业对接,利用成都的资源和政策优势,吸引重点企业、重大项目和重要平台落地,共同打造国家重要的先进科技创新基地。

二、战略核心

　　（一）构建完备的科技成果转化生态系统

　　科技成果转化的体制机制的关键在于助推项目突破市场失灵阶段。在当前的产业发展战略中,为突破市场失灵阶段,科技成果转化生态系统的建立至关重要。企业是科技创新活动中数量最多的一类主体,既是创新投入的主体,又是创新受益的主体,因此,这一系统必须以企业为主体,确保科技成果能够高效转化为实际生产力。市场驱动与企业主导是科技成果转化思维转型的关键。《中国科技成果转化年度报告(2022)》显示,2021年全国3 649家高校院所科技成果转化的总合同额为1 581.8亿元,同比增长24.4%;总合同项数为564 616项,同比增长21.5%;科技成果转化总合同金额超过1亿元的高校院所数量为314家。尽管已取得一定成绩,但高校院所的科技成果转化仍存在提升空间。《2023年中国专利调查报告》指出,国内有效发明专利的产业化率整体较高,而高校的专利产业化率明显低于企业。

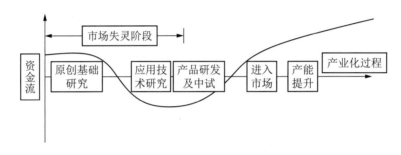

图5.2 科技成果转化过程

资料来源:课题组绘制。

为了提高科技成果转化的效率,成都须采取逆向科技转化的策略,构建一个从市场出发,经过科研、生产、产业化,最终回到市场的闭环系统。这种模式强调从实际应用中发现问题,基于市场需求筛选待解决的问题,然后逆向设计研究项目和研发内容。这不仅要求在立项之初就进行商业化和产业化的可行性评估,而且还要弥补传统科研项目的不足,从而显著提高科技成果的转化效能。

此外,发现价值是企业孵化的首要核心,确立企业在科技成果转化过程中的出题人和阅卷人角色至关重要。这意味着要聚焦需求端,实施有组织的科研和成果转化。通过探索骨干龙头企业的"包干制",赋予企业资金分配权、路线决定权和团队组织权,可以牵头组织产学研力量,围绕企业需求开展科研攻坚,实现研发与转化活动的一体化,从根本上提升科技成果的供给质量。

为进一步促进科技成果转化,可建设面向高校院所和企业的概念验证中心,构建包括科技成果评估、转化、投融资、样品开发在内的概念验证服务体系；探索设立科技成果转化的税收优惠政策，对科技成果转化的样品和产品进行针对性补贴，以激励更多的科技成果转化为实际的经济效益；支持科技成果转化产品首购首用；加强场景应用，为技术找场景、为场景找市场，推动新产品更快进入市场。

（二）聚焦成都核心产业

科技领域涉及面广、各有前沿，因此科创策源地并非"全能选手"，只能是"特长选手"。找准适配的核心领域，让科学、技术和创新共生共荣，成都才有可能成为未来的策源地。成都正致力于建设前沿的生物医药、信息技术、电子信息等领域的重大科技基础设施集群，以及交叉学科研究平台，吸引和培育顶尖的创新主体，以期成为全球知名的原始创新策源地。

在四川的工业兴省、制造强省战略指导下，成都应加快优势产业提质倍增行动，培育壮大战略性新兴产业，同时加快数实融合和传统优势产业的转型升级。依托既有的国家先进制造业集群、万亿级产业集群和国家中小企业特色产业集群、省级战略性新兴产业集群，培育壮大生物医药、人工智能等战略性新兴产业、未来产业。建圈强链，对产业链支撑性龙头项目给予大力支持，聚焦成都核心产业，整合丰富的科研资源和产业优势，打造具有国际竞争力的创新高地。

OLED 产业是成都核心产业之一，成都承载着打造"世界柔谷"的重要使命。成都应积极采取策略强化产业链和创新链，通过重点扶持京东方第 8.6 代AMOLED 生产线等龙头项目，打破国外技术垄断，加速成都在 OLED 显示制造领域从跟随者到领跑者的转变。同时，成都应推动产业链本地化，构建全国最大的柔性面板生产基地，并通过协同创新和国际合作，提升本地产业的全球竞争力。此外，成都应设定明确的产业增长目标，打造支持创新的生态系统，并加强品牌建设和推广，以实现新型显示产业总产值突破 1 500 亿元的宏伟目标，进而建成全球知名的"世界柔谷"。

在生物医药产业领域，成都以创新驱动为核心，致力于打造健康科技新引擎。成都应继续依托大健康产业基础，将生物医药产业作为战略性新兴产业的重点发展方向,以创新驱动为核心,推动该产业成为国家科技进步和国民经济高质量发展的标志。成都应进一步强化对生物医药领域人才和创新项目的支持,利用华西医院等医学技术优势,提供创新转化和临床试验的资源。同时,成都科创投集团应继续通过"直投＋基金"模式,构建多元化投资矩阵,吸引更多社会资本投入硬核科技项目中。此外,成都应推广环华西国际智慧医谷概念验证中心的院企地联合共建模式,发挥四川大学生物治疗转化医学基地的作用,集聚各方优势资源,打造一个促进生物医药产业创新与转化的高效平台,进而建成生物医药产业的创新高地,提升公众健康水平,推动经济社会全面发展。

轨道交通产业是成都核心产业的重要组成部分,成都应抓住轨道交通产业的发展机遇,通过积极探索新制式中低运量轨道交通,推动产品多样化,提升整车制造和核心配套企业的竞争力。同时,灵活应对市场和政策变动,整合链主企业、高校、科研院所等优势资源,构建有效的产学研协同机制,优化产业生态。成都应结合长期规划与短期行动,紧跟市场需求,加强创新驱动,提升国际合作与竞争力,以实现轨道交通产业的高质量可持续发展,打造"成都创造"的响亮名片。

三、 战略关键

(一)构建全方位人才发展支持体系

为吸引和培养高端人才,成都应构建一个全面的人才政策体系,包括就业、能力提升、安居置业和生活就医等方面,形成全方位的就业保障奖补机制。通过一系列奖补政策和措施,消除人才在创业就业过程中的顾虑,同时构建全新的创业支持链条,涵盖企业落户、场地租金、投融资等关键环节,为创新项目提供全生命周期的创业支撑。

(二)人才培养与产业需求对接

成都应营造一个鼓励和保护企业创新的环境,搭建企业主、科学家、工程师、投资者等多领域人才的交互平台,以强化资源整合和创新成果价值实现的能力。提升国家级孵化器、大学科技园等的建设水平,为初创企业提供包括财税、专利、政策、法务、融资路演等在内的全面服务,确保企业主能够专注于实业发展。

此外,加强技术经理人队伍建设,完善科技中介职业资格评定制度,并通过建立科技成果转化领军人才项目,加快科技创新成果的落地速度。对于头部技术经理人,可通过优惠募资吸纳其成为科技成果转化基金 LP,支持其优先参股优质项目。围绕市场需求,打造全国性或区域性的成果转化数字平台,汇聚技术、项目、人才、服务等专业数据,助力科技创新成果快速落地。

（三）强化成果转化的激励与支持

激励科技人员在专利、论文、软件的研发过程中,有意识地和技术、经济相结合,进而助力科技成果的成功转化。提升科技成果转化的效率和动力,关键在于将科技成果及其转化的"权"和"利"充分授予成果完成人。在原创成果转化后,对于在成果转化和完成过程中作出重要贡献的个人将给予重奖。此外,争取最大的税收优惠政策,扩大横向项目经费使用的自主权。在确保合同任务完成的基础上,科研人员可以灵活安排项目经费,且不设置劳务费比例限制。项目结题后的结余经费不仅可用于持续研究,还可用于绩效奖励,以此进一步激励科研人员的创新和转化工作。允许并规范科技人员兼职从事科技成果转化活动,为科研人员提供更广阔的舞台和更多元的发展机会。这些措施将能营造一个开放和灵活的科研环境,加速科技成果向现实生产力的有效转变。

第四节　成都强化科创策源转化功能的战略举措

一、政策体系与激励机制

（一）政府的服务体系建设

政府不仅是创新活动的重要参与者,更是创新活动的主要推动者(周振华、张广生,2020)。通过制定产业政策和发展规划,政府为科技成果转化创新网络的发展营造一个适宜的法律、政策和文化环境。同时,政府通过组织实施重大科研项目,推进科研基础设施建设和科技创新服务体系建设,为科技成果转化创新网络提供支撑(Etzkowitz and Leydesdorff,1995)。

一方面,政策体系创新体现为政府引导建立的创新体系,为技术培育提供切实的财政和金融支持。特别是对于基础研究和创新项目孵化而言,获得政府资源及资金投入,调动社会资本,保证了从基础研究到应用研究,再到产品产业化开发的充足资金流,让更多科研人员、创业者敢于在创新赛道发力。另一方面,创新技术的发展也要求相关监管和行政模式具有开放性和容错性,以专业化、市场化的创新机制促成技术、人才与资金等创新资源的最优配置。

成都市政府需要转变角色,从单纯的监管者变为积极的推动者和参与者,构建起全面的职务科技成果转化法律法规和政策服务创新体系。通过立法确立科技成果权属共享原则,允许高校和科研人员参与成果转化收益分配,以激发科研创新活力。此外,构建全面的法律法规体系和政策服务系统,为科技成果转化提供法律保障和政策支持;加强专业化科技成果管理人才的培养,提升科技成果管理的质量和效率;建立有效的激励和反馈机制,确保科研人员、高校和企业等各方的利益得到合理保障,促进科技成果快速转化为现实生产力。这些措施将可优化中国高校的创新生态系统,加速科技成果的转化应用,推动科技进步和经济社会发展。

针对依赖专利的经济奖励吸引发明人披露成果的现状,需厘清成果披露的功能定位,成都市政府应建立科技成果披露制度。政府在退出对科技成果的行政审批等具体事务性管理工作后,还需要建立新的监督机制以及时获取成果信息,让成果披露成为政府行使资助人权利、落实科技政策的关键抓手。完善政府对成果管理的指导和监督职责,明确单位对政府资助部门的成果披露义务,要求单位及时披露成果信息,并报告成果管理、专利申请、技术转移等行为信息,成果披露贯穿从产生、管理、应用到权利失效的整个成果生命周期。

为建立一个更加全面系统的评价体系,成都市政府可将成果转化目标绩效纳入市属高校院所领导班子年度考核内容,完善市级科技项目选题、立项、验收后评价和用户反馈等机制,完善理工类教授职称评定标准,把服务企业实践及成效作为重要条件,将科技成果转化创造的经济效益和社会效益作为科技成果转化人才职称评审的主要评价因素。

为加强科技资源的开放共享和高效利用,成都市政府应推动仪器设备向企业开放共享,同时将专利基础信息资源、科学数据及工程实验数据等向企业开放,以支持企业的创新发展。此外,探索实施"企业买、社会用"的共享共用机制,鼓励企业把投资购置的科学仪器设备向社会提供服务,促进资源的优化配置。同时,推动省级大型科学仪器设备共享服务平台与区域性平台如西部的互联互通,构建更广泛的资源共享网络。这些措施将可以促进科技资源在不同创新主体间的流动,加强产学研用的紧密结合,提升科技资源使用效率,加速科技成果的转化应用,为经济社会发展提供强有力的科技支撑。

在构建完整的创新链条的过程中,一个关键的环节是建立有效的反馈机制,确保市场的需求和反馈能够及时传达给研发团队,从而指导后续的研究方向和产品改进。销售团队在市场前沿收集到的信息至关重要,应该被系统地整理并反馈给研发机构。与基础科学相关的反馈,应由大学内的基础研究团队进行深入研究;而与生产工艺和流程相关的反馈,则应交由中试基地进行中试放大和工艺优化。

此外,成果转化企业在推广新产品时,需要具体的应用场景来展示其技术的实际效果,更直观地向潜在客户和合作伙伴证明技术的可行性和优势。因此,深化拓展应用场景,创建样板项目或示范点,既可为技术提供实地测试的机会,也将为市场推广和用户教育提供有力支持。开辟大面积公共空间,支持重点企业开放核心应用场景建设公共展厅,打造"AI+应用场景"展示空间,可在生物健康、智能制造、电子信息等行业先行先试;支持重点企业开放核心应用场景,为生态链企业导入流量、接口、技术等资源;推动高校、政府部门、国有企业开放应用场景,加强与企业的供需对接,优先支持区内企业打造自主可控的关键技术产品。

在金融支持上,鼓励地方开展科技成果转化贷款风险补偿试点。具体可通过差别化信贷政策满足企业不同需求,建立科技型企业备选库,优化贷款流程,实施年度考核奖励机制,确保风险补偿资金的可持续运作,从而有效促进科技成果的转化和产业化,增强企业的创新能力和市场竞争力,推动成都经济的创新驱动发展。

(二)高校的配套激励机制

高等院校和科研机构是创新的重要和主要来源,是知识和技术最前沿的供给方,也是创新的发源地,既是知识的生产者,也是知识的传播者、人才的培育者,还是技术应用与转化的起点。高校应建立一套完善的标准制度和流程,为教师提供清晰的科技成果转移转化指导,确保教师在创业过程中的合法权益得到保护,消除他们的后顾之忧。

为激发创新活力,应构建高校院所科技成果转化新机制,实施"先赋权后行权"新模式。经论证后,由学校批准教师先行创办企业,并授权该企业对职务科技成果实施转化;经过一定期限,待公司发展到一定规模后,学校再按照事先的约定比例入股。"保留所有权,赋予使用权,股权变期权"模式不仅将确保学校对科技成果的所有权,维护知识产权的完整性,同时也为企业提供灵活的使用权,激发企业将科技成果转化为实际产品的动力。此外,将股权转换为期权的策略,更是一项创新之举,它将学校的利益与企业的业绩挂钩,使学校能够在企业成功后获得相应的回报,同时也激励企业更加注重成果的商业化和市场表现。这样的机制既能提高企业组建和运营的效率,又能充分保障学校的预期收益。

与此同时,需建立合理的高校院所科技成果转化收入分配模式,如麻省理工的"三三制"(15%用于技术转让办公室的工作开支,其余1/3归技术发明人,1/3归发明人所在院系或实验室,1/3归学校收入),不过于强调收益绝大部分归发明人,平衡各方利益关系,调动各方的积极性和主动性。此外,须唤醒"沉睡专利",即高校院所依托财政资金支持形成的科技成果在一定时期内没有转化的,免费向企业特别是中小微企业开放。

为免除高校科研人员的后顾之忧,应建立科技成果转化容错纠错机制,推动在蓉高校院所、医疗机构和企事业单位职务科技成果单列管理,符合条件的职务科技成果不纳入国有资产保值增值管理范围。还可搭建职务科技成果转化的数字化场景应用,面向在蓉高校院所、医疗机构、企事业单位推广开放,通过统一规范的内部审批通道,实现线上完成从申请到交易的全流程,以规范促免责。

二、 平台建设与资源整合

(一) 推动合作平台体制多元化改革

中介平台机构包括行业协会、技术市场、劳动力市场、信息平台、咨询机构、专业设计服务机构、创新孵化器和加速器等组织。这些组织机构在各主体之间架设桥梁,促进各创新主体的资源转移和共享,分摊成本和风险。不仅如此,中介机构还能利用掌握的专业知识和技能,为企业、大学和科研机构提供专业化的创新服务(杨晓斐、武学超,2019)。企业、高校、科研院所、国际组织等科技创新主体之间互相合作、互相依赖、互相影响,从而形成一个动态循环的复杂系统。

为完善科技创新的中介服务体系,成都需通过建设地方技术转移协作中心,为科技服务专家和技术经纪人提供更加专业和高效的服务。协作中心通过一站式管理和服务,积极服务当地科技创新,提供必要的活动平台和空间。此外,协作中心将作为一个集中管道,连接成都乃至"一带一路"沿线的高校、院所和企业专家资源,解决资源分散和对接效率不高的问题,有效促进区域协同和创新发展。

为进一步激活科技创新的中介功能,成都需通过构建和完善技术经纪人活动交流平台,促进科技成果转化和行业交流。技术交流中心可通过设立"技术经纪人之家"、专门微信公众号、联合协会,举办科技服务专家沙龙,积极为技术经纪人及技术转移机构提供行业资讯交流、业务活动平台。

在此基础上,应建立切实赋能的孵化加速中心,以提升孵化的质量与效能。孵化加速中心将不再仅仅扮演"房东"或"二房东"的角色,而是通过严格筛选创业企业,避免为了租金收益而盲目招引各种项目。在确保企业质量的基础上,孵化加速中心将帮助入驻企业加速孵化,为它们提供公共技术平台和深度服务,从而推动科技创新成果的快速转化和产业化发展。

(二) 合作平台的职能与服务

为实现科技成果的有效转化并推动产业升级,成都在构建合作平台的同时,需要让这些平台发挥提供全面的职能和服务的作用。通过高频率举办、高质量推介开展交流活动,促进产学研深度融合,进而加速科技成果的商业化进程。参考旧金山与摩根大通合办医疗健康年会模式①,将投资界、学界和产业界结合起来,让科技成果的拥有者和投资人、企业家共聚一堂,碰撞"火花"。通过路演和推介会,科技成果可以得到更多的曝光,增加其被市场认知和接受的机会。让资源对接活动帮助科技成果拥有者与潜在的投资者或合作伙伴建立联系,实现技术与资本的有效对接。通过科研人员与投资人和企业家的互动,科技成果可以更快地从概念验证阶段过渡到商业化生产阶段。

成都应构建技术经理人协作网络机制,聚集全球视野的技术经理人才,联动金融资本、孵化加速和科技研究等关键资源;就近提供科技成果转移转化服务,推动技术经理人行业规范发展;搭建技术经理人协作网络,壮大技术经理人队伍,举办国内外有影响力的活动、会议和刊物,从而更好地推动科技成果转移转化。在提供优质服务的同时,合作平台应做好过程管理。科技服务机构要注重服务的过程管理,确保每一次服务都能达到预期效果;通过深化服务内容,将简单的一次性服务转变为长期、深度的合作关系,培养高黏度的客户群体,从而建立起稳定的客户基础。

此外,通过建设面向高校院所和企业的概念验证中心,加速科技成果从理论到实践的转化。这一中心将依托高校院所技术创新中心、硬科技孵化器、创新基金等成果转化资源,搭建起集科技成果评估、转化、投融资、样品开发于一体的概念验证服务体系。

三、 资金投入与财政支持

(一) 研发资金的优化配置

为优化研发资金的配置,应允许科研经费根据项目实际需求更新和调整,并通

---

① 摩根大通医疗健康年会(J. P. Morgan Healthcare Conference)是全球生物医药健康领域最具规模的行业盛会,也是全球规模最大、信息量最大的医疗投资、产业交流合作大会,涵盖了全球医疗保健领域,包括制药公司、医疗保健服务提供商、营利和非营利组织及医疗器械公司。

过专业人士的评估来确保资金使用的合理性。在科研项目经费管理上进行机制创新。例如，将高校院所、医疗机构的横向科研项目结余经费视为科技成果转化收入，并将其纳入职务科技成果单列管理。针对引进的高端人才及其科研团队、采取任期制契约化模式进行管理的公司高级管理人员等，实施灵活的薪酬策略，以吸引和留住核心科研人才。对非营利性研究开发机构和高等院校、转制科研院所按规定从职务科技成果转化收入中给予科技人员的现金奖励，符合条件的，可减按50％计入科技人员当月"工资、薪金所得"，依法缴纳个人所得税，以鼓励科研人员的积极性和创造性。

（二）财政资金对科技创新的扶持

通过税收优惠政策扶持科技创新，对高新技术重点行业和鼓励类产业企业减按15％的税率征收所得税，并延长亏损结转年限，使企业能够将节省的资金再投入创新研发中，推进科技成果的产业化。改革"工资总额"管理机制，让科技型国企实行"工资总额预算备案制"管理，以增强企业活力和提升效率；取消对科技型国企中上市公司股权激励的额外限制，包括"激励封顶"规定；允许企业将行权条件与本企业业绩挂钩，同时允许预留不超过20％的期权数量给新引进的人才，以吸引和激励更多的高层次特殊人才。

四、人才培养与教育改革

（一）教育体系与产业需求对接

优化教育体系，确保教育内容与产业需求紧密对接，可以从源头上提升创业者素质。推动教育体制多元化改革，鼓励在蓉高校设置一批和成都战略性新兴产业、未来产业发展相匹配，以创新创业为导向的学科专业，支持在蓉高校院所和企业开展高端技术人才联合培养，培育重点产业所需专业技术人才及创业者队伍。

构建以创新创业为导向的教学内容、教学模式、教学体系。完善学生评价机制，让动手能力、解决问题能力成为重要的评价指标。打破校企"围墙"，支持重点高校与龙头企业建立协同育人机制,把学生带到能够听到"炮声"的地方,引导更多优秀的创业者涌现。增设创业课程,加强成果转化的培训和教育。高校增设创业课程,让"企业家精神"落地生根。除了 MBA、EMBA 及高管教育培训等课程之外,还有必要在理工科专业增设经济管理类相关课程,让在校大学生提前了解创业创新、理解市场经济。通过独特的系统性双元制高等教育体制,把技术专家培养成企业家,将理论与商业实践相结合,培养技术转移人才,为企业提供能力提升方面的系统培训。

为更好地整合"科技成果、投资机构、校友资本"等各方主体力量,实现资源配置的精准高效,可成立校友基金会,促进科技成果产业化。吸引地方政府、大学基金会、校友企业等出资,建立起专业化、市场化运营机制。明确投资策略,围绕学校资源和校友资源开展成果转化项目、校友推荐项目、校友创业项目的全面投资。同时,校友基金会帮助企业找市场、找人才、找资金,建立利益共享机制。

在促进技术交流与知识共享上,高校可将科技成果"上云",由专业团队负责科技成果云平台运营。平台运营可以采用会员制,会员包括上市公司、大企业、创投机构等。适时建立海外科技成果运营团队,将海外科技成果"上云",为平台各类会员服务。"上云"的科技成果,由专业的技术经纪人进行筛选评估,保证云平台上的科研成果质量。

高校的科研项目不能坐等投资机构"找上门",应该主动开拓市场,强化高校技术转移交流中心建设。设立专职管理团队,走出去推介项目;建立专业技术经纪队伍,遴选、评估、包装科技成果;设立种子基金,作为学校成果转化的第一个投资人;建立开放式的职业经理人队伍,为成果转化企业推荐人才;加强与创投行业合作,深度绑定头部创投机构。

(二)人才培养模式的创新

科技成果的转化,不是由单一科学家完成,而是需要和工程师、商业合伙人等共同完成。因此需要制定职业认定标准,培养专业化的科技成果管理人才队伍。科技成果管理涉及发明披露、技术评估、营销谈判、技术许可、合同管理、市场调查、后续咨询服务、专利诉讼等,方方面面都需要专业人才的支持。专业化的科技成果管理人才是满足充分、高质量科技成果管理需求的根本保障。

进一步改革科技人员评价和激励机制。在有条件有需求的科技企业,探索高层次人才编制保障试点。下放企业人才评价自主权,开展"按薪定才",将薪酬待遇等作为企业人才层次认定的主要依据。授权产业联盟、龙头和链主企业自主开展工程技术系列相应专业职称评审和高层次人才认定。探索产业急需人才"校招企用"新模式,完善高校院所科研人员与企业"双向交流"机制,遴选一批"产业教授"到高校任教,从高校选派一批理工科教师到企业挂职。开展"双链融合专员"服务行动和"科技副总"选派工作,打通高校院所科技人员到企业的"绿色通道"。支持高校与企业联合培养卓越工程师,符合条件的工程硕博人才可破格参评工程师和高级工程师职称。

五、 国际视野下的科技合作

(一)构建国际化科技成果转化生态系统

成都在推动国际科技合作与成果转化方面,应采取一系列战略性措施,以构建一个全要素、国际化的科技成果转化生态系统。首先,可以借鉴中关村发展集团举办国际技术交易大会的经验,通过建立国际科技合作平台,吸引全球科技成果来成都展示和交易,实现科技资源的有效对接。其次,应促进科技成果从创意到产业化的全链条服务,提供全周期、全栈式的科技服务支持。可考虑设立国际科技合作基金,支持国际合作项目的成果转化与产业化,以及中小企业和科研机构的合作研发。再次,应打通部门间壁垒,建立跨部门协调机制,推动创新集群与科技园区之间的对接合作。同时,优化政策环境,提供税收优惠、资金补贴等激励措施,吸引国际科技项目落户成都。最后,应加强知识产权的法律保障,确保科技成果得到有效保护,以及国际化科技成果转化的顺利开展。通过这些综合性措施,成都将能够在国际科技合作中发挥更加积极的作用,推动科技成果的高效转化,促进本地经济的高质量发展,并为全球科技进步作出贡献。

（二）国外先进技术的引进与本土化

首先,成都可通过增加科技出访团组并参与国际交流活动,与芬兰、法国、丹麦、巴西等国家的创新主体建立更紧密的合作关系,共同推进技术转移对接。其次,成都应整合四川国际科技合作基地、"一带一路"联合实验室等资源,构建统一管理的国际科技合作载体体系,以提升国际技术转移服务能力和国际科技合作的实效性。天府国际技术转移中心需进一步拓宽渠道,完善服务体系,打造人才培育基地,以促进技术成果的转移转化。此外,成都还应提前筹备并启动"一带一路"科技交流大会,深度参与科技创新行动计划,确保四川国际科技合作基地的健康发展,进而在国际科技合作中发挥更大作用,推动本地经济的高质量发展。

（三）打造高效便捷的外商投资服务体系

首先,可以建立一个整合跨部门系统的"单一窗口"服务平台,通过数据对接和流程再造,为投资者提供从企业设立、银行开户到外汇登记等全流程的便捷服务。通过统一入口和身份认证,实现数据复用和共享连通,避免企业重复提交材料,最大限度减少企业办事的时间成本。例如,平台可以与多家银行作数据对接,减少企业在进行银行开户和外汇登记时的材料准备。通过对投资政务服务事项进行流程再造,智能引导企业准确办事,实现服务事项的"网上办"和"预约办",打造全流程"套餐式"政务服务。

其次,针对外商投资企业设立流程,将备案审批事项转变为信息报告的承诺告知,有效缩减市场准入表单,压缩开办时间。例如,可推出商事登记"政银企"合作机制,为海外投资者提供"一站式"服务,压缩投资落户"全流程"办理时间。设立外国人"一站式"咨询服务窗口,提供双语服务,编制双语办事公开目录和服务指南,建立外国人投资咨询服务机制。可以打造重点外商投资企业的"一对一"服务机制,通过服务专员提供 7×24 小时咨询服务,确保快速响应企业需求、解决问题。

通过为海外投资者提供高效、便捷的投资服务,成都将在科技成果转化和国际投资领域取得进步,成都的科创策源转化功能将获得提升。

第六章

成都强化全球金融资源配置功能的战略重点

在全球城市理论框架下,成都要建成社会主义现代化国际大都市,必须着重提升成都作为中国西部金融中心的全球资源配置功能,不仅需要强化金融服务能力,还需要构建开放包容的金融环境,并持续优化金融市场体系。

第一节　全球城市金融资源配置功能发展背景与趋势

一、发展背景

全球城市的金融资源配置功能是在全球化、国际金融市场扩张、信息技术革命、金融自由化、全球城市体系形成,以及历次金融危机的推动下逐步发展起来的。全球城市不仅是金融资本的集聚地,也是全球经济运行的"中枢神经",通过高效的资本配置和风险管理,推动着全球经济的发展与转型。

20世纪下半叶以来,随着跨国贸易、资本流动、技术传播和国际分工的深化,全球经济逐步一体化,资本、人才和信息在全球范围内的流动日益频繁。这种全球化趋势对金融资源配置提出了更高的需求,而全球城市作为全球经济网络中的核心节点,逐渐成为金融资本的集聚地和配置中心。具体体现在:一是资本流动加速。随着资本账户开放和国际金融市场的建立,资本开始以更快的速度在全球范围内流动,全球城市成为资本流动的重要枢纽。二是跨国公司崛起。跨国公司需要通过全球城市的金融机构进行融资、风险管理与投资决策,这进一步强化了这些城市的金融资源配置功能。三是金融服务全球化。银行、证券、保险等金融机构在全球范围内扩展业务,推动了全球城市金融功能的强化。

国际金融市场的迅猛发展是全球城市金融资源配置功能提升的重要背景。20世纪70年代布雷顿森林体系解体后,汇率自由浮动和资本市场开放成为趋势,国际金融市场进入快速扩张阶段。衍生品、期货、期权等金融工具的出现和广泛应用,以及金融工具的创新,增加了国际资本流动的复杂性和规模,全球城市成为这些交易的主要发生地。纽约、伦敦、香港等全球城市的证券交易所逐渐成为全球资本市场的核心,吸引了大量的跨国企业进行融资和上市,资本市场开始走向全球化。全球城市如伦敦、新加坡等离岸金融中心兴起,通过离岸金融服务吸引了大量的国际资本,进一步强化了其金融资源配置功能。

信息技术革命极大地改变了全球金融资源配置的方式,为全球城市的金融功能提升提供了技术支持。20世纪末以来,互联网和通信技术的进步使金融交易的速度和效率大幅提高,全球金融市场的时空界限被打破。信息技术使得全球金融市场可以实现24小时不间断实时交易与协同,全球城市之间形成了紧密的金融网络。金融机构利用大数据、人工智能等技术进行风险评估、投资决策,使全球城市成为金融技术创新的重要基地。以全球城市为核心的电子支付系统和数字货币布局,进一步推动了金融资源的全球化配置。

金融自由化是全球城市金融资源配置功能发展的重要制度背景。20世纪80年代以来,全球范围内的金融自由化改革降低了跨国资本流动的壁垒,同时也带来了金融风险管理的重要性。许多国家放松了对外资进入的限制,全球城市成为跨境资本流入和流出的重要门户。随着全球金融危机的发生,国际组织(如国际货币基金组织和巴塞尔委员会)推动了全球金融监管的协调和规范化,全球城市的金融机构逐步适应了更高的合规要求,增强了其在国际金融体系中的地位。欧盟内部的金融一体化,以及亚洲金融中心的合作,推动了区域内全球城市的金融资源配置功能的发展。

全球城市体系的形成为全球金融资源配置功能的集中化奠定了基础。全球城市不仅是国家经济活动的中心,也是全球经济网络的重要节点。全球城市开始分层,纽约、伦敦和香港等超一线全球城市成为国际金融资源配置的核心节点,承担了全球资本流动的主要功能。全球城市开展了区域金融中心竞争。如新加坡和中国香港在亚洲的竞争,法兰克福和巴黎在欧洲的竞争,推动了全球城市金融功能的不断创新。全球城市通过完善的金融基础设施、高端金融服务及政策支持,吸引了全球最顶尖的金融机构和人才,城市金融生态不断完善。

历次金融危机催生了全球金融资源配置功能的优化和调整。2008 年全球金融危机后,全球城市的金融机构开始注重风险管理和金融创新,进一步推动了全球金融体系的重构。全球城市通过衍生品市场和对冲基金等工具,分散和管理金融危机带来的风险。全球城市成为国际金融稳定机制的重要实施地,如纽约和伦敦在全球金融危机后的稳健性改革中发挥了关键作用。全球城市开始推动绿色金融和可持续发展投资,吸引了大量的国际资本流向环保和新能源领域。

二、 发展趋势

全球城市的全球金融资源配置功能正在随着全球经济、技术和政策环境的变化不断演化,呈现出一些重要的发展趋势。这些趋势反映了全球城市在国际金融体系中的角色转型和功能强化。

(一)趋势一:金融资源配置的集聚与分散并存

在全球城市体系中,金融资源配置的集聚与分散并存是由经济全球化深化、区域经济一体化、新兴市场崛起和技术进步共同推动的。传统的全球金融资源配置主要依赖于纽约、伦敦、香港等超一线全球城市,这些城市长期以来积累了深厚的金融基础设施、资本市场和高端人才。而随着全球经济格局的多极化发展,区域性金融中心和新兴市场城市逐渐崛起,推动金融资源配置从高度集中的模式向多中心、多层次的网络化模式转变。

尽管分散化趋势在不断加剧,但全球核心城市(如纽约、伦敦、香港)的金融资源集聚功能并未削弱,反而进一步强化。集聚功能强化的主要驱动因素包括:一是金融基础设施的不可替代性。纽约证券交易所、伦敦证券交易所和香港交易所等核心市场仍然是全球资本流动的重要枢纽。它们拥有成熟的交易机制、高度的流动性和深厚的投资者基础。核心城市集中了大量金融科技企业和研究机构。例如,伦敦的"金融科技沙盒"政策和纽约的区块链产业生态,吸引了大量资本和技术投入。二是高端金融人才的持续吸引力。核心城市具备全球领先的教育、职业发展和文化资源,吸引了大量金融和技术领域的顶尖人才。例如,伦敦的国际化背景和纽约的高薪机会使这两座城市成为全球金融人才的首选地。三是网络效应与路径依赖。核心城市通过长期积累的网络效应,形成了跨国公司总部、金融机构和监管机构的生态集群。例如,华尔街的金融机构集聚效应使得美国的金融资源高度集中于纽约。四是地缘政治与制度优势。核心城市所在国家通常具备稳定的政治环境、强大的法治体系和开放的金融政策。例如,伦敦在英国脱欧后通过保留其国际金融中心地位的政策调整,继续保持全球吸引力。

与此同时,全球金融资源的分散化趋势也在加剧,更多的区域金融中心和新兴市场城市正在崛起,成为全球金融网络的重要节点。分散化趋势的主要驱动因素包括:一是区域经济一体化。区域经济合作框架(如 RCEP、欧盟、非洲大陆自由贸易区)推动区域内贸易和投资增长,使区域金融中心的作用日益凸显。例如,新加坡在东南亚的区域经济合作中发挥了重要的金融枢纽作用。区域金融一体化(如欧元区的形成)促使区域性城市(如法兰克福、阿姆斯特丹)在全球金融资源配置中占据更重要的位置。二是新兴市场的崛起。新兴市场国家(如中国、印度、巴西)的快速经济增长为其城市的金融资源配置功能奠定了基础。例如,上海通过人民币国际化和资本市场开放,逐步成为全球重要的金融中心。新兴市场的企业和政府对资本的需求增加,推动了区域金融中心的崛起,例如孟买的资本市场在印度经济增长中发挥了关键作用。三是技术进步与金融去中心化。区块链、人工智能和大数据等技术降低了金融交易对物理位置的依赖,使更多城市能够参与全球资本配置。例如,迪拜通过发展区块链技术和数字资产交易,逐渐成为中东地区的金融科技中心。分布式金融的发展进一步弱化了传统金融中心的垄断地位,为更多新兴城市提供了参与机会。四是政策与制度创新。新兴市场的政府通过政策改革和制度创新,推动本国城市成为区域金融中心。例如,巴西政府通过开放金融市场和实施税收优惠,支持圣保罗成为拉美的金融枢纽。新加坡、迪拜等地通过建立离岸金融中心,吸引全球资本流入。

集聚与分散并存的趋势在全球金融资源配置的空间布局中表现为以下几种形式:一是全球城市的分层格局。第一层级(全球核心城市)中,纽约、伦敦、香港等超一线城市继续扮演全球金融资源的主要配置中心角色。第二层级(区域性金融中心)中,新加坡、上海、迪拜、法兰克福等城市在区域范围内崛起,与核心城市形成互补关系。第三层级(新兴市场城市)中,孟买、圣保罗、约翰内斯堡等城市逐渐融入全球金融网络,成为新兴经济体资本流动的重要节点。二是金融网络的多极化。金融资源配置不再仅依赖少数核心城市,而是形成了多极化的网络,如亚洲、欧洲和北美的金融网络逐步趋于均衡。区域性金融中心在本地区的经济活动中扮演更加重要的角色,如新加坡主导东南亚资本流动,而法兰克福在欧元区内具有重要地位。三是功能分工的细化。核心城市和区域金融中心之间形成了更加细化的功能分工。例如,纽约和伦敦专注于全球资本市场和高端金融服务;新加坡和香港则在离岸金融、人民币国际化和东南亚资本配置中发挥重要作用;迪拜和圣保罗则突出区域性贸易融资和新兴市场投资。

全球城市金融资源配置功能的集聚与分散并存趋势反映了全球经济格局的深刻变化。核心城市的金融资源集聚功能将进一步强化,而区域性金融中心和新兴市场城市的崛起则为全球金融网络带来了更多的多样性和灵活性。这种并存趋势不仅推动全球资本流动的效率提升,也为全球经济创新提供新的动力。

（二）趋势二：数字金融与金融科技的引领

数字金融和金融科技的快速发展是全球城市金融资源配置功能变革的重要驱动因素。这一趋势的兴起背景包括以下几个方面：以人工智能、大数据、区块链和云计算为代表的新兴技术，为金融服务的智能化、数字化和自动化提供了技术支撑。在全球范围内，个人和企业对金融服务的便捷性、效率和普惠性提出了更高要求，催生了对数字金融的强烈需求。各国政府和监管机构积极支持金融科技的发展，例如沙盒监管机制和开放银行政策，为数字金融的创新和发展提供了政策空间。新冠疫情加速了数字化转型，推动了非接触式支付、数字资产交易和在线金融服务的普及。

全球城市在数字金融与金融科技领域扮演着核心角色，利用其优势资源和生态体系，引领金融资源配置的数字化转型。许多全球城市已经成为金融科技创新的核心节点：伦敦是欧洲的金融科技创新中心，以"金融科技沙盒"政策吸引了全球金融科技创业公司；纽约华尔街的传统金融机构与硅巷的科技创业公司联手推动人工智能和区块链应用；新加坡凭借开放政策和区域优势，成为东南亚金融科技的领军城市，吸引了大量跨国企业设立数字金融研发中心。

全球城市在推动数字支付普及方面发挥了重要作用。作为人民币离岸市场的核心，香港通过"跨境理财通"和"数字人民币试点"推动区域支付一体化。迪拜通过电子支付和数字货币的推广，正在成为中东地区的数字支付枢纽。纽约和伦敦通过区块链技术优化金融交易和清算流程，吸引了大量机构投资者参与数字资产市场。新加坡成为数字货币和代币化资产的主要试验地，吸引了大量加密货币交易所和区块链项目。

数字金融与金融科技改变了全球金融资源配置的方式和效率，对全球金融资源配置的影响具体表现为以下几个方面：一是降低交易成本。数字支付系统和区块链技术显著降低了跨境资金流动的交易成本。例如，Ripple的区块链支付网络大幅缩短了国际支付的时间，提高了效率。金融科技公司通过智能合约和自动化交易系统，减少了中间机构的参与，提升了资源配置效率。二是提高金融普惠性。

数字金融通过移动支付、在线贷款和众筹平台,为传统金融体系覆盖不足的地区提供了便捷的金融服务。例如非洲的移动支付平台 M-Pesa 在肯尼亚和坦桑尼亚实现了金融普惠。全球城市的金融科技公司正在开发更具普惠性的产品,如微额信贷和数字保险为低收入群体和中小企业提供金融支持。三是加速资本全球化。金融科技使资本的流动更加全球化。例如,数字资产交易平台(如 Coinbase、Binance)允许用户在全球范围内进行加密货币的投资和交易。新兴的去中心化金融(DeFi)平台通过智能合约实现了无国界的金融资源配置,进一步弱化了传统金融中心的地理限制。四是推动支付系统的多元化。传统支付系统(如 SWIFT)的主导地位正在受到挑战,新的支付网络(如中国的 CIPS 和俄罗斯的 SPFS)正在崛起。全球城市通过推广数字货币(如数字人民币、数字欧元)和电子支付系统,推动支付系统的多元化和本地化。

未来全球城市在数字金融领域将开展分工与合作。核心城市将在数字金融研发、高端金融服务和政策制定方面继续占据主导地位。例如,纽约和伦敦可能在全球范围内引领数字资产和去中心化金融的发展。区域金融中心(如新加坡、迪拜)将专注于区域性数字金融服务,满足新兴市场的需求。数字金融将进一步削弱传统金融中心的地理优势,推动全球金融资源配置更加广泛和多元。例如,去中心化金融平台可能成为未来金融资源配置的重要工具。全球城市需要构建更加开放和包容的数字金融生态系统,通过政策协调和技术创新实现可持续发展。

数字金融与金融科技的快速发展正在重塑全球城市的金融资源配置功能。核心城市通过技术创新和政策引领,继续在全球数字金融领域发挥关键作用,而区域性金融中心和新兴市场城市也在快速崛起。未来,数字金融将推动金融资源配置的效率提升和普惠化发展,同时为全球城市带来新的挑战与机遇。全球城市需要在技术、监管和合作方面不断创新,以在这一趋势中占据主动地位。

(三)趋势三:金融资源配置的绿色化与可持续化

全球城市在推动金融资源配置绿色化与可持续化方面发挥着重要作用。这一趋势不仅是全球经济低碳转型的核心动力,也是全球城市在国际金融体系中保持竞争力的重要手段。未来,随着资本市场对可持续投资需求的进一步扩张,全球城市将在绿色金融创新、标准化和合作中扮演更加重要的角色。

一是作为绿色金融产品的创新中心。伦敦、纽约、香港等全球城市是绿色债券发行的主要市场。伦敦证券交易所设立了专门的绿色债券市场,为全球发行人提供绿色融资平台。香港通过其绿色和可持续债券计划(Green and Sustainable Bond Scheme),吸引了大量的国际资本。新加坡和法兰克福等城市通过支持可持续投资基金的发行和管理,推动区域内资本流向绿色产业。二是作为碳交易市场的核心节点。全球主要碳交易市场集中在核心城市,如欧洲的碳交易市场以伦敦为主要运营中心,中国的碳交易市场以上海为中心。碳交易市场的逐步成熟为企业提供了一个温室气体排放的定价机制,同时推动了资本向低碳技术和清洁能源领域的流动。三是作为气候风险管理的枢纽。全球城市通过发展气候风险保险和气候金融工具,为应对气候变化的潜在经济损失提供保障。纽约的金融机构开发了气候风险对冲工具,用于保护投资组合免受气候变化相关风险的影响。新加坡开始发展气候风险保险市场,为亚太地区的企业和政府提供覆盖极端天气风险的产品。四是推动绿色金融标准化。全球城市正在推动绿色金融标准的统一化,为资本流动提供更明确的规则。例如,伦敦和布鲁塞尔通过与国际资本市场协会(ICMA)的合作,推动了绿色债券原则(Green Bond Principles)的普及;北京和上海通过与国际组织合作,推动绿色金融标准的国际化和区域化。

绿色化与可持续化对全球金融资源配置的影响主要体现在以下几个方面:一是金融资源配置的绿色化促使资本流向可再生能源、清洁技术、环保基础设施等领域。例如,可再生能源项目融资(如风能、太阳能)正在成为全球资本配置的重要方向;城市更新项目(如绿色建筑、智能交通)吸引了大量国际资本。二是ESG标准正在重新定义资本市场的投资逻辑。例如,MSCI和道琼斯等指数机构推出了一系列ESG指数,推动投资者将绿色和可持续性作为投资决策的核心标准。全球城市的金融机构正在开发更多基于ESG的投资产品,以满足投资者对可持续性的需求。三是绿色金融的兴起促进了新型金融工具的开发。例如,绿色贷款、可持续发展挂钩贷款、气候债券等产品逐渐成为全球城市金融市场的重要组成部分；以区块链为基础的绿色金融技术正在试图通过更高的透明度和效率，解决传统绿色金融市场中的信息不对称问题。四是气候变化相关风险（如政策风险、物理风险、过渡风险）被纳入金融市场的定价模型。例如，投资者开始对化石燃料行业的资产进行重新估值，导致资本逐渐撤离高碳行业并流向低碳行业。

（四）趋势四：全球金融监管的区域化与协调化

金融监管的区域化与协调化是全球金融体系适应新挑战的重要趋势。全球城市在这一趋势中扮演着规则制定者、监管协调者和创新引领者的角色。未来，随着金融市场的进一步融合和新型金融风险的出现，全球城市在推动监管协调和创新方面将发挥越来越重要的作用。这不仅有助于提升全球金融体系的稳定性，也为全球城市巩固在国际金融体系中的地位提供了新的机遇。全球金融监管的区域化与协调化趋势是全球经济一体化、跨境资本流动加速，以及国际金融风险加剧的共同结果。全球城市作为国际金融资源配置的核心节点，不仅是金融活动的主要发生地，也是金融监管创新与实施的重要场所，承担着以下关键角色：一是国际金融监管规则的制定者。核心全球城市（如纽约、伦敦、法兰克福）通过其主导的国际金融机构（如国际货币基金组织、金融稳定理事会）参与全球金融监管规则的制定。例如，伦敦在巴塞尔协议讨论中扮演了重要角色，推动了全球银行资本充足率的改革；纽约通过华尔街的金融机构影响了美国在国际金融监管中的立场。二是区域金融监管的协调者。区域金融中心（如新加坡、迪拜、上海）负责协调本区域内的金融监管活动。例如，新加坡通过其金融管理局（MAS）推动东南亚国家在金融科技和反洗钱领域的监管协调；上海在人民币国际化的背景下，承担了推进人民币跨境支付和资本流动监管协调的任务。三是新型金融业态的监管试验场。全球城市往往是新型金融业态（如区块链、加密货币）的试验场，为其他城市提供监管经验。例如，伦敦通过监管沙盒机制为金融科技企业提供了创新测试环境，同时避免了系统性风险；香港针对虚拟资产交易出台了明确的监管框架，在推动数字金融发展的同时加强了风险控制。四是金融稳定机制的执行者。核心城市的金融机构和监管机构通过执行国际金融稳定机制（如 G20 框架、巴塞尔协议）来降低跨境风险。例如，欧洲央行（总部位于法兰克福）通过单一监管机制负责欧元区银行的统一监管。

金融监管的区域化和协调化趋势对全球金融资源配置方式产生了深远影响，具体表现为：一是降低跨境金融交易的障碍。区域化监管框架的建立（如欧盟统一的资本要求条例）减少了跨境金融交易中的合规成本，提升了资本流动的效率。全球城市通过参与国际监管协调，为金融机构跨境业务的扩展提供了更稳定的规则环境。二是提高系统性风险的管理能力。全球金融监管的协调化使得系统性风险的监测和应对更加高效。例如，国际金融机构之间的数据共享和压力测试机制的实施，使得金融机构能够更早地发现潜在风险。区域性的金融稳定机制（如"东盟＋3"宏观经济研究办公室）通过区域内的风险监测和救助，降低了金融危机的外溢效应。三是推动金融市场的整合。区域化监管框架为区域资本市场的整合提供了基础。例如，欧盟的金融服务护照制度允许注册在欧盟任一成员国的金融机构在整个区域内提供服务。区域金融市场的整合有助于增强区域金融中心（如法兰克福、新加坡）在全球金融资源配置中的地位。四是为新金融业态的发展提供规范。全球城市通过监管协调为金融科技和数字金融的发展提供了明确的规则。例如，金融稳定理事会对稳定币（如 Libra/Diem）的监管建议，推动了全球范围内对新型金融工具的规范化管理；区域性监管协调（如东盟金融科技合作框架）为数字金融服务的普及提供了支持。

（五）趋势五：离岸金融中心的功能多样化

离岸金融中心的功能多样化趋势是全球金融体系适应新环境和新需求的重要体现。全球城市中的离岸金融中心正在通过创新和转型，逐步摆脱对单一功能的依赖，向财富管理、数字金融、绿色金融和高端服务方向发展。这一趋势不仅推动了全球金融资源配置的效率提升，也为全球经济的可持续发展和金融创新提供了新的动力。

离岸金融中心的功能多样化是国际金融体系演进和全球经济格局变化的必然结果。传统离岸金融中心（如开曼群岛、英属维尔京群岛）以税收优惠和避税服务闻名,但随着全球税收透明化和监管趋严,离岸金融中心正逐步向功能多元化、高附加值服务的方向转型。同时,新兴离岸金融中心(如迪拜、新加坡等)凭借政策创新和地缘优势,正快速崛起,进一步推动离岸金融功能的丰富化。

传统的离岸金融中心功能主要集中在避税、资产保护和跨境金融服务上,而多样化趋势使其功能更加丰富,具体表现如下:一是从避税功能向高端财富管理转型。随着全球税收透明化的推进,传统离岸中心正在弱化避税功能,转而为高净值人群和机构提供更精细化的财富管理服务。例如,开曼群岛和英属维尔京群岛开始加强信托基金和家族办公室服务,通过优化法律和财务结构,保护资产并实现财富传承。二是数字金融与创新金融服务的崛起。离岸金融中心正利用区块链技术和数字货币交易,成为数字金融服务的重要节点。例如,马耳他被称为“区块链岛”,通过为加密货币交易所提供友好的监管和法律框架,吸引了大量数字金融企业;迪拜利用其金融自由区推广金融科技和数字资产管理,成为中东地区数字金融的先锋。三是国际资产管理与基金服务的深化。离岸金融中心逐步发展为国际资产管理和基金设立的枢纽,为跨国公司和机构投资者提供定制化服务。例如,卢森堡通过完善的基金管理法规和服务体系,成为全球第二大基金分销中心,仅次于美国。四是跨境贸易融资和金融中介功能强化。新兴离岸金融中心正通过优化贸易融资服务,成为区域和全球贸易的重要金融中介。例如,新加坡通过其自由港政策和金融科技创新,成为亚太地区跨境贸易融资的关键节点;迪拜在“一带一路”倡议背景下,为中国和中东、非洲之间的贸易往来提供金融支持。五是金融科技与可持续金融的融合。离岸金融中心开始将绿色金融与金融科技结合,吸引国际资本流向环保和可持续发展领域。新加坡推出“绿色金融行动计划”,吸引绿色债券和可持续投资基金的设立。百慕大通过支持区块链技术的绿色金融项目,推动可持续经济发展。

离岸金融中心多样化对全球金融资源配置产生了深远影响。一是提高资本流动的效率。离岸金融中心通过提供专业化服务(如基金管理、跨境融资),提升了资本流动的效率,降低了交易成本。企业和投资者可以更便捷地将资本从一个地区配置到另一个地区,推动了全球资本市场的一体化。二是加速新兴市场资本流入。新兴离岸金融中心(如新加坡、迪拜)通过政策支持和服务创新,吸引了大量资本流向新兴市场。新兴市场国家的金融体系得到进一步拓展,区域金融中心的地位得到巩固。三是推动数字金融与数字资产的发展。离岸金融中心在数字货币、区块链和去中心化金融等领域成为重要试验场,推动了全球数字金融的快速发展。数字资产和数字支付的普及进一步弱化了传统金融中心的地理优势,推动全球金融资源配置更加高效和去中心化。四是促进全球财富管理行业升级。离岸金融中心通过提供高端财富管理服务(如家族办公室、信托基金),推动全球财富管理行业向更高附加值方向发展。全球高净值人群的资本配置更趋多样化,推动了财富管理行业的创新和升级。五是支持绿色金融与可持续发展。离岸金融中心的绿色金融创新吸引了资本流向低碳经济和可持续发展领域。全球资本市场的资源配置更加注重环境保护和社会责任,推动全球经济向可持续方向转型。

(六)趋势六:金融生态系统的本地化与全球化协同

金融生态系统的本地化与全球化协同是全球城市在复杂经济环境中实现功能优化的重要趋势。这一趋势不仅推动了金融资源配置的效率提升,也为全球经济的可持续发展和区域经济的崛起提供了新的动力。未来,全球城市需要在技术创新、政策协调和资本网络建设中不断深化本地化与全球化的协同作用,以巩固其在国际金融体系中的关键地位。金融生态系统的本地化与全球化协同反映了全球化与地方化的双重驱动。这一趋势的形成,得益于全球经济联系的深化与地方经济需求的多样化。金融科技的快速发展使得全球金融资源配置的空间和时间限制逐渐被打破。本地化的金融服务可以通过全球化的技术网络更高效地实现。地缘政治紧张(如中美经济竞争)迫使一些城市在金融生态中加强本地化能力,以减少对外部资本和技术的依赖。同时,全球合作框架(如"一带一路"倡议、RCEP 等)的推进,为本地与全球协同提供了更多合作机会。

全球城市的金融生态系统正在通过本地化与全球化的协同,实现对不同层次需求的响应。一是区域金融中心崛起。区域性金融中心(如新加坡、迪拜、上海、法兰克福)逐渐成为全球金融体系的重要节点,它们不仅服务于本地经济,还通过与核心城市(如纽约、伦敦)协作,推动全球资本流动。例如,新加坡作为东南亚的金融枢纽,通过为区域内企业提供贸易融资、离岸金融和财富管理服务,连接本地与全球资本。二是本地产业金融支持不断强化。全球城市中的金融机构越来越注重支持本地产业的发展,例如为中小企业提供融资、为本地科技创新企业提供风险投资等。三是本地化服务与全球化资本相结合。金融生态系统正在通过本地化的服务(如区域内支付、信用保障)与全球化资本(如国际投资、跨境融资)的结合,提升金融资源配置效率。例如,香港作为人民币离岸中心,既服务于中国本地企业的国际化需求,又为全球投资者提供进入中国市场的通道。四是金融监管与政策双向对接。金融监管的本地化(如区域性法规)与全球化(如巴塞尔协议)的协同正在加强,以适应全球城市复杂的金融生态。五是本地化金融科技与全球化应用场景相结合。全球城市正在利用本地化的金融科技创新(如支付系统、区块链应用)服务全球资本流动。

本地化与全球化协同正在深刻改变金融资源配置的方式,具体体现在以下几个方面:一是提升金融服务的精准性与效率。本地化的金融服务能够更好地满足区域内企业和居民的需求,而全球化的资本网络则为金融服务提供了更广泛的资源支持,使资本流动的效率提升,金融资源配置更加精准。例如,区域内的中小企业融资需求可以通过全球资本市场快速得到满足。二是促进全球资本的区域化配置。全球化资本通过区域金融中心流入本地市场,推动了区域经济的发展和产业升级。跨国公司可以通过区域金融中心(如新加坡、迪拜)优化其资本结构,更灵活地应对市场变化。三是降低金融交易成本与风险。本地化服务与全球化协同的结合,可以通过减少中间环节、优化资源配置,降低金融交易成本和系统性风险。跨境支付系统的整合(如 CIPS 与 SWIFT 的合作)显著提升了支付效率,并减少了汇率波动风险。四是推动金融创新与生态系统升级。金融科技与本地化服务的结合,推动了金融生态系统的升级。例如,去中心化金融正在全球城市中试验其本地化与全球化的协同潜力。全球城市不仅是金融创新的试验场,还通过技术扩散推动全球资本市场的透明化和高效化。五是加速本地企业的国际化进程。本地化金融服务为区域内企业的国际化提供支持，而全球资本的引入则为本地企业的扩张提供了动力。

（七）趋势七：人才与技术竞争推动金融中心地位再布局

人才与技术竞争正成为全球城市金融资源配置功能优化的重要驱动力。这一趋势不仅推动了金融中心地位的再布局，也为全球金融体系的创新和升级注入了新的活力。未来，全球城市需要在技术创新、人才吸引和政策支持方面持续发力，以在这场竞争中占据优势，同时为全球资本流动和经济发展提供更高效的服务。金融行业始终是高度依赖人才和技术的领域。随着全球经济数字化转型加速、金融科技迅猛发展，以及人才流动全球化，金融中心的竞争格局正在发生深刻变化。全球城市的金融中心地位越来越依赖于人才和技术的竞争力，这种趋势在以下几个方面表现得尤为明显：一是高端金融人才争夺战。传统金融人才，如投资银行家、资产管理专家和风险控制人员，仍然是全球金融中心竞争的核心资源。科技与金融融合人才，例如数据科学家、区块链开发人员和人工智能工程师，成为新型金融中心吸引的重点。二是技术创新生态的构建。全球城市正通过建立金融科技生态系统和创新平台，抢占技术竞争的制高点。三是数字金融基础设施的升级。金融中心正在加速数字化基础设施建设，以增强对全球资本和技术的吸引力。例如，纽约的金融机构正在大规模投资云计算和量子计算，以提升交易速度和数据分析能力。四是人才政策的竞争力。各大金融中心通过优化移民政策和签证便利化措施，吸引全球高端金融和科技人才。例如，迪拜推出"黄金签证"计划，为高技能人才提供长期居留权，吸引了全球顶尖金融科技从业者；新加坡通过"全球人才计划"（Global Investor Program）吸引金融科技企业家和高净值个人。五是教育与培训资源的投入。全球城市正加大对金融科技教育和培训的投入，为本地和国际人才提供学习与发展的平台。例如，伦敦通过与顶尖学术机构（如伦敦商学院）合作，开设金融科技相关课程；香港推出"金融科技人才发展计划"，与本地大学合作培养区块链和人工智能领域的金融人才。

人才与技术竞争对全球金融资源配置的影响主要有：一是推动资本流向技术驱动型金融中心。技术与人才的竞争力直接影响金融中心的吸引力，资本开始向技术驱动型金融中心（如新加坡、上海）倾斜。传统金融中心需要加速技术创新和人才吸引，否则可能面临资源配置功能的弱化。二是提升金融服务的创新能力。高端人才和先进技术的引入，推动全球城市的金融服务向智能化、个性化和多样化发展。智能投顾和自动化交易系统的普及显著提升了金融资源配置的效率。三是加剧金融中心之间的分化。在人才和技术竞争中占据优势的全球城市将进一步巩固其地位，而落后的城市可能逐渐被边缘化。四是促进区域金融生态的升级。人才和技术竞争不仅增强了全球城市的金融资源配置能力，也推动了区域金融生态的升级。

第二节　全球金融资源配置核心城市经验借鉴

一、扩大金融市场对外开放——上海和香港

（一）上海自贸试验区的经验

上海自贸试验区是中国金融改革与开放的重要试验田，其实践经验，尤其是在人民币国际化、资本项目开放和跨境资金流动等方面的创新措施，为成都提供了参考。

一是由贸易账户（FT 账户）机制。FT 账户是上海自贸试验区金融开放的核心创新之一，在 FT 账户框架下能够实现人民币资本项目可兑换、跨境资金自由流动和利率市场化。区内企业可以通过 FT 账户开展跨境融资、结算和投资活动，极大地提升了资本流动的便利性。FT 账户的设立使得上海成为人民币国际化的重要平台之一。截至 2022 年底，上海自贸试验区通过 FT 账户累计实现跨境资金流动超过 15 万亿元人民币，显著提升了国际资本的参与度。成都可借鉴 FT 账户的做法，在自贸试验区内设立类似机制，推动资金的跨境流动自由化，鼓励企业通过此

类账户进行跨境结算、融资及投资,吸引外资和国际资本进入成都市场。

二是人民币跨境支付系统节点建设。上海依托自贸试验区,成为人民币跨境支付系统(CIPS)的重要节点。CIPS 作为中国主导的国际支付清算系统,与 SWIFT 网络兼容,为全球人民币结算提供高效、安全的通道。上海通过这一机制,强化了在全球人民币支付网络中的枢纽地位。CIPS 的建设推动人民币在国际支付中的使用比例逐年上升。截至 2022 年底,人民币已经占全球跨境支付总额的 2.5%,位列全球第五。成都应加快成为 CIPS 在中国西部的核心节点,利用"一带一路"建设的区域优势,推动人民币在沿线国家的跨境结算和支付应用,强化成都在全球人民币使用网络中的地位。

(二)香港"债券通"的经验

香港是中国金融市场开放的重要窗口,其"债券通"机制也为成都在债券市场开放方面提供了可借鉴的成功经验。2017 年推出的"债券通"分为"北向通"和"南向通",允许境外投资者通过香港进入内地债券市场,同时也允许内地投资者通过香港投资境外债券市场。截至 2022 年底,境外投资者通过"债券通"持有的内地债券余额已突破 4 万亿元人民币,成为人民币国际化和金融市场开放的重要推动力量。成都可借鉴香港经验,推动本地企业通过"债券通"融资,鼓励本地企业通过"债券通"机制发行人民币计价债券,吸引境外机构投资者参与,为成都企业提供多元化的融资渠道;发展绿色债券市场,借助国际资本的绿色金融需求,推动成都成为西部绿色债券发行的核心市场,吸引国际资金支持绿色基础设施建设。

二、 加强外资金融机构引入——新加坡

新加坡作为全球重要的国际金融中心,其吸引外资金融机构集聚效应的成功经验为成都提供了重要的参考。一是税收优惠。新加坡通过制定优惠的税收政策(如低企业所得税率和针对金融机构的专项税收减免)吸引了大量外资金融机构。例如,银行和资产管理公司可以享受低至 10% 甚至更低的企业所得税率,远低于许多国家的税率。截至 2022 年,新加坡已吸引超过 200 家银行(其中绝大多数为外资

银行），以及 1 200 多家资产管理公司，成为亚洲乃至全球金融机构的集聚地。二是市场准入便利化。新加坡针对外资金融机构的市场准入设立了透明、高效且低门槛的审批流程。例如，外资银行在新加坡设立分支机构或区域总部时，审批流程周期较短，且限制较少。摩根士丹利、高盛、瑞银等世界顶尖金融机构纷纷在新加坡设立亚太区域总部，使新加坡成为全球资本流动的重要枢纽。三是高效的金融监管。新加坡金融管理局通过严格但高效的监管体系，既维护了金融市场的稳定性，又为外资金融机构提供了灵活的运营环境。例如，新加坡金融管理局注重简化合规流程，并为创新型金融业务提供沙盒机制，鼓励金融科技企业和外资机构开展新业务。新加坡的监管体系受到全球金融机构的高度认可，进一步增强了其在全球资本流动中的吸引力和竞争力。

新加坡的经验表明，税收优惠、市场准入便利和高效监管是吸引外资金融机构的关键。成都可以结合自身区位优势和政策支持，复制并本地化新加坡的成功做法，推动外资金融机构的集聚。

三、 推动数字货币国际化——香港和新加坡

（一）香港与内地合作的数字人民币跨境支付试点

香港与内地合作推出数字人民币跨境支付试点，允许用户在香港和内地之间使用数字人民币进行支付与结算。通过与香港金融管理局（HKMA）和香港本地银行的合作，数字人民币在跨境零售支付、旅游消费和商业结算中得到了试点应用。该举措提升了跨境交易的效率和便利性，降低了汇兑和结算成本。增强了人民币在香港地区的使用范围，为人民币国际化提供了新的渠道和应用场景。试点的成功为进一步推动数字人民币应用于更大范围的跨境支付场景提供了实践经验。

成都可以借鉴香港的试点经验，推动数字人民币在"一带一路"沿线国家的跨境贸易和支付场景中的应用。例如，通过与东南亚、中亚国家的金融机构合作，为跨境电商、物流和国际贸易提供基于数字人民币的支付解决方案。

（二）新加坡"项目乌敏"在区块链支付中的探索

新加坡金融管理局推出的"项目乌敏"（Project Ubin），旨在探索区块链技术在跨境支付系统中的应用。该项目通过建立基于区块链的多币种支付网络，实现了跨境支付的效率提升和成本降低。该试点增强了支付系统的安全性和透明性，减少了传统支付系统中涉及的中介环节，提高了支付结算的速度，跨境支付从传统的数日缩短至数秒。该项目吸引了多个国家的金融机构参与，为新加坡打造全球支付网络的技术领先地位奠定了基础。

成都可以借鉴"项目乌敏"的技术路径，探索区块链在数字人民币跨境支付中的应用。通过构建基于区块链的多边支付网络，成都不仅可以提升支付效率，还能够在全球数字金融技术竞争中占据一席之地。

四、 发展资产与财富管理——苏黎世和香港

（一）苏黎世：全球领先的私人银行与财富管理体系

一是私人银行服务。瑞士苏黎世以其保密性、稳定的法律制度和成熟的金融体系吸引了全球高净值客户。以瑞士银行（UBS）和瑞士信贷（Credit Suisse）为代表，瑞士的私人银行业通过定制化服务和精细化资产规划，为客户提供高度个性化的财富管理解决方案。二是财富管理专业化。苏黎世的财富管理机构不仅提供传统的资产配置，还深度参与客户的税务规划、跨境投资、风险管理及家族财富传承等服务，成为客户综合财富管理的核心伙伴。瑞士管理的全球跨境财富规模居全球第一，截至 2022 年，瑞士银行业管理的非居民财富总额超过 2.5 万亿美元。苏黎世凭借高度个性化的服务和全球领先的信任度，稳居国际财富管理中心的地位。

成都可借鉴瑞士的"信任＋专业"模式，发展私人银行服务，面向中国高净值客户和企业家提供资产配置、家族信托及财富传承服务；建立专属财富管理体系，提供创新性产品和个性化方案，提升服务附加值。

（二）香港：亚洲财富管理的核心枢纽

一是吸引全球资产管理公司。香港通过开放的市场政策、优惠的税收政策和

健全的监管体系,吸引了大量国际资产管理公司入驻。截至2023年,香港管理的资产规模超过30万亿港元,其中超过60％来自海外投资者。二是多元化的财富管理产品。香港财富管理市场以多元化的产品为特色,包括股票、债券、基金、保险及另类投资(如私募股权和房地产投资信托)。三是服务全球高净值客户。香港凭借其国际化的金融服务体系,成为中国内地及亚洲高净值客户财富管理的首选地。香港已成为亚洲财富管理的核心枢纽,吸引了大量国际资本流入,也为其金融服务业提供了强大支撑。通过"债券通""基金互认"等机制,香港实现了内地与国际资本市场的高效联通。

成都可效仿香港打造国际化的财富管理平台,吸引国际资产管理公司入驻,为内地与国际资本市场的对接提供重要支点。成都可以从多元化产品设计入手,丰富财富管理服务体系,涵盖绿色金融、ESG投资、家族办公室等新兴领域,满足全球客户的多样化需求。

五、 强化专业金融服务业——纽约

纽约是全球金融中心的典范,其法律、会计和评级服务体系为全球金融机构和企业提供了强大的支撑。纽约聚集了众多国际知名律师事务所,如克雷瓦斯·斯韦恩·摩尔律师事务所(Cravath, Swaine & Moore)和柯克兰·艾里斯律师事务所(Kirkland & Ellis),这些律所为跨国企业和金融机构提供高水平的法律支持,包括并购、国际仲裁、金融合规等领域。纽约州法院和仲裁机构在全球范围内享有高度公信力,吸引了大量国际商业纠纷选择纽约作为仲裁地。高水平的法律服务为纽约的资本市场提供了强有力的法治保障,极大提升了金融机构和投资者的信心。法律服务的专业化与国际化进一步巩固了纽约作为全球金融中心的地位。

四大会计师事务所(普华永道、德勤、安永、毕马威)均将其核心业务布局在纽约,为金融机构和企业提供审计、税务规划、财务咨询等服务。会计服务的高效性和规范性为企业的跨境并购、资本运作和财务管理提供了重要支持。高水准的会计服务为纽约金融市场的透明性和规范性奠定了基础,吸引了全球资本和企业集聚。

三大国际评级机构(标普、穆迪、惠誉)均将总部设在纽约,这些机构为全球企业、政府和金融产品提供信用评级服务。评级机构的独立性和权威性为金融市场的风险评估和资本流动提供了重要参考。权威评级体系增强了纽约金融市场的透明性和可信度,使其成为全球资本流动的核心枢纽。

纽约的成功经验表明,法律、会计和评级服务等专业金融服务业是金融中心建设的重要基础。成都应通过吸引国际知名专业服务机构入驻,提升服务效率和优化政策环境,强化专业金融服务业,为金融机构和跨国企业提供高水准的支持。

六、 加强跨境金融合作——新加坡

新加坡长期以来凭借其良好的政策环境、金融基础设施和国际化优势,成为东南亚区域内资本流动和资源配置的核心枢纽。

一是建立区域性跨境金融合作机制。新加坡通过与东盟国家(如印度尼西亚、泰国、马来西亚等)建立双边或多边金融合作机制,推动资本市场互联互通。例如,与印度尼西亚合作设立区域投融资平台,帮助印度尼西亚企业在新加坡进行融资和债券发行。推动新加坡交易所(SGX)与其他东盟国家交易所对接,建立跨境资本市场合作机制,便利区域内资本流动。新加坡还通过东盟金融一体化框架推动区域统一金融标准的建立,增强了区域内投融资效率。新加坡已成为东南亚区域内资本流动的枢纽,吸引了大量区域企业在新加坡上市、发行债券和进行跨境融资。区域金融合作机制的完善进一步巩固了新加坡的金融中心地位,增强了其对东盟国家的经济辐射力。

二是构建高效的投融资平台。新加坡依托其国际化资本市场,建立了服务区域的投融资平台,吸引东盟国家企业通过新加坡交易所进行 IPO,推动区域内资本市场繁荣。同时,开发区域性债券市场(如"熊猫债券"与"点心债券"),为区域内国家的基础设施建设和企业融资提供支持。新加坡还通过与国际金融机构合作,吸引全球资本参与东盟区域投资。新加坡已成为区域内企业的首选融资地,其债券市场和 IPO 市场在东盟国家中占据核心地位。高效的投融资平台吸引了大量国际资本流入，显著提升了新加坡在区域内的资源配置能力。

新加坡的成功经验表明，区域性金融合作和投融资平台的建设是提升城市金融中心地位的重要抓手。成都可以借鉴新加坡的模式，建立服务"一带一路"沿线国家和地区的投融资服务平台，并通过创新跨境金融合作机制，增强其在区域内的资本流动和资源配置能力。

七、构建多层次资本市场——深圳

深圳是中国资本市场改革试验的先锋，其多层次资本市场体系的构建为全国树立了标杆。

一是构建多层次资本市场体系。深圳证券交易所通过设立主板、中小板和创业板，形成了覆盖不同类型企业的多层次资本市场体系：主板服务于成熟的大型企业，满足其扩大融资规模的需求；中小板定位于中型企业，特别是成长型企业，推动其通过资本市场快速发展；创业板专注服务高成长性、高科技创新企业，降低其上市门槛，助力初创型企业发展。深交所还推出了北交所新三板（针对挂牌企业）和区域股权市场（针对非上市企业），进一步完善了资本市场的层次结构。深圳形成了全国领先的创新资本生态。截至 2023 年，深交所累计服务超过 2 800 家上市公司，其中大部分是高科技企业。创业板的设立尤其促进了深圳高科技企业上市融资，推动了深圳成为中国创新经济的核心区域。

二是借力资本市场推动高科技产业发展。深圳通过资本市场融资，显著推动了高科技产业的崛起：以华为、中兴、腾讯、大疆等为代表的企业，借助资本市场的资源配置优势，快速成长为全球知名的科技创新企业。创业板为初创型企业提供便捷上市通道，助力众多科技型中小企业实现从初创到规模化成长。深圳已成为国家级高新技术产业聚集地，2023 年高新技术企业数量突破 2 万家，占全国创新型企业总量的 20％以上。深圳通过资本市场的发展，形成了金融与科技深度融合的创新生态，为区域经济注入了强劲活力。

三是发展特色金融产品。深圳不断创新特色金融产品,进一步提升资本市场的深度和广度。绿色金融方面,深圳推出绿色债券、绿色基金等,支持节能环保、清洁能源等领域的融资需求。科技金融方面,深圳创新金融产品,如知识产权证券化、数据资产证券化等,为科技型企业提供多样化融资渠道。区域特色产品方面,深圳结合粤港澳大湾区发展需求,探索跨境金融合作机制和金融产品创新。深圳的绿色金融市场规模居全国前列,成功发行了多笔绿色债券和可持续发展债券。金融产品的创新为高科技企业和新兴产业提供了更多样化的融资工具,进一步巩固了深圳的资本市场优势。

八、 吸引全球金融人才——伦敦

伦敦通过高薪酬、完善的社会福利体系和宜居的城市环境,吸引并留住了来自世界各地的金融人才,为其金融业的繁荣提供了强大的智力支持。成都作为中国西部金融中心的核心城市,应以伦敦为标杆,聚焦国际化金融人才的引进与培养,进一步提升金融业的竞争力和国际化水平。伦敦吸引全球金融人才的成功经验可以归纳为以下三个方面。

一是提供高薪酬和多样化的职业发展机会。伦敦金融业的高薪水平是全球顶尖金融人才的重要吸引力。根据 2023 年数据,伦敦金融业平均薪酬位居世界前列,大型投行、资产管理公司和金融科技企业提供的薪资极具竞争力。除薪资外,伦敦还提供丰富的职业发展路径,包括国际投行(如高盛、摩根大通)、评级机构(如标普、穆迪)、律师与会计师事务所(如普华永道)等多样化的职业选择。金融科技作为新兴领域,也为年轻金融人才提供了创新创业机会。高薪资和多元化的发展前景吸引了大批金融专业人士和高潜力青年人才,包括全球顶尖高校的毕业生及业内资深人士。伦敦金融城成为全球金融精英的职业高地。

二是完善的社会福利和宜居环境。伦敦为外籍和本地金融人才提供完善的医疗、教育和住房保障。例如,英国的免费医疗服务及国际学校的丰富选择,降低了外籍人才的生活成本和压力。伦敦作为全球文化中心,拥有世界级的博物馆、剧院、音乐厅、餐厅等文化资源。公园、绿地等自然资源丰富，城市生活便利且舒适。宜居的环境和高质量的社会服务使伦敦能够吸引的不仅仅是金融人士，还有其家庭成员，增强了高端人才的长期留居意愿。外籍金融人士对伦敦的生活满意度较高，这成为伦敦金融业持续吸引全球人才的重要软实力。

三是高效的国际人才引进政策。英国政府推出针对高端人才的"全球人才签证"（Global Talent Visa），简化签证审批流程，并允许外籍金融人才携带家属居住和工作。此外，英国还为留学生提供工作签证政策支持，吸引国际学生毕业后在伦敦就业。伦敦的金融机构积极参与国际人才引进，提供实习、培训计划及长期职业机会，与签证政策形成协同效应。高效的签证政策降低了外籍金融人才的进入门槛，使得伦敦成为全球金融精英的首选工作地之一。各类国际金融人才的集聚推动了伦敦金融业的创新和多元化发展。

第三节　成都强化全球金融资源配置功能的战略方向

在迈向国际化金融中心的过程中，成都须立足独特的区位优势和经济基础，从服务支撑国家区域重大战略格局出发，借鉴国内外顶尖金融中心的成功经验，积极主动深化金融开放合作、全面融入全球金融网络，以实现金融资源配置能力的全面提升。成都强化全球金融资源配置功能，需在开放改革、服务创新、技术引领和人才聚集等方面协同推进。

一、深化金融改革与开放，打造国际化金融枢纽

成都应以自贸试验区为依托，深化金融改革，扩大对外开放，加速国际化进程。通过建设人民币西部离岸市场，成都可以成为人民币国际化的重要枢纽，为全球投资者和企业提供高效的离岸金融服务，推动人民币在跨境贸易和投资中的广泛使用。与此同时，成都应积极开展跨境金融业务创新试点，例如试点人民币自由兑换、资本项目外汇收入支付便利化、跨境双向资金池等业务，全面提升金融市场的

开放水平。在此基础上,成都还需加大对外资金融机构的引入力度,吸引"一带一路"沿线国家的银行、证券公司、保险公司等机构入驻,并通过提供税收优惠、租金补贴和政策便利,打造西部地区外资金融机构集聚高地。

通过这些举措,成都将在提升国际资本参与度、增强区域竞争力和推动人民币国际化等方面实现全面突破。人民币离岸市场和跨境金融业务的创新发展将吸引更多国际资本流入成都,使成都成为全球资本流动的重要节点,并为"一带一路"建设提供强有力的金融支持。

二、 提升高端金融服务能力,发展新兴金融业态

高端金融服务是国际化金融枢纽的重要标志,成都须加速从传统金融模式向高端化、多元化服务的转型。在资产管理与财富管理领域,成都可以借鉴苏黎世和香港的成功经验,设立国际财富管理中心,吸引国内外顶尖资产管理公司、私人银行和家族办公室入驻,为高净值客户和企业提供一站式高端服务。通过政策支持和市场开放,打造高效的财富管理生态,提供包括家族信托、跨境投资、税务规划和财富传承在内的综合服务。同时,针对全球高净值客户制定优惠政策,吸引东南亚及"一带一路"沿线国家的高净值客户,为其提供多语种、多文化的服务,以此提升成都金融资源配置的国际化水平。

此外,成都要引导鼓励金融产品、服务、组织、监管创新,有序引导金融新兴业态布局,大力发展绿色金融和社会责任投资(SRI),通过政策激励吸引关注可持续发展的国际资本,开发绿色债券、绿色基金等创新型金融产品,为成都的绿色基础设施建设和环保项目提供资金支持。绿色金融与财富管理的双重发展,不仅可以提升成都的国际影响力,还将为城市经济注入更多可持续发展的动能。

三、 拓展金融辐射范围,强化区域资源配置能力

成都作为"一带一路"的重要节点城市,应发挥区位优势和经济潜力,强化在区域资本和资源配置中的枢纽作用。成都可以通过设立"一带一路"投融资服务中

心,为沿线国家的企业提供资本市场服务,吸引其在成都融资、上市和发行债券。例如,推动"一带一路"沿线国家政府和企业在成都发行债券,用于基建、能源、物流等领域的项目融资;同时,通过制定优惠政策,鼓励沿线国家优质企业选择成都作为上市地或融资平台。

在跨境金融合作方面,成都应推动与沿线国家银行、证券公司和资产管理机构的合作,开发跨境支付结算服务、贸易融资产品和双边投资基金,并探索资本市场的互联互通,使成都成为连接中国西部与"一带一路"沿线国家的金融枢纽。此外,还可通过建设"一带一路"跨境金融试验区,试点跨境人民币结算、区域金融标准对接和金融开放政策,打造"一带一路"金融合作的创新平台。这些举措将显著提升成都的区域辐射能力,为"一带一路"倡议的实施提供强有力的金融支持。

四、 推动数字金融创新,抢占未来金融竞争制高点

数字金融是未来全球金融竞争的核心领域,成都需把握金融科技带来金融行业变革的新机遇,抓住数字人民币推广和区块链技术发展的契机,推动数字金融创新,构建全球领先的数字金融生态系统。通过推动数字人民币在跨境支付、贸易结算和消费支付中的应用,成都可以简化跨境交易流程,降低汇兑成本,为企业和个人提供高效、便捷的支付工具。同时,建设基于区块链技术的跨境支付网络,提升支付过程的透明性和安全性,引入智能合约技术,实现自动化结算,进一步降低支付成本。

此外,成都还应推动数字金融科技平台的建设,与高校、科研机构和金融科技企业合作,开展区块链技术和数字人民币支付系统的联合研发,吸引国际支付机构和技术公司参与成都的数字金融生态建设。这些举措将使成都在全球数字金融竞争中占据先发优势,成为中国数字金融技术创新的重要试验田。

五、 强化金融人才吸引力,打造国际化人才高地

金融人才是国际化金融枢纽发展的核心支撑,成都须从培养本地人才和吸引

国际人才两方面发力,打造全球领先的金融人才高地。在人才培养方面,成都可与全球知名高校和金融研究机构合作,设立国际化金融课程和研究平台,培养具备全球视野的复合型金融人才。同时,通过政府专项基金支持金融学术研究,激励本地金融人才在金融科技、绿色金融等前沿领域开展创新研究。

在人才引进方面,成都应实施国际高端人才签证政策,简化外籍金融人才的签证和居留手续,并为其提供安家补贴、子女教育补贴等福利,降低其落户成都的门槛。此外,还需优化城市环境,提升医疗、教育、文化等配套服务水平,为国际人才及其家庭提供良好的生活环境。这些举措将使成都成为国际金融人才的聚集地,为城市的金融资源配置功能提供强有力的支撑。

六、 完善基础设施与金融生态,构建全球化服务体系

国际化金融枢纽的建设需要高效的基础设施和完善的服务生态支撑。成都需加速现代化金融基础设施的建设,例如建立区域性清算中心和数据中心,以提升金融交易的速度与效率。同时,应大力发展专业金融服务业,通过吸引国际知名会计、法律和评级机构入驻,完善专业服务体系,为跨国企业和金融机构提供全方位支持服务。此外,成都还需推动金融科技与传统金融的深度融合,通过构建高效的金融科技生态系统,支持金融创新和业务拓展。

通过构建开放包容的国际化金融生态体系,成都将进一步融入全球金融网络,成为中国西部乃至"一带一路"沿线国家的重要金融枢纽。

第四节　成都强化全球金融资源配置功能的战略举措

在迈向国际化金融枢纽的过程中,成都须借鉴国内外顶尖金融中心的成功经验,结合自身实际,通过深化改革、扩大开放、提升服务能力、优化区域辐射、强化人才吸引力和完善基础设施等多维度战略举措,全面补齐短板。

一、 深化金融改革与开放，加速国际化步伐

（一）扩大金融市场开放

就金融市场开放而言，成都可以从以下两大方面发力：一是建设人民币西部离岸市场。依托四川自贸试验区，构建人民币离岸金融业务中心，推动人民币在跨境贸易、投资结算中的使用，提升人民币的国际化水平。可以采取以下具体措施：措施一，吸引外资企业。通过政策优惠和制度创新，吸引更多外资企业在成都设立区域总部或分支机构，开展离岸人民币业务。措施二，服务"一带一路"沿线国家。鼓励"一带一路"沿线国家企业在成都设立金融机构，通过成都进行人民币结算和融资，扩大人民币在跨境贸易中的使用范围。措施三，发展离岸金融产品。探索设立人民币计价的离岸债券、期货等金融产品，丰富西部金融市场的国际化产品体系。二是开展跨境金融业务创新试点。在自贸试验区内推行人民币自由兑换、资本项目外汇收入支付便利化和跨境双向资金池等业务试点，提升成都金融市场的开放水平。可以采取以下具体措施：措施一，人民币自由兑换试点。允许自贸试验区内的企业按规定兑换人民币和外币资金，用于合法的跨境投资、贸易和融资。措施二，资本项目外汇收入便利化。简化企业资本项目外汇收入使用的审批流程，允许企业将跨境外汇收入直接用于投资和支付，提升企业资金使用效率。措施三，跨境双向资金池业务。在成都试点跨国企业集团的双向资金池业务，允许企业自由调配境内外资金，降低跨境资金管理成本。

通过扩大金融市场开放，成都有望在以下几个方面实现突破：一是提升国际资本参与度。通过建立离岸市场、开展金融创新试点和发展债券市场，成都将吸引更多国际资本流入，提升资本市场的活力与深度。二是增强区域竞争力。人民币在跨境支付和结算中的使用，将强化成都在中国西部地区的金融中心地位，并提升其在"一带一路"建设中的核心作用。三是推动产业升级。金融市场开放将吸引更多优质外资企业和国际金融机构入驻成都，带动本地服务业升级，提升城市整体竞争力。四是支持人民币国际化。成都作为人民币国际化的西部枢纽，将在推动人民

币成为全球支付和储备货币的过程中扮演更重要的角色。借鉴上海自贸试验区在金融市场开放中的成功实践,结合香港"债券通"的经验,成都在建设人民币西部离岸市场和推动跨境金融业务创新方面具有巨大潜力。通过这一路径,成都不仅能吸引更多国际资本和金融机构入驻,还能在人民币国际化、资本市场开放和跨境资金流动方面实现突破,确立其作为国际化金融枢纽的重要地位。

（二）加强外资金融机构引入

就推动外资金融机构引入而言,成都可以从三个方面发力:第一,吸引"一带一路"沿线国家的金融机构入驻。"一带一路"倡议为成都提供了独特的区位优势和政策支持,使其在吸引沿线国家的金融机构方面具有巨大潜力。首先,成都应通过制定专项政策吸引"一带一路"沿线国家的银行、证券公司、保险公司等金融机构在成都设立分支机构或区域总部,促进国际资本与西部市场的对接。例如,提供租金补贴、税收优惠和行政便利。其次,推动跨境金融合作。鼓励成都本地金融机构与"一带一路"沿线国家金融机构建立合作关系,共同开发跨境金融产品（如贸易融资、跨境结算等）,推动金融服务网络覆盖沿线国家。再次,提供特色金融服务。例如,设立"一带一路"金融服务中心。为沿线国家的企业和金融机构提供一站式金融服务,包括跨境结算、融资、保险和风险管理等。最后,发展离岸人民币业务。吸引"一带一路"沿线国家使用人民币进行跨境贸易和投融资,提升成都在人民币国际化进程中的地位。香港作为"一带一路"金融枢纽,通过提供人民币清算服务和吸引"一带一路"沿线国家的企业在港融资,形成了与沿线国家的紧密金融联系。成都可以借鉴香港经验,利用西部陆海新通道的区位优势,打造"一带一路"金融服务核心节点。

第二,推动外资金融机构在成都布局。成都应从政策支持、市场开放和金融生态优化等方面入手,着力吸引全球顶尖外资金融机构（如银行、证券公司、保险公司）。可借鉴新加坡的经验,为外资金融机构提供专项税收优惠政策,例如降低企业所得税税率,减免新设机构的初期运营成本。简化外资金融机构设立审批流程,缩短审批周期;在自贸试验区内试点放宽外资持股比例限制,鼓励外资金融机构与本地企业合作设立合资公司。作为中国西部资本聚集地,成都拥有巨大的高净值人群和企业资金需求,吸引全球资产管理公司进入成都市场有着广阔的前景。重点突破方向:一是吸引全球顶尖资产管理公司(如贝莱德、先锋领航等)设立分支机构;二是通过发展绿色金融、ESG(环境、社会和公司治理)投资等领域,吸引有社会责任投资需求的国际资本。

第三,优化成都外资金融生态环境。一是提升配套服务。完善法律、会计、评级等专业金融服务体系,为外资金融机构提供高效的支持服务。二是推动金融科技创新。为外资金融机构提供金融科技合作机会,吸引其在成都设立金融科技创新中心。伦敦吸引了超过500家国际银行及400家外资保险公司,形成了多元化金融机构体系,成为全球最大的跨境金融服务中心。成都可以借鉴伦敦金融城的经验,以政策支持和市场开放为抓手,为外资金融机构提供稳定且开放的市场环境,打造中国西部地区的金融机构集聚高地。

（三）推动数字人民币国际化

数字人民币的推广是人民币国际化的重要抓手,也是中国金融科技创新的核心领域。成都作为中国西部的重要金融中心,应充分借鉴中国香港和新加坡在数字支付领域的成功经验,结合自身优势,推动数字人民币在跨境支付、贸易和结算中的广泛应用,打造数字人民币国际化的核心枢纽。成都在推动数字人民币国际化方面可以重点从以下两个方向展开。

第一,主动对接"一带一路"沿线国家的金融需求。在"一带一路"倡议下,中国与沿线国家的贸易和投资往来日益密切,对高效、低成本的跨境支付系统需求旺盛。一是拓展应用场景。推动数字人民币在跨境贸易、电商平台、物流结算和供应链融资中的应用。例如,鼓励成都的跨境电商企业使用数字人民币完成与"一带一路"沿线国家的交易结算。二是建立合作机制。与"一带一路"沿线国家的央行、商业银行和支付机构合作,构建数字人民币跨境支付网络,降低传统支付手段的成本和时间。三是重点试点领域。在自贸试验区内率先试点数字人民币跨境支付业务,包括贸易结算、国际汇款和消费支付等领域。四是提升成都在国际支付体系中的影响力。可推动数字人民币区域结算中心建设,负责"一带一路"沿线国家与中国西部地区的数字人民币支付和清算;探索建立基于数字人民币的跨境支付交易所,提供多币种兑换与支付服务,增强成都在国际支付网络中的地位,提升人民币在"一带一路"沿线国家的支付比重,推动人民币国际化。

第二,推动区块链技术在支付系统中的应用。一是构建区块链支付网络。与国内外金融机构合作,基于区块链技术开发数字人民币跨境支付网络,实现支付过程的可追溯性、透明性和高效性。试点智能合约支付,在区块链支付网络中引入智能合约技术,实现自动化结算,降低支付中的人工干预成本。此举可以提升支付效率,减少传统支付系统中的中介成本,提高支付系统的安全性,降低跨境交易中的欺诈风险。二是建设数字金融科技创新平台。与高校、科研机构和金融科技企业合作,开展区块链技术和数字人民币支付系统的联合研发。吸引国际支付机构和技术公司参与成都的数字人民币支付系统建设,打造开放、共赢的数字金融生态。此举将推动成都成为区块链金融技术的创新高地,增强其在全球数字金融技术竞争中的地位,为金融产业升级提供新的发展动能。

数字人民币可以简化跨境贸易中的支付流程,降低汇兑成本,为企业提供更便捷的支付工具。成都可以重点支持本地制造业、物流业和电商企业通过数字人民币与"一带一路"沿线国家开展贸易结算。成都作为西部重要的旅游城市,可推动数字人民币在跨境旅游支付中的应用,例如与境外商户合作,支持数字人民币支付,吸引更多国际游客。同时,借鉴香港的成功经验,成都可以与周边国家和地区建立数字人民币零售支付网络,推动数字人民币在消费领域的广泛使用。在跨境劳务与汇款领域,成都可以针对"一带一路"沿线国家的劳务输出需求,推广数字人民币在跨境汇款中的应用,为劳务人员提供低成本的汇款工具,促进国际资金流动。

数字人民币的跨境支付应用将显著提升人民币在国际支付体系中的使用比例,强化成都作为人民币国际化重要枢纽的地位。通过区块链技术的应用和支付系统的创新,成都将成为中国数字金融技术创新的重要试验田,吸引更多金融科技企业落地。数字人民币的推广将降低跨境交易成本,提升企业的运营效率,从而带动成都外向型经济的快速发展。通过参与全球数字货币支付网络和技术研发,成都将进一步提升其在全球金融体系中的话语权和国际影响力。

通过借鉴香港和新加坡在数字支付领域的成功经验,成都可以打造数字人民币跨境支付枢纽,发展基于区块链技术的高效、安全支付系统。这不仅将提升成都在国际支付体系中的地位,还将促进人民币国际化进程,为成都迈向国际化金融枢纽提供有力支撑。

二、 提升高端金融服务能力,拓展全球影响力

(一)推动资产管理与财富管理

资产管理与财富管理是现代金融体系的重要组成部分,直接服务于高净值客户、高端投资机构和企业的资本配置需求。成都作为中国西部的金融中心,具备发展资产管理和财富管理业务的地理优势和政策支撑。成都可借鉴苏黎世和香港成熟的财富管理体系经验,从以下两方面入手,推动资产管理与财富管理业务的高质量发展。

第一,设立国际财富管理中心。一是打造西部首个国际财富管理中心。通过政策支持和市场开放,吸引国内外顶尖资产管理公司、私人银行和家族办公室入驻成都,形成财富管理机构集聚效应。为全球高净值客户和企业提供一站式财富管理服务,将成都打造为中国西部的财富管理核心枢纽。推出税收优惠政策,为新设立的资产管理公司和私人银行提供企业所得税减免、补贴等激励措施。降低市场准入门槛,允许外资资产管理公司和私人银行参与成都财富管理市场。打造高端服务体系,提供包括资产配置、家族信托、跨境投资、税务规划和财富传承在内的综合性服务。推动成都的银行、证券公司与国际资产管理机构合作,联合开发高端财富管理产品。二是吸引高净值客户与国际资本。吸引希望进入中国市场的海外投资者及机构。设立家族办公室集聚区,为高净值客户提供家族信托、财富传承和慈善基金管理服务。吸引境外客户,尤其是东南亚及"一带一路"沿线国家的高净值

客户,制定针对国际客户的优惠政策,提供多语种、多文化的财富管理服务,增强成都作为西部金融中心的核心竞争力,带动财富管理相关服务业(如法律、会计、税务等)的快速发展。

第二,发展绿色金融和社会责任投资。一是聚焦绿色金融领域。成都在绿色金融领域具有先发优势,已设立多个绿色金融试点区,并在绿色债券和绿色信贷方面积累了丰富经验。全球高净值客户和机构投资者对 ESG 投资的需求持续增长。吸引绿色资本,通过政策激励吸引关注可持续发展的国际资本,支持成都地区的绿色基础设施建设和环保项目融资;创新绿色金融产品,开发绿色债券、绿色基金和可持续投资工具,为客户提供多样化的绿色投资选择;建立绿色金融服务中心,为绿色项目提供金融咨询、融资对接和风险管理服务,吸引更多绿色金融机构落地。二是推动社会责任投资(SRI)。社会责任投资已成为全球财富管理领域的重要趋势,兼顾经济回报与社会影响的投资理念受到越来越多高净值客户和机构投资者的青睐。推动 ESG 基金发展,鼓励本地金融机构与国际资产管理公司合作,推出符合全球 ESG 标准的投资基金;建立 ESG 评级体系,与国际评级机构合作,在成都建立权威的 ESG 评级平台,为投资者提供决策依据;加强投资者教育,通过举办论坛、培训和宣传活动,提升投资者对社会责任投资的认知度。

这些举措可以吸引国际社会责任资本流向成都,提高成都在全球资本市场的影响力。推动财富管理业务与可持续发展目标相结合,助力成都打造绿色金融与财富管理双重优势的城市品牌。通过设立国际财富管理中心和发展绿色金融,成都可以提升其在中国西部的金融中心地位,吸引更多国内外资本流入。财富管理业务将带动高端金融服务业发展,促进经济结构优化,实现经济增长的可持续性。通过吸引国际资产管理公司和高净值客户,成都将在全球财富管理市场中占据更大份额,提升国际竞争力。绿色金融和社会责任投资的推动,将为成都经济发展注入绿色动能,助力城市实现"双碳"目标。成都应借鉴苏黎世成熟的私人银行服务模式和香港领先的财富管理体系的经验,积极设立国际财富管理中心,吸引国内外顶尖资产管理机构和私人银行入驻。同时,成都应大力发展绿色金融和社会责任投资,拓展财富管理领域的业务创新,以此打造西部财富管理的核心枢纽,助力城市实现经济高质量发展与国际化目标。

(二) 强化专业金融服务业

专业金融服务业是国际化金融枢纽的关键支柱,为金融机构和跨国企业提供法律、会计、评级等高端服务,助力金融市场的健康发展和国际化程度的提升。成都作为"一带一路"建设的重要节点城市,有必要通过强化专业金融服务业,提升在国际金融体系中的地位和吸引力。成都强化专业金融服务业主要可以从以下两大路径实施。

第一,吸引国际专业服务机构入驻。一是引进国际知名专业服务机构。吸引国际知名律师事务所、会计师事务所和评级机构在成都设立分支机构,提升成都专业服务业的国际化水平。通过税收优惠,为新设立的国际专业机构提供企业所得税减免和初期运营补贴;提供市场准入便利,简化外资专业服务机构的审批流程,降低准入门槛,允许其在成都开展更广泛的业务;加强合作机制,鼓励本地专业机构与国际知名机构合作,开展联合业务,提升本地服务水平。二是建立国际化法律服务平台。建设面向"一带一路"沿线国家和地区的国际法律服务中心,为跨境贸易和投资提供法律支持。可联合国内外知名律所,设立专门服务"一带一路"项目的法律服务平台,提供跨境并购、国际仲裁和投融资法律支持。与四川大学、西南财经大学等高校合作,开设国际法律课程,培养熟悉国际法律规则的复合型人才。与东南亚、中亚等"一带一路"沿线国家的法律机构建立合作机制,拓展成都法律服务的国际影响力。

第二,建设高效的金融服务生态系统。一是优化税收政策和服务效率。为跨国企业和金融机构提供优质、高效的专业服务,增强成都作为国际化金融枢纽的吸引力。成都可为入驻的跨国企业和专业服务机构提供税收优惠,降低其运营成本;整合法律、会计、税务、评级等服务资源,为企业提供全流程支持;通过金融科技手段,提升专业服务的效率和智能化水平。二是打造区域性评级服务中心。建立服务"一带一路"沿线国家和企业的区域性评级服务中心,为跨境投融资提供信用支持。具体措施包括引入国际评级机构,吸引标普、穆迪、惠誉等评级机构在成都设立区域分支机构;支持成都本地评级机构提升专业能力,参与"一带一路"项目的信用评级;联合国际评级机构和本地机构,共同开发适用于"一带一路"国家的区域信用评级标准。

这些举措将增强成都金融服务业的专业化水平,推动其国际化发展。吸引国际知名专业服务机构入驻,将显著提升成都专业服务业的国际化程度和服务能力。通过完善的法律、会计和评级服务体系,成都将成为中国西部的金融服务高地,吸引更多资本和企业集聚。专业服务业的集聚将带动相关配套产业(如金融科技、咨询服务、教育培训等)的发展,为成都经济注入新动能。通过构建国际化的法律、评级和会计服务平台,成都可以更好地服务"一带一路"项目,提升在国际合作中的地位。通过重点吸引国际知名专业服务机构入驻,并建设高效的金融服务生态系统,不仅将强化成都在专业金融服务领域的竞争力,还将助力其成为西部地区金融中心的核心支柱,为区域经济高质量发展和"一带一路"倡议的实施提供坚实保障。

三、 拓展金融辐射范围,强化区域资源配置能力

(一)推动与"一带一路"沿线国家的金融合作

随着"一带一路"倡议的深入推进,中国与沿线国家的经贸往来持续扩大,跨境投融资和金融服务需求蓬勃增长。成都作为"一带一路"重要节点城市,应积极发挥区位优势,推动与沿线国家的金融合作,设立服务平台,创新跨境金融机制,为"一带一路"建设提供强有力的金融支持。

第一,设立"一带一路"投融资服务中心。成都可建立专门服务于"一带一路"沿线国家的投融资平台,建设"一带一路"投融资服务中心,为沿线国家的企业提供资本市场服务,吸引其在成都融资、上市和发行债券。一是设立区域性债券市场。借鉴新加坡的区域债券市场经验,推动成都的金融机构与沿线国家合作,设立"一带一路"债券发行平台。支持"一带一路"沿线国家政府和企业在成都发行债券,用于基建、能源、物流等领域的项目融资。二是吸引企业上市。制定优惠政策,鼓励

"一带一路"沿线国家的优质企业选择成都作为上市地或融资平台，尤其是在科技、制造、能源等领域。三是建立多元化投融资渠道。与国际金融机构合作，在成都设立"一带一路"专项投资基金，为沿线国家的重点项目提供投融资支持。推动成都金融机构参与"一带一路"沿线国家的基础设施和产业投资，促进双向资本流动。投融资服务中心的建设将吸引"一带一路"沿线国家的企业和资本进入成都，增强成都作为区域金融中心的地位。

第二，建设国际化的投融资配套服务体系。为"一带一路"沿线国家的企业提供全方位的投融资服务，包括法律、会计、税务咨询等。一是引进国际专业服务机构。吸引国际知名律师事务所、会计师事务所和评级机构在成都设立"一带一路"服务分支。二是提升本地服务能力。培养熟悉国际规则和"一带一路"沿线国家市场环境的专业服务人才。推动成都本地金融机构与国际服务机构合作，共同为投融资项目提供全流程支持。国际化配套服务体系的完善将大幅提升成都的投融资服务能力，增强其对沿线国家的吸引力。

第三，加强跨境金融合作机制。加强成都金融机构与"一带一路"沿线国家的银行、证券公司、资产管理机构的合作，推动跨境金融网络建设。一是建立双边合作机制。通过签署双边合作协议，推动成都的银行、证券公司与沿线国家的金融机构建立长期合作关系，合作开发跨境金融产品，如跨境支付结算服务、贸易融资产品和双边投资基金。二是推动资本市场互联互通。探索成都资本市场与沿线国家资本市场的对接，实现跨境股票、债券交易的互联互通。三是搭建跨境金融科技平台。借助区块链、人工智能等技术，构建高效的跨境支付和清算系统，提升跨境金融服务效率。构建跨境金融合作网络将显著提升成都的区域辐射能力，推动其成为连接中国与"一带一路"沿线国家的金融枢纽。

第四，打造"一带一路"跨境金融试验区。在成都建设"一带一路"跨境金融试验区，推动金融创新和政策试点，为沿线国家的跨境金融合作提供样板。一是试点跨境人民币结算。推动成都金融机构与沿线国家的银行合作，扩大人民币在跨境贸易和投融资中的使用范围。二是推动金融标准对接。与沿线国家共同探索区域性金融监管协调机制,推动金融标准的统一化和透明化。三是试点金融开放政策。在试验区内实施更加灵活的金融开放政策,吸引沿线国家的金融机构和资本进入成都市场。跨境金融试验区的设立将为成都探索金融创新和开放政策提供平台,提升其在"一带一路"金融合作中的影响力。

(二)推动构建多层次资本市场

多层次资本市场是区域经济发展的重要支撑,通过满足不同阶段企业的融资需求,为经济转型和产业升级提供资本助力。深圳作为中国资本市场改革与创新的先行者,依托其多层次资本市场体系,成功推动了高科技企业的上市融资和创新发展。成都应借鉴深圳的经验,构建覆盖不同企业发展阶段的多层次资本市场体系,同时发展具有地方特色的金融产品,提升资本市场对实体经济的服务能力。

第一,积极推动高科技企业上市。通过优化资本市场的服务与政策,吸引更多高科技企业通过成都区域资本市场上市融资。一是完善上市服务体系。建立成都市企业上市"一站式"服务平台,为拟上市企业提供政策咨询、上市辅导、财税规划和法律服务等"一条龙"支持。重点支持电子信息、人工智能、生物医药、新能源等优势产业的企业上市。二是进一步优化上市政策支持。推出针对高科技企业的专项上市奖励政策,为符合条件的企业提供上市费用补贴。降低企业上市门槛,鼓励中小型科技企业通过区域性股权市场挂牌融资。三是吸引金融中介机构。吸引国内外知名券商、会计师事务所、律师事务所等中介机构在成都设立分支机构,提升本地企业上市辅导能力。高科技企业上市将直接增加成都资本市场的活跃度,吸引更多投资者关注成都市场。通过资本市场融资,高科技企业将获得更多资源支持,助力区域产业升级。

第二,打造区域性资本市场中心。结合四川自贸试验区和天府新区建设,打造服务西部地区的资本市场中心。一是发展区域股权市场。在成都建立服务于西部地区的区域股权市场,为未上市企业提供股权融资、资本培育和上市孵化服务。二是提升资本市场基础设施。推动成都与上海证券交易所、深圳证券交易所、北京证券交易所等建立对接机制,畅通成都企业进入全国资本市场的通道。三是强化资本市场集聚效应。吸引更多金融机构、资产管理公司和私募股权基金落户成都,形成资本市场产业链集聚效应。区域性资本市场中心的建设将进一步提升成都在中国西部地区资本市场的地位,增强其对区域经济的服务能力。

第三,发展具有成都特色的金融产品。一是发展绿色债券、碳金融产品等绿色金融工具,打造具有成都特色的绿色资本市场。支持成都企业发行绿色债券,用于清洁能源、节能环保、绿色建筑等领域项目融资。建设区域性碳交易中心,探索碳排放配额的证券化产品。推出碳信用贷款、碳基金等创新型金融产品,吸引更多绿色资本流入成都。此外,需与国际绿色金融组织合作,建立符合国际标准的绿色金融认证体系,推动成都绿色金融产品的国际化。绿色金融的发展将为成都经济转型和"双碳"目标的实现提供重要支持。二是创新科技金融产品。发展知识产权证券化、数据资产证券化等科技金融工具,为科技型企业提供多样化融资渠道。可依托成都高新技术产业基础,推动企业以专利、商标、版权等知识产权为基础发行证券化产品;在数据要素市场化改革的基础上,开发基于数据资产的证券化产品,为大数据和人工智能企业提供融资支持;设立成都科技创新基金,通过股权投资、债权融资等方式支持本地科技企业发展。科技金融产品的创新将显著降低科技企业融资成本,助力其快速成长,金融与科技的深度融合将提升成都资本市场的活跃度和吸引力。

多层次资本市场的建设将为成都高科技企业提供更多元化的融资选择,助力其快速成长。区域性资本市场中心和特色金融产品的发展将提升成都资本市场的深度和广度,增强其在全国资本市场中的竞争力。资本市场的完善将促进成都优势产业的转型升级,推动区域经济高质量发展。绿色金融产品的发展将引导更多资本流向可持续发展领域,为成都实现"双碳"目标提供资金支持。

四、 强化金融人才吸引力,打造国际化人才高地

(一)建立国际化金融人才培养体系

成都需加强与全球知名高校合作,培养具备全球视野的金融人才,提升成都本

地金融人才的国际化水平,同时为全球金融业输送高质量人才。

一是引进国际高校和金融研究机构。例如,与牛津大学、剑桥大学、伦敦经济学院等全球知名高校合作,在成都设立金融研究分支机构或联合实验室。引进国际金融培训机构,如CFA(特许金融分析师协会)和FRM(金融风险管理)认证培训中心。

二是推动校企合作培养计划。联合国际投行、金融科技企业等机构,开展校企合作,设立金融实训基地,为学生提供实践机会;在成都本地高校开设国际化金融课程,培养熟悉国际金融规则和操作的复合型人才。本地高校与国际机构合作将显著提升成都的金融教育和研究水平,同时,全球化的教育与实践机会将吸引更多优秀学子选择成都学习和就业。

三是建立金融人才专项基金。例如,设立奖学金与资助计划,为攻读国际金融学位或通过CFA、FRM等国际认证考试的本地人才提供奖励;设立金融研究专项基金,资助本地科研人员开展金融科技、绿色金融、碳交易等国际前沿领域研究。金融人才专项基金的设立将激发本地金融人才的学习与研究热情,鼓励创新的学术环境则将提升成都在国际金融研究领域的影响力。

(二)优化人才引进政策

首先,简化国际人才签证和居留手续,降低外籍金融人才落户成都的制度性门槛,吸引更多国际人才。一是实施人才签证便利化政策。在成都试点"国际高端人才签证"(类似伦敦的"全球人才签证"),为金融、科技等领域的外籍精英提供快速签证审批渠道。放宽外籍人才居留和工作许可限制,允许其家属在成都工作或学习。二是优化留学生政策。为国际留学生提供更多在成都就业的机会和政策支持,吸引其毕业后留在成都工作。签证和居留政策的优化将显著提升成都对国际人才的吸引力,更多外籍金融人才及其家庭的落户将促进成都金融业的国际化发展。

其次,提供竞争力强的薪酬和福利待遇,通过高薪和完善的福利体系留住全球顶尖金融人才。一是推出高端金融人才激励计划。为符合条件的国际高端金融人才提供安家补贴、子女教育补贴及税收优惠。二是完善社会服务。提供国际化医疗服务，例如引入高水平的国际医院和诊所。建设更多国际学校，为外籍人才子女提供优质教育。三是建设宜居城市环境。打造"宜居成都"城市品牌，提升城市生态环境、公共交通便利性及文化资源。高薪与完善的福利待遇及宜居的环境将增强成都对高端金融人才的吸引力。

第七章

成都提升枢纽经济能级的战略重点

本章聚焦成都如何通过强化枢纽经济来助力社会主义现代化国际大都市建设。首先,将探讨内陆型枢纽经济发展的背景与趋势,解析在全球化和信息化时代背景下,内陆城市如何利用交通枢纽优势融入全球经济网络。并借鉴国内外成功案例,分析提升枢纽经济能级的有效经验,为成都提供可参考的发展模式。其次,将明确成都在这一进程中应采取的战略方向,即怎样将自身区位优势转化为经济发展动力。最后,提出一系列具有针对性的战略举措,旨在全面提升成都枢纽经济能级,实现成都经济社会高质量发展,使成都成为中国西部乃至世界重要的经济增长极和开放高地。

第一节　内陆型枢纽经济发展的背景与趋势

一、　内陆型枢纽经济兴起的背景

枢纽经济展现出网络经济、集群经济、流量经济等多种形态特征,依托交通枢纽的形成与技术变革的演化而来,其载体包括实体交通枢纽场站、交通枢纽城市及虚拟网络枢纽平台。其中,实体枢纽场站是物质流动和生产资料位移的核心。枢纽经济具有动态性和相对性,在历史与经济发展进程中不断演进,例如蒸汽机和动力船舶的出现推动了枢纽形态的变迁。当前,枢纽经济反映了新经济时代的先进生产力水平和社会经济结构。此外,枢纽经济对产业发展表现出选择偏好,资源要素沿基础设施或物流、信息网络集聚扩散,形成网链式流动和区域全产业链发展模式。从可持续发展的视角看,枢纽经济的产业选择应综合枢纽功能、经济效应和社会效应,构建以人为本的产业布局。内陆型枢纽经济的兴起,是全球化、区域化和技术变革共同推动的结果,尤其在当前全球经济深度调整和区域竞争加剧的背景下,内陆地区通过创新枢纽模式,逐渐成为新的经济增长点。与沿海、沿边地区相比,内陆地区在地理区位上缺乏传统的海港等外向通道。因此,内陆型枢纽经济依赖于机场和铁路枢纽,通过提升资源要素的快速流动和高效配置能力,弥补地缘劣势,形成具有竞争力的产业链和供应链体系,推动区域经济高质量发展。

内陆型枢纽经济的兴起可以追溯到工业革命后交通方式的变革和经济重心的转移。在全球化初期,海港是国际贸易的主要枢纽,沿海地区凭借便利的海运条件成为全球经济活动的中心。而随着航空运输和铁路运输技术的飞速发展,航空港和铁路货运站逐渐成为重要的经济枢纽,推动了内陆地区的开放发展。总体而言,内陆型枢纽经济的兴起与以下因素有关:第一,技术变革与交通网络的崛起。内陆型枢纽经济的发展离不开交通技术的突破。20世纪初,铁路网的建设使内陆地区得以突破地理限制,与沿海地区实现了物资和信息的快速流通;20世纪中后期,航空运输的发展进一步压缩了时间和空间的距离,使得高附加值商品的跨境流通更加高效。在这一背景下,许多内陆城市通过建设机场和铁路枢纽,实现了物流与人流的快速聚集,并以此带动区域产业和经济的发展。第二,全球供应链与内陆地区的角色转变。随着全球产业链和供应链的延伸,跨国企业逐渐将生产环节分散到不同地区。内陆地区凭借交通枢纽的集聚功能,成为全球供应链的重要节点。例如,美国的孟菲斯机场借助其货运枢纽地位,吸引了联邦快递(FedEx)等物流巨头,并以此推动了区域内制造业和服务业的繁荣;中国郑州依托航空货运枢纽,发展了以智能终端和跨境电商为代表的产业集群，成为内陆型枢纽经济崛起的典范。第三，政策驱动与国家战略的推动。在许多国家，政府的政策支持也是内陆型枢纽经济发展的重要推动力。以中国为例，"一带一路"建设、成渝地区双城经济圈建设等，为内陆地区提供了新的发展机遇。通过大力发展机场和铁路枢纽，内陆地区能够更好地承接沿海地区的产业转移，同时直接参与国际经济合作，融入全球产业链分工。

内陆型枢纽经济通过交通基础设施的集聚效应和流量经济的驱动效应，为区域经济注入了新的活力。具体来看，其对区域经济发展的作用主要体现在以下几个方面：第一，提升资源要素配置效率。机场和铁路枢纽作为内陆型枢纽经济的核心载体，能够极大提升资源要素的流动效率。例如，通过机场的国际航线网络，内陆地区可以实现高附加值产品的快速流通，缩短运输时间，提高时间价值；铁路货运站则能降低大宗商品的物流成本，为区域内企业提供更优的供应链服务。第二，带动产业链集聚与升级。内陆型枢纽经济的发展通常伴随着产业链的集聚与延伸。一方面，航空和铁路枢纽具备较强的资源集聚能力，能够吸引电子信息、医药制造、跨境电商等高附加值产业在内陆地区落地；另一方面，这些产业的集聚又反过来促进了区域内基础设施的完善和服务业的升级。例如，重庆依托中欧班列（渝新欧），带动了电子信息和智能制造的快速发展，成为中国西部地区重要的高端产业集聚地。第三，增强区域对外开放能力。对于内陆地区而言，枢纽经济提供了打破地理区位限制的可能性。通过航空和铁路枢纽，内陆地区能够更好地参与国际贸易，提升经济外向度。例如，郑州航空港经济综合实验区通过设立综合保税区和跨境电商综试区，吸引了大量国际企业入驻，同时推动了区域外贸的转型升级。第四，优化区域经济空间布局。内陆型枢纽经济的空间布局呈现出网链式的特征。资源要素沿交通网络集聚和扩散，形成多中心、多层次的区域经济结构。枢纽的集聚和辐射效应能够带动周边城市的联动发展，促进区域内的经济协调。例如，成渝地区依托铁路和航空枢纽，构建了以成都、重庆为核心的经济圈，有力推动了区域一体化发展。

二、 内陆型枢纽经济的构成要件

内陆型枢纽经济由于缺乏海港等传统外向通道,更多依赖机场与铁路枢纽来实现资源要素的快速流动与高效配置。其通过缩短空间距离、压缩运输时间和整合要素资源,形成规模经济和范围经济效应。同时,机场和铁路枢纽尤其是临空经济区具备强大的集聚与辐射功能,能够提升资源要素投入产出的效率和时间价值,为内陆地区构建高水平产业链供应链体系奠定坚实基础。

（一）机场或铁路货运站枢纽特性

机场和铁路货运站在内陆型枢纽经济的发展中扮演着基础性的动力角色。它们的建设、运营和壮大为区域提供了发展枢纽经济的先决条件。对内陆地区而言,拥有功能布局合理的航空或铁路国际货运枢纽是要素聚集和流动的重要引擎,能够促进区域开放发展。机场和铁路货运站作为枢纽,其核心特性主要表现在网络通达性、运营规模和要素集散能力等方面。

首先,网络通达性是机场或铁路货运站枢纽特性的关键衡量指标。对于机场而言,国际航线业务规模和与全球枢纽机场的通达性是衡量其开放度和吸引力的核心要素;对于铁路货运站而言,连接国内外主要城市或港口、搭建跨区域乃至跨国的铁路运输网络则同样至关重要。通过拓展国际航线或国际铁路运力,利用诸如第五航权等开放政策或多式联运方式,航空与铁路运输资源能更大程度地进行市场配置,提升旅客和货物中转效率,为外向型流量提供持续动力。研究表明,航权开放或铁路国际联运通道的增加,往往能带动客货流量的明显提升,并对进出口贸易、跨境商务、国际旅游等相关指标产生积极影响,有助于提升枢纽经济区的外向度和经济活力。

其次,要素快速集散能力是机场或铁路货运站枢纽水平的集中体现。机场与铁路枢纽是资源要素的集散中心,各种外源性（国际性）资源需通过枢纽进入区域经济体系,区域内的原材料、半成品和产成品也需要借助枢纽分发至其他地区。对内陆型枢纽经济而言,强化机场或铁路货运站的快速集散能力,对于构建开放型产业体系尤为关键。在时间敏感度较高的高附加值产业链中,能否快速满足客户需求、压缩流通周期往往决定着竞争力的大小。依托航空枢纽或铁路货运站所构建的综合交通网络,枢纽经济区可打造更加广泛、高效的多式联运体系,包括"空铁""公铁""铁海"等多种物流模式,为集成电路、生鲜产品、医药产业等需要时效保障的行业提供优质服务,进一步增强对开放型经济的支撑能力。通过持续提升机场或铁路货运站的网络通达性与要素集散能力,内陆地区不仅能够弥补地理位置的不足,更可在全球价值链中获得新的区位优势与竞争力。

(二)国际国内要素集聚和流动能力

机场和铁路货运站的枢纽特性为资源要素的聚集和流动提供了交通基础,而在全球要素分工的条件下,开放发展的水平和层次取决于临空和临铁经济区能够聚集全球要素的质量和层次。在这一背景下,口岸的开放度和综合保税区成为发挥要素高效流动聚集效应的重要抓手,对全球高端和创新性要素的吸引与聚集具有重要的支持作用,能够提高集聚开放要素的规模、质量和效率。

首先是至关重要的口岸开放度。口岸作为国家对外开放的门户,其开放度主要体现在质量和效率上(洪俊杰、隋佳良,2023)。航空运输承载的往往是高附加值货物,因此与航空高附加值货物直接相关的就是空港的指定进境口岸。例如,一些特殊商品和特定货物需要通过指定的口岸进口,这直接影响着临空经济区与全球市场的连接。例如,郑州机场拥有水果、冰鲜水产品、食用水生动物、冰鲜肉类、澳洲活牛等多个特种商品进口指定口岸,以及国际邮件经转口岸等。这使得郑州机场成为国内进口指定口岸数量最多、种类最全的内陆机场。完善的口岸结构有助于提升临空经济区的开放要素集聚效应,推动地区外贸的转型升级。同时,在提高口岸通关效率方面,需要优化通关环境,特别是航空物流涉及多个部门,通关环节多、手续复杂,任何环节出错都可能影响要素流动效率。因此,口岸的通关环境和效率的提升对于提高货物运转效率、降低特种货物运输风险和降低企业进口成本至关重要,有利于企业高效利用时间资源。

其次,综合保税区在临空经济区的开放发展中扮演着重要角色。综合保税区是开放型经济的关键平台，对于发展对外贸易、吸引外商投资、促进产业转型升级起到重要作用。临空经济区可以依托航空枢纽便捷通畅、高效安全的国际立体综合交通运输体系，实现机场口岸作业区和综合保税区"无缝衔接"，口岸物流和保税物流协同。这不仅可以省去货物转关运输流程，缩短货物通关时间，还可以通过保税区独特的政策优势，深化"边境开放"的发展模式，打造加工制造中心、研发设计中心、物流分拨中心、检测维修中心和销售服务中心等，提升国际高端要素聚集能力。综合保税区也可以围绕通关便利化、货物进口保税、贸易便利化等领域展开政策创新，实现要素的便捷快速流动。通过综合保税区的发展，临空经济区能够吸引更多的全球高端和创新性要素，提高在全球要素分工中的层次和质量。

（三）国际国内资源高效配置平台

临空经济区的开放型经济发展需要构建全方位、多层次的连通格局，其中航空枢纽的通达性是实现开放的"硬连通"，而开放平台则是对外开放的"软连通"。为满足开放发展的需求，多样化创新性综合服务平台的建设成为关键，这些平台包括科研合作平台、涉外服务平台、金融服务平台及经贸交流合作平台。

在科研合作平台的构建中，统筹利用国际国内资源，实现全球人才、资金、信息等创新链核心要素的高效配置，将临空经济区由被动承接转型为创新驱动型开放发展。创新驱动是临空经济区开放发展的动力支撑，需要通过不断的内生创新打破原有的技术引进和模仿所形成的"暂时均衡"（汤凯、蔡晓培、完世伟，2024）。科研合作平台吸引大型国际企业、知名院校和科研中心在临空经济区内合作共建实验室和科技合作基地，整合国际科研人才和资源，加强科研合作平台的建设，通过知识产权与研发体系本地化来实现技术引进，加速科技成果与国内优质资源的对接，促进临空经济区打造离岸研发的创新基地，支撑高科技产业的聚集，拓展开放发展的产业空间，推进以创新驱动为核心的资源高效率配置模式。

创建涉外服务平台主要是对涉外服务资源进行整合配置，为外商提供"一条龙"服务。涉外服务能力是评定临空经济区国际化程度的主要指标，对外开放的水平在很大程度上受到其影响。近年来，国内许多城市纷纷依托自身特色，推进涉外服务模式创新,完善涉外服务机构、创建服务载体和平台。例如,上海建立"德国中心",专为德国企业进入中国市场整合了多项服务,并以此成就了"办事捷径"的理念,被誉为设在中国的"德国之家"。南京的"海外知识产权公共服务平台"、杭州的"欧美中心"、重庆的"涉外商务区"等也依托服务功能的集成成为当地对外交流的重要窗口。

金融服务平台通过统筹资金和金融服务资源,为企业提供全方位金融支持,助力企业"走出去"。依托全球化网络、综合化平台及专业化产品优势,为企业定制一揽子综合金融服务项目,整合融资、结算、担保、汇率和利率避险工具等资源优势,为企业国际活动提供高效、便利、集约的金融支持,形成全业务流程的金融服务体系。例如2018年,光大银行郑州分行主动对接"空中丝绸之路"建设,与光大银行卢森堡分行合作发展内保外贷项目和飞机租赁业务,为外向型企业发展提供金融服务。临空经济区通过整合境内外市场资源,进一步探索产融结合新形式,助力金融服务平台建设,实现与产业的深度融合,提升资源配置能级,助力产业开放。

经贸交流平台主要通过交流合作论坛、国际会展等形式,为企业、学界、政府提供互利合作的机会,统筹各方资源,推进国际贸易高质量发展,共同做大合作"蛋糕"。交流合作论坛便于各方构建长期稳定、互惠互利的合作关系,推动贸易、投资、人文等领域的深化合作、资金融通,促进协调联动发展。国际会展主要聚焦展示、交易商品和服务,交流文化和理念,是国际合作的公共平台。例如,中国国际进口博览会是在上海虹桥临空经济区举办的集国家展、企业展、论坛等于一体国际会展,这一经贸交流平台集中展示各国发展成就、营商环境和特色产业,以及参展企业的商品、技术和服务,实现"买全球、惠全球"。

（四）新型对外贸易平台

电子商务的创新发展在促进世界经济贸易的普遍共赢中发挥着重要作用,已经成为推动全球贸易增长的关键引擎。特别是跨境电商作为外贸创新发展的新亮点和转型升级的新动能,正逐渐崭露头角。跨境电商本身具有时效性强的特征,借助航空枢纽和物流基地促进其产业链的发展，已逐渐成为国际贸易的主要业态模式。当前，国际贸易规则正面临一轮新的重构，而跨境电商综试区的建设将重新塑造一个基于互联网的多边贸易平台。这为临空经济区外贸的转型提供了全新的路径和动力。与此同时，跨境电商综试区对于外贸企业来说是一种新型的全球贸易平台，为企业提供多边贸易模式，通过供应链的形式推动传统外贸及制造企业的转型升级，提升它们的核心竞争力。跨境电商综试区的建设还将推动外贸的普及化和碎片化发展，显著提升国内消费者参与跨境消费的水平，引领区域消费逐步融入国际消费链。这为临空经济区创造了新的机遇，使其成为全球贸易体系中不可或缺的一部分。通过促进跨境电商的创新发展，临空经济区将更好地适应国际贸易的新趋势，推动本地产业的升级，实现资源的更有效配置，为开放型经济的可持续发展注入新的活力。

（五）开放体制机制

自由贸易试验区为临空经济区提供了探索国际经贸规则等制度型开放的契机，使其由传统的"边境开放"向"境内开放"拓展和延伸，从而提升对外开放的能级。这将推动临空经济区从商品和要素流动型开放向规则等制度型开放的转变，以更好地适应对外开放的新形势。企业角度而言，跨国公司希望在规则和制度方面与境外市场实现相容，以满足其统筹全球价值链、整合和利用全球要素的需求。高端和创新型资源对制度环境的敏感性更为突出，必须依托高标准的制度型开放来吸引这些要素的聚集。在 2019 年新增的 6 个自贸试验区中，河北、云南、黑龙江等地的方案均强调了加强临空经济区与自贸试验区的改革联动、发展联动。特别是大兴机场片区将探索建设高度开放的空港型自贸区。国外许多国家在临空经济区的发展中，采用了"自贸区＋临空经济"的发展模式。典型的空港型自贸区，如爱尔兰香农自贸区、新加坡樟宜自贸区、迪拜机场自贸区、韩国仁川自贸区等，都是在高效便捷的航空物流基础上建成的。这些区域逐步吸引航空关联产业，引导产业入驻自贸区，使临空产业能够充分利用自贸区的自由开放环境、优惠政策及制度创新，拓宽发展空间，获得成长载体。

三、 成都发展内陆型枢纽经济的优势

（一）国际门户枢纽地位已初步显现

在世界层面、国家层面的条件基本具备的情况下，国际门户枢纽城市"花落谁家"取决于城市层面的基本条件。城市层面的基本条件，既有历史沉淀的，也有现实基础的，还有动态发展的。对于成都来说，要作为一座新型国际门户枢纽城市在西部发展轴上崛起，更重要的是基于动态发展的基本条件。

第一，创新转型发展成效显著。作为国家自主创新示范区、四川全面创新改革试验区核心区，成都的"创新创业之都"名声享誉海内外，支撑形成了"北有中关村、南有深圳湾、东有长阳谷、西有菁蓉汇"的全国"双创"新格局。2021 年，成都入选"科创中国"试点城市；2022 年，国家川藏铁路技术创新中心在蓉注册；2023 年，成都超算中心投入运营，中国科学院成都科学研究中心等重大创新平台加快建设。创新产业科研用地差异化供给模式，全面开展零基预算改革，启动实施国企改革三年行动，组建重大产业化项目投资基金、中西部首家市级异地担保公司，连续获评"中国国际化营商环境建设标杆城市"。

第二，立体开放的发展格局基本呈现。成都正在以新开放观主动融入国家"一带一路"建设，开放平台能级提升。自贸试验区建设稳步推进，自贸试验区新增注册企业数、新增注册资本数可观。四川天府新区成为首批国家级进口贸易促进创新示范区，天府软件园获批国家数字服务出口基地，成都国际铁路港经济开发区获批设立省级经济开发区，高新西园综合保税区、国际铁路港综合保税区封关运营。对外经贸逆势上扬，2020 年成都外贸进出口增速居副省级城市第二位。开放合作不断加强，获批在蓉设立领事机构的国家约 20 个，国际友城和国际友好合作关系城市超 100 个，中日（成都）地方发展示范区挂牌成立。[①]

第三，枢纽型网络化的城市基础设施体系初步成型。成都天府国际机场、成都

[①] 数据来源于 2020 年成都市国民经济和社会发展统计公报。

国际铁路港建设深入推进,国际空港、铁路港"双枢纽"格局已初步形成,以成都为核心的亚蓉欧"空中丝绸之路＋西部陆海新通道"立体通道体系不断完善优化。2021年6月天府国际机场正式投运,双流国际机场跃居全球最繁忙机场第八位,拥有12条国际定期直飞全货机航线。成都获批中欧班列集结中心和铁路运邮试点。"宽带中国"示范城市建设成效明显,国家级互联网骨干直联点扩容和国家下一代互联网示范城市建设大力推进,5C产业积极布局,成都成为全国首个"5G双千兆＋全面商用"的城市。

第四,支撑流量经济发展的网络平台基本建立。成都是中国中西部地区金融机构种类最齐全、数量最多、金融市场发展速度最快的城市,已集聚各类金融机构及中介服务机构2 600余家,存款余额、贷款余额、上市公司数量等主要金融指标均排名中国中西部第一。成都聚焦电子商务产业应用和电子商务产业服务环节,重点发展B2B、B2C、B20等各类电子商务总部经济,大健康、文创和工业三大领域垂直电商,以及农业电商,加强电商平台搭建。在信息化领域成都已构建各种数据库平台、大数据平台。基本公共服务信息化全面推进,教育、区域卫生计生、社会保障等信息化持续推进,食品、药品安全监管信息化体系建设加快。智能交通建设加快推进,城市管理信息化体系和安全生产信息化监管系统构建,尤其是环保、水务、救灾等领域的信息化建设进一步深入。

第五,与高标准国际惯例接轨的营商环境加速形成。成都的营商环境更加优化,市场化、法治化、便利化进程加速。2020年,成都国际化营商环境3.0版政策出台实施,商事制度改革纵深推进,注册登记便利化提升,企业住所(经营场所)申报登记制试点改革区域进一步扩大,"多证合一"改革持续深化,企业名称网上自主申报制试点推行,进一步压缩企业开办时间。工程建设项目审批事项逐年减少,公共资源交易向智慧化升级,成都连续获评"中国国际化营商环境建设标杆城市"。

第六,多点联动的城市空间格局趋于优化。成都深入落实主体功能区战略和制度,引导"东进、南拓、西控、北改、中优"差异化协调发展,城市形态加快由"两山夹一城"向"一山连两翼"转变,"一心两翼三轴多中心"格局正在形成,人口分布、产业集聚与资源条件、环境承载更加适应。成都破除圈层发展瓶颈和资源环境约束,将中心城区范围由五区优化调整为"11+2"区域,形成"中心城区＋县市新城"的空间层次。推动城市跨越龙泉山向东发展,开启城市发展格局的"千年之变",为城市永续发展创造了广阔空间。成都将优化产业园区梯度布局体系,将发展制造业、生产性服务业为主的园区整合纳入国家级、省级开发区,以发展商务商贸、文化旅游、农业为主的园区设置为市级园区,全市构建"3+22+N"产业园区体系,并进一步优化调整全市产业园区空间地理布局,精准划定产业园区空间边界。

(二)拥有从战略腹地向战略前沿转化的历史机遇

成都作为内陆型城市,长期以来是中国的重要战略腹地,发挥着战略后方的基础性支撑作用。未来 30 年,随着中国双向开放格局的发展,特别是"一带一路"建设,以及区位条件变化,成都将从战略腹地转为面向泛欧泛亚的战略前沿。

第一,基于陆权、空权优势的良好枢纽条件。成都北向通过宝成铁路、西成客专、成兰铁路、川青铁路等连通西安、兰州、西宁,融入丝绸之路经济带;东向通过成渝铁路、成渝客专、成南达万铁路等连通重庆、万州,融入长江经济带;西向随着川藏铁路的建设,和西藏的联系将更加紧密;南向随着经泸州(宜宾)至北部湾通道的建设,将成为西部发展轴连接南北向的重要转换枢纽。航空作为 21 世纪最高级的运输形态,将对全球经济产生第五波冲击。随着成都"一市两场"航空枢纽格局的形成,成都成为继北京、上海之后国内第三个拥有双国际机场的城市,西部发展轴上中国中西部唯一拥有双国际机场的城市。作为中国西部最重要的航空枢纽,成都将承载大量境内外人员、货物往来,为西部陆海新通道对外开放搭建"空中门户"。

第二,迎合全国区域开放布局优化,成都由"后方变前沿"。党的二十届三中全会通过了《中共中央关于进一步全面深化改革、推进中国式现代化的决定》,正式提出优化区域开放布局,巩固东部沿海地区开放先导地位,提高中西部和东北地区开放水平,加快形成陆海内外联动、东西双向互济的全面开放格局。成都作为内陆中心城市,得益于国家优化区域开放布局的战略,逐步从后方转向前沿,迎来了更多对外开放的机遇。借助"一带一路"建设和成渝地区双城经济圈建设的推进,成都将加强与东部沿海地区及全球市场的联系,提升跨境贸易和投资的便利性。地理优势使成都成为西南地区与国际经济深度对接的重要枢纽,推动现代服务业、先进制造业、文化旅游等产业的国际化进程。通过深化改革和升级产业结构,成都能够吸引更多外资,提升产业链竞争力,促进自主创新,为经济高质量发展注入新动能。

第三,重塑经济地理格局,成为区域发展的重要支撑。从全国经济地理格局来看,成都地处长江上游地区,作为成渝城市群"双核"之一,历史上既是南方丝绸之路的起点,也是南北丝绸之路的重要连接点。在当今开放格局下,成都不仅位于"一带一路"的核心节点,更是沟通丝绸之路经济带、长江经济带,以及中巴经济走廊、孟中印缅经济走廊的战略纽带和腹地。由此,成都从传统的西部内陆城市跃升为中国对外开放和区域经济发展的前沿阵地,成为"一带一路"与长江经济带战略叠加的重要枢纽——东西通道枢纽、国际航空枢纽和亚欧铁路枢纽,对中国经济地理格局的重塑发挥着至关重要的支撑作用。

(三)拥有潜力巨大的发展提升空间

第一,在世界城市网络中的地位迅速上升。在最新由全球化与世界城市研究网络(GaWC)发布的2024年世界城市榜单中,成都位居全球第58名,处于世界二线强城市(Beta＋级别第9位)之列。相比2022年第71位的全球排名,成都再次实现了排名的大跃升,进一步稳定了世界二线城市的地位,且与世界一线城市的差距正在逐步缩小。

第二,人口与经济承载潜力较大。成都地处成都平原中心位置,境内地势平坦、平原面积占市域总面积的40%以上,自古被誉为"天府之国",是中国水土资源条件较好、经济富庶的重要区域。新中国成立以来,特别是改革开放以来,成都经济社会发展水平快速提升,目前已经成为中国西部地区人口最稠密、经济总量最大、综合实力最强的城市之一。成都城市人口总量仅次于北京、上海、重庆,是西部唯一经济总量迈入万亿级的副省级城市,城市首位度位居全国前列。

第三,经济腹地及战略空间较为广阔。成都的经济腹地范围涵盖整个西部地区的大中小城镇及乡村地区。成都作为长江经济带上游的核心节点城市,辐射长江中下游地区。随着西部陆海新通道和丝绸之路经济带的建设,成都的经济腹地将进一步向西南、西北和中东部地区延伸拓展至全国,辐射到东南亚、南亚、中亚、欧洲的各个国家和地区。以成都、重庆两个中心城市为极核,成渝地区形成了包括重庆市的中心城区及万州、涪陵、綦江、大足、黔江、长寿、江津、合川、永川、南川、璧山、铜梁、潼南、荣昌、梁平、丰都、垫江、忠县等 27 个区(县),以及开州、云阳的部分地区,四川省的成都、自贡、泸州、德阳、绵阳(除平武县、北川县)、遂宁、内江、乐山、南充、眉山、宜宾、广安、达州(除万源市)、雅安(除天全县、宝兴县)、资阳等 15 个市的成渝地区双城经济圈。

第四,基于较低成本优势的发展潜力较大。随着中国经济的不断发展,东部沿海地区的土地价格和人力成本已经大幅提高,且随着产品市场的内迁,东部沿海的物流优势也被再次稀释,而成都的人力和土地成本优势就显现出来。目前成都的地价房价、人力成本、环境成本、生活成本等都相对较低,有较大的上升空间。成都若能持续控制成本上升速度,维持低成本优势,将对资源要素流入有较大吸引力。同时,随着营商环境进一步优化,基于市场体系的各种信息、交易、中介、服务平台趋于完整化、配套化、复合化,各种制度性交易成本将进一步降低,从而助推经济社会发展。

(四)拥有加快向国际门户枢纽城市迈进的战略动能

本研究使用人均 GDP、实际利用外资金额、旅客运输量、进出口总额和人口结构等相关战略指标对成都、重庆、西安、兰州、乌鲁木齐、昆明和贵阳 7 个中国西部城市 2023 年的数据进行对比分析。结果显示,成都在人均 GDP、实际利用外资金额、进出口总额、人口结构等指标上均排名第一,仅在旅客运输量方面表现得差强人意。成都在西部 7 个城市中综合排名第一,未来最有可能成为国际门户枢纽城市。

表 7.1　中国西部主要城市发展指标对比

城市	人均 GDP（元）	实际利用外资金额（亿元）	旅客运输量（万人次）	进出口总额（亿美元）	人口结构
成都	103 465	22.9	7 492.4	7 489.8	0—14 岁（13.28%）；15—59 岁（68.74%）；60—65 岁（4.36%）；65 岁及以上（13.62%）
重庆	94 135	10.53	31 252.3	7 137.39	0—14 岁（15.91%）；15—59 岁（62.22%）；60—65 岁（4.79%）；65 岁及以上（17.08%）
西安	92 128	12.53	15 185.72	3 597.59	0—14 岁（15.65%）；15—59 岁（68.33%）；60—65 岁（5.12%）；65 岁及以上（10.90%）
兰州	78 894	1.031 6	5 359.9	117.4	0—14 岁（14.19%）；15—59 岁（69.24%）；60—65 岁（4.86%）；65 岁及以上（11.70%）
乌鲁木齐	102 078	0.088	25 195.92	700.12	0—14 岁（22.46%）；15—59 岁（66.26%）；60—65 岁（3.52%）；65 岁及以上（7.76%）
昆明	90 821	5.49	9 968.6	191.3	0—14 岁（14.98%）；15—59 岁（70.62%）；60—65 岁（3.91%）；65 岁及以上（10.49%）
贵阳	81 670	1.82	25 121.6	82.29	0—14 岁（18.56%）；15—59 岁（68.14%）；60—65 岁（3.83%），65 岁及以上（9.47%）

资料来源：各城市 2023 年度统计公报。

第二节　提升枢纽经济能级的国内外经验借鉴

一、自贸区驱动型——迪拜

自由贸易区驱动模式是指借助自由贸易区（港）的优惠经济政策、海关政策和优质服务，吸引临空产业入驻，推动临空经济发展的模式。这种模式依托自由贸易区（港），加速临空经济区由"边境开放"向"境内开放"深化拓展。通过自贸区与空港的协同作用，促进临空经济区的产业培育和对外贸易。典型代表包括爱尔兰香农机场自贸区、迪拜机场自由区、新加坡樟宜自由区等。自由港设在海港或空港城市,包括整个城市,实现了商品免关税、人员资金自由进出。这与中国的自贸试验区不同,自由港区域更广泛,自由范围更全面。中国的自贸试验区主要发展国际服务贸易,严格意义上属于"境内关内"概念。

迪拜是中东主要交通枢纽和经济金融中心,仅占阿联酋总面积的 5%,却承载了全国 25% 的人口,是人口密度最高的城市之一。起初,这里只是一个以珍珠交易为生的小渔村,尽管石油推动了其早期发展,但 2010 年后,石油产业对国内生产总值的贡献已降至 5% 以下。迪拜的地理位置优越,位于亚、非、欧三大洲的交汇处,辐射 14 亿人口。如今,迪拜以贸易为驱动,形成了以第三产业为主导的现代产业生态圈。

迪拜拥有迪拜国际机场和阿勒·马克图姆机场两大机场,两机场相隔 40 千米,协同发展为中东航空业提供有力支持。迪拜国际机场连接全球 220 多个城市,货运航线达 50 余条。阿勒马克图姆国际机场坐落于迪拜世界中心航空城核心地带,是阿联酋货运航空公司的主运营基地,机场充分利用临近的阿布阿里港和杰贝阿里自由区的优势,积极推动海空联运。

迪拜目前拥有 30 多个自由区,其中两个主要的临空型自由区是迪拜机场自由区(DAFZA)和杰贝阿里自由区(JAFZA)。迪拜机场自由区紧邻迪拜国际机场,专注于物流和快速货运清关,是迪拜政府投资驱动型经济战略规划的一部分,吸引了 2 000 多家企业,涵盖航空、货运与物流、IT 与电信、医药、工程、食品和饮料、珠宝及化妆品等行业。而杰贝阿里自由区是阿联酋最大的自由区,毗邻杰贝阿里港,与迪拜机场和马克图姆机场相隔 30 分钟车程距离,形成了卓越的空港一体化优势。自 2005 年迪拜航空城项目启动以来,杰贝阿里自由区不断布局功能分区,以建设成为一个设施完备的航空都市为规划目标,支持航空、旅游、商业、物流等多方面的发展需求,最终使迪拜成为世界航运中心和主要旅游目的地。

迪拜的发展经历了航运枢纽、物流中心和供应链中枢三个阶段,每个阶段展现出不同的特征,并呈现出演进逻辑。在起步阶段(20 世纪 60 年代至 90 年代),迪拜主要致力于打造航运枢纽,侧重于运输功能,通过建立全球航线网络成为全球贸易和物流运输的枢纽。此时,物流组织方式相对单一,自贸区仍处于探索阶段。随着航运枢纽的发展,迪拜逐渐进入发展阶段(20 世纪 90 年代至 2020 年)。迪拜从综合物流服务中心出发,作为全球物流资源配置和集散中心的地位更加突出。物流组织方式逐步完善,形成了综合物流体系,强调多式联运和全球联运。自贸区的发展成熟,与交通枢纽形成良性互动,迪拜逐渐展现全球物流枢纽的潜力。在成熟阶段(2020 年至今),迪拜开始向全球供应链中枢转型。货运功能逐渐弱化,全球资源要素的配置平台、物流服务交易中心、商务和信息咨询中心等功能凸显。迪拜以全球供应链管理和控制中心的形态出现,吸引高端服务型企业总部加盟,建立起卓越的供应链管理能力。这一阶段迪拜力图通过总部经济集聚、数字平台建设和全球标准规则制定,从物流中心向全球供应链中枢迈进。

表 7.2　迪拜从航运枢纽到供应链中枢的演进路径

发展阶段	起步期(1.0)	发展期(2.0)	成熟期(3.0)
发展形态	货运枢纽	综合物流服务中心	全球供应链管理和控制中心
功能定位	货运门户; 运输生产中心; 货物流通和中转枢纽	全球物流资源集散中心	全球资源要素的配置平台、物流服务和其他商务服务中心
功能特点	货运服务型; 物流组织方式较为传统和低效; 联运体系尚未成熟,物流链主体协同度不高	综合物流服务型; 多式联运体系和全球联运体系逐渐形成; 物流服务的可获得性增强; 海空枢纽与自贸区联动发展	高端服务业集聚; 基础设施通达; 全球物流整合服务; 强化供应链管理能力; 营造优越的营商环境
关键词	连接、吞吐量	联动、自贸区	总部、平台、规则

资料来源:课题组编制。

交通运输业的发展是迪拜实现经济转型的基础条件。迪拜政府充分利用优越的地理区位优势,打造了全球顶级的海空枢纽,并借助自贸区的力量形成全球物流中心(University of Catania,2020)。在当前面临严峻挑战的形势下,迪拜一方面转向多元化经济,另一方面继续谋求全球物流中心的转型升级,以迈向全球供应链的控制中枢为主要目标。

一是大力吸引国际物流航运区域总部,带动供应链上下游企业集聚。迪拜国际机场发展主要依赖的基底航空是本土的阿联酋航空。但阿联酋航空不是跨国物流巨头,仅仅是民航运输企业,对全球物流链的影响有限。2022年3月,国际海运巨头马士基在迪拜开设首个综合物流中心。新中心将支持现有服务,包括海运、陆路运输、清关、合同物流和电子商务解决方案。马士基综合物流中心将采用最先进的仓库管理系统,客户将得到能够为其供应链提供增值和创造效率的解决方案。例如,在先进的到期日管理解决方案下,快速消费品的浪费可以降到零。2021年11月,DHL在迪拜设立了首个移动创新中心,将展示一系列对未来物流行业产生深远影响的关键技术与展品,以及已在运营中成功应用的概念验证阶段技术。在DHL创新中心落地的同一个月,FedEx宣布在迪拜设立区域航空中心,将考虑到可持续运营和能源使用,并将通过自动化和先进的分拣系统、高速安检设备、冷链服务和管理危险品的能力来提升整体客户体验。

二是发展智能商务平台,推动供应链的整合。2018年,迪拜提出了发展B2B智能商务平台"迪拜眨眼"(Dubai Blink)的计划,这是世界上第一个B2B智能商务平台。它将利用人工智能、区块链技术和虚拟商业许可证,允许世界各地的公司通过迪拜进行连接和交易。该项目提供了一种称为智能商务的新型电子商务,它利用人工智能算法和物联网技术,将推动供应链的创新。该智能商务平台将使全球公司和中小型企业能够在迪拜自由区建立数字企业,而无需实际存在,通过流程创新和技术授权的现有贸易许可解决方案将因此被取代。

三是发挥科技引领作用,解决供应链困境问题。2022年迪拜宣布成立DP World,旨在通过元宇宙技术,推动供应链从模拟转型为数字解决方案,以为现实中的供应链困局提供虚拟解决方案。DP World将探索其服务的元宇宙应用程序,包括在所谓的数字孪生体(实景的3D虚拟版本)中模拟仓储和码头运营,以及集装箱和船舶检查。DP World提供的完全沉浸式的员工虚拟培训将减少50%的运营团队培训时间,削减成本,提高效率和安全性。

四是参与制定全球新一代物流行业标准。在2020年达沃斯世界经济论坛上,迪拜副总统提出了"世界物流护照"计划。该计划是一项全球性倡议,由迪拜环球港务集团运营,旨在推动全球贸易流动畅通,开放市场准入,并为其成员带来经济效益。加入计划的贸易商和货运代理将共享倡议合作伙伴提供的各项便利,如快速跟进货物、缩短清关时间和免除管理费用等。"世界物流护照"计划推出后一年内,其影响力先后扩展到全球 11 个国家和地区。2021 年 12 月,"世界物流护照"运营方与福建港口集团签订合作协议,为福建港口全球贸易往来提供便利;2022 年 11月,上海自贸试验区临港新片区与阿联酋迪拜杰贝阿里自贸区签订战略合作协议,全球物流护照将正式落地临港新片区。

二、　商务驱动型——香港

根据 Skytrax 公布的全球最佳机场榜单,香港机场在 2011 年曾荣登全球第一,在之后十年中,其排名主要在第 3 至第 6 位之间波动,2020、2021 年受到新冠疫情影响,香港机场的排名出现较大下滑。香港国际机场已与粤港澳大湾区建立了紧密的海、陆、空联运网络,未来将进一步优化多式联运的网络和运作,发挥香港作为大湾区区域航空枢纽的地位。例如,港珠澳大桥的启用使经香港国际机场转机的过境乘客能够直达机场禁区前往登机闸口,无需在港再办理出入境手续。香港机场的国际旅客吞吐占比远高于广州、深圳、上海机场,凸显其国际枢纽地位。

尽管面临疫情冲击,但香港机场的货运量始终保持全球领先的地位,呈现"客轻货重"的特点,具有其独特的优势。2010—2019 年香港机场连续十年排名全球机场货运量第一。尽管在 2020 年受到疫情影响,被孟菲斯机场超越,但在 2021 年,香港机场货运量再次以 502.5 万吨的数量位列榜首,货运量是 1999 年的 2.5 倍,显示香港是全球航空网络的重要节点城市。在货运物流方面,香港机场管理局与多家公司投资建设了先进的物流设施,其中包括由菜鸟网络牵头的高端物流中心。该中心启用后,每年可为香港处理额外约 170 万公吨的航空货运量。处理内地转口邮件的中转邮件中心也计划于 2025 年完工。为提升大湾区的货运服务和效率,机场管理局正与东莞合作开拓新的海空货物联运模式,使内地出口货物可以在东莞完成相关程序后,通过水路直接运达香港机场,并快速转运到世界各地。从空运货值来看,2021 年,香港空运进出口货值达到 4.3 万亿港元,已经超过香港进出口总值的四成(42.2%),远远大于海运进出口货值占比(2021 年为 11.4%)。这反映出香港机场高价值货运功能不断凸显,特别是近年来香港机场积极发展高价值货运及电子商贸领域,提高快运包裹、温控药物及鲜活货物的处理能力。香港机场计划在 2027 年底前启用重建的空邮中心。这些举措巩固了香港机场作为国际航空枢纽的领先地位。

香港航空枢纽的发展涉及三个重要方面。一是香港机场新跑道的启用。香港机场管理局于 2016 年展开三跑道系统项目工程,2022 年 4 月,第三跑道试飞已完成,整个项目计划于 2024 年完工。新跑道的启用将使香港机场更好地满足航空交通需求,到 2030 年每年可处理 1.2 亿人次旅客、1 000 万公吨货物。此举将提升香港机场的基础设施优势,带来巨大的经济贡献,预计 2030 年可创造高达 1 670 亿港元的收益,提供 14.1 万个直接职位。二是向机场城市的转变。香港机场管理局在 2019 年提出"机场城市"建设计划,强调智能机场发展策略,推动智能服务和运作效率提升。主要发展项目包括 SKYCITY 航天城,将结合酒店、办公大楼、零售、餐饮及娱乐设施。这一构想将进一步推动香港机场临空经济的飞跃发展。三是与周边机场的深度合作。香港机场与内地机场,尤其是深圳、珠海机场,进行积极合作。香港机场与深圳机场的合作从 2008 年开始,而与珠海机场的合作在 2020 年得到加强。香港机场管理局还于 2006 年以专营权模式经营管理珠海机场,深化与珠海机场的合作,使香港在航空业中扮演国内国际双循环的重要角色。

香港国际机场不仅专注于发展航空运输业务,还积极推动机场商业,构建了成功的商业模式。以"航天城"为代表的商业设施,使香港国际机场不仅仅是航空运输的站点,更是购物、餐饮、休闲等多功能商业服务的集中地。采用特许经营、专营的管理模式,由专业第三方对航空货运、机场商业等进行高效经营,机场当局则专注于规划、建设和管理。香港国际机场还通过连接空运货物处理系统与海关的清关系统,实现货物抵港前三小时传送相关信息的高效服务;通过海运码头连接珠江三角洲内 20 个河港,实现多式联运。这一"桥头经济"新模式为物流业的多元发展提供了支持。2019 年,香港机管局推出了策略发展蓝图,致力于将香港国际机场从"城市机场"转变为"机场城市"。该愿景下,机场不再仅是旅客进出或过境的场所,而是整合航空和经济功能,成为商业地标和悠闲度假区。通过 SKYCITY 发展项目和 11 SKIES 综合商业发展项目,香港国际机场将提供丰富的娱乐、零售、餐饮选择,以及医疗、金融等服务,从而成为重要的旅游设施,为香港整体旅游经济作出贡献。香港机场还积极与大湾区合作,借助高铁、大桥等基础设施,优化多式联运网络,成为内地和国际旅客往返大湾区的首选门户,增强香港在国家交通基础设施中的地位。

三、 货运驱动型——鄂州

湖北鄂州的花湖机场是一座 4E 级国际机场,既是航空物流国际口岸,也是亚洲首座专业性货运枢纽机场。机场设计能力满足年旅客吞吐量 150 万人次,货邮吞吐量 330 万吨。截至 2023 年夏秋航季,花湖机场已迎来 9 家航空公司在此开通 15 条客运航线,共通航 21 城市。此外,2 家货航公司开通数十条货运航线,通航 40 余座中国内地城市和 10 余座国际/地区城市。花湖机场不仅开设了 20 个国内客运航点,还成功打通 8 个国际货运航点和 6 个国内货运航点。2022 年 4 月 1 日,首条国际货运航线启动,连接花湖机场至比利时列日。此后,"鄂州-金奈"和"鄂州-德里""鄂州-洛杉矶""鄂州-安克雷奇-纽约""鄂州-法兰克福"等国际货运航线相继开通。2023 年 8 月 18 日,阿提哈德航空的波音 777-200 全货机成功降落在花湖机场,标志着"阿布扎比鄂州"全货运航线首航成功。这也是花湖机场首个国外航空公司入驻的标志性时刻。花湖机场逐步形成由鄂州向欧洲、南亚、北美、西亚辐射的航线网络布局。

花湖机场对湖北经济的推动力巨大。作为亚洲第一个、世界第四个专业货运枢纽机场,它在湖北形成了货运客运双枢纽,为湖北打造全国新发展格局的先行区注入了强大动力。机场的建设是武汉都市圈的重大机遇,将带动湖北制造业的发展,尤其是电商和跨境电商在鄂东地区的兴起。花湖机场也有助于打造临空产业圈,推动湖北加快疫后重振、支撑中部崛起、参与全球"一带一路"建设,成为"空中出海口"。花湖机场与武汉天河机场构成客货运输"双枢纽",进一步凸显武汉的交通网和地理位置优势。机场的建设和发展带动了高铁经济和临空经济,促进人口进一步聚集,为武汉都市圈乃至湖北东部带来更加繁荣的未来。

鄂州航空经济区的发展经验主要总结为以下几个方面。第一,空港经济的突出地理区位和综合资源优势。花湖机场的1.5小时飞行圈覆盖国内主要航空枢纽和省会城市,机场建设中充分考虑了地质、气候、水文等适飞条件,鄂州航空经济区因此具备连接全国、联通世界的国际综合物流枢纽的潜力。

第二,产业布局和多式联运体系的关键要素。政府高度重视和强有力的领导是航空货运枢纽发展成世界性航空枢纽的重要保障。当地政府采取了一系列措施,如加大公共投入、鼓励航空物流企业投资、推动航空市场"对内开放"等,以改善投资和运营环境。同时,鄂州积极规划建设高速公路、快速路、主干路等对外连接通道,推进水运港口建设,加大燕矶港、三江港等重点港口的开发力度。这样的交通网络有助于构建复合型的综合交通枢纽,最大程度地发挥和提高空港的辐射带动作用。

第三,协同共赢和开放创新的运营环境。机场与快运物流企业的协同共赢是航空货运枢纽发展的动力。鄂州通过引入大型快运物流企业,布局全球转运中心、机队,并以枢纽机场为中心布设和运营中枢辐射式的航线网络,形成企业的全球运营中心。这种合作模式有助于确保货物的快捷集散,并形成巨大的规模效应。便捷高效、开放、创新的运营环境是航空货运枢纽的重要支撑。鄂州通过引入智能技术,如BIM、5G、无人驾驶等,实现了机场的智慧建设。这种创新应用有助于提高机场的运行效率,确保在夜间高峰期的运行安全。

第四,城市重构和产业发展。鄂州紧紧围绕花湖机场全方位加快空港新城建设,打造鄂州高质量发展的新"增长极"。这种城市重构有助于将机场的优势转化为城市的发展优势,推动城市的现代化、国际化、智慧化。通过航空经济区的发展,鄂州成功吸引了大量的投资,推动了产业的发展。

第五,环境优化和服务水平提升。鄂州市政府将市场评价、企业感受和群众满意作为关键指标,努力提供高质量的服务。建成临空政务服务中心,提升服务水平,实行"一网通办、一窗受理、一事联办"服务模式,创造更加优质、高效、便捷的营商环境,增强企业和群众的满意度。

总体而言,地理优势的充分利用、产业布局的合理规划、城市重构的成功实施,以及服务水平的提升,这些因素共同推动了鄂州成为一个具有世界性航空货运枢纽潜力的地区,为地区经济的快速发展和产业结构的优化提供了有力支持。

第三节　成都提升枢纽经济能级的行动路径

一、 放大亚蓉欧陆海空联运战略大通道的推动效应

随着铁路、高速公路、航空及内河航运的快速发展,成都已经构建了完整的陆海空内外通道网络,亚蓉欧陆海空联运战略大通道已经基本成型,大大缩短了成都走向世界的时空距离。党的十八大之后,中国改革开放已经行进到一个新的历史起点。四川省委、省政府高度重视开放开发,全力支持以成都为中心带动区域向西向南开放合作,推动成都从第一轮开放中的内陆腹地跃升为第二轮开放中的开放前沿。成都坚持开放发展厚植新优势,依托国际空港、国际铁路港和西部陆海新通道枢纽,强化国家物流枢纽功能,构建亚蓉欧陆海联运战略大通道,形成东西互济的国际多式联运枢纽,打造以成都为核心的泛欧泛亚国际门户枢纽。

（一）明确成都在亚蓉欧陆海联运战略大通道中的定位

以全球视野谋划国际战略通道建设,成都有着清晰的思路、明确的路径,提出建设以成都为网络中心的国际航空大通道、以成都为核心的陆海联运大通道。发挥成都对外链接功能,加快构建以成都为核心的空中丝绸之路和国际陆海联运"双走廊",变"交通走廊"为经济合作大通道。

成都作为中国西部经济和外贸发展"领头羊"的地位明显,经济和外贸表现出较强的韧性和抗风险能力,正在成为西部乃至全国的开放高地和"主干"引领。成都常住人口已超 2 000 万人,跻身超大城市行列。2024 年,成都实现地区生产总值 23 511.3 亿元,同比增长 5.7%,高于全国平均水平 5.0%。全市外贸进出口总额达到 8 390 亿元,占四川省同期进出口总值的 80.2%,成都的经济外向度达到 35.7%。成都已经实现经济体量从"二线"向"新一线"城市的跃升。成都的基础设施从"通道"向"枢纽"演进,市场腹地从"西部"向"欧亚"延伸,"门户枢纽城市"和"经济中心城市"双核驱动属性越发明显。

(二) 拓展以成都为网络中心的空中丝绸之路

"空中丝绸之路"主要是指以航空港和航空枢纽网络为依托,通过航空运输实现对外贸易。此外,空中丝绸之路也包括"网上丝绸之路"的含义,即通过跨境电子商务网络平台和跨境电子商务产业交易链的建设,实现跨境自由贸易。

民航运输作为空中丝绸之路的重要组成部分,在"一带一路"的互联互通中发挥着先锋队的作用。据统计,世界范围内 40% 以上的贸易价值是通过民航运输实现的。作为中国向西、向南开放的门户和链接"一带"和"一路"的重要节点城市,成都充分利用自身的优势,拓展以成都为中心的空中丝绸之路。成都全力实施"深耕欧非、加密美澳、覆盖亚洲、突出东盟"的国际航线发展战略,加快布局"48+14+30"的国际航空客货运战略大通道,形成覆盖全球 48 个重要航空枢纽城市、经济中心城市的精品商务航线和连接法兰克福、芝加哥、阿姆斯特丹等 14 个全球重要物流节点城市的国际全货运航线;形成 30 条服务对外交往、国际消费的优质文旅航线,提高到全球商务城市、新兴市场和旅游目的地的航班密度,实现至全球门户机场"天天有航班"。

成都加快布局开通"一带一路"沿线国家的直飞航班,空中丝绸之路的网络日益丰满。成都到东盟、西亚、南亚、中亚、俄罗斯、中东欧地区均开通了直飞航班,已经全面覆盖"一带一路"区域。2021 年,成都天府国际机场开航投运,"两场一体"协同运行的新格局为空中丝绸之路注入新动能、新活力。

信息技术和互联网技术的发展，使得国际贸易和经济往来突破了传统的地理空间限制，缩短了对外开放和交流的时空距离，也为处于内陆的城市开辟了一条扩大海外市场的新通道。跨境电子商务融合了国际（地区间）贸易和电子商务两种业态，是新型的跨境交易模式。成都跨境电商交易额从 2016 年的 21.6 亿元到 2023 年的 1 059 亿元，连续七年保持高速增长，成都成为中国西部地区唯一一个交易额超千亿的城市。

成都跨境电子商务产业园作为四川唯一的跨境电子商务产业园区，是四川省实施国家"互联网＋"战略、"一带一路"倡议在电子商务和对外经济贸易领域的重点项目。产业园毗邻的成都铁路集装箱中心站（青白江）为亚洲规模最大，产业园毗邻的成都铁路口岸是蓉欧快铁和中亚班列的始发站。产业园除具有欧洲、中亚铁路班列口岸、亚洲最大集装箱转运中心站等优势资源之外，还广泛和东北亚、大洋洲及北美有着密切的合作关系，能更好地帮助企业进行全球贸易。

2024 年，成都市人民政府印发《成都市推动跨境电商高质量发展三年行动计划（2023—2025 年）》，为蓉品"出海"提供更多动能，进一步将跨境电商推向更高层次、更大规模的发展阶段。

（三）贯通以成都为战略支点的陆上丝绸之路

成都是陆上丝绸之路的重要节点，它是古代南方丝绸之路的起点，更是 21 世纪新丝绸之路上连接东部长江经济带城市向西出境的枢纽，也是连接陆上丝绸之路与海上丝绸之路的枢纽。成都依托独特的区位优势，聚焦打造国际铁路及铁海联运大通道，加快完善亚蓉欧班列"四向拓展"网络布局和陆海联运网络。

2013 年 4 月 26 日，响应"一带一路"倡议，中欧班列（成都）从成都青白江始发，飞驰于亚欧大陆"陆上丝路"上，从根本上打破了西部地区发展外向型经济必须依赖港口"借船出海"的历史。目前，成都已经全面构建起向西至欧洲腹地、向北至俄罗斯、向南至东盟的"Y"字形国际铁路、铁海物流通道。成都立足中欧班列向西向南通道，发挥好国际班列和国际铁海联运体系，在构建辐射泛欧泛亚、衔接太平洋印度洋大西洋沿岸的物流交换系统方面，发挥重要支撑作用。如今成都国际铁路港已对外布局 7 条国际铁路通道和 6 条海铁联运通道,构建起以成都为枢纽的通边达海、内畅外联的国际陆海联运通道体系,南向连通东盟全境,西向直达欧洲腹地,东向辐射日韩和美洲,北向对接中蒙俄经济走廊,实现链接境外 61 个城市和境内 20 多个城市,助推西部地区加速融入全球经济格局。[1]

面对新冠疫情的影响和冲击,成都强化陆海空联运战略重要性,着眼共建面向世界链接亚欧的战略通道和门户枢纽,完善泛欧泛亚节点网络和四向拓展服务体系,构建链接东盟、衔接日韩、覆盖中亚、连通欧洲进而链接全球的亚蓉欧陆海空联运战略大通道,打造"一带一路"进出口商品集散中心、供应链枢纽城市。

(四)共建贯通欧亚、链接全球的西部陆海新通道

西部陆海新通道纵贯中国西南地区,有机衔接丝绸之路经济带和 21 世纪海上丝绸之路,加强中国-中南半岛、孟中印缅、新亚欧大陆桥、中国-中亚-西亚等国际经济走廊的联系互动,成为促进陆海内外联动、东西双向互济的桥梁和纽带。2019 年,国家制定《西部陆海新通道总体规划》,其核心就是要发挥四川特别是成都和重庆双向双核发力的作用,推进西部大开发形成新格局,推进中国全域开放新高度。

西部陆海新通道利用铁路、公路、水运、航空等多种运输方式建设三条出海通道:第一条通道由重庆向南经贵州、南宁,通过广西北部湾等沿海沿边口岸,通达新加坡及东盟主要物流节点;第二条通道自重庆经湖南怀化、广西柳州至北部湾出海口;第三条通道自成都经泸州(宜宾)、广西百色至北部湾出海口。近年来,成都扎实推进《西部陆海新通道总体规划》贯彻实施,大力提升通道服务经济的能力,高质量加快运输通道和物流设施建设,不断提升通道运行与物流效率,促进通道与区域经济融合发展,加强通道对外开放及国际合作,努力打造东盟-北部湾-成都-欧洲的多式联运双向通道。

二、 发挥成都国际航空枢纽的有效支撑作用

航空枢纽发达程度是衡量城市竞争力的重要指标,经济越发达、政治文化影响

---

[1] 《成都:重构开放格局 在构建新发展格局中率先突破》,《成都日报》2021 年 3 月 8 日。

力越大的城市,其航空枢纽地位越突出。如纽约、伦敦、东京、香港、北京、上海等国际经济金融中心,也都是国际航空枢纽。2021年6月27日,天府国际机场正式运行,成都从此拥有"双翼",在国际航空枢纽建设方面即将腾飞。

（一）打造面向全球的航空门户枢纽

成都抢抓全球航空业格局重构与天府机场建成投运的历史机遇,大力提高到全球商务城市、新兴市场和旅游目的地的航班密度。围绕加快建设国际门户枢纽城市,加快布局国际航空客货运战略大通道。2019年,成都新开通直飞芝加哥、伊斯坦布尔、罗马、德里、温哥华、赫尔辛基、布鲁塞尔、布达佩斯等15条国际航线,遍布全球五大洲,体现成都打造国际航空枢纽的全局意识。2021年3月,成都两日内连续开通至达卡、伦敦的全货机航线,展现成都航空门户枢纽的"空中速度"。

成都的国际航线网络布局不断完善,通达全球的国际航空客货运骨干航线网络基本形成,航线网络干支衔接水平稳步提升,枢纽机场航班波初见雏形,成都国际航空枢纽和面向欧洲、中东、东盟的空中门户枢纽地位日益凸显,航线数量、质量稳居中西部前列,航线网络结构持续优化提升,成都成为全球航空连通性最强的大城市之一。

（二）做强洲际航空中转枢纽功能

中转枢纽功能是航空公司效益的重要来源,也是国际航空枢纽必备的功能。成都利用地理区位优势,以"长短结合、宽厚兼顾"为原则,大力发展国际通程中转联运航线,重点培育欧洲与东亚、南亚、东盟、澳新间经成都中转的洲际航线。构建北美-成都-南亚、欧洲-成都-东南亚/大洋洲等绕航率低的中转航线网络,有效提升航线网络的衔接效率,优化完善联运服务体系,吸引更多中转旅客,建设洲际航空中转枢纽。

首先,利用新技术优化服务流程。构建衔接紧密、运行高效的"航班波",缩短航班最短中转衔接时间(MCT),打造中转联运优质服务产品,构建低绕航率的中转航线网络,有效提升国际与国内航线、国际与国际航线、"空中网络"与"地面网络"的衔接效率。构建数智化中转服务平台,做优"从蓉转"服务品牌,增强洲际中转能力,优化机场内部中转流程。全面推行国际中转通程值机行李直挂服务和通程航班"全委托"模式,缩短航空通程联运时间,为旅客提供快捷、便利、舒适的中转服务。不断提升中转时效和服务水平,提升国际中转客流比例和全球客货集疏能力。

其次,落实推进成都航空货运枢纽建设扶持政策。鼓励设立基地货运航空公司和航空货运转运(分拨)中心,增强驻场航空物流市场主体能级,提升成都国际航空货运能力、机场货运设施效能和航空物流服务品质,促进航空货运中转业务发展和航空货量、中转货量增长,持续增强成都国际航空货运枢纽功能和集聚辐射效应。创新航空口岸国际中转业务模式,围绕服务重点企业国际供应链需求,推动实现国际中转货物跨航司、跨货站操作模式的突破并实现常态化运行。结合航空货运业发展变化和成都产业需求优化货运扶持政策,以伦敦、罗马、伊斯坦布尔等枢纽干线为范例实行"航线拓展＋中转奖励"市场培育模式,积极引导航空公司做强航线网络衔接,提升成都枢纽全球资源集聚和配置能力。

（三）提升航空货物转运中心能级

从成都的国际贸易运输方式来看,航空运输已成为"第一运输方式",有效支撑了对外贸易的国际物流需求。但与上海、北京和广州相比,成都的航空货邮吞吐量还存在较大的上升空间。随着天府国际机场的建成运行,未来成都作为全国和国际航空货物转运中心的功能将大大提升。

成都已经开通法兰克福、芝加哥、阿姆斯特丹等十多个全球重要物流节点城市的国际全货运航线,充分发挥航空货运在高价值商品国际贸易中的优势。为提高航空货运转运中心的量级,双流机场在加密货运航线方面进行了多种创新。除了全货机外还开发客改货包机,自 2020 年 3 月国航推出"客改货"包机服务以来,平均每天至少有 8 架次"客改货"航班从双流机场起飞。目前成都双流国际机场客改货航线达到 30 余条。

双流机场积极与国内国际大型物流企业进行合作,设立分拨转运中心,推进客货协同发展。这一布局将促进双流机场航空货运产业发展,补齐全货机运量占比低和缺乏大型物流集成商的短板。

三、 依靠成都国际铁路港的关键助力

相对于海运和空运,铁路运输的相对优势在于时间与成本的平衡:"蓉欧快铁"运送相同的货物到达欧洲,成本只有空运的四分之一,时间只有传统海铁联运的四分之一。因此,中欧班列在陆上丝绸之路贸易中具有巨大的发展潜力,成都打造成链接中国东部与西部及"一带一路"沿线的重要国际铁路枢纽意义重大。经过近年来的快速发展,以成都铁路港为中心的,贯通亚蓉欧及链接东西部的铁路运输网络已经完成。

(一)构建以成都国际铁路港为核心的陆港主枢纽

近年来国家持续加大西部铁路投资建设和提质增效力度,从成都出发走向世界的铁路通道越来越多,比如西向中欧班列(成都)、南向铁海联运班列(蓉欧＋东盟)、东向沿江班列(蓉-汉-沪)等,这些都已成为西部连接"一带一路"和长江经济带的重要物流通道。

第一,坚持"强枢纽、畅通道、促贸易、聚产业、优环境"发展思路,加快建设成都国际铁路港物流枢纽,打造服务"一带一路"沿线国家和地区的国际供应链枢纽节点。近几年,成都在中欧班列的基础上,以西部陆海新通道建设为契机,加大完善内外铁路通道网络建设。具体方面包括:建成投运成贵铁路,推进隆昌至黄桶至百色货运通道建设,着重打造蓉桂陆海通道,稳定运行经广西钦州联通东南亚、澳新、中东的铁海联运班列和经广西凭祥至越南河内的跨境铁路班列;积极打造东南亚国际物流通道,衔接中欧国际班列西部通道,加快建设成兰(西宁)铁路,开展成都至格尔木的铁路建设研究并争取纳入国家规划;开辟经霍尔果斯出境的第二条西向国际物流通道,形成经阿拉山口至蒂尔堡、经霍尔果斯至伊斯坦布尔的泛欧铁路大通道,打通进出印度洋阿拉伯海最近的铁海联运通道;对接沿江通道,全面提升高速铁路总体等级,加快融入国家高铁网络;拓展"蓉欧＋"铁路班列货运通道,依托长江水道和沿江铁路打通连接长三角、粤港澳的东向通道,辐射日韩以及美洲地区。

第二,持续完善成都国际铁路港货运场站功能布局,构建以成都国际铁路港为主、铁路货运场站为补充的铁路货运体系,全面增强国际铁路港承载集疏功能和中欧班列集结中心、西部陆海新通道主枢纽功能。成都铁路口岸拥有一流的软硬件环境和完善的功能,由国际物流园区、成都铁路集装箱中心站和铁路保税物流中心(B型)三部分共同组成。成都铁路口岸的二号卡口直接与成都铁路集装箱中心站相连接,成功实现海关监管堆场与铁路集装箱中心站的无缝对接,极大提高货物转运效率,节约企业物流成本,口岸枢纽功能优势明显。在软件系统和智能化方面,成都铁路口岸在全国率先成功实现铁路货物装载舱单数据与口岸辅助系统互联互通,实现数据共享,口岸联检单位可与海运、空运一样实现舱单数据动态监管,及时掌握进出口商品装配信息,提高货物通关时效。

第三,完善铁路港枢纽要素功能,大幅提升集疏能级。建设中欧班列(成都)集结中心,拓展国际陆海通道网络;优化全程物流服务网络,增强全球供应链服务能力;发展适港适铁产业,打造临港适铁现代制造基地;夯实国际贸易服务载体,提升贸易发展能级:优化港区发展环境,推进"人、城、产"融合发展。

(二)强化承载枢纽集散能级和中欧班列中心功能

中欧班列(成都)自 2013 年开行以来,累计开行超过 13 000 列,进出港货值从 2017 年的 577 亿元增长到 2020 年的 1 507 亿元,年均带动四川进出口贸易 120 亿美元以上。运输出口货物主要为电子设备、笔记本电脑、电脑配件、汽车整车及零配件等货品;运输进口货物主要为飞机及零配件、磁悬浮轨道梁、汽车整车及零配件、工业电烘箱、压缩机、球连接、电子助力总成、轮胎、包装薄膜、食品及红酒等货品。

第一,着力抓好"提质、降本、增效",实现重载率、货值、开行质量的快速提升。针对沿线国家轨距不一致问题,中欧班列(成都)创新实施宽轨段集并运输模式,通过"三列并两列"有效地节省宽轨段的运输成本,全程物流成本下降 5%—10%。

第二,不断创新,实现运输质量提升。一方面,不断提升专业化服务水平,深化大客户合作关系,通过分析货源结构、货物价值特性等,为生鲜类产品、信息产品、大型家电产品等附加值较高的资本密集型商品提供专业物流解决方案。另一方面,围绕外贸需求不断推进产品创新,打造木材、整车、肉类、跨境电商、粮食、红酒、奶制品等商贸进口平台,进出口产品品类不断完善。

第三,川渝两地开展中欧班列深度合作,并加快推动川渝地区其他城市加入,积极组织货源,使更多的城市和企业搭上中欧班列飞驰到"一带一路"市场。2021年,成渝两地在中欧班列的品牌建设、统一数据、协商定价、沟通机制等方面的合作迈出了实质性步伐,实现中欧班列(成渝)统一品牌运行。成都市青白江区和达州市两地紧密合作,共同推动全川共建"亚蓉欧"产业基地,进一步凸显成都国际铁路港服务全川外向型经济发展的枢纽作用。

(三)加快"铁路＋"国际多式联运体系建设

成都依托中欧班列和西部陆海新通道建设,开展"铁路＋"多式联运"一单制"创新实践,探索创设以国际铁路为主的多式联运单证,强化陆路运输提单物权属性。大力发展多式联运,汇聚物流、商流、信息流、资金流等,创新"物流＋贸易＋产业"运行模式。通过优化"铁海""铁水""铁公""铁空"联运模式,推进多式联运示范工程,提升枢纽间衔接转换效率,进一步增强枢纽集疏、辐射功能。推进天府国际机场"动货、普货双铁进港"工程和多式联运示范工程,创新面向全球的"中欧班列＋国际客货机"陆空联运模式,开展航空中转集拼业务通关、空铁联程联运试点和空铁公运输体系一体化建设试点。目前已经成功开通成都-伊斯坦布尔、上海-泸州-成都-欧洲等多条国际多式联运通道。并积极推进成昆铁路扩能改造、成贵客专等项目,依托泛亚铁路,对接孟中印缅经济走廊、中国-中南半岛经济走廊和西部陆海新通道,连接北部湾,形成铁水联运。

在遵守国际规则的基础上,成都还加快探索创新出具有成都特色的多式联运规则和运行模式。成都将完善青白江铁路口岸多式联运海关监管中心的功能;创新基于多式联运提单的金融模式;积极探索"银担联合""银保联合"等融资模式;推动具备物权性质的多式联运运输单证市场化推广;创新国际铁路多式联运贸易融资方式;开展货物"门到门"运输,逐步形成"次委托、一口报价、一单到底、一票结算"的贸易机制。

第四节 成都提升枢纽经济能级的战略举措

一、总体思路

成都提升枢纽经济能级的总体思路是以多向度国际战略大通道为引领,依托双机场、国际陆港等关键枢纽平台,构建高效率国际枢纽战略体系,全面提升全球资源配置能力和国际供应链话语权。以国际航空、铁路、公路等多式联运网络为核心,形成覆盖全球、联通欧亚、辐射全国的现代物流和交通体系,推动成都从区域性中心向国际化枢纽跃升。深化成渝地区双城经济圈协同联动,通过共享航线资源、统筹班列布局、联动自贸试验区建设和强化产业合作,构建功能互补、资源共享、深度融合的开放经济体系。聚焦航空物流、陆港物流和多式联运的能力提升,加快打造高水平物流集散和供应链服务平台,强化成都在全球供应链体系中的枢纽地位,构筑中国西部参与国际分工的重要门户枢纽,为经济高质量发展提供强大动能。

二、战略举措

(一)打造多向度国际战略大通道,构建高效率国际枢纽战略平台

构建多层次、全方位的国际交通与物流通道体系,提升全球资源配置能力。在航空运输上,实施"48＋14＋30"国际航空客货运战略,完善国际通程航班和跨境物流航线网络,培育航空枢纽超级承运人、基地货运航司,推动航空运输通程联运、全流程数字化,优化国际中转流程,降低国际航线运营成本。在国际铁路通道上,强化中欧班列的"四向拓展"功能,打造贯通东盟和欧亚的国际铁路新通道,通过优化班列时效性、定价和多式联运整合能力,将中欧班列打造成为国际物流的优质品牌;联合跨境电商企业、全球物流公司,开辟国际班列的高价值货物专线。开拓中老铁路新通道,加强与东南亚及南亚次大陆的物流联系;推动与俄罗斯、哈萨克斯坦等国家物流枢纽对接,构建泛亚欧物流网络。在空铁联动上,强化双机场在货邮

一体化、多式联运中的衔接能力,建设国家级高速公路枢纽和现代公路联运网络。在信息通信上,打造"一带一路"信息通信枢纽,提升国际直达数据专用通道能力,推动成都成为区域性数据中心和国际信息港核心节点。

(二)依托双机场优势,打造辐射欧亚大陆的国际航空枢纽

天府国际机场定位为成都国际航空枢纽的主枢纽,是构建成渝世界级机场群的核心机场,重点打造国际客货运航空枢纽。双流国际机场定位为区域航空枢纽,主要运营国内商务航线和地区航线,保障国际公务航空业务和国际备降航班。以提升国际航空客货运能级为核心,推动天府国际机场和双流国际机场的功能协同与升级,构建服务全球的航空物流体系,强化成都在欧亚大陆航空运输中的枢纽地位。

一是加快完善天府国际机场的国际货运功能,增强其作为国际航空枢纽的核心竞争力。适时启动二期工程,扩建货机站坪、现代化的空侧航空物流中心及通关服务设施,优化机场物流园区功能布局。重点发展冷链物流、医药运输、电子产品和高附加值货物的中转处理能力,满足国际物流市场多样化需求。

二是提升双流国际机场的冷链物流能力,针对鲜活农产品、药品等特殊货物,建设高效分类监管平台和快速验放通关体系。推动航空货物运输和跨境电商物流发展,进一步拓展双流机场在国内和区域航空物流网络中的重要地位。

三是在区域协作方面,推动成渝地区共享国际航线资源,联合争取更高层次的航权开放,包括第五航权的使用权限,进一步提高国际航线密度和覆盖范围。依托成渝双机场优势,优化空域使用效率,建立协调运营机制,构建通达全球五大洲的高效航线网络。通过协同优化航线布局、客货运中转和物流服务,形成"国际枢纽＋区域枢纽"的双机场协同发展格局,增强成都的航空物流综合服务能力。

四是大力培育航空物流整合服务商,发展航空货运基地航空公司,鼓励国际货运航司在成都设立基地。重点支持发展航空货运运力规模,开通直飞欧美、澳洲和东南亚等地的全货运航线,构建稳定的洲际航空货运网络。通过深化与跨国物流企业的合作,推动航空货物运输从单一运输向综合物流服务转型,全面提升货运组织能力。

通过以上举措,成都将形成以天府国际机场为核心、双流机场为补充的国际航空枢纽体系。航空运输网络覆盖全球,国际客货运能级显著提升,成为中国西部参与国际分工和全球供应链的重要节点,为建设国际门户枢纽城市奠定坚实基础。

(三)依托国际陆港,建设高效的国际物流体系

以构建高效陆海联运大通道为核心目标,优化国际物流网络布局,全面提升铁路、公路物流枢纽的承载能力和运营效率,强化成都作为西部物流中枢的功能,服务全球供应链体系。

一是持续提升青白江国际铁路港的多式联运能力,优化中欧班列境内外服务节点和运输组织模式。加快城厢站国际集装箱功能区和多式联运转换中心建设,增强国际班列集疏运能力,夯实中欧班列集结中心地位。推进新建蒲江、东部新区国际铁路物流港项目,构建高效的铁路货运网络,推动中欧班列"四向拓展",强化通达欧亚大陆的物流辐射能力。通过拓展国际班列境外站点布局,构建覆盖"一带一路"沿线国家的国际贸易通道,提升成都在国际供应链中的枢纽作用。

二是强化成都公路物流枢纽布局,建设产业物流中心、冷链物流基地和特色物流产业园区。重点支持濛阳农产品物流基地建设,围绕鲜活农产品的高效集散与供应,提升对农业全产业链的支撑能力;加快打造"亚蓉欧"国际冷链物流基地,为医药、食品等高附加值产业提供一体化冷链物流解决方案。进一步推进金堂铁路物流中心、新津铁路物流中心和龙泉公路物流中心建设,结合区域产业发展需求,构建面向重点产业生态圈的物流支撑体系。

三是加强国际铁路港、公路港与沿江水港的联动协作,构建高效的一体化多式联运网络。依托成都国际铁路港的陆路优势和重庆果园港的水运枢纽功能,强化铁水联运班列常态化双向开行,提升货运效率,降低物流成本。同时,推动成渝物流枢纽在信息共享、服务标准化及资源整合方面的深度协作,打造"成渝一体"的物流新格局。

通过优化国际陆港和区域物流布局,成都将成为国际物流体系中的重要节点和西部区域物流中枢。以青白江国际铁路港为核心的国际班列网络和产业物流基

地为支撑,形成服务全球、辐射全国的现代化物流体系,为成都建设国际门户枢纽城市注入强大动能。

（四）强化成渝双枢纽联动,共同做强资源要素配置力

以推动成渝地区双城经济圈协同发展为主线,深化枢纽资源联动,优化国际航线、班列和物流网络布局,共同提升成渝地区在全球供应链中的地位与话语权。

一是双城枢纽协同发展。强化成渝双机场群联动,共同开发国际航线资源,优化航线布局,形成连接全球五大洲的高效航线网络。探索跨区域空域优化管理,提升空运效率,推动空域资源配置的共享化和高效化。以航空货运为突破口,协同打造面向全球的航空物流生态圈,提升两地航空货运组织和运营能力。在铁路物流方面,深化成渝两地中欧班列合作,统筹优化班列线路、运力及价格,推动去回程货物平衡运输。共享跨境电商物流网络和海外仓资源,共建“一带一路”进出口商品集散中心,形成全球货物流通枢纽。推进成都国际铁路港与重庆果园港在铁水联运上的深度合作,强化多式联运一体化衔接,提升物流服务能力。

二是自贸试验区改革联动。深化两地自贸试验区协作,推动自贸区联动创新,探索共建跨区域协同示范区。以制度创新为抓手,联合举办制度创新论坛,加强成渝两地在政策试点、经验共享及服务贸易开放上的对接合作。依托自贸试验区优势,探索共建跨境服务平台,大力发展国际仲裁、贸易融资、知识产权服务等高端服务业,增强成渝两地国际经贸合作的竞争力和话语权。

三是产业协同与合作。支持成渝龙头企业联手“走出去”,围绕装备制造、电子信息、新能源等优势产业,形成联合开拓国际市场的产业链合作模式。联合搭建跨区域国际合作园区,共同承接全球高端制造业转移,提升国际技术和资本的集聚能力。推动成渝两地在新能源技术、航空航天和生物医药等领域的技术交流与合作,加快形成具有全球影响力的产业集群。

通过双城枢纽的协同联动,成渝地区将构建功能互补、资源共享、深度融合的开放经济体系,进一步增强在全球供应链中的话语权与竞争力。成都将借此机遇,打造西部开放发展的核心引擎,助力成渝地区成为内陆开放型经济新高地。

第八章

成都强化国际消费引流功能的战略重点

"国际消费中心城市是现代国际化大都市的核心功能之一,是消费资源的集聚地,更是一国乃至全球消费市场的制高点,具有很强的消费引领和带动作用。"[①]培育建设国际消费中心城市,有利于推动地区经济高质量发展、深化对外开放,对于充分发挥国内大市场优势、强化消费对经济发展的基础性作用,以及满足人民对美好生活的向往都需要具有重要意义。

2021年,"培育建设国际消费中心城市"被写进中国"十四五"规划和2035年远景目标纲要,成为中国经济中长期建设的重要内容。除了北京、上海、广州、天津、重庆成为首批国际消费中心城市试点外,具有一定消费基础和实力的一、二线城市也纷纷培育升级自己的消费中心能级。成都拥有悠久的历史文化遗产、繁荣的商业活动和舒适的生活环境,已经具备良好的消费基础。在此背景下,建设国际消费中心城市是推动成都经济高质量发展、促进消费升级和产业转型的关键战略举措。

近年来,成都高度重视消费升级,不断探索和实践国际消费中心城市的建设,已经先后发布多类相关政策,在增强国际影响力、扩大生产和生活消费,加强市场

---

① 来自2019年商务部等14部门联合印发的《关于培育建设国际消费中心城市的指导意见》。

监管等多方面提出引导性意见。2023 年 7 月和 2024 年 2 月，成都先后出台《关于支持成都加快打造国际消费中心城市的意见》和《成都市加快打造国际消费中心城市实施方案》，更是强调增强成都在全球消费市场的集聚带动能力和资源配置能力，打造世界文创名城、旅游名城、赛事名城和国际美食之都、音乐之都、会展之都，加快建设蕴含天府文化特色、彰显公园城市特质、引领国际时尚的国际消费中心城市。

第一节　国际消费中心城市的发展背景及趋势

在全球经济一体化的浪潮中，消费市场的竞争日益激烈。国际消费中心城市作为全球消费资源的集聚地，其发展不仅受到经济因素的影响，还与文化、科技、交通等多方面的因素密切相关。近年来，随着消费者需求的不断升级和消费模式的不断创新，国际消费中心城市的发展呈现出新的趋势和特点。例如，数字化转型成为推动消费增长的重要引擎，许多城市通过建设智慧商圈、发展电子商务等方式，实现了消费模式的升级和转型。同时，文化与消费的深度融合也成为一种趋势，城市通过挖掘和利用自身的文化资源，打造具有独特文化魅力的消费场景和品牌，提升了城市的吸引力和竞争力。在这一背景下，成都作为中国西部的重要城市，也面临着新的机遇和挑战。独特的巴蜀文化和丰富的旅游资源为成都发展国际消费中心城市提供了良好的基础，但成都也需要进一步提升自身的竞争力和影响力，以更好地融入全球消费市场的发展潮流。

一、国际消费中心城市的发展背景

随着经济全球化的不断深入，国际贸易和投资日益活跃。全球贸易的自由化和便利化为国际消费中心城市的发展提供了有利条件。各国之间的商品和服务流通更加顺畅，国际消费中心城市能够更加便捷地获取全球各地的优质商品和服务资源，同时也为本地的消费产品和服务走向国际市场创造了更多的机会。例如，通过自由贸易协定和区域经济合作组织,国际消费中心城市可以享受到更多的贸易优惠政策,降低进口商品的成本,提高出口商品的竞争力,从而进一步扩大消费市场的规模和影响力。如今的消费市场已不再局限于单一国家或地区,而是逐渐形成全球性的消费网络。国际消费中心城市作为全球消费网络的重要节点,能够集聚全球的消费资源和消费群体,推动消费市场的繁荣和发展。纽约、伦敦等国际大都市依托其强大的经济实力和国际影响力,吸引了大量的国际消费者和品牌,成为全球消费市场的风向标。

城市化也同样推动国际消费中心城市的发展和升级。随着全球城市化进程的加快,城市人口不断增加。而大量的人口聚集在一起,形成了庞大的消费群体,为国际消费中心城市的发展提供了广阔的市场空间。除了市场规模,城市人口的多样化和多元化也使得消费需求更加复杂和多样,促使国际消费中心城市不断创新和丰富消费产品与服务的种类和形式,以满足不同消费者的需求。例如,在城市化进程中,城市居民对健康、娱乐、教育等服务消费的需求不断增加,催生了健身产业、文化旅游、教育培训等新兴产业的发展,丰富了城市的消费市场。同时,城市化也带来了基础设施的完善和公共服务的提升,为消费市场的繁荣创造了良好的环境条件,进一步推动了国际消费中心城市的发展。

国际消费中心的形成也与消费观念和行为模式变化相关。现代消费者已经不再仅仅关注产品的价格和质量,不再满足于基本的物质需求,而是追求更高层次的精神和文化享受,更加注重消费过程中的体验和感受,追求个性化、定制化的消费服务。例如,在购买服装时,消费者不仅看重款式和面料,还希望了解服装的制作过程、设计师的理念等,以满足自身对时尚和个性的追求。同时,消费者也更加注重消费的便捷性和效率,线上购物、移动支付等新兴消费方式受到广泛欢迎,改变了传统的消费模式和消费习惯。这种消费观念和行为模式的演变,促使国际消费中心城市不断创新消费模式和业态,提供更加丰富、多样化的消费产品和服务,以满足消费者的需求。体验式消费、分享式消费等新兴消费模式在国际消费中心城市中得到了快速发展,为消费者提供了全新的消费体验。

　　最后,科技创新也为国际消费中心城市的发展提供了强大的动力。互联网、大数据、人工智能等技术的迅速发展和广泛应用,极大地改变了消费市场的运作方式和消费者的购物习惯。线上购物平台的兴起,打破了传统零售业的地域限制,使消费者可以随时随地浏览和购买全球各地的商品,极大地拓展了消费市场的边界。大数据技术的应用,使企业能够精准地分析消费者的需求和行为,提供更加个性化的产品和服务,提高了消费市场的效率和竞争力。人工智能技术的发展,为消费者带来了更加智能化的消费体验,如智能推荐系统、虚拟试衣间等,使消费者能够更加便捷地找到符合自身需求的商品和服务。消费者可以通过网络平台轻松获取全球的消费信息,进行在线购物和支付,享受便捷的消费体验。科技的进步也推动了消费产品的创新和升级,为国际消费中心城市的发展注入了新的活力,带动消费市场的不断变革和升级。

二、 国际消费中心城市的发展趋势

(一) 全球与区域消费市场并行

　　当前,国际消费中心城市的消费市场呈现出全球化与区域化并行的趋势。在全球化方面,国际消费中心城市通过与全球市场的紧密联系,集聚全球的消费资源和消费群体,推动消费市场的繁荣和发展。国际品牌在全球范围内布局,将最新的产品和消费理念带到国际消费中心城市,满足消费者对全球时尚和潮流的追求。例如,法国的时尚品牌、意大利的奢侈品等在全球范围内的推广和销售,使得巴黎和米兰等城市吸引了大量的国际消费者前来购物和体验。

　　与此同时,国际消费中心城市在发展过程中,也会注重挖掘和利用自身的区域优势和特色,打造具有区域特色的消费市场。例如,新加坡、曼谷等东南亚地区的国际消费中心城市依托其独特的地理位置和文化特色,发展了具有东南亚风情的旅游消费、美食消费等,吸引了大量的区域消费者和游客,形成了独特的区域消费市场。

　　随着全球化的不断深入,国际消费中心城市之间的竞争和合作也将更加激烈。

城市之间将通过加强经济、文化、科技等领域的交流与合作,实现资源共享、优势互补,共同推动消费市场的繁荣和发展。一些国际消费中心城市之间可能会建立贸易合作机制、文化交流平台等,促进商品和服务的流通,加强文化活动的交流,提升城市的国际影响力和竞争力。同时,区域内的国际消费中心城市也将更加注重协同发展,通过加强区域内的经济合作、基础设施建设、市场一体化等措施,形成区域消费市场的整体优势,提升区域的消费吸引力和竞争力。

(二)消费模式多元化发展

消费模式的多元化是国际消费中心城市的发展趋势之一。一是消费方式多样化。传统的单一消费模式逐渐被打破,消费者可以根据自己的需求和喜好,选择不同的消费方式。线上消费与线下消费相结合的模式日益普及,消费者可以在网上浏览和比较商品,然后到实体店进行体验和购买,或者直接在线下单,享受送货上门的服务。线上线下融合的消费模式,不仅为消费者提供了更加便捷和丰富的消费选择,也提高了消费市场的效率和竞争力。例如,一些国际消费中心城市中的大型购物中心不仅提供传统的线下购物服务,还通过建立线上商城、开展线上活动等方式,实现线上线下的无缝对接,吸引了大量的消费者前来消费和体验。

二是消费类型多样化。体验式消费、分享式消费、绿色消费等新兴消费模式不断涌现,为消费者提供了更加丰富和多样化的消费选择。体验式消费强调消费者在消费过程中的亲身体验和感受,如主题公园、体验式餐厅等,通过创造独特的消费场景,吸引消费者前来参与和体验。分享式消费则强调消费者之间的互动和分享,如共享单车、共享住宿等,通过共享资源,降低消费成本,提高资源利用效率。绿色消费则强调消费者对环保和可持续发展的关注,选择环保、低碳、可持续的消费产品和服务,如购买有机食品、使用环保包装等,体现了消费者对环境保护和社会责任的重视。这些新兴消费模式的出现和发展,不仅丰富了消费市场的内涵和外延,也为国际消费中心城市的发展带来新的机遇和挑战。

(三)文化与消费的深度融合

文化是国际消费中心城市发展的重要内涵,未来将更加侧重文化与消费的深度融合。国际消费中心城市通常拥有丰富的文化资源和深厚的文化底蕴,通过将文化元素融入消费产品和服务中,打造出具有独特文化魅力的消费场景和品牌。例如,巴黎的时尚产业与艺术文化的结合,伦敦的博物馆与旅游消费的融合,都为消费者提供了独特的文化体验和消费享受。同时,文化活动和节庆活动也成为国际消费中心城市吸引消费者的重要手段,这些城市通过举办各种文化活动,提升城市的知名度和影响力,吸引更多的游客和消费者前来消费和体验。打造特色消费品牌是国际消费中心城市提升竞争力的关键。城市通过挖掘自身的文化特色和资源优势,培育和发展具有独特性和辨识度的消费品牌,如特色美食品牌、特色手工艺品品牌等,增强品牌的市场影响力和消费者忠诚度,提升城市的消费吸引力和竞争力。

此外,文化与消费的深度融合也能促进国际消费中心城市中文化创意产业的发展。文化创意产业以文化为核心,通过创意和创新,将文化资源转化为具有市场价值的消费产品和服务。例如,动漫产业、影视产业、设计产业等,都是文化创意产业的重要组成部分。这些产业的发展不仅丰富了城市的消费市场,也为城市的经济发展注入了新的活力。国际消费中心城市通过加大对文化创意产业的支持和投入,推动文化创意产业与消费市场的深度融合,打造具有文化特色的消费品牌和产品,提升城市的国际竞争力和影响力。

（四）可持续发展与绿色消费

随着人们对环境保护和可持续发展的重视,国际消费中心城市的发展也呈现出可持续发展与绿色消费的趋势。城市在发展消费市场的同时,注重生态环境的保护和资源的合理利用,倡导绿色消费理念,鼓励消费者选择环保、低碳、可持续的消费产品和服务。例如,发展绿色建筑、推广绿色交通、建设绿色商圈等,都是国际消费中心城市在可持续发展方面的重要举措。同时,消费者也越来越关注产品的环保性能和企业的社会责任,绿色消费逐渐成为一种时尚和潮流,推动国际消费中心城市向更加可持续和环保的方向发展。为满足消费者对绿色、环保、可持续消费的需求,国际消费中心城市也不断创新和优化消费模式和业态,尤其是发展循环经济、共享经济等新型经济模式,提高资源的利用效率和循环利用率,减少资源的浪费和环境污染。

(五)科技赋能推动消费场景创新

随着科技的不断进步,国际消费中心城市将更加注重科技在消费领域的应用,推动消费场景的创新和升级。如利用虚拟现实、增强现实技术打造沉浸式的购物体验和娱乐消费场景;运用大数据和人工智能技术实现消费的个性化推荐和精准营销,提供更加贴心的消费服务;促进消费支付方式的创新,提高消费的便捷性和安全性,等等。未来,国际消费中心城市中的消费场景将更加智能化和个性化。消费市场的数字化转型,也为国际消费中心城市带来更多的发展机遇和挑战。

三、 成都建设国际消费中心城市的基础和现状

(一)成都建设国际消费中心城市的基础

一是人口和经济支持。2023 年,成都常住人口超过 2 100 万,GDP 规模高达2.2 万亿元以上,人均国内生产总值已突破 1 万美元重要关口,在中西部地区的区域中心城市中独树一帜。坚实的人口和经济基础为城市的综合发展提供了有力支撑,在国际消费中心城市的建设进程中展现出显著的优势和潜力。在消费市场方面,成都人均可支配收入的上升与庞大的人口规模,以及成都居民本身较高的消费意愿和开放的观念,共同促进成都消费市场的扩容。近年来,成都社会消费品零售总额不断攀升,2023 年成都迈入消费万亿元城市行列,排名仅次于上海、北京、重庆、广州和深圳。从消费人口结构来看,成都的中青年消费群体占比突出,根据全国第七次人口普查数据,成都 15—64 岁的常住人口占比为 73.1%,其中年轻消费者更是占了半壁江山,成为支撑消费市场发展的绝对主力。他们的消费观念新颖、敢于尝试,为成都市的消费市场注入了新的活力和创新元素。在对外贸易领域,2023年,成都外贸进出口总额达 7 489.8 亿元,居中国中西部城市第一位,增长态势强劲。不仅体现了成都在国际贸易中的地位和影响力,也为其在国际消费中心城市的建设中提供了有力支持。

二是相对发达的产业基础。成都在商贸、旅游、餐饮、文体及会展等领域均具备较为深厚的产业基础,对于消费中心城市的发展起到强有力的支撑作用。在商贸领域,成都依托四川地区丰富的资源禀赋和优越的地理位置,成功吸引了众多国内外知名品牌和企业汇聚,商贸集聚效应凸显。在旅游领域,成都被誉为"天府之国"和"休闲之都",以其独特的文化魅力和自然风光吸引了大量国内外游客。同时,成都还积极推动旅游与相关产业的融合发展,形成了"旅游＋文化""旅游＋农业""旅游＋体育"等多元化旅游业态。在餐饮领域,成都以其独特的川菜文化和美食魅力享誉国内外。2023 年,成都餐饮收入达 1 821.6 亿元,占四川全省餐饮收入的 50％,占全国餐饮收入超过 3.4％。此外,成都还积极引进国际知名餐饮品牌和连锁企业,推动餐饮业的国际化发展。在文体领域,成都通过加强文化创意产业和体育产业的发展规划和政策扶持,成功打造了多个具有国际影响力的文化品牌,被誉为"中国文创第三城""中国动漫游戏第四城""中国电影第五城",在带动相关产业快速发展的基础上,也提升了成都的文化软实力和国际知名度。

三是不断完善的交通网络。在构建国际消费中心城市的过程中,成都也不断优化和拓展交通网络,为城市的国际贸易和人员往来提供了坚实基础,进一步强化国际消费的引流功能。成都已经初步建立了以双流国际机场、天府国际机场、国际铁路港为核心的国际门户枢纽体系。截至 2024 年 11 月,成都国际班列已联通境外 100 多个城市,形成中欧(亚)班列、西部陆海新通道班列、中老(越)班列等多向度班列协同运行格局,建立起以成都为主枢纽,西至欧洲、北至蒙俄、东联日韩、南拓东盟的国际班列线路网络和陆海货运配送体系。成都已经成为中国距离欧洲最近的最大航空枢纽和关键铁路枢纽,交通网络促进区域的产业集聚,规模效应日益凸显,成都初步形成了以冷链、五金机电、家居建材等为主的中国西部最大商品集散地。

四是特色鲜明的文化底蕴。成都的文化底蕴源远流长,巴蜀文化与客家文化在这里交融共生,为城市注入了独特的文化基因。这座城市见证了历史的沧桑变迁,留下了众多珍贵的文化遗产。无论是金沙遗址的神秘面纱,还是杜甫草堂的诗意盎然,抑或武侯祠的英勇传奇,都成为成都的亮丽名片。成都的文化底蕴不仅仅体现在历史遗产上,更融入了城市的日常生活之中,街头巷尾都充满着浓郁的文化氛围,川剧变脸、蜀绣工艺等多类传统艺术的传承和各类民俗活动的举办,也为市民和游客提供了丰富多彩的文化体验。传统文化元素与现代商业相结合,有利于打造独具特色的消费品牌,为消费者带来全新的消费体验。

五是持续优化的政策环境。地方政策环境的不断优化也为成都建设国际消费中心城市,集聚国际消费资源,强化国际消费中心功能起到重要作用。政策环境的改善一方面来自国家层面的战略支持。成都自2016年获批国家中心城市后,还获批成为跨境电商综合试验区和服务贸易创新发展的先行城市,成都对区域的辐射带动能力进一步增强。另一方面,成都市政府高度重视城市消费规模和消费能级的提升。通过发布一系列具有前瞻性和指导性的政策文件,如《建设具有国际影响力购物天堂行动计划》等,成都明确了建设国际消费中心城市的目标和路径。此后更是不断完善和调整政策实施方案。2024年2月,成都市政府出台了《成都市加快打造国际消费中心城市实施方案》,明确实施消费新高地、消费新空间、消费新场景、消费新模式、消费新格局及消费新环境六大工程,推动成都消费市场的国际化、现代化和高质量发展。同时,借助自贸试验区建设和内贸流通体制改革试点的契机,成都积极放宽外资准入,打造法治化、国际化的营商环境,并创新市场监管手段,为消费市场的繁荣和规范提供了有力保障。成都在体制和政策创新方面的积极探索,也为国际消费中心城市建设注入了新的活力。例如,成都率先成立新经济发展委员会,以推动数字经济等新兴产业的发展为引领,为消费市场注入新的动力;成立博览局,旨在加快会展业的发展,提升城市在国际会展领域的影响力和竞争力。这些创新举措不仅体现了成都对新兴消费领域的敏锐洞察和战略布局,也为其建设国际消费中心城市提供了独特的优势和动力。

(二)成都建设国际消费中心城市的现状

第一,消费市场规模增长速度较快。在构建国际消费中心城市的过程中,成都在消费市场规模的增长上呈现出令人瞩目的态势。其经济腹地宽广深厚,为消费市场的迅速扩张提供了坚实的基础。自 2006 年跨越社会消费品零售总额千亿元大关后,成都的消费市场便以超高的速度持续攀升,年均增长率保持在两位数以上。至 2023 年,成都已在消费市场规模上稳居全国第六的领先地位。

成都消费市场规模的快速提升与其强大的国内外消费客流集聚能力密不可分。据统计,2023 年成都的常住人口已达到 2 140.3 万人,位居全国城市第四位。同时,成都还是中国中西部地区拥有世界 500 强企业和外国领事机构最多的城市之一,进一步增强了其对国内外来访者的吸引力。常住人口中的外籍人士数量已经超过 10 万人,位居全国第四,仅次于北京、上海和广州。成都市场规模的增长也来自庞大的旅游消费群体。成都曾被联合国世界旅游组织评为“中国最佳旅游城市”,被美国有线电视新闻网评选为全球首选的旅游目的地之一。2023 年,成都接待的国内游客数量高达 2.8 亿人次,国内旅游收入高达 3 700 亿元,分别占到全国的 5.7%和 7.5%;接待的入境游客数量达 287 万余人次,占全国的 3.5%。

第二,全球消费资源集聚能力较强。成都在国际消费中心城市的建设中展现了强大的全球消费资源集聚能力。根据仲量联行发布的《全球零售商目的地报告》,成都在全球主要消费城市中的排名位居前列(23 位),特别是在奢侈品零售领域,排名中稳居第 16 位,其吸引力仅次于上海和北京,稳坐中国内地城市的第三把交椅。众多头部奢侈品牌选择在成都开设门店,不仅提升了城市的商业资源品质,也揭示了成都在国际品牌战略布局中的核心地位,以及其在中西部地区中极佳的消费吸引力。在国内比较中,成都的购物中心消费指数位列全国第四,引进的首店数量也位居第三。特别是其标志性的商业街区—春熙路,在 2019 年的中国美好街道评选中荣获第二名,这无疑为成都的商业魅力增添了浓墨重彩的一笔。

根据 2023 年仲量联行发布的《国际消费中心城市建设年度报告》,基于首店落户、快闪时尚活动及国际重奢品牌的分布等多个维度指标的测算,成都的时尚先锋度紧随上海和北京之后,位居前五,零售资源的聚合能力也仅次于京沪两地,展现出了强大的品牌吸引力和市场容纳力。

表 8.1　国内城市消费品牌指数

城市	国际重奢品牌指数	品牌规模指数	品牌覆盖率
上海	100	100	96.8
北京	100	92.2	93.5
成都	73	71.3	93.5
深圳	52	57.7	90.3
杭州	46.5	53.0	87.1
南京	38.5	43.9	77.4
广州	36.8	44.3	80.6
重庆	34.5	41.1	74.2
沈阳	34.3	38.8	67.7

资料来源：仲量联行《国际消费中心城市建设年度报告》。

第三，多元化消费场景更加成熟。成都的消费环境体现了其多样化的特点和成熟的商业业态，尤其在高端商业载体和国际化程度方面表现突出。依托丰富的商业资源，成都已经形成了以中央商业区等 6 个城市主力商圈为核心的多中心购物消费和商务活动密集区。这些商圈与 32 条特色街区和 37 个服务业集聚区相互交织，为消费者提供了广泛的消费选择。其中，高品质购物中心如 IFS、太古里等已经成为成都高端商业的代表性名片，不仅展示了城市的商业魅力，也提升了消费者的购物体验。

在餐饮多元度方面，成都不仅拥有米其林餐厅和黑珍珠餐厅，也有中华老字号餐厅，更有丰富的社区餐饮业态。根据"2023 年米其林指南城市榜单"，成都是中国内地第四个入围米其林榜单的城市，共上榜 57 家餐厅。就成都的社区餐饮业态而言，小吃快餐在餐饮门店中的占比接近 50%，中餐和火锅各占 20%（图 8.1）。在与北京和上海知名商圈的比较中，成都春熙路商圈的餐饮门店密度达到每平方千米 684 家。成都两大商圈的餐饮消费满意度和业态丰富度也接近北京和上海水平。

在娱乐丰富度方面，成都提供了多样化的娱乐选择，如酒吧、书店、电影院和健身房等。这些娱乐场所不仅满足了物质消费的需求，也满足了居民的精神和文化需求，反映了城市夜经济的繁荣和居民文化生活的丰富。在宜居便利度上，成都众多的便利店和超市推动了"一刻钟便民生活圈"的建设，体现了城市的宜居性和消

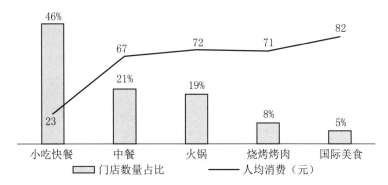

图 8.1　2023 年成都社区各餐饮业态情况

资料来源:成经智库,网络公开数据整理。

费的便利性。同时,新零售品牌如盒马鲜生和超级物种等的出现,为消费者提供了更多样的购物和餐饮体验。这些新兴业态在满足年轻消费者偏好的同时,也推动了消费升级和城市经济的发展。

第四,城市品牌建设走向国际。成都体现了中国历史文化名城与现代化大都市的交融,近年来在城市品牌建设方面取得了明显的成效。例如,在大熊猫文化方面,成都充分利用大熊猫作为国宝的独特魅力及其在国际上的广泛认知度,通过多种文化载体和传播途径,将大熊猫文化推向世界。"熊猫与世界——中国大熊猫保护文化艺术全球巡展"活动在 2015—2017 年间连续在四个国家的七个城市举办,有效增强了成都及大熊猫文化的国际影响力。同时,成都与央视网合作推出的"熊猫频道"(iPanda)以其有趣的内容和互动形式吸引了全球超过 1 500 万的活跃用户,

表 8.2　国内知名商圈消费比较

商圈名称	门店密度 (家/平方千米)	平均消费水平 (元/人)	消费满意度	业态丰富度
上海-南京西路商圈	889	117	4.01	2.68
北京-王府井商圈	429	120	3.98	2.72
北京-CBD 商圈	448	129	3.93	2.84
成都-春熙路商圈	684	57	3.77	2.62
成都-交子公园商圈	140	110	3.79	2.54

注:消费满意度由平均评分度量,业态丰富度由香农指数度量,指数越高,多样性越高。
资料来源:成经智库,网络公开数据整理。

进一步拓宽了大熊猫文化的国际传播渠道。

在川菜美食方面,从餐饮品牌影响力来看,成都有"海底捞""小龙坎火锅""茶百道""书亦烧仙草"等9家餐饮品牌入围红鹰奖"2023年度餐饮品牌力百强榜",仅次于上海和北京,其中"海底捞"成为全国第三大影响力品牌。成都成功将川菜打造成为首个被联合国教科文组织(UNESCO)认可推广的中国菜系。2010年,成都荣获联合国教科文组织授予的"美食之都"称号,成为亚洲首个获此殊荣的城市;2017年,国际慢食协会(Slow Food International)授予成都"慢食之都"称号,进一步巩固了其在全球美食领域的领导地位。成都还在美国旧金山、洛杉矶等城市设立了官方川菜海外推广中心,积极推动川菜企业"走出去",深化了成都美食文化的国际交流与合作。

总体来说,成都在建设国际消费中心城市的过程中,尽管与北京、上海、广州等一线城市相比仍存在一定的差距,但其发展态势均衡且积极向好。尤其是在商业节事活动影响、消费场景营造,以及零售资源聚合等方面名列全国城市前茅。

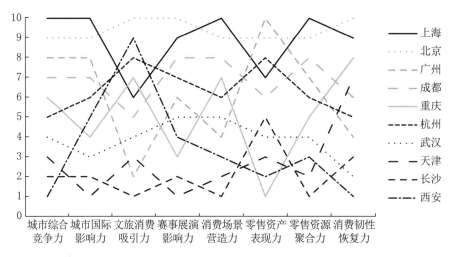

图8.2　主要消费中心城市竞争力指数

资料来源:仲量联行《国际消费中心城市建设年度报告》。

第二节　国际消费中心城市的典型案例

在建设国际消费中心城市的过程中,一些国内外城市的成功经验值得借鉴。这些城市通过创新的商业模式、独特的消费场景、完善的基础设施和良好的政策环境,实现了消费市场的繁荣和城市的快速发展。

一、 纽约：产消融合提升消费活力

通过深度融合产业与消费,纽约实现了城市消费活力的提升。其产消融合策略主要体现在以下几个方面:一是传统产业升级。纽约通过消费需求反向牵引,使历史悠久的服装业在曼哈顿中城得以留存并实现产业升级。服装区依托其地理优势,承接百老汇等时尚潮流发布地的大量时装需求,实现了从低端成衣制造向高端品牌服装制造的转型,为城市创造了新的经济增长点。

二是夜经济与工业区活化。纽约的切尔西市场作为夜经济的亮点,从食品工厂演变为生活休闲中心,丰富了零售、艺术、文化活动等业态,成为纽约夜经济的一张名片。这种转型不仅提升了工业区的消费活力,还吸引了科技企业入驻,体现了纽约科技中心与消费中心相辅相成的特点。

三是历史街区功能混合。纽约 Soho/Noho 街区通过功能混合为导向的场景活化,保留了画廊、博物馆等文化艺术机构,实现了历史街区的有序商业化。这种模式不仅保护了城市文化特色,也为城市产业发展提供了动力。

二、 巴黎：文化魅力塑造城市品牌

巴黎通过品牌资产与文化魅力双重驱动提升消费引流功能,主要表现在:一是城市品牌形象的全球传播。巴黎通过强化"浪漫之都"和"时尚之都"的城市形象,利用其丰富的历史文化资源和时尚产业,如埃菲尔铁塔、塞纳河、卢浮宫等标志性景点,以及巴黎时装周、艺术博览会等大型活动和国际盛事,在全球范围内传播其城市品牌,吸引游客和消费者。

二是城市感官体验的深度打造。巴黎注重视觉和听觉感官体验的整合营销,通过城市色彩规划、市徽设计、城市宣传片制作,以及音乐节等活动的举办,增强了城市品牌的吸引力和影响力,提升了城市的外在吸引力。

三是商业品牌与城市形象的联动。巴黎的国际知名品牌如路易威登、香奈儿等,在全球范围内推广和营销,将巴黎的时尚、浪漫、先锋与惊喜带给了全球消费者,同时也将巴黎城市形象推广至世界各地。

三、 迪拜:创新营销构筑国际消费枢纽

迪拜通过创新营销策略,以奢华体验为特色,成功塑造了其作为国际消费枢纽的形象,吸引全球游客和消费者。一是构建世界级的奢华旅游目的地。迪拜在基础设施建设方面投入巨资,如成立阿联酋航空公司、建成迪拜国际机场等,使得迪拜成为全球航空业的中心。此外,迪拜以其豪华酒店、购物中心和娱乐设施而闻名,如帆船酒店、迪拜购物中心和棕榈岛亚特兰蒂斯酒店等,这些地标性建筑不仅提供了高端的旅游体验,也成为迪拜的国际名片。

二是实施创新的城市营销战略。迪拜政府通过举办一系列国际赛事和文化活动,如迪拜赛马世界杯和迪拜国际电影节,以及建设世界最高建筑哈利法塔和世界最大购物中心迪拜购物中心,不断刷新城市形象,吸引全球目光。

三是提供便捷的旅游和购物服务。迪拜对多国实施免签和落地签政策,简化了入境流程,同时在机场和商场内提供多元化服务,如银行、电信和移民局服务,极大地方便了国际游客。

四是打造多元化的商业和文化活动。迪拜通过举办各种展览、会议和节日庆典活动,如迪拜购物节和迪拜美食节,为游客提供了丰富多彩的体验,同时也促进了商业和文化的发展。

四、 上海：战略活动及服务创新激活国际消费

上海通过精心策划的国际消费季活动、全球合作伙伴计划,以及 144 小时过境免签政策,有效提升了城市的国际消费吸引力。一是打造国际消费季活动。在"上海之夏"国际消费季期间,上海通过整合商业、旅游、文化、体育和展览等资源,开展了百余场活动,如"金字塔之巅"古埃及文明大展和首届上海国际邮轮节等,不仅丰富了城市文化生活,也提升了上海的国际形象和消费吸引力。

二是实施全球合作伙伴计划。上海与全球合作伙伴如中国移动、中国东方航空等联合推出贴心服务举措,为境内外旅客提供多元化的城市消费体验。例如,上海与航空公司合作,为转机旅客提供便捷的交通服务和旅游信息。这些合作增强了上海作为国际旅游和消费枢纽的吸引力,同时也为上海带来了更多的国际曝光和客流。

三是利用 144 小时过境免签政策。上海充分利用 144 小时过境免签政策,通过优化支付、通信、交通出行和旅行住宿方面的服务,营造了近悦远来的消费环境。这些措施不仅为过境旅客提供了便利,也为上海的商业和旅游业带来了新的增长点。

第三节　成都建设国际消费中心城市的行动路径

一、 成都建设国际消费中心城市的瓶颈问题

(一) 消费的集聚和引领能力还有提升空间

从消费市场规模的角度看,成都与国内外领先的消费中心城市相比还存在一定差距。2023 年成都的社会消费品零售总额(10 001.6 亿元)尚未达到北京(14 462.7 亿元)和上海(1.85 万亿元)的 70%,也低于重庆(15 130.25 亿元)、广州(11 012.62 亿元)和深圳(10 486.19 亿元)。这表明,尽管成都是人口排名全国第四

的特大城市,但其消费市场规模仍有待进一步扩大。同时,从国际视角来看,成都在全球消费城市中的排名也有待提升,特别是在吸引跨境零售商和奢侈品零售商方面,与一些世界知名的消费中心城市相比,成都还存在明显的差距。

不仅如此,成都对外来消费,特别是国外消费的吸引力相对不足。以旅游业为例,尽管成都近年来在接待入境游客数量和旅游外汇收入方面有所增长,但在全国副省级城市中的排名并不突出。与北京、上海和广州等城市相比,成都的入境游客

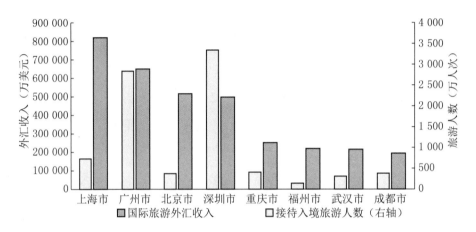

图 8.3　2019 年国内主要消费中心城市入境游客及外汇收入

资料来源:各地市统计年鉴。

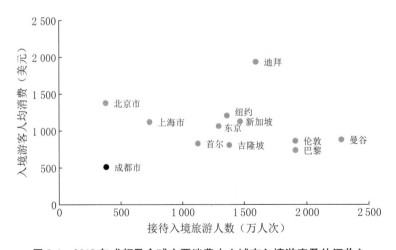

图 8.4　2019 年成都及全球主要消费中心城市入境游客及外汇收入

资料来源:MasterCard Global Destination Cities Index 2019。

数量和旅游外汇收入均较低。此外,从消费水平来看,成都接待的入境游客人均花费也低于国内的一些城市,与国际消费中心城市相比差距更大。这表明,成都在吸引外来消费方面还有待加强。

从消费结构来看,成都接待的国内游客中人均基本消费占比高达72.7%,而人均非基本消费仅占27.3%,表明成都的消费市场仍有待升级,需要进一步提高非基本消费的比例,以满足消费者日益多元化、个性化的需求。

在引领新型消费发展方面,成都的作用也尚不突出。目前,成都的新兴消费业态和消费模式大多是从北京、上海等消费发展领先的城市引入,缺乏原创性和独特性,这在一定程度上影响了成都对外来消费的吸引力和辐射力。近年来,中国西部地区其他城市经济发展提速,也在积极吸引新兴消费业态,与成都的消费市场竞争日益加剧,这也在一定程度上削弱了成都消费的引领作用。

(二)消费相关产业发展水平有待提高

国际消费中心城市的发展依赖于知名和多样化的国际品牌,也得益于优秀的本土品牌及其关联的产业。目前成都在本土品牌的质量、品牌影响力及设计创新方面尚有欠缺,需要加速向产业链的中高端转型。以蜀锦和蜀绣为例,这些拥有地域特色的产品目前面临品类单一、品质和品牌知名度不足的问题,限制了其时代创新性及国际影响力。

成都的服务业,特别是消费服务业的发展水平仍需提升。数据显示,2023年成都服务业的增加值占比为68.4%,相较于北京、上海分别低16.4和6.8个百分点。与国际顶级消费中心城市相比,成都的服务业发展水平更是存在明显差距。此外,成都的服务业企业实力相对薄弱。以商贸零售业为例,2022年成都限额以上批发零售企业的销售总额不足上海的10%,且单店效益也仅为上海的一半左右。相较于全球知名的消费中心城市,成都缺乏综合实力较强、能够在全国乃至全球范围内提供服务的总部企业和具有国际市场影响力的本土跨国公司。这些都限制了成都作为国际消费中心城市的发展。因此,成都需要在品牌建设、服务业提升及企业实力增强等方面采取具体措施,以促进其向国际消费中心城市的转型。

表 8.3　2022 年全国重点城市商贸业发展情况

城市	限额以上批发零售业商品销售总额（万亿元）	限额以上批发零售企业平均销售额（亿元/个）
上海	15.47	9.46
北京	9.07	8.45
广州	5.72	3.76
宁波	4.68	5.27
深圳	4.54	3.30
天津	4.54	4.68
杭州	4.45	6.18
厦门	3.67	7.91
苏州	2.97	4.47
南京	2.08	3.62
青岛	2.00	4.73
重庆	1.99	2.64
无锡	1.97	3.35
佛山	1.73	2.95
成都	1.69	4.75
武汉	1.54	4.69
福州	1.49	2.94
西安	1.49	5.44
沈阳	1.30	6.08
济南	1.28	2.53

资料来源：《中国城市统计年鉴》。

（三）消费资源开发和标识性场景营造相对不足

成都虽然在传统消费资源方面拥有得天独厚的优势，如"乐享生活"的消费文化、丰富的世界自然文化遗产、蜚声中外的成都美食，以及精美的蜀锦蜀绣等，但这些资源的深度发掘和提炼尚显不足，充分结合时代潮流又兼具中国风与国际范的消费特色尚不鲜明。如成都美食尽管普及率和知名度较高，但在标准化、连锁化和国际化方面仍有待提升。

成都在商圈资源的挖掘上也略显不足，与国内外知名商圈相比，成都的商圈发展在辐射能力、影响力及美誉度等方面仍存在一定差距。目前成都已有太古里和IFS 两个百亿级商业项目，以及万象城和 SKP 两个五十亿级商业项目，在数量上跻身全国城市前五,但与上海拥有三个百亿级、七个五十亿级商业项目比仍略显不足。

此外,景观资源的深度挖掘也是成都需要关注的重点。城市的观赏度对于吸引消费者具有重要作用。尽管成都拥有丰富的历史景观、自然景观和人工景观,但这些资源与消费场景的系统融合性仍需加强,以打造出更具吸引力的城市消费环境。

（四）消费环境的软硬件建设存在短板

在消费城市的基础设施建设方面,成都的交通网络仍有待完善。成都的国际航线网络在覆盖欧、美、澳等主要经济体上较为有限,航班起降架次显著低于上海和北京,与广州相比也存在不小的差距,这直接限制了成都作为国际消费中心城市的全球连通性和吸引力。在商贸和旅游领域的基础设施方面,成都同样存在短板。例如,各主要商圈之间,以及商圈与交通枢纽、旅游景区之间的衔接不够顺畅,配套设施如停车场、交通站点、无线网络覆盖等有待进一步完善。旅游集散换乘中心、自驾游营地、公共厕所等旅游基础设施不仅数量不足,而且布局和功能也存在明显缺陷,这在旅游高峰期尤为凸显,严重影响了游客的满意度。在酒店配套服务方面,成都与同为西部城市的重庆相比也存在显著差距,三星级酒店数量不及重庆,这在一定程度上削弱了成都作为国际消费中心城市的接待能力。此外,成都还需要在提升基础设施的国际化水平上下功夫,如在主要商圈、旅游景点、交通枢纽等重点区域实现多语言标识的全面覆盖。

在消费环境的软实力方面,成都在健康、旅游、养老等领域的从业人员专业水平有待提高,服务质量和消费体验仍有进步空间。职业教育经费支出的相对不足在一定程度上制约了消费行业人才队伍的建设和发展。在提升消费便利度的服务提供上,成都与北京、上海、广州等城市相比存在一定差距,例如在离境退税商店的数量上就远远落后于北京和上海。

（五）相关体制机制尚待完善

在推进成都建设国际消费中心城市的过程中,体制机制、行业标准及市场开放程度等方面也仍需进一步改善。

政府管理体制方面,在商贸、旅游、文化、餐饮等多个消费领域,各管理部门之间职能交叉,缺乏有效的联动机制,使得商圈内经营主体在特定情况下会面临过严的管控和"一刀切"的情况。此外,现代信息技术在行业管理上的应用相对有限,特别是在旅游行业,针对景区旺季时人满为患、淡季时资源闲置的情况,信息发布预警系统有效性、数字化管理水平等有待提升。

在行业标准上,旅游、文化、康养等行业中尚缺乏细分领域的专门标准,现有标准的可操作性不强,难以满足消费升级的需求。同时,共享经济、人工智能等新型消费领域的标准规范制定相对滞后,一定程度上影响政府的有效监管和市场的规范发展。

二、 成都提升国际消费中心能级的战略方向

结合国际经验和成都目前的发展现状,提升成都消费中心能级、增强成都在全球消费市场中的影响力和竞争力,可从以下几个方向发力。

(一)扩大消费市场规模,提升消费品质

消费市场规模的进一步扩大是成都提升国际消费中心能级的基础。成都应充分利用庞大的人口基数和不断增长的经济实力,进一步挖掘和释放消费潜力,吸引更多的国内外消费者前来消费。一方面,要积极培育新的消费增长点,如发展新兴消费业态、拓展消费领域、创新消费模式等,满足消费者日益多样化和个性化的需求。另一方面,要提升消费品质,引导企业加强产品质量和服务水平的提升,打造高品质的消费产品和服务,提高消费者的消费满意度和忠诚度。

(二)增强消费集聚能力,打造特色消费地标

增强消费集聚能力是成都提升国际消费中心能级的关键。成都应通过优化城市空间布局、完善消费基础设施、提升消费环境等措施,打造一批具有国际影响力的特色消费地标,吸引消费资源和消费者向这些区域集聚。可以重点打造春熙路、太古里等核心商圈,提升其国际化水平和消费吸引力,使其成为成都的消费名片和

国际游客的必游之地。此外,还可以依托成都的自然景观和文化资源,打造一批特色消费小镇、文化旅游街区等,为消费者提供多样化的消费选择和独特的消费体验。

（三）推动产业融合发展,提升产业支撑力

产业融合发展是成都提升国际消费中心能级的重要支撑。成都应积极推动商贸、旅游、文化、会展等产业的融合发展,形成产业协同发展的良好格局,实现资源共享、优势互补,创造出新的消费产品和服务,满足消费者多样化的需求。如推动旅游与文化的深度融合,打造文化旅游产业链,开发文化旅游产品,提升旅游消费的附加值;推动商贸与会展的融合发展,借助会展活动的影响力和集聚效应,促进商品的展示和交易,带动相关产业的发展。与此同时,成都还应注重发展高端服务业和新兴产业,提升产业的整体水平和国际竞争力,为消费市场的发展提供强有力的产业支撑。

（四）完善交通网络,提升国际通达性

完善的交通网络是成都提升国际消费中心能级的重要保障。成都应进一步加强交通基础设施建设,提升交通网络的国际化水平和通达性,方便国内外消费者和商品的进出。一方面,要加快航空枢纽建设,拓展国际航线网络,提高航班密度和航线覆盖范围,增强成都的国际航空枢纽地位;另一方面,要完善铁路、公路等交通设施,提升其运输能力和服务水平,实现与周边城市和地区的快速连接。另外,成都还应加强城市内部的交通设施建设,优化交通组织和管理,提高交通的便捷性和效率,为消费者提供良好的出行体验。

（五）优化政策环境,提升消费吸引力

优化政策环境是成都提升国际消费中心能级的重要手段。成都应制定和完善支持消费市场发展的政策措施,加强政策的创新性和灵活性,为消费市场的繁荣和产业发展提供有力保障。例如,可以出台促进消费增长、支持品牌建设、鼓励创新发展的政策措施,激发市场主体的活力和创造力;还可以通过提供税收优惠、财政补贴、金融支持等方式,吸引国际品牌和企业进入成都市场,提升成都的消费吸引力和竞争力。同时加强市场监管和规范,维护市场秩序和消费者权益,营造公平、诚信、安全的消费环境,增强消费者的消费信心和满意度。

第四节 成都提升国际消费引流功能的战略举措

为提升成都的国际消费引流功能,更好地吸引和集聚全球消费资源,成都应采取一系列切实有效的战略举措,全方位打造具有强大吸引力和影响力的国际消费目的地。

一、 创新国际消费产品和服务,打造标识性消费场景

创新是推动城市经济增长的核心动力。强化国际消费产品和服务创新,可以满足消费者日益增长的多样化需求,吸引全球范围的消费者。而标识性消费场景的打造,不仅为消费者提供独特的购物和休闲体验,也成为城市的文化符号和全球名片。

（一）推动科技创新与消费升级联动

成都应以创新为核心动力,构建科技创新与消费升级的联动机制。通过鼓励企业在消费产品和服务上进行创新,与数字化、智能化消费新业态相匹配,推动信息技术与消费的协同应用。例如,成都可以依托三星堆、大熊猫等特色文化资源,开发具有城市标识的消费产品,提升成都品牌的全球知名度。

（二）打造标识性城市消费场景

成都应将传统文化与现代消费模式相结合,深入挖掘并充分利用城市的历史文化资源,重点打造一批具有国际范和成都味的特色商业街区。如对春熙路、太古里等核心商圈进行升级改造,打造集购物、餐饮、娱乐、文化于一体的国际化消费街区;对宽窄巷子、锦里古街等具有成都传统文化和历史底蕴的场所作深度挖掘,在国际化改造基础上打造特色商业街区,以三国文化、川剧文化等为支撑,为消费者提供独特的文化消费体验。

（三）探索与国际知名 IP 的合作

成都可以探索与国际知名 IP 的合作，将国际 IP 转化为成都的名片，提升成都的国际消费吸引力。可通过打造系列演艺、会展、赛事活动，吸引更多的国际游客，增加城市的国际知名度与消费活力。

二、培育和深化国际消费品牌

消费品牌的建设和推广对于打造国际消费中心城市也至关重要。具体举措包括引进国际知名消费品牌以提升城市的国际形象，培育本土消费品牌以推动品牌升级和国际化，以及打造品牌孵化平台等方面。

（一）引进国际知名品牌

成都应积极引进国际知名品牌，提升城市的国际形象和消费吸引力。通过出台优惠政策、提供便利条件等方式，吸引国际一线品牌在成都设立旗舰店、专卖店、体验店等，丰富城市的消费品牌矩阵。同时，还可以加强与国际品牌的合作，举办国际品牌首发活动、时尚秀、新品发布会等，以提升成都的时尚影响力和品牌集聚度。

（二）培育本土品牌

培育本土品牌是提升成都国际消费竞争力的重要途径。成都应加大对本土品牌的扶持力度，鼓励企业加强品牌建设，提升产品质量和服务水平，打造具有国际竞争力的本土品牌。例如，可以重点培育成都的美食品牌、文创品牌、旅游品牌等，通过加强品牌宣传推广、提升品牌附加值、拓展国际市场等措施，提升本土品牌的知名度和美誉度，使其成为成都的消费名片和国际形象代表。

（三）打造品牌孵化平台

为培育更多具有国际竞争力的消费品牌，成都应打造一批品牌孵化平台，为品牌企业提供全方位的支持和服务。例如，可以建设品牌孵化基地、品牌创新中心、品牌展示交易中心等，为企业提供品牌策划、设计、推广、融资、培训等专业服务，帮助品牌企业快速成长和发展。同时，还可以加强与国内外品牌机构和专业人才的合作,引入先进的品牌理念和管理模式,提升成都品牌孵化的能力和水平。

三、 提升国际通达性和流通效率

提升商品和服务的流通效率不仅可以降低企业运营成本,还有利于提高消费者的信心和满意度,是构建国际消费中心城市的重要支撑。

(一)加快航空枢纽建设

成都应进一步加快航空枢纽建设,提升国际航空枢纽地位。通过拓展国际航线网络,增加航班密度和航线覆盖范围,实现与全球主要城市和地区的快速连接;进一步提升机场的基础设施和服务水平,打造国际一流的航空枢纽机场,为国内外消费者提供便捷、舒适的航空出行体验。

(二)完善铁路和公路交通

铁路和公路交通是成都对外联系的重要通道。成都应加强铁路和公路交通网络的建设,提升其运输能力和通达性,如加快成渝中线高铁、成自宜高铁等铁路项目的建设,实现与周边城市和地区的快速连接。同时,完善高速公路网络,提升公路的通行效率和服务质量,方便国内外消费者和商品的进出。

(三)优化城市内部交通

城市内部交通的便捷性和效率直接影响消费者的出行体验和消费意愿。成都应进一步优化城市内部交通,提升公共交通的覆盖率和便捷性,完善交通标识和导向系统,提高交通的智能化管理水平。例如,通过增加地铁线路和站点,提升地铁的运营效率和服务质量;通过发展共享单车、网约车等新型交通方式,为消费者提供多样化的出行选择。

四、 优化消费制度环境

优化消费制度环境有利于充分发挥市场活力,释放创新潜力,从而吸引更多的国内外消费者和投资者,对于提升城市的国际竞争力、推动经济的高质量发展都具有重要作用。

（一）改善营商环境

成都可通过制定一系列优惠政策吸引国际消费者和企业。如为国际消费者提供购物退税、旅游签证便利、交通优惠等政策，降低其消费成本和出行难度；为国际品牌和企业提供税收优惠、租金减免、资金扶持等政策，简化行政程序，鼓励其在成都投资兴业和拓展市场。

（二）加强市场监管

加强市场监管是维护市场秩序和消费者权益的重要手段。成都应建立健全市场监管体系，加强对消费市场的监管和规范，严厉打击假冒伪劣、虚假宣传、价格欺诈等违法行为，营造公平、诚信、安全的消费环境。同时，加强消费者权益保护，完善消费者投诉和纠纷解决机制，进一步提高消费者的消费信心和满意度。

（三）提升公共服务水平

公共服务水平的高低直接影响消费者的消费体验和满意度。成都应加强公共服务体系建设，提升公共服务的国际化水平和服务质量。如在主要商圈、旅游景点、交通枢纽等重点区域，提供多语言的导览标识、咨询服务和紧急救助服务；扩大国际信用卡的支付场景，提供明确的服务和指引，提升国际游客的便利性和体验感。此外，还可以加强医疗、教育、文化等公共服务的供给，满足消费者多样化的需求，提升城市的宜居性和吸引力。

第九章

成都强化全球文化融汇功能的战略重点

　　成都拥有丰富而独特的文化资源,这些资源不仅体现了城市深厚的历史积淀和地域特色,也为其迈向国际化提供了重要的文化支撑。然而,从融入全球的视角来看,仅有丰富的文化资源还不够,还需要这些文化具备深远的历史基础和强大的全球影响力。根植于成都文化基因的川剧文化、茶文化和熊猫文化,不仅承载了悠久的传统和地域特色,还具备跨文化传播和交流的潜力,能够成为成都连接世界、增强国际话语权的重要载体。通过挖掘这些文化资源的国际化价值,成都正致力于构建全球文化交流平台,推动文化产业升级,以实现建设世界文化名城的远景目标。

第一节　全球文化融汇功能的发展背景与趋势

一、全球城市文化融汇功能的发展背景

　　在全球化浪潮和数字技术迅猛发展的时代,文化的交融和传播呈现出前所未有的广度与深度。全球城市作为国际化的关键节点,凭借其多元开放的环境和文

化资源的集聚优势,逐渐成为推动文化交流与创新的重要力量。

(一)全球化与文化交流的加速

全球化的不断推进使得文化交流的深度和广度前所未有地扩展。贸易自由化、跨国资本流动、信息技术的迅速发展,尤其是互联网和社交媒体的普及,打破了文化传播的地域和语言障碍,使得不同文化之间的互动更加频繁和密切。在这一背景下,全球城市成为文化交流的重要枢纽。这些城市通过国际化的基础设施、开放的政策及多元文化的包容性,吸引了来自世界各地的人才、资本和资源,从而为文化融汇提供了丰沃的土壤。例如,纽约、伦敦、东京和巴黎等全球城市以其高度发达的文化创意产业、艺术展览及国际活动,吸引了全球的目光。它们通过输出文化产品、举办国际文化交流活动,以及推动文化创意产业发展,成为文化传播的重要节点。全球化不仅为文化融汇提供了基础条件,还激发了文化在多元化背景下的创新与共生。

(二)全球城市在文化融汇中的独特角色

全球城市的文化融汇功能体现在其作为文化集散地的独特角色。一方面,这些城市通过聚集全球人才和资源,形成了跨文化的创新氛围。多样化的文化背景使不同文化元素得以在碰撞中产生新的创意。以伦敦为例,这座城市汇聚了大量来自世界各地的移民而形成了多元文化的特性,其音乐、戏剧、时尚和艺术等领域展现出显著的跨文化融合特征。另一方面,全球城市通过国际性文化活动提升了自身的国际影响力。巴黎时装周、威尼斯双年展、纽约电影节等活动不仅推动了文化产品的全球传播,也加强了城市与世界的文化联系。此外,这些城市通过建立标志性文化设施,如博物馆、剧院和文化中心,进一步巩固了其在全球文化网络中的核心地位。例如,巴黎的卢浮宫和东京的新国立剧场成为文化交流的重要象征。

(三)文化融汇功能对全球城市发展的意义

文化融汇不仅增强了全球城市的文化软实力,也成为其提升经济竞争力的重要因素。一方面,文化融汇带动了文创产业和旅游业的发展。例如,纽约的百老汇剧院和世界知名的博物馆每年吸引数千万游客,不仅为城市创造了可观的经济效益,也提升了纽约的国际声誉。类似地,上海通过举办国际艺术节和数字文化峰会,成为亚太地区的文化新地标城市。另一方面,文化融汇促进了城市的社会包容性与多样性建设。在文化多样性的基础上,全球城市以更加开放的态度迎接外来文化的注入,从而提升了社会凝聚力和文化认同感。通过尊重和包容不同文化,全球城市成为跨文化交流的示范样板,并在国际社会中赢得了更多的尊重与认同。

(四) 文化融汇的挑战与机遇

尽管文化融汇带来了许多积极影响,但全球城市在这一过程中也面临挑战。文化全球化可能导致地方文化边缘化和同质化的风险,特别是一些小型文化因缺乏保护机制而逐渐被主流文化淹没。此外,文化交流中的不平等现象使得某些文化在全球传播中处于优势地位,而另一些文化则难以获得平等的展示机会。然而,文化融汇也为全球城市提供了前所未有的机遇。在科技驱动下,虚拟现实(VR)、增强现实(AR)以及人工智能(AI)技术为文化的展示与传播带来了新可能。通过这些技术,全球城市能够更好地保护和推广本地文化,使其在全球化进程中实现可持续发展。

二、 全球城市文化融汇功能的发展趋势

在全球化深入发展的背景下,文化的交融与传播成为各国提升软实力、加强国际合作的重要手段。

(一)国际文化交流的深化趋势

国际上,文化交流与合作的深度与广度持续增强。例如,法国巴黎时装周、美国好莱坞电影和日本动漫文化通过国际活动和传播媒介实现全球影响力的提升。中国近年来通过"一带一路"倡议等,促进沿线国家文化交流与互动,展示中华文化魅力。作为中国西部的文化中心,成都通过举办国际非遗节、成都创意设计周等活动,持续深化与全球文化的互动与融合。这些活动吸引了广泛的国际目光,彰显了成都在文化交流中的重要地位。此外,成都通过世界大学生运动会等国际赛事,将

文化与体育相结合,强化了文化融汇功能在全球舞台上的表现。

（二）文化科技融合推动传播形式创新

现代科技为文化传播形式的创新注入了新的动力。例如,巴黎卢浮宫通过VR展示馆藏艺术品,而成都则将川剧、茶文化等传统文化与 AR/VR 技术结合,使文化体验更加生动、沉浸。成都通过深挖天府文化与现代科技的结合点,赋予川剧、茶文化和熊猫文化等传统文化以创新表达,将成都的文化融汇功能推向新的高度。

（三）国内文化融汇功能的实践路径

在国内,文化融汇功能的提升主要体现为传统文化与现代元素的结合,以及区域间文化交流的深化。成都通过"三城三都"战略,构建以天府文化为核心的现代文创体系,推动文化与科技、旅游、生态等领域的深度融合。例如,"蓉城之秋""成都国际音乐季"等原创音乐品牌,以及川菜文化的国际化推广,成功将传统与现代文化相结合,使成都成为展示文化多样性的窗口。

（四）文化产业发展的国际化格局

随着全球化的深入推进,文化产业已成为推动国际经济交流与文化传播的重要领域,并呈现出高度国际化的格局。国际文化产业的发展主要体现在文化产品与服务的全球流通、文化资本的跨国融合,以及文化创意的多元协作上。一方面,以影视、音乐、出版和游戏为代表的文化内容,通过数字平台和国际市场进入全球消费者的视野。例如,美国的好莱坞电影、日本的动漫及韩国的流行音乐(K-Pop)已成为国际文化市场的重要组成部分,展示了文化产业国际化的高度竞争力。另一方面,跨国文化合作与资本融合成为文化产业国际化的重要路径。全球范围内的大型文化企业通过并购、投资和战略合作,不断扩大文化产品和服务的国际影响力。例如,迪士尼与中国上海合作建立的迪士尼乐园,不仅是文化品牌输出的典范,也是跨国文化合作的成功案例。与此同时,文化创意产业的国际协作模式也日益深化,不同国家和地区的艺术家、设计师和创意团队在全球项目中协同创作,共同推动文化创意的全球流动。

在这一格局中,发展中国家的文化产业也开始崭露头角。如通过"一带一路"建设,中国的文化产品和服务正在加速进入国际市场,包括电影、电视剧、游戏和非物质文化遗产的全球推广。成都、北京、上海等城市正在通过打造国际化的文化品牌和开展文化交流活动,为全球文化产业的发展注入新的动力。国际化格局不仅改变了文化产业的生产与消费模式,也为全球文化的多样性和创新性提供了重要机遇。在这一过程中,各国文化产业既是竞争者,也是合作伙伴,共同构建了一个多层次、多维度的文化经济网络。

近年来,成都的文化创意产业蓬勃发展,文化创意产业增加值占全市 GDP 比重已突破 10%。成都围绕传媒影视、创意设计、音乐艺术、信息服务等核心领域,构建了附加值高、原创性强的现代文创产业体系,为文化融汇功能提供了强大的产业支撑。通过实施"走出去"和"请进来"策略,成都以国际非遗节、数字文创峰会等平台为依托,加强国际文化交流。天府文化的创造性转化与创新性发展催生了一批现象级文创 IP 和数字文创产品,如《银河帝国》和《万国崛起》等,为成都赢得国际声誉。尽管文化融汇功能的作用日益显现,成都仍需进一步提升国际影响力与全球传播能力。在持续推进文化资源整合的同时,通过国际合作、技术创新和品牌建设,成都有望在全球文化网络中占据更加重要的位置,为实现"世界文创名城"的目标奠定坚实基础。

三、 成都文化融汇功能的发展特色及国际比较

(一)文化资源——历史遗迹与天府文化

成都拥有独特的文化资源,包括历史遗迹、传统艺术及现代文化产业。作为一座拥有 3 000 多年建城史的历史文化名城,成都积淀了深厚的历史文化底蕴,这些资源不仅展现了成都在中国古代的重要地位,也为现代文化发展提供了丰富的素材和灵感。例如,杜甫草堂是唐代大诗人杜甫流寓成都时的故居遗址,也是中国古代文学的象征之一,草堂内保存了大量杜甫的诗文和古迹,成为传承和展示古典诗歌文化的重要场所;武侯祠纪念三国时期蜀汉丞相诸葛亮及刘备等历史人物,是中

国唯一君臣合祀的祠庙,这里以三国文化闻名,吸引了众多历史爱好者和文化研究者前来参观;金沙遗址是距今 3 000 多年的古蜀文明遗址,出土了包括太阳神鸟金饰在内的大量珍贵文物,是研究中国古代文明的重要遗址之一,展现了成都作为古代文化中心的辉煌历史。

在另一个维度,天府文化是成都独特的地域文化体系,融合了自然、历史和现代元素,形成了具有鲜明特色的文化标识。例如,熊猫是成都最具全球影响力的文化符号之一,成都大熊猫繁育研究基地是全球大熊猫保护的核心机构之一,通过"熊猫外交",成都成功将熊猫文化传播至世界各地,成为友好与和平的象征;宽窄巷子是成都传统与现代结合的代表,历史建筑与时尚商铺交织,形成了丰富的文化体验空间;锦里则以川西民居风格为基础,展示了民俗文化、手工艺品和地方美食,是成都文化消费的重要场所;东郊记忆将老工业区转型为文创园区,集合了音乐、戏剧、电影等多元文化形式,是成都现代文创产业的重要载体,展现了城市创新与包容的文化精神。

成都的文化资源涵盖了从历史遗迹到现代文创的各个方面,不仅有厚重的历史积淀,还有鲜活的当代文化表现形式。通过整合这些资源,成都可以在国内外文化市场中形成强有力的文化竞争力,进一步推动其国际化发展战略。

(二)文化载体——多样性与融合性

成都的文化载体以多样性和融合性为特色,从传统剧场到现代文创园区,再到国际化的文化活动场馆,涵盖了文化生产、传播与消费的各个方面。这些载体不仅支撑了成都文化产业的发展,也为城市文化国际化提供了重要平台,包括了作为传统文化载体的川剧剧场和历史街区,作为现代文化载体的大剧院、艺术公园,作为国家文化活动场所的非遗博览园、美术馆,以及属于文化传播载体的茶馆、传媒集团,作为综合文化载体的创意产业园、艺术园区等。

成都的文化载体充分体现了传统与现代的融合,通过传统剧场、文创园区、国际文化中心和日常生活空间的相互支撑,形成了独特的文化生态。这些载体不仅助力成都文化产业的发展,也为其迈向国际化提供了重要支撑。

表 9.1 成都文化资源汇总

类 别	资源名称	特色与价值	备 注
历史遗迹	杜甫草堂	唐代著名诗人杜甫的故居,展示中国古典诗歌文化的深厚底蕴,是文人文化的象征之一	国家级重点文物保护单位
	武侯祠	纪念三国时期蜀汉丞相诸葛亮及刘备等历史人物,展现三国文化及其深远影响	被誉为"千秋三国传,万古英雄地"
	青城山	道教发源地之一,以其道教文化、自然景观和世界文化遗产地位闻名	联合国教科文组织世界遗产
	金沙遗址	反映古蜀文明的重要遗址,出土了包括太阳神鸟金饰在内的珍贵文物,展现成都作为古代文明中心的辉煌历史	国家考古遗址公园
表演艺术	川剧	以独特的唱腔、生动的语言、丰富的剧目、独特的表演技法展现四川文化的深厚底蕴	在戏曲界占有重要地位,也是中华民族传统文化的代表
	成都国际音乐季	汇聚国际和本地音乐人才,展示多元音乐文化,促进国际文化交流	成都重要的文化活动品牌之一
自然资源	大熊猫文化	成都大熊猫繁育研究基地为全球著名的大熊猫保护和科研中心,大熊猫成为成都的重要文化符号	"熊猫外交"使成都在全球范围享有广泛声誉
	川西竹海	川西竹海景区,竹林风光与文化活动的结合,展示了四川地区生态与文化的和谐共存	生态旅游与文化体验目的地
茶文化	蒙顶山茶、青城茶	以高品质闻名,历史悠久,是成都茶文化的重要载体	成都茶文化的代表资源
	茶馆文化	成都遍布茶馆,成为市民休闲、社交的重要场所,展现了"慢生活"文化特点	以宽窄巷子茶馆为代表
城市地标	宽窄巷子	集历史、文化、商业于一体,是传统与现代结合的典范	国家 AAAA 级旅游景区
	锦里古街	以传统川西民居风格为基础的商业街区,展示成都民俗文化与手工艺品	深受游客欢迎的文化旅游目的地
现代文化资源	东郊记忆	集音乐、戏剧、电影等于一体的文创园区,是成都现代文创产业的重要代表	曾获中国文化产业示范基地称号
	成都国际非物质文化遗产博览园	展示和保护非遗项目的平台,定期举办非遗文化节活动,吸引国内外文化爱好者	国家级文化平台
	天府文化创意产业园	汇聚多家文创企业,推动文创与科技、商业融合发展,展现了成都文化产业的现代化进程	成都市文创产业发展的核心基地之一

资料来源:课题组整理。

表 9.2　成都文化载体汇总

类　别	载体名称	功能与特色	备　注
传统文化载体	锦江剧场	川剧和传统戏曲的主要演出场所,定期举办经典川剧表演	成都传统戏曲文化的核心场所
	宽窄巷子	历史与现代结合的文化商业街区,展示川西民居风格及天府文化	国家 AAAA 级旅游景区
	锦里古街	民俗文化与手工艺品体验地,集观光、美食和购物于一体	四川传统文化和地方美食的重要展示地
现代文化载体	东郊记忆	集音乐、戏剧、艺术展览为一体的文创园区,展示成都文创产业的多元性	曾获中国文化产业示范基地称号
	成都大剧院	提供国际化艺术表演场地,如交响乐、芭蕾舞和歌剧	成都艺术文化国际化的重要平台
	天府艺术公园	自然与文化相结合的公共艺术空间,用于艺术展览、市民文化活动	成都打造新型文化空间的重要成果
国家文化活动场所	成都国际非遗博览园	展示和保护非物质文化遗产的平台,定期举办国际非遗节活动	国家级文化交流中心
	成都当代美术馆	汇集国内外现代艺术作品,推动成都艺术与国际接轨	提升成都当代艺术的国际影响力
文化传播载体	人民公园茶馆	展示成都茶馆文化的代表地,将传统生活方式与文化体验结合	成都市民日常生活与文化互动的重要场所
	成都传媒集团	传播天府文化的重要机构,通过电视、报纸、新媒体等传播成都文化	成都文化传播与国际推广的核心载体
综合文化载体	天府文化创意产业园	汇聚文创企业和艺术家,推动文创与科技、商业的融合发展	成都市文创产业发展的重要基地
	宽创国际文化艺术园区	集文化交流、艺术创作与商业开发于一体的综合文化载体	成都市文化国际化与商业融合的典范

资料来源:课题组整理。

（三）文化传播——传统与现代

成都文化传播体系兼具传统与现代特色,通过川剧、熊猫文化、茶文化等本地特色资源结合现代传媒和国际化平台,将天府文化传递到全国乃至全球。

表 9.3 成都文化传播方式汇总

类　别	传播形式	特色与功能	备　注
传统传播方式	川剧表演与传承	通过剧院演出、节庆活动等形式传递传统艺术魅力,增强地方文化认同	国家级非物质文化遗产
	茶馆文化传播	将日常生活与文化体验结合,茶馆成为市民与游客共享文化的重要空间	以人民公园茶馆、宽窄巷子为代表
现代传播媒介	新媒体传播	利用短视频、直播等平台推广熊猫文化、川剧变脸等内容,触达全球年轻用户	如"熊猫频道"
	影视创作与输出	《哪吒之魔童闹海》等本地影视制作,结合天府文化元素提升成都文化影响力	成都影视文创产业发展的一部分
国际传播与交流	熊猫外交	以大熊猫为成都文化的象征,通过国际传播提升成都的友好城市形象	以熊猫基地为核心
	国际节庆与活动	举办国际非遗节、中国网络视听大会等,吸引全球文化学者和游客参与	成都国际文化活动的品牌
综合传播平台	成都传媒集团	整合电视、报纸、新媒体等传播资源,推广天府文化和成都城市形象	成都文化传播的核心平台
	文化品牌与奖项	设立"金熊猫创意设计奖"等文化奖项,打造成都文化品牌,提升国际影响力	城市文化传播的标志性成果

资料来源:课题组整理。

(四)文化发展的国际比较

通过与巴黎、纽约、伦敦、东京和上海等全球文化中心进行比较,可以清晰定位成都文化产业发展的基础条件、长板及短板。

在文化资源方面,成都文化独具地域特色,以川剧、茶文化和熊猫文化为代表,具备明显的辨识度,但与国际一线城市相比,缺乏全球公认的文化地标。例如,巴黎以卢浮宫、埃菲尔铁塔等全球知名地标和深厚的艺术历史资源闻名,是全球文化旅游的核心目的地。纽约文化资源丰富多样,包括百老汇、现代艺术博物馆(MoMA)等,展现了多元文化融合的独特优势。东京传统文化与现代文化交融,浅草寺、原宿商业街等结合了历史底蕴和当代潮流。而国内城市上海则结合了中西方文化,外滩和豫园等地标体现其独特的国际化与本土文化融合的特色。

在文化载体方面,成都以宽窄巷子、东郊记忆、成都大剧院等为代表的文化载体兼具传统与现代,但承载国际性文化活动的能力尚需提升。对比国际城市,如巴黎拥有巴黎歌剧院、大皇宫等规模庞大的艺术剧院和展馆,具备顶尖的国际艺术活动承办能力。纽约百老汇剧院和林肯中心等文化载体,不仅促进文化消费,还提升了城市的文化产业规模。东京的国立新美术馆和歌舞伎座等,既承载了传统表演艺术,也成为现代艺术展示的重要场所。对比国内的上海,上海大剧院、上海当代艺术博物馆等设施,与国际接轨并吸引全球文化活动。

在文化传播方面,成都通过熊猫外交和川剧国际巡演等方式提升国际知名度,但全球传播体系尚不够完善。巴黎利用全球博物馆网络和电影、时尚等软实力将法国文化推广到全世界。纽约通过好莱坞电影、时尚周和媒体网络,全面展现美国文化的影响力。东京以动漫、电子娱乐和和风文化为代表,通过跨媒体传播和国际活动影响全球。上海则结合中国传统文化与现代化,通过进博会、艺术节等形式传播城市形象。

表 9.4 城市文化产业发展的国际比较

比较维度	成都	巴黎	纽约	东京	上海
文化资源	川剧、茶文化、大熊猫等	艺术文化、时装文化、卢浮宫、埃菲尔铁塔、巴黎时装周等	电影文化、歌剧文化、百老汇、MoMA、中央公园等	歌舞伎文化、动漫文化、浅草寺、秋叶原等	海派文化、外滩万国建筑群等
资源特色	地域性强,特色鲜明	全球知名地标,艺术与历史交融	多元文化融合,包容性强	传统与现代结合,文化多样性突出	中西结合,国际化与本土性相得益彰
文化载体	宽窄巷子、东郊记忆、锦江剧场等	巴黎歌剧院、大皇宫、奥赛博物馆等	百老汇剧院、林肯中心、纽约公共图书馆等	歌舞伎座、国立新美术馆等	上海大剧院、上海当代艺术博物馆等
载体优势	传统与现代结合,有活力	世界顶级文化艺术承载力	国际化平台,规模大、效益高	传统艺术展示与现代文化并存	符合国际标准,吸引国际活动
文化传播	熊猫外交、川剧巡演、新媒体	博物馆网络、电影、时尚推广	好莱坞电影、时尚周、全球媒体	动漫文化、电子娱乐、和风国际传播	国际博览会、艺术节
传播优势	特色鲜明,国际影响力上升	软实力强,覆盖广泛	全媒体网络,影响力巨大	动漫文化全球流行,年轻人群接受度高	现代与传统结合,区域影响力强

资料来源:课题组整理。

　　总结而言,成都文化领域发展具有深厚的资源基础,包括丰富的历史遗址(如杜甫草堂、武侯祠)、独特的文化符号(如川剧、茶文化、大熊猫),以及多样化的文化载体(如宽窄巷子、东郊记忆)。其长板在于鲜明的文化标识、文旅融合优势、多元化传播体系和熊猫外交的国际影响力,但在国际知名度、文化载体的国际化水平、文化产品的高端化与产业化、全球传播体系的完善度,以及国际化文化人才的储备方面仍有不足。未来需在巩固优势的同时,重点提升国际化水平与文化影响力。

表9.5　成都文化产业发展的现状总结

类　别	内　容	详细描述
基础条件	丰富的文化资源	包括杜甫草堂、武侯祠、青城山等历史遗址,以及川剧、茶文化、大熊猫等特色文化符号,资源积淀深厚
	多样化的文化载体	拥有宽窄巷子、东郊记忆、成都大剧院等传统与现代结合的文化场所,满足文化活动需求,吸引游客
	政府支持与政策优势	推出文化产业专项基金和非遗保护政策,为文化发展提供制度保障和资金支持
	新兴文创产业体系	通过文创园区和文化功能区建设,促进文化与科技、商业的融合,推动产业集群化发展
长板	鲜明的文化标识	川剧、茶文化、大熊猫等文化符号具备高辨识度,能有效对接国际文化需求
	文旅融合优势	打造了以大熊猫生态旅游和川西古镇文化游为代表的精品旅游路线,实现文化消费与传播的结合
	熊猫外交的国际影响力	大熊猫作为国际和平与友谊的象征,提升了成都在全球的文化认知度和软实力形象
	多元化传播体系	借助新媒体、短视频等传播方式,提升天府文化在年轻群体中的吸引力和传播效果
短板	国际知名度不足	缺乏类似巴黎卢浮宫或纽约百老汇的全球性文化地标和广泛认可的文化品牌,国际知名度相对较低
	文化载体国际化水平较低	缺少承办国际大型文化活动或吸引世界级展览的高标准场馆,国际文化活动承载能力需提升
	文化产品高端化与产业化不足	缺乏高附加值的文化衍生品和具有全球影响力的文创IP,文化产业规模和产品档次有待提高
	全球传播体系尚待完善	传播体系主要依赖熊猫外交和部分国际巡演,系统性、多样性和深度欠缺,国际文化市场联动性较弱
	文化人才国际化水平有限	本地文化管理与创作人才的国际视野和能力不足,高端复合型文化人才储备缺乏,制约了文化领域的国际化发展

资料来源:课题组整理。

第二节　文化传播提升全球影响力的国际经验借鉴

一、东京：歌舞伎文化的国际推广

日本的歌舞伎文化作为传统表演艺术的代表，通过多种方式在国际上成功提升了其知名度与影响力。歌舞伎以其独特的表演风格、化妆和服饰为特色，在保留传统的同时，通过国际巡演、文化节展示、教育推广和现代技术的利用，向世界展示了日本传统艺术的魅力。

歌舞伎团体定期在世界各地巡演，吸引了大量国际观众。此外，歌舞伎还经常参与国际文化节和艺术交流活动，例如在日本政府主导的海外文化交流年活动中，作为日本文化的代表进行展示。这些活动不仅提升了歌舞伎的国际形象，也为其赢得了广泛的国际关注。教育推广也是歌舞伎提升国际影响力的重要方式。在一些国际艺术学院和大学，歌舞伎艺术家和专家举办工作坊和讲座，传授歌舞伎的表演艺术，包括舞蹈、表情管理和化妆技巧。这种教育形式增强了国际社会对歌舞伎艺术价值和文化内涵的认知，同时培养了新的受众群体。利用现代媒体和技术，如电视、电影和互联网，歌舞伎的表演被传播到全球各地。一些剧场还提供英语字幕服务，使非日语观众也能理解和欣赏歌舞伎的表演内容。此外，歌舞伎被联合国教科文组织列为非物质文化遗产，这一国际认证进一步提升了其在全球的知名度和传播价值。

东京作为歌舞伎文化的核心城市，为这一传统艺术的传播与发展提供了丰富的土壤。银座的歌舞伎座是东京最著名的歌舞伎剧场，始建于1889年，以其豪华的建筑风格和高质量的演出而闻名。歌舞伎座不仅是观赏传统歌舞伎表演的最佳场所，还通过融入现代元素的创新尝试，吸引了更广泛的观众群体，包括年轻一代和国际观众。歌舞伎座还积极推动国际交流与推广活动。剧场为外国观众提供多语种解说设备，使非日语观众能够更好地理解复杂的剧情和表演。此外，利用剧场周边的文化设施开设歌舞伎的教育与培训课程,这些课程不仅服务于未来的歌舞伎演员,也对普通公众开放,以普及歌舞伎艺术并培养新的艺术爱好者。

东京通过保护与创新歌舞伎文化,不仅维持了这一传统艺术形式的生命力,也将其与现代文化相融合,成功地向世界推广了独特的日本文化。

二、 波尔多：葡萄酒文化的国际推广

法国凭借其悠久的葡萄酒传统和卓越的品质,成功将葡萄酒文化打造成国家文化软实力的重要组成部分,不仅在国内大力推广,也在国际上确立了葡萄酒作为法国文化象征的地位,显著提升了国家的全球声誉与影响力。

法国葡萄酒历史悠久,波尔多、勃艮第和香槟等产区享有极高的国际声誉。这些地区以其卓越的风土条件和严格的生产标准闻名,为法国顶级葡萄酒生产国的形象奠定了基础。通过维护这些产区的品牌价值,法国政府与葡萄酒产业不断强化其在全球葡萄酒市场的领导地位。葡萄酒节和国际酒展是法国葡萄酒文化的重要传播渠道。例如,波尔多葡萄酒节和里昂国际酒展每年吸引大量国际参展商与游客。这些活动不仅展示了法国葡萄酒的多样性和品质,也为国际贸易与文化交流提供了重要平台,进一步巩固了法国葡萄酒的全球影响力。教育与培训在推广法国葡萄酒文化方面发挥了关键作用。波尔多葡萄酒学院等专业机构为来自世界各地的学生和专业人士提供高质量的葡萄酒制作和品鉴课程。这些课程通过系统化的教育,将法国葡萄酒的传统与知识传播至全球,进一步提升了法国在葡萄酒教育领域的地位。国际营销与品牌建设是法国葡萄酒在全球市场保持竞争力的重要策略。法国葡萄酒企业通过积极的品牌推广和广泛的分销网络,建立起强大的国际品牌形象,在全球市场上保持高度的可见性与认可度。此外,葡萄酒作为法国文化的一部分,也经常被用于外交场合。在国家级外交宴请和国际会议中,法国葡萄酒被用作展示法国生活艺术的方式。这种文化外交不仅提升了葡萄酒文化的国际影响力,也加深了法国与其他国家的文化联系与相互理解。

作为全球最著名的葡萄酒产区之一,波尔多不仅因其高品质葡萄酒而闻名,还

凭借丰富的葡萄酒文化和旅游资源成为法国文化传播的重要窗口。波尔多地区以生产顶级红葡萄酒和白葡萄酒闻名,如拉菲、玛歌和拉图等酒庄的产品在国际市场上备受推崇,以其复杂的口感和卓越的陈年潜力闻名。波尔多在葡萄酒教育与研究方面处于世界领先地位。波尔多葡萄酒学院提供全面的葡萄酒教育与培训课程,吸引了来自全球的学生与专业人士,为波尔多确立了葡萄酒教育中心的国际地位。定期举办的葡萄酒节和相关活动是波尔多文化传播的亮点。例如,波尔多葡萄酒节是一场为期多日的庆祝活动,涵盖葡萄酒品鉴、烹饪展示和文化表演等内容。这些活动不仅吸引了大量国际游客,也进一步提升了波尔多的全球知名度。波尔多的葡萄酒旅游业极为发达。城市及其周边地区拥有数百家酒庄,许多酒庄对外开放,为游客提供参观和品酒体验。此外,城市葡萄酒博物馆(Cité du Vin)是一座现代化的博物馆,全面展示葡萄酒的历史与文化,成为游客了解法国葡萄酒文化的必访之地。波尔多还通过与全球其他葡萄酒产区的交流与合作,加强了其国际影响力。通过国际酒展与交流活动,波尔多的葡萄酒企业与全球市场保持着密切的联系,不断扩大其在国际市场的份额与声誉。

三、 布里斯班:考拉文化的国际推广

考拉作为澳大利亚的标志性动物,通过多种方式被成功用于提升国家的国际形象和文化传播。澳大利亚将考拉文化融入环保保护、国际合作、教育推广和文化商品开发之中,成为全球生态保护和文化交流的典范。

在野生动物保护方面,考拉的保护工作得到了澳大利亚政府和非政府组织的高度重视。通过栖息地保护、疾病研究和种群监测等措施,澳大利亚不仅为考拉种群的可持续发展提供了保障,还树立了其在国际环保领域的领先地位。考拉作为全球野生动物保护努力的象征,也进一步强化了澳大利亚的环保形象。国际合作与展览是考拉文化传播的重要途径。澳大利亚与海外动物园和野生动物保护组织合作,定期举办考拉展览和交流项目。这些活动不仅增加了考拉在国际上的曝光率,还推广了澳大利亚在野生动物保护与生态旅游方面的成就,为加强国际合作奠

定了基础。教育与旅游业的发展使考拉成为澳大利亚文化的重要组成部分。许多保护区和旅游景点为游客提供与考拉近距离互动的机会,如考拉摄影和喂养体验。这些活动不仅增强了游客的参与感,也通过教育项目普及了考拉的生态知识与保护意义。通过这种形式,考拉文化成功将自然旅游与公众环保意识教育结合起来。考拉的形象被广泛应用于文化商品中,从玩具到邮票、从服饰到纪念品,考拉主题商品在全球市场上备受欢迎,不仅丰富了文化传播的方式,也为澳大利亚创造了显著的经济效益。此外,考拉经常出现在全球媒体报道中,特别是在气候变化和环境保护的相关议题上。这些报道显著提升了考拉作为澳大利亚生态象征的国际知名度,也增强了国际社会对澳大利亚环保努力的关注和认可。

作为昆士兰州的首府,布里斯班不仅以其丰富的自然资源著称,更通过多维度的努力成为考拉文化保护和推广的典范城市。布里斯班附近的朗派恩考拉保护区是全球最大的考拉保护与研究中心之一,自1927年成立以来致力于考拉的保护、繁殖和研究。该保护区为游客提供与考拉近距离接触的机会,并通过教育项目普及考拉的生活习性和保护重要性,增强公众对野生动物保护的意识。布里斯班市政府在城市规划中高度重视考拉栖息地的保护。通过采取一系列措施减少城市扩张对考拉生存环境的威胁,布里斯班有效平衡了城市发展与生态保护的关系。此外,当地科研机构和大学积极参与考拉相关研究,内容涵盖遗传学、疾病预防和生态系统动态,为制定科学有效的保护政策提供了坚实基础。国际合作与宣传进一步提升了布里斯班在考拉文化推广中的地位。通过与国际动物保护组织合作,布里斯班的考拉保护工作得到了全球的支持和认可。社交媒体和国际新闻的传播也为其带来了更广泛的国际关注,进一步巩固了布里斯班作为生态旅游和野生动物保护目的地的形象。

四、 博洛尼亚:意大利美食文化的全球推广

意大利美食文化以其丰富的口味、悠久的历史和优质的食材在全球范围内广受欢迎。博洛尼亚作为意大利的美食之都,不仅拥有标志性的传统美食,如意大利

面、火腿和帕尔马干酪,还通过多种国际化策略将意大利美食文化传播至世界。

博洛尼亚定期举办美食节和国际展览,如博洛尼亚美食博览会,吸引了来自全球的游客和美食行业专家。活动中设置美食品鉴、烹饪展示和文化交流环节,让参与者深入了解意大利美食的制作工艺与文化背景。通过这些活动,博洛尼亚成功巩固了其作为全球美食文化中心的地位。教育与培训是博洛尼亚美食文化推广的核心内容。当地的意大利烹饪学院为全球学生提供专业课程,教授意大利传统菜肴的制作方法。这些课程不仅培养了专业厨师,也让普通美食爱好者能够深入接触意大利美食文化。此外,意大利美食的品牌化建设极为成功。例如,通过"意大利制造"(Made in Italy)标识,将意大利食品如意大利面、橄榄油和葡萄酒与高品质联系起来。这种品牌策略不仅增加了国际消费者的信任度,还有效提升了意大利美食的全球市场份额。博洛尼亚还通过美食旅游增强其文化影响力。游客可以参与当地的农场采摘体验、手工面食制作课程及葡萄园参观等活动。这些深度体验项目将美食与旅游紧密结合,使游客不仅能够品尝美食,还能深入了解其背后的文化与历史。

第三节　成都文化国际化发展的战略重点

尽管成都的文化产业取得较大成就,但从国际化视角来看,个别重点领域才是其融入全球的重要基础。

一、川剧的传承、创新与国际传播

(一)文化传承与保护

成都作为中国川剧的重要发源地之一,拥有悠久的川剧传统。当地政府和相关机构在川剧的保护与传承方面投入了大量努力,通过举办多样化的活动推动这一传统艺术的持续发展。川剧表演、川剧节及专门的培训课程等文化活动的频繁举办,不仅普及了川剧知识,还吸引了更广泛的受众参与。川剧的经典剧目,以及变脸、吐火等独具特色的表演形式,已成为川剧文化的显著标志。成都市内多所艺术学校和培训机构开设了川剧课程,这些课程不仅服务于专业艺术家,也为业余爱好者提供学习机会,如四川省戏曲学校和成都市戏曲学校在培养川剧人才方面发挥了重要作用。在政策支持上,四川省政府、成都市政府出台了一系列保护与传承川剧的政策,包括资金补贴、税收优惠等,并积极推动川剧团体参与国内外文化交流。得益于这些努力,川剧取得了显著的发展成果。川剧被列入国家级非物质文化遗产名录,这一地位的确认提升了川剧在国内外的知名度,并吸引了更多资源和关注者投入保护工作。

在技艺传承与创新方面,成都的川剧艺术家不仅注重传统技艺的保护,还结合现代科技进行艺术创新。例如,利用增强现实(AR)和虚拟现实(VR)技术,创造出更具吸引力的表演形式,使传统艺术更贴合现代观众的审美需求。川剧还渗透进社区文化,成为社区活动的一部分。社区活动中经常出现川剧表演,使普通市民得以近距离接触这一艺术形式,从而提升文化的活力与传承的深度。成都在川剧保护、传承与创新上的多重努力,为川剧这一非物质文化遗产的持续发展提供了坚实支撑。

(二)表演团体与演出场所

成都拥有多个知名的川剧团体和演出场所,如成都歌舞剧院和成都川剧研究院,这些机构为川剧艺术的传播与推广提供了重要平台。这些川剧团体在国内享有广泛的影响力,并且积极参与国际文化交流活动。例如,它们在美国、欧洲和亚洲等地多次开展巡回演出,与其他国家的戏曲及表演艺术团体进行深度合作,通过这些跨文化活动,显著提升了川剧的国际知名度,同时促进了不同文化之间的理解与尊重。此外,这些团体还与四川音乐学院等艺术院校合作,共同培养新一代川剧演员。在注重传承传统技艺的基础上,这些教育项目强调现代表演技巧的训练,旨在帮助年轻演员更好地适应国际舞台,展现川剧的艺术魅力。

在演出场所的布局上,成都形成了传统与现代相结合的多样化格局。历史悠久的传统剧场,如成都市文化公园内的川剧院和锦江剧场,既是川剧表演的重要载体,也是展示成都文化的经典窗口。这些场所承载了川剧发展的历史记忆,并延续了传统戏剧的魅力。随着城市现代化和国际化进程的推进,成都还涌现了一批现代化的多功能剧场,如成都大剧院。这些剧场配备了先进的舞台技术和观众服务设施,大幅提升了观众的观演体验,为川剧表演注入新的活力。

川剧表演还与旅游业深度融合,进一步扩大了影响力。在宽窄巷子、武侯祠等著名旅游地标,川剧表演成为游客文化体验的重要组成部分。这种形式不仅为游客提供了多样化的文化体验,也大大增强了成都作为文化旅游目的地的吸引力。通过将川剧融入旅游线路,成都实现了文化传播与旅游发展的有机结合,助力川剧在更广范围内的传播与普及。

（三）国际交流与合作

成都的川剧艺术逐渐走向国际舞台,与海外艺术机构和团体开展深度合作与交流,赢得了越来越多国际观众的关注与喜爱。作为川剧文化的重要传播者,成都川剧研究院频繁组织国际巡演,先后在美国、欧洲和亚洲等地展示川剧的经典剧目和标志性特技表演（如变脸与吐火）,让国际观众直观感受到川剧的独特艺术魅力。这些巡演活动不仅包括舞台演出,还通过工作坊和讲座与当地艺术团体互动,进一步增进了文化间的交流与理解。此外,川剧团体积极参与国际艺术节,为川剧提供了面向全球观众的重要平台。例如,川剧艺术家多次亮相法国阿维尼翁戏剧节和英国爱丁堡国际艺术节,通过这些世界级艺术盛会,不仅向国际社会展示了川剧的艺术价值,也为艺术家们提供了与国际同行交流与学习的机会,推动了川剧表演技艺的提升与创新。

在国际合作项目方面,成都川剧艺术家与海外艺术家共同创作了跨文化的表演作品。例如,成都川剧艺术家曾与加拿大艺术团体合作,将川剧元素融入西方现代戏剧,创作出新的跨文化表演形式。这种合作模式不仅拓展了川剧的艺术表现力,也为川剧在国际范围内的传播开辟了新路径。

同时,川剧还通过教育和文化交流活动进一步扩大了国际影响力。成都与海外高校和文化机构合作,在美国和欧洲的大学开设川剧工作坊和短期课程,向学生和观众传授川剧的表演技艺与文化背景。这些教育项目让参与者更深入地了解川剧的艺术意义与中国传统文化,成为川剧艺术走向世界的又一重要途径。这一系列举措使川剧不仅成为中国传统文化的代表性符号,也成为国际文化交流的桥梁。

（四）创新与发展

成都的川剧艺术在不断创新中焕发出新的生命力。通过结合现代舞台技术和表现手法,传统川剧的观赏性与时代感得到了显著提升,吸引了更多年轻观众的关注。这种创新不仅推动了川剧艺术的传承,也使其更加符合现代社会的需求与审美,为国际传播提供了更广阔的空间。

现代技术的应用是川剧创新的重要方面。成都川剧在传统表演中融入了多媒体技术和舞台特效,如灯光、音效和视频投影的使用,极大地增强了舞台视觉效果。这种技术与艺术的结合,不仅提升了川剧的表现力和吸引力,也使其更加贴近年轻观众的审美偏好。此外,川剧团体在表演内容和形式上积极探索创新,保留传统剧目的同时创作新剧目,将现代话题融入剧情,或与话剧、芭蕾等其他表演形式跨界合作,以拓展川剧的艺术表达和观众基础。

川剧的国际推广也在不断深化。通过参加国际艺术节、巡演和文化交流活动,成都川剧团体展示了川剧的独特魅力,并与国外艺术团体合作,吸收其他文化的表演形式,为川剧艺术注入新的灵感。同时,教育与青少年培训成为川剧传承的重要途径。通过夏令营、学校社团和公开课等形式,鼓励青少年学习川剧,不仅培养了未来的观众,也为川剧艺术的发展储备了新一代人才。社区的参与和互动体验进一步拓宽了川剧的受众基础。例如,"川剧进社区"项目让市民在日常生活中接触川剧,增强了川剧的社会参与度和文化影响力。这种将艺术融入日常生活的方式,不仅推动了川剧的普及,也提升了成都的文化氛围。

然而,川剧在发展中也面临一些挑战。首先是年轻观众的参与度仍需提升。尽管创新吸引了一部分年轻观众,但传统表演形式与题材对年轻一代的吸引力有限,未来需要更多符合其兴趣和习惯的内容与形式。其次是国际影响力仍有待加强。与其他国际知名舞台艺术相比,川剧在全球范围的知名度和影响力还有差距,需要进一步加大国际交流与推广力度。此外,川剧的人才培养与传承问题也亟待解决。社会变迁导致川剧艺术面临人才断层,需要通过加强培训学校建设和吸引更多年轻人加入,确保川剧艺术的可持续发展。通过技术创新、内容多样化和教育推广,成都川剧不仅成功提升了观赏性和传播力,还为其在现代社会和国际舞台上的长远发展奠定了坚实的基础。未来,持续的努力将进一步巩固川剧作为中国文化代表的重要地位。

二、 成都茶文化的传承与国际化推广

从国际大都市的视角来看,成都的茶文化以其独特的地位和优势在国际文化版图中占有重要一席。成都茶文化深厚的历史根基、生活化和社会化的特征,赋予其鲜明的地方特色。与此同时,茶文化也面临着传承与推广方面的挑战。

（一）文化传承

成都的茶文化以生活化特征而著称。饮茶是成都居民日常生活中不可或缺的一部分,无论是上班族的午休,还是退休老人的闲暇时光,茶馆都成为人们聚会、放松和社交的首选场所。茶馆遍布城乡,从市中心的传统老茶馆到社区里的小型茶棚,甚至公园里的露天茶座,无处不见茶文化的身影。成都茶馆不仅是饮茶的场所,更是一个融合了多种文化体验的综合空间。茶馆中常常能看到人们一边品茶,一边下棋、练书法或欣赏绘画,这种多样化的文化融合使茶文化更具生动性和吸引力。

成都茶文化的社会化特征使其在社交功能上表现突出。茶馆不仅是人们喝茶的地方,更是社交活动的重要平台。无论是朋友聚会、商务会谈,还是社区活动,茶馆都为人们提供了一个放松而高效的交流空间。在成都,茶文化超越了代际界限。老一辈人在茶馆中传授传统文化,年轻人则通过参与茶馆活动获得灵感和放松,形成了一种跨代际的文化传承模式。这种代际交流不仅确保了茶文化的延续,也赋予了其新的生命力。此外,成都的茶馆还体现了经济与文化的深度融合。许多茶馆通过售卖地方特色茶叶和茶艺品,促进了区域经济的发展,同时也为成都茶文化

的传播提供了平台。茶馆因此不仅是消费场所,更是连接地方经济与文化的重要节点。

总体来看,成都茶文化作为当地文化的一部分,不仅体现了其深厚的历史底蕴和多样的文化内涵,还通过生活化和社会化的特性为城市的文化经济发展注入了活力。然而,面对全球化的挑战,成都茶文化需要进一步探索如何在保留传统的基础上提升其国际传播能力,让这一地方特色的文化符号在全球城市的语境中焕发出更大的活力。

(二)茶产业发展

成都及其周边地区因种植多种高质量的茶叶而闻名,尤其以蒙顶山茶、峨眉山茶为代表。这些茶叶不仅在国内享有盛誉,也逐渐开拓国际市场,成为成都文化和经济的重要组成部分。成都及周边地区拥有优越的自然条件和悠久的种茶传统,是中国重要的茶叶产区。青城山、蒙顶山等地以生产绿茶、红茶和花茶而著称,这些茶叶凭借独特的品质和口感在国内外市场上备受欢迎。近年来,成都及周边的茶叶种植面积稳步增长,产量持续上升,茶叶成为当地农民增收和促进地方经济发展的重要经济作物。

在技术革新与产业升级方面,成都茶产业表现出显著的现代化趋势。通过采用生物技术提高茶叶品质,以及使用现代化农业设备提升产量和效率,茶产业的农业技术水平显著提高。同时,茶叶加工企业也引入了先进的加工设备和技术,如自动化干燥机和分选机,以保证茶叶的高品质和生产效率。这些技术革新为成都茶产业的持续升级奠定了坚实基础。

在市场营销与品牌建设方面,成都茶企通过多渠道推广和品牌培育不断提升其知名度。成都市政府的政策扶持与资金投入推动了地方品牌的建设,而茶企则积极参与国内外茶叶博览会与展览,通过品牌宣传进一步拓展市场。此外,电子商务的发展为茶叶销售开辟了新渠道,茶企通过淘宝、京东和天猫等平台在线销售茶叶,吸引了更多年轻消费者,并显著扩大了销售网络。

成都茶产业的国际化步伐同样值得关注。出口市场已逐渐扩展至日本、韩国、东南亚、欧洲和北美等地,出口产品以高品质的有机茶和特色工艺茶为主。同时,当地茶叶企业与海外进口商和分销商建立了稳固合作关系,不仅出口成品茶,还在技术与品牌方面展开合作,推动成都茶文化在国际市场的传播与认知。面对可持续发展需求,成都茶产业正在积极转型,采用环保农业实践,如减少化肥与农药的使用,保护生态环境,以实现长期健康发展。然而,茶叶市场的竞争依然激烈。为了在国内外市场中保持竞争力,成都茶企需要持续提升产品质量,创新营销策略,并进一步深化国际合作。

总体而言,成都茶产业凭借其深厚的产业基础,通过技术革新、品牌建设与市场拓展,已成为中国重要的茶叶生产与出口基地。未来,持续推动产业升级与国际化将是成都茶产业进一步发展的关键。

（三）茶文化活动

成都通过举办茶文化节、茶艺表演和茶叶展览等多种活动,展示了茶文化的艺术性与历史价值,这些活动吸引了大量国内外游客的关注,成为推广成都茶文化的重要手段。茶艺表演与互动体验是成都茶文化推广的核心组成部分。成都的茶馆和文化中心定期举办茶艺表演,由经验丰富的茶艺师展示传统泡茶技艺,并讲解茶叶的特性和饮茶文化的深远意义。此外,许多茶馆为客人提供亲身体验泡茶的机会,使其通过实际操作深入感受茶文化的魅力。这种互动形式尤为吸引年轻人和国际游客,使其更容易接受和喜爱成都的茶文化。

茶文化节和博览会为成都茶文化提供了重要的展示与推广平台。例如,成都国际茶业博览会汇聚了国内外茶叶生产商、经销商及爱好者,展示多种茶叶、茶具及茶艺表演,促进商务合作和文化交流。而四川茶叶节则通过茶叶采摘体验、品茶比赛和茶文化讲座等多种形式,向公众推广四川茶文化,提升当地茶叶品牌的知名度。教育和文化讲座进一步推动了茶文化的传播与普及。成都的学校和文化机构开设了涵盖茶叶历史、种类、冲泡技巧及健康益处的茶文化课程,通过系统教育培养学生的茶文化素养和欣赏能力。同时,茶学专家和学者在博物馆、图书馆和文化中心举办专题讲座,深入探讨茶叶历史与文化的多维度内涵。这些课程与讲座不仅丰富了公众对茶文化的认知,也是推动茶文化研究和学术交流的重要平台。社区活动和茶文化旅游则是成都茶文化深入人心的另一个重要途径。茶馆作为社区文化中心,不仅是品茶的场所,也是茶艺比赛、节日庆祝和社区联谊活动的举办地,成为促进居民交流与文化传承的重要空间。结合丰富的茶叶资源和自然风光,成都开发了以茶为主题的旅游线路,如茶园参观与茶文化体验之旅,吸引了大量国内外游客。

尽管成都茶文化发展成就显著,但仍面临一些挑战。首先是国际影响力不足,尽管成都茶文化在国内具有一定知名度,但在全球范围的认知度仍较低,限制了其在国际文化交流中的作用。其次是市场化与品牌建设滞后,虽然成都及四川的茶叶品质优良,但国际知名品牌的缺乏影响了其全球竞争力。此外,文化现代化与创新不足也是一大挑战,在传统与现代结合方面仍需探索新的传播方式。最后,国际交流与合作的深度与广度有限,系统性的国际交流平台和合作项目尚欠缺,制约成都茶文化的全球传播。总之,成都茶文化通过多样化的活动与创新方式推动了文化传承与发展,但在国际化与现代化的道路上仍需进一步努力,通过提升品牌、深化国际合作与创新传播方式,扩大其全球影响力。

三、 熊猫文化的全球传播与生态保护

熊猫文化是成都对外交流与国际影响力的重要象征。作为全球熊猫研究和保护的中心,成都在熊猫文化的推广和发展方面取得了显著成就。

(一) 研究与保护

在研究与保护领域,成都大熊猫繁育研究基地发挥了核心作用。作为全球最知名的大熊猫保护与研究机构之一,该基地专注于大熊猫的繁育、种群恢复及行为与生态研究。通过这些研究,基地为全球大熊猫保护提供了科学依据与实践方法,推动了大熊猫保护事业的全球化发展。成都还通过国际合作拓展了熊猫文化的全球影响力。与多个国家和地区建立的合作关系不仅涉及大熊猫的保护与研究,还通过"熊猫外交"将大熊猫作为友好使者租借到世界各地的动物园。这一举措不仅

增进了成都与全球的友好关系,也增强了国际社会对大熊猫保护的关注与支持,使熊猫文化成为提升成都国际形象的重要桥梁。成都的熊猫文化通过科学研究与国际合作的双重路径,不仅为全球生态保护事业作出重要贡献,也在国际文化交流中树立了独特的文化符号,为城市的国际化发展注入了新的动力。

表 9.6　熊猫外交大事件

年份	对象	事件成效
1972	美国	作为尼克松总统访华的友好回应,中国政府赠送了两只大熊猫——陈陈和琳琳给美国。这对熊猫被安置在华盛顿的国家动物园,吸引了大量游客,成为中美友好关系的象征
1972	日本	中国赠送日本两只熊猫作为国礼,这两只熊猫被安置在上野动物园。熊猫的到来极大地提升了中日两国人民的友好感情。在之后的几十年里,中国又多次将熊猫送往日本,加深了双边关系
1973	法国	中国赠送给法国两只熊猫——延延和莲莲,被安置在维森纳森林动物园。这被视作中法友好的象征,并在当时引起了广泛的国际关注
2013	加拿大	中国向加拿大长期出借了两只大熊猫——达达和乌鲁木齐,居住在多伦多和卡尔加里的动物园。这不仅加强了中加两国的外交关系,也提高了公众对大熊猫保护工作的关注
2011	英国	作为中英文化交流的一部分,两只大熊猫——甜甜和阳光被送到爱丁堡动物园。它们的到来被广泛报道,吸引了大量游客,成为中英文化交流的一个亮点

资料来源:课题组整理。

（二）文化推广

成都大熊猫繁育研究基地通过教育与展览积极推动公众对大熊猫的认识和保护意识的提升。基地设有专门的公众教育中心,定期举办熊猫知识展览和讲座,向公众普及大熊猫的生活习性及保护的重要性。同时,基地利用互动展览和数字媒体技术,提供更加生动和沉浸式的学习体验,使不同年龄段的观众能够深入了解大熊猫的世界。

作为成都的文化象征,大熊猫极大地推动了文化商品开发与旅游业的发展。从熊猫主题的纪念品到熊猫主题公园,成都充分发挥大熊猫这一独特资源的优势,形成了丰富的熊猫文化产业链。熊猫相关的文化创意商品深受游客喜爱,而以熊猫为主题的景点和体验活动更是吸引了大量国内外游客,为成都的旅游业注入了强劲动力,进一步巩固了成都的国际旅游目的地的地位。

(三)媒体与国际影响力

成都通过全球媒体和社交平台的传播,显著提升了大熊猫文化的国际影响力和生态保护领域的声誉。每当新生熊猫宝宝诞生或大熊猫被送往海外时,相关事件总是成为国际媒体的焦点。这些广受关注的新闻不仅凸显了成都作为全球大熊猫保护中心的重要地位,还强化了其在国际环保与生态保护中的象征作用。此外,成都大熊猫繁育研究基地积极利用社交媒体平台,如 Instagram、Facebook 和 Twitter,发布大熊猫的动态与趣味内容。这些生动的线上传播方式吸引了全球大量粉丝的关注与互动,不仅让熊猫文化更贴近国际公众,也进一步巩固了成都在全球文化传播中的地位。

尽管成都在熊猫文化的保护与推广方面取得了显著成效,但也面临一些制约其进一步发展的挑战。首先,在生态保护方面,虽然成都投入了大量资源,但大熊猫的生存环境仍然受到人类活动和生态破坏的威胁,种群数量和生存状况仍有待进一步改善,这为熊猫文化的可持续发展提出了更高要求。其次,熊猫文化的表现形式相对单一。当前的熊猫文化主要以成都大熊猫基地为核心展开,缺乏多样化的文化表达与深度挖掘。这种局限性使得熊猫文化的艺术价值和内涵难以充分展现,需要通过创新手段和多元化表现形式赋予其更丰富的文化生命力。此外,尽管大熊猫形象在全球范围内广受欢迎,但相关衍生产品缺乏高附加值与高品质。进一步挖掘熊猫文化的商业潜力,通过创新设计和品牌推广,打造具有国际影响力的文化衍生品,将是未来的重要方向。最后,成都熊猫文化的国际推广力度仍需加强。尽管熊猫文化在国内拥有较高的知名度,但在国际传播中覆盖范围和深度有限。与其巨大的国际潜力相比,当前的推广工作尚不足以全面展现成都熊猫文化的独特魅力。加大国际市场的开拓力度,深化与海外机构的合作,将有助于进一步提升成都熊猫文化的全球知名度。

四、 成都美食文化的国际化推广

成都作为中国八大菜系之一川菜的发源地，以其丰富多样的美食文化在国内外享有盛誉。将美食文化纳入国际化重点领域，不仅能够进一步增强成都的文化软实力，还可以通过文化传播促进经济发展。

(一) 美食文化的传承与创新

成都的美食文化具有悠久的历史传承，其特点在于麻、辣、鲜、香的独特口感以及丰富的烹饪技艺。无论是火锅、麻婆豆腐、宫保鸡丁，还是小吃如钟水饺、龙抄手、担担面，这些经典菜品都已成为成都美食文化的重要符号。为了保护和传承这些传统技艺，成都实施了多项文化保护政策，如设立美食非物质文化遗产传承人，支持传统餐饮品牌发展，同时组织地方烹饪大赛和美食展览，推动地方美食技艺的持续传承。与此同时，成都的餐饮行业不断创新，在保留传统口味的基础上融入现代饮食元素，如低脂健康火锅、融合风味小吃等，满足不同消费者的需求。

(二) 美食产业的发展

近年来，成都以美食为核心的餐饮业已成为城市经济的重要组成部分。美食节庆活动如成都国际美食节、成都火锅文化节等，吸引了大量游客，促进了美食经济与旅游业的深度融合。同时，成都的餐饮企业也通过标准化与品牌化建设进一步提升了市场竞争力。例如，"海底捞""谭鱼头"等成都餐饮品牌在国内外开设分店，成为美食文化推广的先锋。成都还积极推动美食产业的技术升级和跨界合作。通过引入智能厨房设备、开发新型餐饮服务模式，如无人餐厅，成都餐饮业在数字化与智能化转型中走在前列。这不仅提高了餐饮服务效率，也为美食文化的国际化传播提供了更多可能性。

(三) 美食文化的国际传播

美食作为文化传播的重要载体，具有跨语言、跨文化的普适性。成都通过举办美食展览、厨艺交流和国际美食论坛等活动，积极将川菜文化推广至全球。例如，在法国、美国、新加坡等地举办的川菜文化推广活动，通过厨艺展示、现场品鉴和烹饪课程,帮助海外民众更深入地了解和体验成都的美食文化。此外,成都还推动美食文化与旅游结合开发美食旅游线路,如宽窄巷子美食街体验、川菜烹饪课程等,吸引了众多国际游客。线上传播也成为重要方式,通过社交媒体、短视频平台和美食纪录片等形式,成都美食的独特魅力被展示给全球观众。

（四）美食文化的挑战与未来

尽管成都美食文化在国际推广中取得了一定成果,但也面临一些挑战。例如,如何在保持传统风味的同时适应不同国家的饮食习惯,如何应对全球餐饮市场的激烈竞争,以及如何进一步提升成都美食品牌的国际影响力。未来,成都可以加强与海外餐饮机构和美食平台的合作,开发更多符合国际市场需求的菜品和推广活动。此外,还可以通过建立海外美食推广中心、组织国际美食比赛等形式,进一步提升成都美食在全球的知名度和影响力。

通过将美食文化纳入国际化发展战略,成都不仅能够深化其文化传播能力,还能够以美食为纽带促进国际交流与合作,为城市的国际化发展注入新的动力。

第四节 成都提升全球文化融汇功能的战略举措

一、国际经验的启示

成都作为中国西部的重要中心城市,拥有丰富的文化资源和独特的历史遗产。借鉴国际案例,成都可以通过以下策略,利用其文化优势,加快向国际化大都市迈进。

文化遗产的全球推广。成都可以借鉴法国葡萄酒文化和日本歌舞伎文化的推广策略,通过国际巡演、文化节和展览等方式推广川剧、四川茶文化等传统文化遗产。例如,定期在国际文化节中展示川剧的独特魅力,或在海外城市举办"成都文化周",展示四川的手工艺、美食、茶文化和现代艺术。

发展文化旅游。借鉴澳大利亚考拉文化的成功案例,成都可以进一步开发以熊猫文化为核心的生态旅游产品。利用成都大熊猫繁育研究基地等资源,开发更多互动体验项目,如"成为熊猫保护志愿者一日",同时提供专门的熊猫文化教育课程,吸引国际游客。

加强国际文化交流与合作。成都应积极参与国际文化交流与合作,例如与其他国际城市建立文化交流伙伴关系,互派艺术家进行短期驻地创作,或互办文化艺术展览。此外,成都可以定期邀请国际知名的文化学者、艺术家来访,举办国际研讨会和工作坊,提高城市的国际文化影响力。

利用现代科技推广传统文化。结合现代科技发展,如使用 AR/VR 技术在国内外展示川剧变脸、茶艺等传统技艺,或开发相关的手机应用和在线体验项目。这不仅可以让传统文化以现代形式呈现,还能吸引全球年轻一代的兴趣。

建设国际级文化设施。投资建设具有国际影响力的文化设施,如国际艺术中心、文化博物馆和创意产业园区。这些设施不仅可以成为展示成都文化的平台,也能成为国际文化交流的重要场所,吸引国际艺术和文化活动在成都举办。

培养国际化人才。加强与国际著名大学和研究机构的合作,建立文化艺术交换项目和联合培养计划,培养具有国际视野的文化艺术管理和创新人才。

通过实施这些措施,成都不仅能够保护和传承丰富的文化遗产,还能将文化优势转化为推动城市国际化的重要力量,提升城市的全球影响力和竞争力。

二、 利用文化功能推动国际化转型的实施路径

创建文化品牌与国际活动。成都应着力打造具有全球影响力的文化品牌,例如设立"成都文化节",每年在不同的国际城市轮流举办,集中展示成都的传统与现代文化,包括川剧、四川美食、茶文化及现代艺术。这样的活动不仅能提升成都文化在国际上的知名度,也有助于与国际受众建立更深层次的文化联结。此外,可以与国际姐妹城市建立定期的艺术交流机制,通过艺术家互访和联合展览等形式,深化文化理解与创意分享,为成都的国际文化传播注入新活力。

扩大文化旅游与国际市场接触。以熊猫文化为核心,开发更多元化的生态旅

游产品,如"熊猫保护体验营",为游客提供参与熊猫护理和饲养的机会。这种深度体验不仅能增加文化旅游的吸引力,还能增强游客的环保意识。在茶文化方面,可以利用数字平台,开发多语言的在线茶文化体验平台,提供虚拟茶道课程、实时茶叶拍卖及茶文化讲座直播,让全球用户能够轻松接触和学习成都的茶文化。

提升国际文化交流与合作。通过设立国际文化基金,支持成都艺术团体和个人艺术家参与国际艺术节、比赛和展览,例如派遣川剧团参加爱丁堡艺术节等世界知名活动,拓宽成都文化的国际影响力。同时,在成都设立国际艺术家驻留项目,邀请来自全球的艺术家来成都进行创作和展览,促进不同文化之间的双向流动和艺术创新。

利用现代科技推广传统文化。成都应大力开发川剧和茶文化的虚拟现实(VR)体验,让国际用户通过 VR 技术身临其境地感受成都文化的魅力。在国际机场、博物馆等场所设置 VR 体验点,也能有效吸引全球关注。此外,可以建立全球在线文化交流平台,通过举办在线文化节和研讨会,为世界各地用户提供一个探讨和分享成都文化的互动空间。

培育国际化人才。与国际知名文化和艺术院校建立合作关系,共同开设课程并开展学生与教师的交流项目,培养具有国际视野的文化艺术管理人才。同时,为成都的文化机构管理者和从业者提供国际文化项目管理和跨文化沟通的专业培训,提升他们在国际化文化运营中的专业能力。

通过以上实施路径,成都可以有效地将其文化资源优势转化为推动国际化发展的重要力量,提升成都文化的全球影响力,也为城市的国际化转型提供强劲的文化驱动力。

第十章

成都强化公园城市凸显生态功能的战略重点

2018年2月11日,习近平总书记到四川视察调研时提出,"天府新区是'一带一路'建设和长江经济带发展的重要节点,一定要规划好建设好,特别是要突出公园城市特点,把生态价值考虑进去,努力打造新的增长极,建设内陆开放经济高地"。2024年6月5日,成都市第十四届五次全会提出,要"以建设践行新发展理念的公园城市示范区为统领",进一步彰显"雪山下的公园城市,烟火里的幸福成都"影响力和美誉度。可以看到,公园城市的内涵不断丰富,不仅成为城市人居环境的重要保障,也成为美丽城市建设的动力引擎,更成为人民幸福生活的多元场所。

第一节　成都强化城市生态功能的发展背景与趋势

一、发展背景

工业革命以来,世界各国经济发展对环境带来不同程度的破坏及资源的极大消耗,打破了地球生态系统平衡,人与自然深层次矛盾日益显现,全球生态环境治理的紧迫性提升到了新的高度。2021年2月,联合国环境署发布《与自然和谐共处:应对气候、生物多样性和污染危机的科学蓝图》报告,指出气候变化、生物多样性下降和环境污染已经成为全球面临的三大环境危机。

当前,联合国可持续发展目标正系统推进。2015年9月,联合国可持续发展峰会上通过了《2030年可持续发展议程》,并提出17个联合国可持续发展目标及169个具体目标,即"SDGs"。自SDGs提出以来,各国政府、国际组织、企业、民间团体等各方力量积极参与,推动可持续发展目标的实现。SDGs将生态环境可持续性、社会公平和经济发展融为一体,表明生态环境可持续性不是发展和人类幸福的障碍,而是发展的动力。同时,联合国及相关国际组织定期对SDGs的进展进行评估和监测,发布报告和数据,以促进全球对可持续发展的关注和行动。

应对气候变化及其风险正受到全球持续关注。2021年世界气象组织发布的旗舰报告《全球气候状况》显示,全球平均温度已经上升了约1.2 ℃,自然灾害激增对较贫穷国家的影响尤为严重。2021年,政府间气候变化专门委员会(IPCC)第六次评估报告第一工作组报告指出,气候变化影响广泛、快速且不断加剧,诸如海平面上升等变化不可逆转。2021年11月,格拉斯哥举办的《联合国气候变化框架公约》缔约方大会第二十六次会议上,包括中国在内的100多个国家签署联合声明,承诺在2030年中止并扭转森林砍伐与土地退化进程,以保护和恢复地球上的森林,停止并扭转全球森林丧失和土地退化。

生物多样性保护受到前所未有的关注。自联合国《生物多样性公约》生效以来,全球生物多样性保护取得了长足发展,但挑战依然严峻。《地球生命力报告2020》显示,从1970年到2016年,哺乳类、鸟类、两栖类、爬行类和鱼类种群规模平均下降了68%。2021年以后,全球各国加强对自然保护创新的关注和承诺,并形成共识,力争在2030年以前彻底扭转生物多样性丧失的趋势,全球范围内各个国家努力将生物多样性纳入国家和全球决策之中。《生物多样性公约》第十五次缔约方大会通过了"昆明-蒙特利尔全球生物多样性框架",为未来生物多样性保护设定了明确目标和行动路径,这一框架强调了国际合作的重要性,呼吁各国共同应对生物多样性丧失的全球性挑战。

二、 发展趋势

2020 年以来,全球生态环境治理中的重点研究议题涵盖可持续发展目标、气候变化与碳中和、生物多样性、水资源、海洋生态环境治理等诸多领域,城市生态功能的治理、保护与发展正成为当前全球城市重要议题。

(一)生态城市建设与可持续发展受到普遍关注

受全球快速工业化城市化的影响,工业文明时代城市发展中存在着空间无边界扩张、要素资源低效率占用、公共服务供给不足、自然生态功能退化等"大城市病",严重影响经济发展方式的转变和人民美好生活需要的满足。多元的城市环境污染,成为城镇化后期城市治理的难题,如何有效地恢复城市自然生态系统,构建科学合理的城市生态安全格局,也成为城市治理的难点之一。步入知识经济时代和生态文明时代,全球城市都在关注城市可持续发展的问题。如何应对环境污染所带来的健康问题成为更加紧迫的问题,需要通过协同推进相关协议的达成来降低环境健康风险,明晰应对环境健康问题路线。

联合国可持续发展目标即 SDGs 中,SDG11(可持续城市和社区)为城市生态功能的发展提供了明确的方向。SDG11(可持续城市和社区)旨在建设包容、安全、有抵御灾害能力和可持续的城市和人类住区。该目标的提出是基于城市在全球社会经济发展中的重要地位及面临的诸多挑战,如快速城市化带来的环境污染、资源短缺、住房问题和社会不平等等。具体包括,在环境保护与生态建设上,要减少城市的人均负面环境影响,特别是关注空气质量、城市废物管理等方面,推广清洁能源和公共交通,减少温室气体排放;加强城市垃圾的分类回收和资源化利用,减少垃圾对环境的污染;建设绿色空间,向所有人普遍提供安全、包容、无障碍、绿色的公共空间,通过增加城市绿地、公园、广场等绿色空间,改善城市微气候,提升城市居民的生活质量和幸福感,同时增强城市的生态功能和韧性。

围绕可持续发展理念,全球城市正致力于建设生态城市,通过优化城市空间布局、推广绿色交通、发展循环经济等措施,实现人与自然的和谐共生。面对气候变化和自然灾害的挑战,许多城市开始制定韧性城市规划,通过增强城市生态系统的服务功能和适应能力,提高城市抵御和恢复灾害的能力。例如,纽约、伦敦和鹿特丹等城市都提出了韧性城市规划,以应对气候变化的影响。此外,大量城市开展生态系统脆弱性评估,增加城市绿地、公园、屋顶花园等植被覆盖,推进海绵城市建设、改善城市水环境。根据全球城市实力指数(GPCI)的环境维度(测度城市在生态可持续性、空气质量和舒适度、城市环境等方面的综合表现),2023年排名前十的城市是斯德哥尔摩、哥本哈根、日内瓦、赫尔辛基、维也纳、墨尔本、悉尼、苏黎世、柏林、温哥华,排名靠前的欧洲城市基本稳定。

(二)气候变化背景下,碳中和成为全球最为重要的议题之一

根据联合国政府间气候变化专门委员会在《全球升温1.5℃特别报告》中提出的"碳中和"概念,即人类活动造成的CO_2排放量与人为CO_2移除量在一定时期内实现相互抵消。碳中和是一个系统平衡过程,不同单元间可以通过碳交易等机制设计实现利益平衡,也是一个动态平衡的过程,是在一段时期内其排放总量与吸收总量保持平衡的过程。

针对全球气候挑战,各个国家不断形成共识。全球气候变化导致了一系列环境危机,这些变化不仅影响了自然生态系统,还对人类社会的可持续发展构成了严重威胁。国际社会达成了广泛共识,即通过减少温室气体排放,实现碳中和目标。《巴黎协定》是这一共识的重要体现,提出将全球变暖控制在1.5℃以内,并要求各国制定和实施减排政策。2020年,习近平总书记在第七十五届联合国大会一般性辩论上正式宣布:"中国将提高国家自主贡献力度,采取更加有力的政策和措施,二氧化碳排放力争于2030年前达到峰值,努力争取2060年前实现碳中和。"此后,围绕"双碳"目标,国家出台系列政策,构建形成碳达峰碳中和"1+N"政策体系。在中国提出2060年实现碳中和目标后,日本、韩国、加拿大等各个国家纷纷跟进,相继公布了本国碳中和目标实现时间表。

从全球城市推进低碳城市建设、实现碳中和路线图的经验来看,具体包括强化规划设计、推进能源转型、聚焦建筑节能、加强交通减排等方面。例如,哥本哈根通

过城市设计规划,逐步减少市中心的机动车数量,限制停车场面积,鼓励居民使用公共交通和自行车,设立"城市自行车系统",并逐步改进城市街道环境,提高空间利用率。哥本哈根于 2012 年提出"CPH2015 气候计划",具体措施包括建立 100 台风力涡轮机,热消耗量和商业用电量均下降 20%,骑车、步行或乘坐公共交通工具的外出占出行总量的 75%,全部有机废物实现生物质气化,架设 6 万平方米的太阳能电池板,取暖需求完全由可再生能源满足。波特兰通过建立有轨电车连接区域主要节点,辅以智能化的公交系统,来降低城市居民对私人汽车的依赖。赫尔辛基实施了提升新能源车比例、发展重型车辆减排技术、严格控制土方输运、回收废弃热能和循环热能、提升建筑建设和使用能耗效率等措施。温哥华要求 2020 年起新建建筑都必须实现碳中和,绿色交通方面力争步行、骑行和公共交通成为出行的优先选择,2040 年将这一比例提高到三分之二。

(三)全球城市生态空间营造关注自然魅力与生态价值

全球城市正不断利用自然生态系统服务,提升居民生活品质并强化环境可持续性,积极探索实现"生物多样性"的微观规划新策略。

近年来,全球对生态空间的自然魅力与价值愈发重视,纷纷通过强化再自然化进程、减少人工干预、激发生态内生力等举措,应对气候变化带来的挑战。例如,巴黎以"零人工净增"为目标,持续推动再自然化工作;伦敦不断推进城市再野化工作;新加坡通过"绿色规划 2030",将混凝土运河改造为自然河流,并恢复红树林的自然功能,强化城市与自然的和谐共存。此外,巴黎和新加坡还通过生态恢复与保留情感廊道项目,保护并展示城市历史与自然景观的双重价值,促进文化与生态的融合发展。这些实践不仅提升了城市的生态韧性,也为全球生态保护提供了宝贵经验。

健康的自然生态系统对居民的身心健康、社交互动及环境的可持续性具有深远意义。全球城市正致力于加强人与自然的联系,提升城市的"亲生物性",并积极践行"公园 20 分钟效应"。一方面,通过持续扩展和加密公园与绿道网络,为市民提供更便捷、更丰富的自然疗愈和户外活动空间。例如,首尔提出"全年绿意环绕"的目标,新加坡则致力于实现"步行10分钟到达公园",并积极推进绿道和疗愈花园项目。另一方面,城市通过增加建成环境中的绿色植被,降低热岛效应,促进自然向城市的渗透。伦敦、柏林和巴黎等城市积极开展植树活动,而新加坡更是提前完成了百万树木种植目标,彰显了其对绿色未来的坚定承诺。

为有效保护城市生物多样性,全球各地正积极探索更具操作性的保护手段。例如,巴黎在城市规划中融入生物气候理念,制定了详细的生物多样性保护规定,涵盖分区管理、建设标准和量化指标,推动生物友好型设计的落地实施。在建设审批阶段,巴黎进一步强化对生物多样性的量化管理,确保生物友好型项目能够切实落地。英国在生物多样性量化管理方面处于领先地位,将"城市绿化因子"与"生物多样性净收益"概念相结合,要求城市开发项目在建设过程中实现自然环境的正向改善。具体而言,新开发项目需至少实现10%的生物多样性净收益。这一举措旨在遏制物种减少的趋势,提升城市生态系统的整体健康水平,并创造更多生物栖息地和绿色空间。

(四)生态文明建设理念下,中国对生态产品价值实现提出新的要求

2012年,中国提出了生态文明建设的主要任务,包括优化国土空间开发格局、全面促进资源节约、加大自然生态系统和环境保护力度,以及加强生态文明制度建设。经过多年的理论探索与实践推广,中国生态文明建设正逐步向前推进并取得显著成效,在国际上也显现出重要影响力。2016年,联合国环境规划署理事会发布《绿水青山就是金山银山:中国生态文明战略与行动》报告;2020年,中国在联合国生物多样性峰会前发布《共建地球生命共同体:中国在行动》。

生态文明建设理念下,中国对生态产品价值实现提出了新的要求。提高生态产品供应能力、实现生态产品价值,是平衡经济发展与生态环境保护关系的根本途径,也是满足人们对美好生活追求的重要保障。2021年,中共中央办公厅、国务院办公厅印发《关于建立健全生态产品价值实现机制的意见》,提出要推进生态产业化和产业生态化,加快完善政府主导、企业和社会各界参与、市场化运作、可持续的生态产品价值实现路径,建立健全生态产品调查监测机制、生态产品价值评估机

制、生态产品经营开发机制、生态产品保护补偿机制等多个机制。2021年,中共中央办公厅、国务院办公厅印发《关于深化生态保护补偿制度改革的意见》,进一步完善了生态价值转化的顶层设计,提出要健全以生态环境要素为实施对象的分类补偿制度,综合考虑生态保护地区经济社会发展状况、生态保护成效等因素确定补偿水平,对不同要素的生态保护成本予以适度补偿。

生态产品的价值实现,是指通过市场交易或者机制设计,使得生态产品的价值显性化。其中包含了"保护"与"转化"两种逻辑:以清新空气、干净水源等为代表的生态自然产品,属于公用性生态产品,需要强调"保护",需要更多地发挥政府的调节作用,在生态资产核算基础上,采取自上而下的转移支付或跨区域的生态补偿等手段,由生态保护受益的区域向实施生态保护的区域提供一定的经济补偿,使得生态保护的外部价值转化成货币化的现实价值;生态服务产品与生态物质产品等经济性生态产品,强调的是"转化",需要更多地利用市场机制,通过市场化路径构建生态产品链和生态产品价值实现链,推动形成生态产业,使隐性的生态产品价值在市场上得到显现和认可;针对生态权益产品这种把"保护"和"转化"结合起来的准公共性生态产品,一般采取政府与企业混合路径,以"核算-配额-交易"形成生态资本实现路径,其过程既通过政府对排污、用水、用能等总体限额实现"保护",又通过个体配额和市场化交易实现权益的价值"转化"。

(五)公园城市概念内涵不断深化,价值导向不断推广

"公园城市"概念是习近平总书记在天府新区考察调研时首次提出,在成都市及其他城市的积极探索下,这一概念的内涵不断深化和丰富。在概念内涵上,"公园城市"是全面贯彻新发展理念的城市发展高级形态,核心内涵就是在城市建设中突出生态价值,是对工业化城市发展理念的超越与批判,在人与自然和谐共生的基础上,构建绿色低碳高效的城市运转体系,增进人民的福祉(赵建军等,2019)。

公园城市指数正在基于成都、面向全国、链接国际,逐渐打造成为推动城市可持续高质量发展的科学诊断工具,为全球城市可持续发展贡献中国智慧和中国方案。该指数体系以"和谐美丽、充满活力的永续城市"为总目标,聚焦和谐共生、品

质生活、绿色发展、文化传扬、现代治理五大领域，从 15 个方向为公园城市建设提供目标导航和度量标尺，明确公园城市建设发展的价值导向，从大安全观、生物多样性、高质量发展、文化软实力、城市治理等多种新视角筛选可感知、可量化、可操作的 45 个指标(石楠、王波和曲长虹等，2022)。公园城市指数研究中心与联合国人类住区规划署启动合作，双方将共同发起全球公园城市倡议(Park City Initiative)，通过公园城市网络平台推动公园城市理念在全球范围内的传播和实践。2024 年 11 月，第十二届世界城市论坛上，中国"公园城市"理念得到多方关注，是实现联合国可持续发展目标的一个典型案例，"公园城市"正成为城市转型发展的主流趋势，共同推动探索全球城市可持续发展的创新路径。

第二节　强化城市生态功能的国内外对标城市经验借鉴

一、 新加坡：基于生态空间、价值和产业，构建全球竞争力

新加坡拥有 720 平方千米国土面积和 500 多万人口，是世界上以绿色生态著称的"花园城市"，绿化覆盖率达 80％以上。20 世纪 60 年代立国之初，新加坡提出建设"花园城市"的愿景，并为此开展了大量绿色环境和绿色经济实践探索。21 世纪以来，新加坡将"花园城市"建设目标调整为"花园中的城市"，进一步增强城市绿化和街景美观，以生态赋能城市发展、产业发展，成为一座充满绿色与经济活力的花园城市。

（一）聚力打造立体化绿色空间，夯实"花园中的城市"生态本底

新加坡不断深化城市绿色空间营造理念。20 世纪 60 年代，新加坡以建设公园与自然保护区为主，为建设城市绿色生态场景保留充足发展空间。20 世纪 70 年代到 80 年代，新加坡实施道路等基础设施绿化行动，提升城市露天场所绿化面积。20 世纪 90 年代，新加坡提出建设生态平衡的公园，发展各类主题公园，配套建设娱乐设施，建设公园连接道路网络，形成覆盖全岛的公园连接绿色走廊。近年来，以"开门见绿"为锚

点,打造全方位立体化的城市绿色空间,实施"锦簇社区"计划,推出社区园艺活动;提出"垂直绿化"概念,全面实施屋顶绿化,以税收优惠等措施鼓励在建筑物垂直墙面种植绿植;设立"花园城市基金",用于支持公园建设与垂直绿化项目。

新加坡致力于让绿色成为城市最鲜明的底色,通过打造各种绿色空间、构建生态网络体系,将城市融入自然,描绘出一幅城市与自然交织融合的优美画卷。一是留足生态环境空间,大力推进城市公园和自然保护区建设。新加坡将接近10%的国土面积用作城市公园与自然保护区建设,打造300多个规模、主题、功能各不相同的城市公园。二是建设自然道路,改善城市生态景观环境。新加坡实施"自然道路"(Nature Way)种植计划,通过行道树多层种植措施,创建类似森林的街道生态景观结构。三是以"开门见绿"为锚点,打造全方位立体化的城市绿色空间。实施"锦簇社区"及屋顶绿化等计划,以税收优惠等措施鼓励在建筑物垂直墙面种植绿植,并设立"花园城市基金"支持公园建设与垂直绿化项目。四是完善公园连接道,构建绿色生态网络。修建路网、水道紧密结合的网络状绿廊,串联起城市内部天然水道、湿地和公园,构建包括中央城市环路、东部海岸环线、北部探索者环线、东北部滨河环线、南部山脊环线和西部冒险环线等几乎覆盖全岛的公园连接道网络,确保更多社区可以更加便捷地进入自然。

(二)推动生态价值加速转化,以优美生态凝聚价值动力

新加坡以生态价值转换理念统领"花园中的城市"建设,推动城市环境、经济和社会效益有机统一。一是依托生态廊道和城市公园,发展绿色生态产业。新加坡围绕环城生态绿廊开发27条涵盖地文景观、水域风光等多元主题的生态旅游路线,构筑多元、通达的生态旅游业态;政府联合大学卫生系统和健康管理机构,在城市公园种植药用功效植物,同时提供康养服务,共同推动生态康养产业繁荣;在沿水道建设的城市绿道两侧修建水上主题乐园、滨水餐吧、商务会客厅等,促进商业商务、文化艺术、音乐娱乐等产业发展。二是提升生态对科技的虹吸效应,实现科技生态蜕变。新加坡围绕城市中心绿道修建绿色建筑,以政府补贴吸引高科技产业集聚,并引入生命科学、新材料、数字媒体等绿色新兴产业。三是实施新加坡滨海

湾花园(Gardens by the Bay)工程,增强可持续发展动力。新加坡打造了滨海南花园、滨海东花园和滨海中花园三个风格各异的水岸花园,并在建设中融入艺术、自然和技术等先进手段,展现城市生态环境建设成果,通过有偿的收费项目凸显区域生态调节、文化服务等效益。四是基于碳权买卖需求,设立可增值碳积分交易市场GRAVAS。新加坡开放现成的碳权来源帮助机构与企业推进应对气候变化的减碳工作,同时吸引更多个人投资者参与碳中和事业,推进生态产品供给方与需求方、资源方与投资方的高效对接,创新生态资源价值实现模式。

(三)构建绿色低碳产业体系

新加坡构筑绿色产业结构,基于自身资源禀赋与地理条件,以金融、运输、贸易、旅游、电子产品制造等为主导产业,推动产业链向研发营销环节延伸,发展高附加值的生命科学、新材料、数字媒体等新业态,打造知识型经济体。新加坡还注重绿色技术研发,组建政企一体、产学研一体的科研体系,为水资源环境、交通运输、建筑节能等领域提供技术支撑,促进节约能源、控制排放、提高资源利用效率。同时,推进工业生态化建设,以裕廊工业园区为代表,从园区污染管治到资源管理,从景观生态建设到能源生产转化,打造绿意盎然的生态工业园。

二、 伦敦:多层次构建全球第一座国家公园城市

早在19世纪,伦敦通过建设公园群和开展"公地保护运动",初步探索建设城市公园系统,并在后续通过建设城市绿带,并建设公园道与绿链连接公园与绿带等系列措施,至今形成了完整的绿地系统。2013年"国家公园城市"概念提出后,"将伦敦看作一座国家公园"随之提出,这一理念被深度融入伦敦的城市规划、环境战略、交通战略中。伦敦政府制定了"鼓励更多人能享受户外活动的乐趣,以支持伦敦全体市民、商业机构及各类社会组织将城市建设得更加绿色、健康和具有野生气息"的总体目标,旨在创造人人均可享受的国家公园一样的城市。

(一)以打造多层级公园网络,丰富城市绿色空间功能

伦敦的具体做法包括:以绿环限定城市边界,防止承接城市分散功能的外围

新城被吞并；以绿链打造城市活力网络，以路网和水网区域为重点，提升绿环与中心城区连接的通达性，与休闲娱乐和文化展示等功能相结合，成为城市休闲经济的重要一环；以绿斑激发城市公园新活力，通过提高城市绿色空间质量、改善环境服务质量，满足新兴经济的环境需求，提供身心健康服务；以绿楔推动形成城市多中心结构，建设6条城市绿楔，促进城市多中心发展，打造成为城市外延的产业走廊。

（二）建立自然资产账户，推动城市绿地生态价值转化

伦敦自然资产账户将公共绿地视作经济资产，重点突出其效益与价值。2012年，多部门联合建立环境核算体系，包含自然资源核算账户、物流核算账户、财政核算账户。2017年，"伦敦公共绿色空间自然资产账户"推出，量化公园绿地的经济与服务效益，强调绿地系统应配备娱乐和气候调节等服务功能。自然资产账户核算包括资产核算和服务核算两部分，资产核算选择生物量（森林）、生物多样性（鸟类种群）、绿地系统访问（去往绿地次数）和保护区四个指标；服务核算包括绿地系统供给服务、气候调节服务、文化服务三个方面。同时，伦敦政府官网设立了自然资产账户网页，向公众公开其所住地址的自然资产价值。这种可视化表达保证了城市绿地经济资产的透明展示，有效提高了城市绿地建设和管理的效率。

在管理上，伦敦成立了绿色空间委员会和伦敦国家公园城市基金会，负责推广自然资产账户、改善绿地服务模式与功能、探究绿色招商引资模式、推广国家公园城市运动等。在资金支持上，伦敦创建绿色城市基金，主要用于社区植树和绿地补助、战略性绿色基础设施项目、伦敦城市森林和社区参与植树计划。这些资金保障了绿色空间建设的可持续性。在社区参与上，通过绿色地图互动平台，市民可以查看各社区开展绿化建设的时间、规模等详细内容，提高了市民的参与热情。同时伦敦还推动多元主体合作，市民、当地民间组织、企业、伦敦市政府等多元主体共同参与公园城市活动，如积极推进社区参与植树计划、伦敦国家公园城市节等，实现了政府、民间组织、市民间的协同合作。

三、 上海：以人民城市为目标，构建全域公园体系

上海提出提升生态环境质量，加快建设生态宜居城市的目标，以积极回应人民群众对城市优美生态环境的期盼，使绿色成为人民城市最动人的底色、最温暖的亮色。近年来，上海始终坚持贯彻落实绿色发展理念，多措并举推进社会生态文明建设，生态宜居环境持续改善。

（一）以多层次的功能复合型全域公园体系，打造城市绿色"客厅"

一方面，构建以国家公园、郊野公园（区域公园）、城市公园、地区公园、社区公园为主体的城乡公园体系，推动环城生态公园带、千园工程、全域绿道网络建设等工程，强化全域公园的有机串联。另一方面，以"公园＋"模式促进城市公园向复合功能的生态空间转变，与院校签订战略框架协议，建设"公园＋体育""公园＋文化""公园＋艺术""公园＋音乐"等主题公园，推动公园与城市功能有机融合。此外，以家门口的"口袋公园"等小微绿地，增创市民休闲小憩、运动健身、亲子互动的空间。

（二）绿色低碳技术创新，推动城市生产生活方式转型

上海在全国率先启动编制《上海市科技支撑引领碳达峰碳中和战略行动方案》，推动能源、产业、经济社会各领域碳达峰碳中和相关重大技术突破创新，助力发展方式、生活方式绿色化变革。创新推动建设绿色技术银行，通过搭建绿色技术信息平台、金融平台和转移转化平台，以及设立绿色技术银行管理中心等举措，服务绿色技术发展领域的创新。以上海闵行经济技术开发区为样本率先创建零碳示范园区，通过开发分布式光伏等综合智慧能源项目，推进园区企业用电实现100％为绿色用电，成立开发区绿色共建联盟首创绿色共治模式等手段，着力打造经济技术开发区绿色低碳发展"新样本"。加强环境治理技术创新，构建形成覆盖大气、水、土壤污染防治及生活垃圾处置的城市环境立体防护技术网。

四、 杭州：构建生态保护补偿机制，践行"两山"理论

2005年8月，时任浙江省委书记的习近平在浙江安吉余村调研时首次作出"绿

水青山就是金山银山"的科学论断,自此之后,"绿水青山就是金山银山"理念在实践中不断发展并被检验。近年来,杭州不断夯实绿色生态本底,推动绿色发展质量持续改善,绿水青山就是金山银山的理念践行成果在杭州不断展现,杭州先后荣获"全国绿化模范城市""国家森林城市""国家生态园林城市",以及联合国"最佳人居奖""国际花园城市"等殊荣。2020年,习近平总书记在浙江视察时,对杭州提出"要在建设人与自然和谐相处、共生共荣的宜居城市方面创造更多经验"。

（一）以市场化多元化生态保护补偿机制深度推进生态保护工作

作为国内较早建立和实施生态补偿机制的地市之一,杭州于2005年出台《关于建立健全生态补偿机制的若干意见》,围绕生态补偿开展系列工作。还出台《杭州市生态补偿专项资金使用管理办法》,探索完善杭州生态补偿政策长效机制和生态环保财政转移支付制度。

在政策与制度层面,杭州明确重点领域,确定生态保护补偿的重点领域,包括市区大气环境污染综合整治、钱塘江和太湖流域水环境整治、生态公益林建设等,这些领域成为生态补偿资金投向的重点,确保资金的有效使用。杭州还建立行政责任机制,通过建立生态补偿的行政激励机制,将资源和环境成本纳入国民经济发展评价体系,改革和完善党政领导干部政绩考核机制,增加环境指标在考核体系中的权重。杭州通过本级财政转移支付的形式,对钱塘江、苕溪两大流域上游的区、县（市）进行补助,并持续推动不同区域之间签订上下游横向生态补偿协议。

在市场化与多元化补偿机制上,2005—2006年,杭州以县级行政区域为单位,进行企业之间排污权交易的试点。从2007年开始,杭州市域全流域范围内实现污染物排放指标的有偿分配和排污权的有偿交易。杭州设立水基金促进市场化多元化生态保护补偿,在余杭区青山村采用水基金模式开展了小水源地保护项目,通过建立"善水基金"信托、吸引和发展绿色产业、建设自然教育基地等措施,引导多方参与水源地保护并分享收益,构建了市场化、多元化、可持续的生态保护补偿机制,实现了青山村生态环境改善、村民生态意识提高、乡村绿色发展等多重目标。

在生态产品价值实现上,2019年4月,淳安县以预期可实现的水资源收益为偿还来源,委托省财政厅代为发行生态环保政府专项债券,筹集资金 10 亿元,用于全域生态环境治理工程,探索出水资源价值"直接变现"后反哺提升生态环境的良性循环新路子。临安区推动区水利水电局、区农业农村局、岛石镇人民政府与杭州临安裕康食品厂四方建立政村企合作模式,形成了政府部门、属地乡镇、集体经济、民间资本等多元主体共同保护开发水土、保持生态产品的良性格局,企业总计出资 240 万元反哺村集体经济,用于加强山核桃林地生态化治理和发展。

(二)通过修复全域受损山体守护富美城乡生态底盘

杭州通过对全市域山体开展全面修复工作,进一步厚植生态底蕴。一是建立高效联合治理体系,杭州针对全市 1 658 个山体生态修复景观提升项目,由市规划资源局牵头,会同建委、交通、林水、园文等市级部门联动推进,并成立专项行动工作小组。二是以实现多重复合效应为治理理念,引导各地将山体生态修复工作与地质灾害治理、全域土地整治、违法用地处理和景观提升相结合,充分发挥专项行动复合效应。制定"因地制宜"的治理措施,针对不同山体修复工作异质性,将其列入"一事一议",邀请山体生态修复领域专家对具体项目进行现场指导。三是以数智赋能推动工作高效开展,打造"监测-分析-核查-管理-跟踪"行动闭环,依托省市"数字化改革",贯穿应用"数字化"手段。如利用卫星遥感技术分析提取疑似裸露图斑数据,并采用山体三维模型模拟提取疑似重点区域可视图斑,开发了山体生态动态监测系统,实现系统信息与现场核查 App 同步。此外,该专项行动形成的自然资源管理数字化有效实践,被推广应用到全市生态修复、执法监管等各项自然资源管理工作中。

五、 厦门:推动生态环境治理,践行"生态文明"

厦门作为中国生态城市建设典型代表,2019 年被住建部命名为"国家生态园林城市"。早在 2002 年 6 月,习近平同志赴厦门调研时就前瞻性地提出"提升本岛,跨岛发展"的战略,明确指出要提升本岛与拓展海湾相结合、城市转型与经济转型相结合、凸显城市特色与保护海湾生态相结合,把厦门建设成为经济繁荣、社会文明、布局合理、环境优美的现代化国际性花园城市。从 20 世纪 80 年代至今,厦门历经 40 余年生态城市建设,"生态文明"始终印刻在厦门城市历史记忆当中,将厦门打造成为环境优美的生态之城。

（一）以能源结构和产业结构转型推动城市可持续发展

改革开放初期,经济与人口快速增长,能源消耗量迅速增加导致厦门环境污染严重。20 世纪 90 年代起,厦门持续提高清洁能源比重,减少石化能源依赖,同时调整工业布局,推动岛内工业外迁。2008 年起,厦门加快弱化石化产业,以技术密集型工业为主体,大力发展电子、机械等支柱产业,二产比重持续下降,三产比重不断上升,从而摆脱对能耗增长的依赖。

（二）以生态修复工程构建城市生态绿地系统

在快速城镇化发展阶段,城市生态系统遭受不同程度破坏,为此厦门开展专项生态修复工程引领生态城市建设。其中,筼筜湖生态修复工程入选自然资源部国土空间生态修复司《中国生态修复典型案例集》。厦门颁布《厦门经济特区筼筜湖区保护办法》,实施截污处理、清淤筑岸、搞活水体及美化环境等措施,开展生态修复工程 30 余年,如今筼筜湖片区已经成为厦门城市行政、文化、居住和商业核心区。在五缘湾、杏林湾、马銮湾、环东海域的湾区建设中,作为生态修复实践厦门样板的筼筜湖生态修复工程经验被广泛推广应用。此外,厦门是沿海城市,海洋生态环境保护与修复同样是城市生态系统重要环节,厦门与全球环境基金、联合国开发计划署和国际海事组织合作,连续开展海岸带综合管理实践与探索,通过以陆源污染控制为抓手,协调产业和海域功能利用空间,促进了厦门海岸与海洋资源的可持续利用和生态城市陆海统筹建设发展。

第三节　成都强化城市生态功能的战略方向

生态文明正从一种理念演变为一种产业和经济模式,并最先开始在新兴经济体全球城市展开尝试。建设全球城市,成都是后起之秀,但这也给成都借鉴老牌全球城市发展的经验教训,走一条低碳、绿色、可持续的全球城市崛起之路提供了机遇和可能。如果从"生产、生活、生态"所谓"三生"的视角来看,老牌世界城市往往是"生产"方面一枝独秀:高强度、高密度开发,国际性功能性机构云集,人口众多,科技发展,文化多元,但在宜居生态方面往往差强人意。成都不走重复路,应该未雨绸缪,聚焦公园城市定位,变革传统的城市发展理念及其支撑体系,走出一条可持续发展的全球城市崛起之路。生态环境保护和建设一方面让成都避开老牌全球城市"先污染,后治理"的老路,另一方面也是成都打造生态密集型产业,实现可持续发展的重要支撑。"整座城市就是一座大公园"成为高品质生活宜居地生动写照,"雪山下的公园城市、烟火里的幸福成都"这一城市特质更加鲜明。成都正积极探索生态优先、绿色发展城市新范式,为世界城市实现绿色可持续发展提供"中国方案"的"成都样本"。

一、 总体目标

成都建设公园城市的总体目标是塑造全球宜居共生城市典范。成都应当将城市全域建成一个大公园,以组团嵌套、蓝绿渗透、无边界融合的方式,将城市融入大自然、实现无处不公园的城市景观,组成一幅疏密有致、气韵生动的诗意城市新画卷,形成具有独特美学价值的现代城市新意象,向全世界展示生态城市的完整形象,让成都成为中国向国际社会展示绿色发展成效的窗口和对外交流的平台,成为公园城市全球标杆。要产境共生,建设全球绿色循环经济发展样本;城境一体,搭建全球领先的生态城市场景;人城共融,建设全龄包容共享的幸福新天府;城乡共融,重塑新型可持续城乡区域关系。

生态服务功能是人类生存与现代文明的基础。全球城市发展经历了经济、文化、科技融合发展的 3.0 版后,未来将迭代升级至生态绿色为底色的经济、文化、科技融合发展的 4.0 版。成都具有良好的生态环境底色,并最先提出建设公园城市,将使生态价值得以充分彰显,最有条件涌现出未来"生态+科技""生态+金融""生态+生活"等新业态、新生活方式。融合生态价值的发展理念为成都建设公园式全球城市提供了历史机遇。

跳出资源消耗型和环境污染型的传统发展路径,科学合理规划城市的生产空间、生活空间、生态空间、文化空间,处理好城市生产生活和生态环境保护的关系,率先在世界范围内重塑全球城市建设的新范本,建设人与自然和谐共生的新型全球城市。向全世界展示生态城市的完整形象,成为中国向国际社会展示绿色发展成效的窗口和对外交流的平台,成为公园城市全球标杆;营造精彩、融洽的生活氛围,运用信息技术让城市更聪明、更智慧,打造全龄友好包容型社会;推动文化创意与城市环境的有机融合,成为具有区域影响力、领导力的时尚之都。

基本架构:山清水秀的生态环境;多元活力的和谐城区;彰显生活美感的商品和服务集聚平台;多层级商业地标;世界一流的文化功能性平台和基础设施。

二、 战略方向

(一)做强公园城市,打造城市宜居品牌

公园城市理念对城市发展带来从"产-城-人"向"筑境-聚人-营城-兴业"的转变,从"单纯物质空间建造"向"以人为中心的场景营造"的转变,从"城市中建公园"向"公园中建城市"的转变,从"生态净投入"向"生态价值创造性转化"的转变(曾九利等,2020)。成都要建设践行新发展理念的公园城市示范区,公园形态与城市空间深度融合,蓝绿空间稳步扩大,生态环境质量稳定提升。成都"一山连两翼"城市格局进一步巩固,城园相融、蓝绿交织的公园城市形态全面呈现,系统完善的全域公园体系建成,蓝绿交织的绿道蓝网织密,全域增绿增景,城市景观风貌大幅度提升,大美公园城市的乡村田园特色充分彰显。

根据 2023 年公园城市评估结果,表现优良的既有成都这样的超大城市,又有以珠海、嘉兴、黄山为代表的大中小城市,还有阿坝藏族羌族自治州这样人口不足百万的自治州,充分体现了中国式现代化的万千气象。其中,成都位列西南地区第一名、超大城市第五名,在品质生活、绿色发展、文化传扬、现代治理领域居于全国领先水平,尤其是在文化传扬和绿色发展两个领域表现出色,分别位居全国第四位和

表 10.1　成都市 2023 年公园城市指数领域表现

领　域	得分与排名
和谐共生	得分 64.4,排名第 115 位
品质生活	得分 73.7,排名第 9 位
绿色发展	得分 72.6,排名第 5 位
文化传扬	得分 83.7,排名第 4 位
现代治理	得分 75.2,排名第 15 位

资料来源:《2023 公园城市指数》。

第五位,17 个指标达到 A 档及以上水平,仅"水资源开发利用安全度"一个指标处于 D 档水平。

　　国家层面对公园城市的建设提出了新要求,即坚持系统构建、公园惠民,推动有机更新、绿色发展。在系统构建上,《国务院办公厅关于科学绿化的指导意见》提出要加大城乡公园绿地建设力度,形成布局合理的公园体系,提升城乡绿地生态功能。在开放共享上,《关于开展城市公园绿地开放共享试点工作的通知》针对人民群众对城市绿色生态空间有了新的需求,要求增加可进入、可体验的活动场地。在儿童友好方面,《城市儿童友好空间建设导则》要求,城市儿童友好空间建设的基本原则为"儿童优先、普惠公平""安全健康、自然趣味""因地制宜、探索创新",应在城市、街区、社区三个层级统筹推进。在体育健身方面,《关于推进体育公园建设的指导意见》提出体育公园是以体育健身为重要元素,与自然生态融为一体,具备改善生态、美化环境、体育健身、运动休闲、娱乐休闲、防灾避险等多种功能的绿色公共空间。居民百姓对幸福生活的高质量需求,也对公园建设提出新的要求。在经济发展方面,随着经济持续发展、公园规模总量增加,需要更丰富更多样的公园类型;在人口结构变化上,公园服务对象更加突出,居民需要更加便捷舒适的公园服务;在健身健康方面,居民对健康更加关注,公园健身需求明显,需要更健康更适宜的公园场地;在生活水平方面,公园的功能更加复合,居民需要更开放活跃的公园场景。

　　面向高质量发展需求,成都要进一步推进共建共享建设,满足人民幸福生活的需求。营造人本化、有韧性的生态、生产、生活空间,适宜科技发展的设施及科创空间等载体的建设,需要以国际绿色标准作为具体要求,最终实现生产、生态功能的渗透与交融,持续推进生态价值的创造性转化,实现经济社会可持续发展的永续模式,在建设人与自然和谐相处、共生共荣的宜居城市方面创造更多经验。

(二)保护生态本底,彰显城市特色生态魅力

成都拥有优良的生态本底,自古就有"天府之国"的美称,千年传承的山水林田是构建公园城市的优良本底基础。成都自然资源禀赋得天独厚,地形地貌多样,气候温润宜人,水系发达,是拥有原始森林、自然保护区、森林公园、风景名胜区最多的超大城市。成都生物资源多样丰富,动物种类繁多,植物种类多样。成都的"五绿润城"示范性工程、"百个公园"示范工程、"生态惠民"示范工程等多个不同尺度的生态工程实施多年,取得了良好的成效。

成都正以建设"公园城市示范区"为目标,不断落实生态保护的目标要求,统筹山水林田湖草沙冰系统治理,显著提升了城市生态品质。成都深入开展大规模绿化全川"成都行动",实施"增绿十条",拥有全球规划设计最长绿道系统、世界最大的位于城市内部的森林公园,大熊猫国家公园、锦城公园、"百个公园"示范工程等系列重大生态项目深入推进;开展"绿盾"自然保护地强化监督;开展大熊猫国家公园体制试点,挂牌成立成都熊猫分局,形成全球最大的大熊猫人工繁育迁地保护种群;空气治理上打好蓝天、碧水、净土保卫战,坚持"铁腕治霾",实施大气污染防治"650"工程;水体治理上,坚持"重拳治水",实施水污染防治"626"工程;土壤治理上,坚持"科学治土",实施土壤污染防治"620"工程;构建绿色制造体系,燃煤锅炉基本全域清零,推进砖瓦、铸造、造纸等落后产能淘汰;制度建设上,健全饮用水水源保护、岷沱江流域水环境生态补偿机制。据 2023 年统计数据,成都市建成各级绿道 7 003 千米,森林覆盖率达到 40.7%,城市绿化覆盖率达到 44.61%,累计开发生态类碳减排项目 77 个,国家生态文明建设示范区增至 15 个,修复大熊猫栖息地 6.2 万亩。在中国城市发展研究院公布的"2022 年中国重点城市公园数量分布排名 TOP36"中,成都拥有各类公园 168 个,在全国排名第

16,总体处于领先地位。

成都在空气、水体和土壤方面的质量有待提升。2023 年,成都空气质量优良天数为 285 天,优良天数比例为 78.1%、同比上升 0.8 个百分点,PM2.5 年均浓度为 39 微克/立方米。成都的空气质量优良天数在 19 个副省级以上城市中排名靠后,且低于全国地级以上城市平均水平,PM2.5 浓度超过国家二级标准(35 微克/立方米),与国家一级标准(15 微克/立方米)存在不小差距,空气质量改善的任务仍然艰巨。

成都作为常住人口超 2 000 万的超大城市,环境治理的复杂性不断增加。我国社会主要矛盾已发生变化,人民美好生活需要日益广泛,对成都建设高品质宜居地区提出更高要求。具体来看,包括污染治理设施建设存在短板,污水、垃圾、危险废物处理处置能力不足、分布不均;机动车保有量持续高速增长,加大 NO_x、PM2.5 等污染物治理难度;建筑、地铁施工面积仍处高位,施工管理绿色化水平有待提高,扬尘排放量不断攀升;木材加工、家具制造、石油加工等涉 VOCs 企业数量大(占全市工业企业五分之一以上),VOCs 排放总量大,管控水平有待加强;油烟、噪声等涉及生活质量的投诉呈上升趋势,邻避效应复杂性进一步凸显,舆情引导与生态环境精细化管理程度有待提升。

成都要进一步夯实优良的生态本底,推进山水林田湖草一体化保护,彰显丰富生态资源的魅力特色。遵循科学绿化原则,成都要进一步提升森林覆盖率、城市绿化覆盖率、地表水达到或好于Ⅲ类水体的比例、空气质量优良天数比例,建立以大熊猫国家公园为主体的自然保护地体系,不断增强生物多样性。针对空气质量和超大城市治理等方面存在的挑战,成都要持续加强引导调控,深入协同治理,持续改善空气质量,推动绿色化转型,推进治理体系与治理能力的现代化。创新供给绿色公共产品,高标准布局大尺度生态廊道,高标准设计星罗棋布的公园景观,高标准建设网络化绿道体系,人们可在城市中穿梭时尽享镶嵌其中的绿色景致,可在绿意盎然的城市公园舒心徜徉,可在高绿化率的生活社区近距离感受大自然的无穷魅力,形成城绿相融的空间格局形态。

（三）践行绿色低碳，发挥生态文明驱动力

当前，在能源特征上成都是典型的能源受端城市，二氧化碳排放主要集中在能源消费过程，工业、交通、建筑并列为三大"能耗大户"，是成都二氧化碳排放的主要来源。

在产业能源消费上，成都的能源消费结构逐渐清洁低碳化。成都以"低碳城市试点"为抓手，深入实施清洁能源替代攻坚，全力推进"以电代煤、以电代油、以电代气"，形成以天然气和水电等清洁能源为主的能源消费结构。同时，成都的氢能推广应用加快，大力开展光伏建筑应用研究和试点建设，探索异地太阳能、风能消纳机制。

在交通出行上，成都的绿色交通出行体系不断构建，低碳出行成效显著。在成都构建多中心、网络化、组团式的功能格局背景下，职住分离状况逐渐改善，通勤时间不断下降。根据百度地图联合北京交通发展研究院、清华大学数据科学研究院交通大数据研究中心等权威发布的《2023年度中国城市交通报告》，2023年成都的平均通勤时耗为35.88分钟，同比2022年下降了0.62％，低于北京（44.47分钟）、上海（39.60分钟）、南京（37.40分钟）、天津（37.11分钟）、大连（36.22分钟）。截至2023年底，成都地铁的运营里程达到601.7千米，地铁线路长度为562.4千米，位列全国第四位。2023年，成都轨道交通客运量达到21.22亿人次，日均出行量达到了597万乘次，工作日的常态化客流超过600万人次，公共交通出行分担率超过60％。根据高德地图联合有关部门发布的《2023年度中国主要城市交通分析报告》，2023年度成都公共交通出行幸福指数达到67.61％，在超大城市中排名第5，说明公共交通（地面公交＋地铁）的运行效率、可靠性表现较好。

在建筑节能上，成都的低碳发展成效突出。成都以"区域全覆盖、项目全覆盖"方式，大力发展绿色建筑和装配式建筑，不断提升执行标准和建设品质。成都新建绿色建筑面积从2018年的1亿多平方米增长到2022年的3亿多平方米，获绿色建筑标识项目累计达264个，建筑面积3 649万平方米。根据搜狐城市、中国城市科学研究会、中国建筑科学研究院有限公司联合发布的《2023中国城市绿色建筑发展竞争力指数报告》,在评测的 42 座重点城市中,成都的绿色低碳发展竞争力指数达到 91.78,位于第 13 位,在涵盖建筑、资源、产业、交通、环境五大维度的绿色低碳转型行动力指数上,成都得分为 92.76,位于第 11 位,是西部地区唯一入围 15 强的城市,体现出成都在绿色低碳转型上取得的长足进展。

成都要聚焦公园城市定位,变革传统城市发展理念和支撑体系,走可持续发展的城市崛起之路。走生态文明之路,要在自然环境和人类生存的物质需求之间寻求平衡点。纵观全球城市发展路径,全球城市是城市中最早一批遭遇"大城市病"的城市,也是最早开始思考和探索绿色化的城市发展模式的城市。从 21 世纪初,全球城市均在谋求城市的生态化转型,包括绿色建筑、可再生能源、碳交易、碳金融、城市园艺等领域的拓展。例如,纽约在 2015 年的城市规划中将"可持续发展的城市"列为四大核心目标之一;伦敦在经历过环境问题惨痛教训的半个多世纪时间内,也一直在探讨城市可持续发展的模式。成都要推进低碳城市建设,形成和增强生态文明驱动力对成都作为全球城市崛起的作用。经济发展中,成都的资源消耗和温室气体排放要进一步降低,培育绿色文明理念、倡导绿色生活方式,构建优质宜人、多元活力的环境品质,生态环境质量达到国际先进水平,人们享有干净的水源,呼吸新鲜的空气,仰望碧蓝的天空。具体方向上,成都要进一步提高建筑节能水平,持续降低单位产出能耗和碳排放,推动能源利用清洁化、高效化水平,不断强化生态碳汇能力,提高绿色产业比重。

(四)实现生态价值,推动城市可持续发展

作为生态文明时代的城市发展新范式和重要战略构想,公园城市的建设发展既要注重经济效益的提升,更要坚持在尊重自然的基础上促进生态环境保护和经济增长协同并进、相互支撑、和谐共荣(廖茂林等,2021)。生态产品价值转化可以促进传统产业向绿色、低碳、循环方向转型升级,培育新的经济增长点。生态产业的发展可以创造大量就业岗位,特别是在生态旅游、生态农业等领域,有助于缓解就业压力,促进社会稳定。生态补偿和生态产品价值转化将有助于实现区域间的利益平衡,促进城乡协调发展。生态产品价值转化可以为生态保护提供经济支持,通过生态补偿、生态修复等措施，保护和恢复生态系统，维护生物多样性，有助于实现经济、社会和环境的协调发展，推动成都在生态文明建设方面取得更大进展，为子孙后代留下宝贵的生态财富。

当前，成都立足生态禀赋推进三条特色化转化路径。一是以典型生态区域价值核算探索生态资源资产化。成都以川西林盘、龙泉山城市森林公园、锦城公园等典型生态区域为突破口，开展生态价值核算的理论与实践研究，为以点带面探索构建生态系统价值核算体系奠定了良好基础。如成都率先形成了可操作、可比较、可推广的川西林盘生态系统价值核算标准和技术体系；成都对标国际，根据"联合国千年生态系统评估"框架，构建了锦城公园生态服务价值评估体系，并根据评估体系对锦城公园生态服务价值进行了估算。

二是以低碳城市先试先行推动生态权益转化为生态资本。成都积极推进生态权益"品类直接交易"，创新模式赋能"区域溢价增值"，创新机制实现"生态效益共享"，着力畅通生态价值实现市场化路径。成都以生态权益交易实现产品"直接变现"，加快具有明确权属且可评估计价的生态权益在不同主体、部门或地区之间进行高效流通配置，设立四川联合环境交易所，率先完成全省首笔用能权交易，国家核证自愿减排量（CCER）碳交易金额位居全国前列。成都还以生态环境导向的开发（EOD）模式项目导入实现区域"溢价增值"，创新提出"土地增值、商业反哺"的投入产出"双平衡"机制，积极推动 EOD 模式在片区综合开发的运用，如杨溪湖湿地公园、麓湖生态城、天府怡心湖、中法生态园"未来水生态城"等 EOD 重大项目，形成"生态投入-环境改善-品质提升-价值反哺"的良性循环。

三是以文商农旅体融合推动生态优势转化为生态产业。成都提出坚持政府主导、市场主体、商业化逻辑，把农商文旅体融合发展作为加快生态价值创造性转化的重要实践路径。如成都秉持"一个精品林盘（聚落）催生出一个规上服务业企业"的理念，大力引导社会资本投资运营，推动林盘商业综合体、文旅综合体等运营模式创新。成都还发挥生态资源引流聚人的优势，聚焦户外消费、品质消费需求，积极推动生态型产业、休闲型消费在绿道、公园、林盘内及其周边布局,探索创新"绿道+""蓝网+""公园+""林盘+"等模式。成都还依托天府绿道、天府蓝网、川西林盘等特色生态载体,以"农"为底,深度链接本地及周边特色农业资源,融合商、文、旅、体元素,形成了品牌化多元产品体系。

与其他城市相比,成都生态产品价值实现路径仍需拓展。一是生态价值评价标准体系尚待建立。现有生态价值评价体系及评估结果以点的探索为主,缺乏在全国范围内的统一性和适用性,生态资产家底尚未摸清。而深圳、杭州等城市正在开展全域 GEP 核算,值得成都学习借鉴。二是市场化机制探索和实施亟待跟上。以自然资源资产产权制度等为重点的生态产品市场机制尚待健全,碳排放权、排污权、用能权、水权交易等环境政策工具应用有待拓展,市场主体介入生态价值转化的案例少、规模小、程度浅。先发区域以"生态银行"、PES 等方式推动实现生态价值深度转化。三是生态产业开发较为浅层,转化渠道有待拓展。成都的生态产业以农产品、乡村旅游、生态观光为主,乡村绿道、特色镇(街区)和川西林盘之间多元融合尚不足,以生态溢价为依托的绿色消费品制造、体验性业态、创新创意空间打造等多元功能有待进一步开发。

成都需要进一步探索生态价值转化和生态产品价值实现机制,推广循环经济发展模式,加快形成绿色低碳生产生活方式,推动生产生活绿色化转型,构建自然有序、绿色高效的发展体系,让绿色成为公园城市的普遍形态,建设人与自然和谐共生的现代化。

第四节 成都强化城市生态功能的战略举措

以和谐共融作为生态文明时代城市发展终极目标,全面塑造人城境业高度统一的"公园城市"新形态,为成都的可持续发展提供"整体解决方案"。针对前文提出的战略方向,结合成都的工作进展,形成以下四方面战略举措。

一、全域公园提升，塑造全龄包容共享场景

公园城市是生态性、公共性、发展性、可持续性的人民城市，是社会发展、文化发展、经济发展和生态发展同步共进的和谐城市，是生态、文态、心态和形态融为一体的高效集约城市（李晓江等，2019）。成都要擦亮"雪山下的公园城市"名片，争创"国家生态园林城市"，建设人与自然和谐共生的现代化城市。构建山水林田湖草生命共同体，打造多层次全域公园体系和蓝绿交织的绿道蓝网，营造自然、经济、社会、人文有机交融的景观风貌，推动城市自然有序生长。

（一）构建全域公园体系，塑造高品质公园城市场景

成都要凸显公园城市多维价值，营造天府绿道、乡村郊野、产业社区、天府人文、城市街区、社区生活和科技应用等多元空间场景，形成可进入、可参与、可感知、可阅读、可欣赏、可消费的高品质空间体验。构建全域覆盖、类型多样、布局均衡、功能丰富、特色彰显、空间渗透、业态融合的全域公园体系，彰显"绿满蓉城、花重锦官、水润天府"的蜀川胜景，建成万园相连、城园相融的公园城市。

加快构建自然生态公园、乡村郊野公园、城市公园等多层次全域公园体系，修复提升川西林盘，丰富高品质空间体验。通过绿道交融山水、连接城乡，串联自然生态公园、乡村郊野公园、城市公园等绿色空间。建设灵秀峻美、密林苍翠的山水公园，以大熊猫国家公园、龙泉山城市森林公园为重点，强化生态保护、维护生物多样性和水源涵养功能；以历史遗存、山地峡谷、林地雪山、大熊猫等特色资源为载体，营造"四季有景、步移景异"特色景观。构建田林交错、变幻多彩的乡村公园群，以特色湖泊湿地、人文景观和农林产业等资源为载体，建设郊野公园、川西林盘、农业产业园等乡村公园；发挥特色镇带动作用，形成"特色镇＋林盘＋农业园区/产业园区"基本单元。打造星罗棋布、全民共享的城市公园，增强城市韧性，打造涵养城市生态、提升人居环境的公园城市绿地系统。重点建设综合公园、专类公园、社区公园、小游园、微绿地，结合服务人口和区域半径，进一步优化城园空间布局，实现"300米见绿、500米见园"。建设绿色开敞、互联互通的廊道公园，以沿道路、河滨

湖岸、溪谷、山脊等绿色廊道,实现各类公园和场景的串联。

具体举措上:一是建设"一远(郊野公园)一近(口袋公园)"两种公园,满足居民回归自然空间、日常便捷使用的需求。郊野公园要充分利用林下空间、水岸湖边、生态空间,保护好自然生态环境、丰富游憩休闲类型,促进各类健身康体活动,实现教育科普功能。口袋公园,则要充分发挥小空间、大生活的作用,通过街头巷尾的乐享场所打造,构建绿色低碳的生态花园,塑造小巧精致的魅力空间,形成共建共享的治理载体。二是建设"一老(康养公园)一小(儿童公园)"两种公园,满足老人幸福安享、儿童快乐成长的需求。在康养公园上,通过各类服务设施、场所的打造,关注老年人的服务需求、身心健康、文化娱乐和社会交流。在儿童公园上,注重儿童使用的安全性、适应性、创造性、教育性,实现亲子互动,构建环境友好和社区融入的场所。三是建设"一文(文化公园)一体(体育公园)"两种公园,满足城市文化传承发扬、全民健身康体的需求。建设文化公园,延续传承城市历史文脉,凸显区域文化特质精神,承载城市记忆百姓乡愁。建设体育公园,通过开展体育运动活动,如"国球进公园",进一步推动群众身边健身设施建设,丰富群众健身活动空间,满足市民多样化健身活动需求。四是建设"一动(动物园)一静(植物园)"两种公园,满足物种资源保护、各类科普教育活动开展的需求。提升动物园建设水平,促进动物保护、科普教育活动开展,为居民提供生动有趣的休闲娱乐活动。提升植物园建设品质,打造植物资源储备库,塑造成都生态文明的象征,强化生态文明战略的践行担当。

(二)优化城市空间格局,提升城市景观风貌

成都市域要积极探索和谐有序、可持续发展的城乡建设新模式。一方面统筹好中心城区的职能分工,集中打造立体化、地标性、未来感的现代都市区;另一方面着力打造新型城乡关系和空间形态,推动城乡建设由外延粗放式向集约紧凑、功能复合、低碳高效转变。

成都要布局疏密有度、水城共融的城乡统筹单元,创造集约紧凑、功能复合的簇群化主体功能区。联动开展支持"美丽乡村""美丽家园"建设改造工作。走多中

心、组团式布局的公园城市建设之路,"增绿"和适度"留白"相结合,打造多中心的公园城市开放格局。坚持以重大生态工程为牵引,全面提升公园城市格局之美、肌理之美、风貌之美。强化产城融合的建设导向,着眼提升城市宜居宜业品质,科学确定各类用地比例。以天府绿道、天府蓝网建设为重点,全面推行林长制,加快形成全民共享、覆盖全域、蓝绿交织的网络体系。积极推动城市建设与自然景观、文化景观有机结合,凸显山水城市景观特征。塑造"蜀风雅韵、大气秀丽、国际时尚"的城市总体风貌,传承"花重锦官城"的城市意象。

(三)建设全龄包容共享的幸福新天府

公园城市的核心本质就是家园,要以满足市民百姓的需求为第一要务,兼顾外来投资者和游人的需求,以"以人为本"为公园城市建设的出发点和落脚点,以生态保护和修复为基本前提,以城市高品质有韧性、健康可持续发展和社会经济绿色高效发展为保障,最终实现生态美好、生产发展、生活幸福(王香春等,2020)。未来城镇化发展将进入由外延走向内涵的存量发展时期,切实关注老年人、儿童、年轻人三大主力群体的异质性,充分挖掘不同人群对不同生活层次、不同设施类型的实际需求,精细化打造包容、可持续发展的宜居城市。

开展"老龄无障碍城市"天府计划。制定和完善适老住宅和适老设施的建设及设计标准,集中新建和改造一批适老住区。积极引入社会资本力量,探索建设日间照料中心、社区长者服务中心、康养院等生活服务设施,探索新型养老模式。进行城市公共空间的适老化改造。为老年人提供多层次交往与多样化生活。

推进"儿童友好城市"天府实践。具体包括建设儿童友好的交通出行设施,以居住地所在的社区为核心,构建社区公共游戏空间网络,开展儿童友好型学校试点建设,根据学生成长和日常生活诉求对洗手间、饮水机、安全设施等进行更新改造,配建屋顶花园、农业生态馆等特色景观。

建设"年轻幸福城市"天府样本。打造功能复合的国际创新协同环境,关注未来生活方式,打造潮流化、便捷化的生活圈。模糊工作与生活的界限,注重有利于激发创意的非正式交往的场所营造,推动公共社区从传统居住空间向创客型创新空间转变。提升社区层面的城市公共服务水平,提供涵盖教育、医疗、消费、社交等方面的高品质、国际化生活配套服务。

(四)城市功能和生态环境融合渗透,共绘绿色人文纽带

生态为底,生活、艺术、科技元素立体渗透,形成人文与自然交融的城市魅力展示区。加强亲水驳岸生态化改造,提高河道的亲水性,满足市民休闲、娱乐、观赏、体验等多种需求。

探索产业空间公园化,建设绿色活力的产业街区。整合城市产业集聚区的"空地"资源,采用围合式建筑布局,集中布置微庭院、微广场,形成连续、可停留的公共空间系统。

探索社区空间公园化,建设立体开放的居住社区。提升街区内部公共空间与街道空间的连通性和通透感,形成从屋顶花园至庭院花园、再到沿道路周边的全方位立体的景观空间,满足人群社交活动的需求,形成游憩式社区公共空间。

二、 厚植生态本底、保护全域生态格局

大力实施山水林田湖草沙冰系统治理,全面加强生态保护与修复,着力提升生态系统质量和稳定性,守住自然生态安全边界。

(一)保护成都全域生态格局

整体保护"两山、两网、两环、六片"的生态格局,提升生态服务功能,筑牢长江上游生态屏障。全面优化岷江、沱江水系网。统筹协调沿河城乡建设和河道空间需求,恢复重要历史河道、新增支流沟渠,完善水网体系,实现"六河贯都、百水润城"。加快完善环二绕、三绕生态环,提高成都第二绕城高速生态环绿色空间比重,形成以郊野公园和生态农业为主的环状绿化带;依托成都平原森林城市群建设,推进成都第三绕城高速景观绿化。

(二)构建自然保护地体系,保护生物多样性

构建科学合理的自然保护地体系。构建以大熊猫国家公园为主体的自然保护地体系,加强生物多样性保护,强化湿地保护修复,持续推进水土保持工作。对现

有自然保护区、风景名胜区、地质公园、森林公园、湿地公园等各类自然保护地开展综合评价,按照保护区域的自然属性、生态价值和管理目标进行整合优化。建立统一规范高效的管理体制,优化协同高效的管理机构。完善湿地保护体系,强化生物多样性保护,加强生物多样性保护试点示范。

（三）持续加大生态环境质量改善力度

持续深入打好污染防治攻坚战。推进大气污染防治工程,协调推进大气污染跨区域联防联控,开展 VOCs 污染专项攻坚、规下企业排污等专项治理。推进水污染防治能力提升工程,推进生活污水治理"厂网配套、泥水并重",开展污水处理精准提标,实施老旧管网修复改造和雨污分流工程,实现污水收集管网全覆盖,"动态清零"全域黑臭水体。推进土壤污染防治工程,管控修复受污染耕地和建设用地,启动长安填埋场封场生态修复等工程。

推动资源循环利用。按照"无废城市"理念推进生活垃圾分类治理,建设生活垃圾分类处理系统,实现原生生活垃圾零填埋,提升厨余垃圾资源化利用率,开展塑料污染治理专项行动。健全危险废弃物和医疗废弃物集中处理设施,开展工业园区危险废物集中收集贮存试点,强化危险废物全过程监管,完善危险废物收集、贮存和运输体系建设。健全大宗固体废弃物综合利用体系,加快建设长安静脉产业园等项目。

（四）建设国际领先的海绵城市

重视城区雨污水管渠建设,建设先进的水务管理系统。制定河湖水生态治理与修复导则,解决黑臭水体治理问题。以水源保护为中心,开展水库水体的近自然修复工程,复合考虑生态游憩环境的多功能景观建设工作。加强水污染防治管理,探索式推进污水再生利用。

推进海绵型载体建设,构建覆盖全域的海绵生态格局。加快海绵型建筑、道路等载体建设,提高雨水积存和蓄滞能力,减少对市政排水系统的压力。划定中心城区的禁建区和"滞洪区",增强城市中小型绿地海绵体功能,为周边区域提供雨水蓄滞空间。做好浣花溪公园、青龙湖生态湿地等湿地公园的走廊建设,提升河湖水系海绵体功能,加强对水系的整体保护。

三、 坚持绿色发展,加快实现碳中和目标

深入实施可持续发展战略,完善生态文明领域统筹协调机制,落实国家碳达峰碳中和目标,推动部分行业碳排放率先达峰,促进经济社会发展全面绿色低碳转型。统筹生产、生活、生态,以建设践行新发展理念的公园城市示范区为引领,加快形成节约资源和保护环境的服务业产业结构、生产方式、生活方式和空间格局。成都要以绿色低碳的理念重新塑造城市,布局绿色基础设施,推动全域增绿增景;聚焦水环境的综合治理,解决水源涵养、污染治理、水务管理等关键性问题;有效控制城市碳排放,将生态与城市功能结合,向世界展示绿满蓉城、水润天府、生态新城的独特魅力。

(一)推进节能减排,持续加强低碳城市建设

碳中和愿景下,以降碳为总抓手,持续推进低碳城市建设,大力实施清洁能源替代工程,充分依托四川水电资源丰富的先天优势,以价格改革为牵引,积极推进"以电代气",探索开展新兴领域电能替代项目,加快构建以电能为主导的清洁能源体系,分阶段探索式建设世界先进的城市清洁能源网络,最终实现能源结构的低碳转型。

构建绿色低碳产业体系。推进都市农业循环化经营和现代农业园区建设,抢占新能源新材料新高地。以实现碳达峰、碳中和目标引领能源、技术和产业低碳革命,坚决遏制"两高"项目盲目发展,坚持生态产业化和产业生态化。

提升资源利用效率,推动产业清退调改和低效用地整治。制定产业约束清单,以能定产、优化能源消费结构,逐步淘汰落后产能。引导传统装备制造企业向智能制造方向升级,以产业园区为主要抓手,通过碳强度考核、产业选择、项目遴选等机制设置选择环境友好型产业、促进传统产业转型升级。推进中心城区低效工业用地的评估和再开发。

(二)推动碳中和与公园城市示范区建设有机结合

将碳中和的理念、思维贯穿于公园城市建设中,突出从生态"资源"到生态"要

素"的观念转变,将碳约束目标纳入践行新发展理念的公园城市示范区建设指标体系中,实现在定量约束中绿色发展、高质量发展。依托成都公园城市示范区建设,突出生态为新经济赋能、为生活添彩、为消费拓空间特色,提炼符合成都资源禀赋的碳中和实现路径,并结合公园城市发展阶段制定碳中和分阶段路线图。

积极探索具有成都特色的降碳模式,争创国际碳中和先行示范区。依托公园城市示范区建设,进一步加强自然生态本底修复,大力实施山水林田湖草沙冰系统治理,构建全域多层次公园体系和蓝绿交织的绿道蓝网,为打造具有成都特色的自然降碳模式夯实基础。开展"零碳功能区""零碳景区""零碳社区"等试点建设,率先在脱碳理念引领、制度设计、产业发展、低碳技术应用等方面进行探索,通过"减源""增汇",实现示范区内二氧化碳近零排放,达到以点带面的效果,并进一步提炼形成全国零碳经济区发展的示范样本,为其他地区乃至全国碳中和的推进提供方案。

（三）布局新基建和新经济,增强低碳、零碳科技支撑

实现碳中和,首先在于通过绿色智能基础设施实现排放转型,其次是切实推进各个碳排放领域的低碳发展。借鉴绿色新政经验,当下成都应做好低碳与新基建的衔接,前瞻布局数字化工业互联网、数字化通信互联网、数字化交通互联网,并促进商业建筑、住宅、厂房建设嵌入物联网平台,降低中间能耗,实现根源上的低碳发展。

新能源技术的研发应用、碳捕集与封存等未来关键革命性技术的探索研究,正成为低碳发展的重要内容、技术创新的重要领域。要围绕能源碳的脱碳与低碳,加强储能、可持续燃料、碳捕集与封存技术等方面的攻关,为实现碳中和做强技术支撑。依托当前成都正在实施的垃圾分类,加大对资源循环的技术研发,提高废弃物处理领域的低碳化技术,加强智能垃圾收集系统的研发应用等。

（四）加快构建碳排放双控制度体系

结合国家《加快构建碳排放双控制度体系工作方案》,加快构建碳排放双控制度。将碳排放指标纳入国民经济和社会发展规划,建立健全地方碳考核、行业碳管

控、企业碳管理、项目碳评价、产品碳足迹等政策制度和管理机制。不断完善碳排放相关规划制度,建立地方碳排放目标评价考核制度,探索重点行业领域碳排放预警管控机制,完善企业节能降碳管理制度,开展固定资产投资项目碳排放评价,加快建立产品碳足迹管理体系。

四、 推进生态价值转化,提升创造性转化能力

持续推进生态价值转化的理论研究和实践探索,强化制度保障与技术支撑,积极拓宽政府主导、企业和社会各界参与、市场化运作、可持续的生态产品价值实现路径,加快健全生态产品价值实现机制,努力把"绿水青山"蕴含的生态价值转化为"金山银山"。

(一)构建生态产品价值体系,推进生态系统价值核算

摸清生态"家底",开展生态系统价值核算,实现生态产品可量化、可计价,是推动生态资源转化为生态资产、生态产品的基础和前提。以明确的产权归属与产权边界,健全森林、林盘、湿地等自然资源统一确权登记机制。开展生态产品基础信息普查,摸清生态产品构成、数量、质量等底数,编制形成生态产品目录清单和资产地图。建立生态产品动态监测制度,动态更新生态产品目录清单和资产地图。

基于成都在典型生态区域生态系统价值核算的探索,主动对标深圳,系统开展城市 GEP 核算。确立生态系统生产价值核算原则、核算标尺、核算边界,总结典型生态区域核算经验,强化核算标准化建设,形成生态系统生产价值业务化核算能力,以价值量衡量生态系统服务水平。以先发区(市)县为试点,建立综合性城市 GEP 核算账户体系,制定"存量与流量并存,实物量与价值量并重"的城市 GEP 价值核算规范,明确城市 GEP 核算指标、核算方法、数据来源、技术参数等内容。针对不同类型生态产品,探索构建体现市场供需关系的价格形成机制,逐步形成全市统一的、金融机构认可的生态产品定价规范。

(二)建立健全生态产品价值实现机制

要建立健全政府主导、企业和社会各界参与的运行机制,推动市场化运作,走

可持续的生态产品价值实现路径。充分发挥政府的主导作用,建立市级统筹机构,制定生态产品价值实现工作方案,推进重大生态优化工程建设,颁布生态产品价值核算的地方技术规范等。充分激发市场主体活力,鼓励国企、民企等采取"生态保护修复+产业导入"方式经营自然资源资产,探索实践"生态银行"、EOD模式。探索村集体经济组织以生态价值作为特许经营权,以股权的形式同国有企业、社会资本共同经营,完善生态产品使用权出让、转让、出租、抵押等机制,形成更加丰富的生态产品开发运营模式。打通生态产品政产学研协同开发通道,健全政府定期发布生态产品价值实现机会清单机制,搭建学术交流平台、生态产品交易中心等公共平台,构建政府、高校院所、企业之间的信息闭环、创新闭环。围绕生态产品精准人才、金融等关键要素配置。

尝试探索碳排放权、用水权等权益交易机制。碳排放权方面,依托四川联合环境交易所,积极推动全市重点碳排放单位参与碳排放权有偿使用和交易试点,积极融入全国碳排放权交易市场。探索建立碳排放总量指标跨区(市)县交易机制,鼓励在确保完成碳排放强度降低基本目标的情况下,总量指标不足、需新布局符合国家产业政策和节能环保等要求项目的区(市)县,向碳排放双控指标富余的区(市)县有偿购买总量指标。用水权方面,针对不同能级不同行业的生产项目制定阶梯式供水价格,探索建立单位用水价格与用水量、产值规模等指标挂钩机制;以用水总量控制指标为标的,探索在全市各区(市)县之间开展用水权交易;建立灌溉用水户水权交易机制,以都江堰灌区为试点,探索通过颁发水权证等形式将用水权益明确到灌溉用水户或用水组织,促进灌溉用水户水权交易。

配合建立综合性生态补偿机制,探索实施生态产品供给与经济发展目标增减挂钩、生态资产账户异地增减平衡、生态投入有机补偿,创新重大生态工程可持续建设机制,积极开展长江中上游国家生态综合补偿试点。

(三)拓展生态产品消费场景,推进生态产业扩容发展

发展与生态资源特色相匹配的生态产业是实现价值转化最直接、最经济、最有效的途径。成都要立足自身资源禀赋,开启独具特色的绿色生态产业发展之路。

推动生态产品精深加工升级，持续开展生态、有机和地理标志农产品认证，提升"天府源"等公共品牌溢价，大力发展绿色产品研发、设计，提升环保型消费品竞争力。深化生态旅游开发，以大田景观、山水资源、绿道公园等为载体，植入优质商业资源、旅游元素、体验场景和创新创意空间，强化资源互联、场景联动及线路设计，强化消费黏性。以生态保护优先促绿色发展，依托森林、湿地及川西林盘、公园、绿道等特色资源，聚力产业植入与场景营造，塑造绿色新兴业态，拓宽生态产品价值转化路径。重点聚焦生态环境优势明显的西部区域，大力发展绿色生态产业，着力打造高端生态品牌，建立以融合互动为导向的生态价值转化路径，深化农商文旅体融合发展机制，发挥川西林盘、大地景观载体优势，持续激发绿色新兴生态产业发展动力活力。依托天府绿道、龙泉山城市森林公园等生态工程载体，创新 EOD 模式，建立以价值开发为导向的生态价值转化路径。

布局生态敏感型产业，在生态优越区域建设公共性开放式办公区、会议室等，吸引科技类、创意类业态集聚，大力布局环境友好型数字经济、生物经济新业态。强化"绿道＋赛事""公园＋产业""场景＋消费"等商业模式创新，推动民宿康养、运动休闲、体验消费、旅游观光等业态有机植入、跨界融合，依托公园绿道持续开展场景营城活动，营造高品质生活场景和消费场景，不断激发生态、文创、研发等新投资需求，着力孵化创新研发、设计咨询等智力密集型产业。

第十一章

成都建成社会主义现代化国际大都市的未来展望

前文从理论视角详细论证了国际大都市动态演化,从产业转型、消费引流、科技创新、文化融汇、生态环境等维度分析了成都建成社会主义现代化国际大都市的战略重点、战略方向、战略举措,明确了成都迈向 2035 的战略愿景。那么,2035 年时已建成社会主义现代化国际大都市的成都呈现怎样的图景呢?本章将回答这一问题。本章内容安排如下:一是梳理代表性国际大都市的目标愿景,为成都迈向 2035 提供经验启示;二是从生态文明、科技创新、城市能级等角度刻画 2035 年的成都成为社会主义现代化国际大都市的图景轮廓;三是梳理成都在推进社会主义现代化国际大都市建设中面临的风险约束,并进一步提出推进路径。

第一节　代表性国际大都市的目标愿景:人本、产业转型与科创

进入 21 世纪,国际知名大都市为抢占未来高地、保持领先地位陆续发布了相关规划文件,巴黎、香港、墨尔本等城市更是在 21 世纪第一个十年就明确了城市发展的目标愿景。本节将梳理纽约、伦敦、巴黎、东京等全球城市的中长期

发展战略规划,为成都顺利推进社会主义现代化国际大都市提供启示和经验借鉴。

一、 以人为本的可持续发展是国际大都市关注焦点

城市是一个巨型的复杂系统,全球城市发展经验表明,要注重中长期发展战略规划研究(胡曙虹,2020)。从本质上看,城市发展战略研究在某种程度上接近于中长期规划,都侧重于:一是为未来勾勒或描绘蓝图,提出城市未来发展的功能定位及城市职能;二是提出城市总体发展方向(经济、社会与环境等角度),并总结城市发展的客观规律,以此来指导城市未来发展;三是采用多方案备选的做法,结合已有城市发展基础提出未来城市的空间结构体系和重大任务的布局。

作为城市利益相关者的集体智慧结晶,全球城市中长期发展战略规划在一定程度上代表了未来城市发展的方向。如伦敦 2036 年的愿景为"保持世界顶级全球城市的领先地位;为全体民众和企业打拼,拓展机遇;环境最佳,生活质量最好;在解决 21 世纪都市挑战尤其是气候变化方面成为世界城市的领军者"。东京提出建设"世界一流大都市"的目标,希望借助 2020 奥运会再次提升城市能级,发展可持续的未来,打造国际领军城市。纽约至 2040 年的愿景是"一个纽约——一个强大而公正的城市"(One NYC),提出城市发展四大分愿景,即"蓬勃发展的纽约、公平平等的纽约、可持续发展的纽约、富有韧性的纽约"。首尔提出至 2030 年建立"相互沟通和关怀的幸福市民之都"的愿景,未来城市的发展以市民的生活为核心,包含福利、教育,关注社会弱势群体,所有的社会福利都必须公正与平等。香港希望到 2030 年建设成为一个"宜居、具有竞争力及可持续发展的亚洲国际都会"。北京提出落实首都"全国政治中心、文化中心、国际交往中心、科技创新中心"的城市战略定位,明确了分三个阶段(2020 年、2035 年、2050 年)建设"国际一流的和谐宜居之都"的目标。上海提出建设"卓越的全球城市"的愿景目标,至 2035 年将上海建设成为"更具活力的创新之城、更富魅力的人文之城、更可持续的生态之城"。

表 11.1　代表性全球城市的目标愿景

城市	规划文件	发布时间	目标愿景
纽约	一个纽约（2040）——一个强大而公正的城市	2015 年	建设成为蓬勃发展的纽约、公平平等的纽约、可持续发展的纽约、富有韧性的纽约,巩固纽约在全球城市中的领导地位
新加坡	挑战稀缺土地——2030 新加坡概念规划	2019 年	在熟悉的环境中打造新居;高层建筑的城市生活享受——迷人魅力景观;更多休闲娱乐选择;更大的商业发展弹性;全球商业中心;四通八达的铁路网;强调各地区的特色
墨尔本	可持续增长的规划——2030 墨尔本规划	2002 年	建设成为一个供居民生活的宜居城市、供企业发展的繁荣城市、供游客旅游的魅力城市
伦敦	2036 大伦敦空间发展战略规划	2021 年	建设成为国际大都市的典范,为民众和企业拓展更为广阔的发展机会,实现环境和生活质量的最高标准,领导世界应对 21 世纪城市发展,尤其是气候变化所带来的挑战
首尔	全球气候友好城市——2030 首尔规划	2021 年	以人为本,低碳绿色的气候友好城市、绿色增长城市和先进的适应性城市
约翰内斯堡	约翰内斯堡 2040 增长和发展战略规划	2011 年	成为世界级的非洲城市,充满活力的、公平的、多样性的非洲城市;提供给人民高质量的生活,可持续发展的环境,有弹性的宜居的城市
巴黎	确保 21 世纪的全球吸引力——2030 大巴黎规划	2006 年	着眼于可持续发展的理念,目标在于提升巴黎的吸引力,同时提升大区的辐射力度,将整个巴黎区域纳入新的发展模型中,具体包括:连接和架构,实现一个更加紧密联系和可持续发展的地区;极化和均衡,建立一个更加多元化、宜居和有吸引力的地区;保护和提高,发展一个更加有活力、更绿色的大区
香港	香港 2030:亚洲国际都会	2007 年	追求真正的可持续发展模式,成为亚洲城市的典范,包括:提供优质生活环境,保护自然和文化遗产,提升经济枢纽功能,加强国际及亚洲金融商业中心、贸易、运输及物流中心的地位,进一步发展成为华南地区的科技创新中心等
悉尼	大悉尼 2056:三个城区构成的大都市圈	2018 年	将大悉尼分为三个主要城区,通过更有效地利用土地,提高居民住房可负担能力,缓解交通拥堵问题,实现平衡发展,改善整个地区的自然环境,打造一个更具有生产力、宜居的、可持续发展的城市

城市	规划文件	发布时间	目标愿景
法兰克福	网络城市——2030 法兰克福规划	2012 年	改善在当地感受到的生活质量,包括:改善环境质量及房屋供应量,吸引高素质劳动力落户于此;持续性发挥区位优势,提升城市的国际地位;加强经济、教育和研究紧密联网,推动整个产业的成长
北京	北京 2035:建设国际一流的和谐宜居之都	2017 年	建设成为全国政治中心、文化中心、国际交往中心、科技创新中心
上海	上海 2035:卓越的全球城市	2018 年	建设成为令人向往的创新之城、人文之城、生态之城,具有世界影响力的社会主义现代化国际大都市

资料来源:课题组整理。

二、 加快产业转型升级是全球城市发展的内生驱动力

提高城市产业国际竞争力是全球城市参与全球化竞争的产业发展战略,也是全球城市建设的应有之义。纽约 2040 规划"一个纽约——一个强大而公正的城市"规划中的产业部分指出,金融危机后的纽约市产业更具多样性,私营企业在创新产业中的份额提升,依托高技术高附加值的经济增加策略得到有效落实。未来纽约市应该更加注重发展多元经济,深入挖掘传统行业、创新企业和小企业的潜力,促进纽约市经济发展。纽约 2040 规划对产业发展提出的三个措施中,首先是发展高增长和高附加值产业,具体包括先进制造业(如清洁能源技术)、设计业、广告艺术业、电子商务和生命科学产业;其次是加大产业基础设施投入,如建立应用科学学校培育产业人才,为初创生命科学研发企业建立实验空间,建立高端制造业网络共享制造业创新所需要的高科技技术以降低初创企业前期成本,加大对时尚设计产业的投入。

东京 2040 城市规划"创造未来——东京长远规划"中提出提高东京创意创新产业在全球的影响力。具体包括:完善东京市金融中心职能,将东京建设成为全球金融中心;增加具有高附加值的化工与药物研究所与企业,使东京成为全球生命科学产业中心;增加经济活力吸引初创公司,将初创公司在经济中的比例从 2013 年的

4.8％提高至 2024 年的 10％,使东京成为世界级创业城市;促进中小企业的发展特别是机器人产业和医药产业。

"更宜居的城市——2030 伦敦规划"中提出将伦敦建设成为一个英国和国际的创意产业和新的知识型经济中心,因此伦敦支持新兴的、有活力的增长和创新部门,如环保和创意产业,鼓励信息技术研究及商务智能的发展。同时也关注中小企业的发展,建设信息通信技术基础设施,以电子信息支持中小企业发展。规划指出要强化金融业、航运业、旅游业、商业、文化产业、创意产业、咨询服务业等的国际竞争力,提升英国产业领域资源配置能力和国际话语权;提升产业发展能级和密度,未来产业发展和布局将走集约化、复合化、融合化的道路。

三、 科技创新在全球城市目标愿景中的地位日益凸显

以科技创新推动城市转型是全球城市发展的普遍趋势,将"科技创新"定位为城市核心功能或核心竞争力的主张得到越来越广泛的认同。科技创新日渐成为驱动城市发展的根本动力,其在城市发展愿景及目标实现过程中的功能及作用主要体现在以下几方面。

一是世界主要城市在制定未来发展愿景及目标的过程中不约而同地开始重视科技创新中心功能的塑造。例如,巴黎在 2030 年的城市规划中提出"再工业化且发展新的创新领域","鼓励各机构进行地理位置上的重新整合,确保巴黎大区科研和创新系统网络的构筑",以达到"确保 21 世纪的全球吸引力"的愿景目标。为实现"国际领军城市"的愿景,东京提出"到 2024 年新设企业率增至 10％以上,进入国际市场的中小企业数量达到 2 000 家"等目标,并提出"以东京未来创新型产业为支撑带动日本整体经济发展"。纽约提出"创新产业就业岗位比重增至20％","劳动力将拥有参与 21 世纪经济所需的技能"等目标,通过提供创新方面的支撑以实现蓬勃发展。法兰克福提出至 2030 年建成欧洲信息网络中心、科技创新中心以支持"网络城市"愿景的实现。香港提出"进一步发展为华南地区的科技创新中心"以实现至 2030 年成为亚洲国际都会的目标。匹兹堡在城市规则

中高调地将自身定位为"全球创新城市",试图彻底扭转"绣带城市"的印象,打造美国新一代经济高地。

二是全球城市逐渐成为科技人才与资本的中心和创新型企业的聚集区。东京集中了日本约30%的高等院校和40%的大学生,拥有全日本三分之一的研究和文化机构。从城市吸收风险资本的情况来看,硅谷(旧金山-圣何塞)约占全球风险投资的20%,波士顿地区约占5.6%,纽约占4%。截至2018年,纽约大约有7 000家科技创业公司,涵盖的主要行业包括移动应用软件、互联网应用技术、科技金融、社交媒体、智能手机等新兴科技领域。位于东伦敦Shoreditch地区的伦敦科技城吸引了谷歌、亚马逊等顶级公司,以及欧洲最大的科技企业孵化器种子营(Seedcamp)等孵化器类型的企业和众多创业小公司。

三是典型科技创新城市制定和实施了相关创新计划以更新城市功能,为实现城市愿景及目标提供动力。当前科技创新已深深地左右着城市发展的动力,"以知识为基础的城市发展道路是通向未来的最可持续路径"这一观点已取得共识。早在2003年,"伦敦创新战略与行动计划(2003—2006)"就提出伦敦建成"世界领先的知识经济",并于2010年着手实施"迷你硅谷"计划,还提出建设"一个英国和国际的创意产业和新的知识型经济中心",致力于成为世界一流创新中心。又如,纽约市政府在2009年就开始反思"过分依赖金融服务业"的发展战略,决定将科技创新作为城市新一轮发展的主要动力,通过建立应用科学科技园区以平衡发展,转向"更多元的创新型战略"。2009年,纽约发布"多元化城市:纽约经济多样化项目",随后启动"东部硅谷"发展计划,并在2015年发布的新十年发展规划《一个新的纽约:2014—2025》中,再次明确了"全球创新之都"的城市发展定位,并把施政的重心聚焦在"培育适合大众创新创业的土壤",以期在纽约形成创新创业热潮。为此,纽约市政府推行了多项重要的创新计划和举措,如"应用科学""众创空间""融资激励""设施更新"等计划。科技创新已成为推动纽约经济增长的主要动力,一系列创新计划的实施也正在助力纽约转型成为全球领先的创新中心。

第二节　成都建设社会主义现代化国际大都市的愿景轮廓

2035 年，成都创新型城市建设进入世界先进城市行列，是具有国际影响力的活跃增长极和强劲动力源、践行新发展理念的公园城市示范区、泛欧泛亚有重要影响力的国际门户枢纽城市。

一、具有高能级全球城市功能的成都

从内涵特征来看，全球城市拥有高密度的全球功能机构、最大容量最高频次的全球要素流动、高效率运作的各类大平台、强大可持续的创新创业活力、优良的营商环境、值得学习的示范楷模等（吴晓琪，2020）。新发展格局下，"一带一路"倡议为成都从战略后方走向开放前沿提供了重大机遇，推动其崛起成为内陆型全球城市，形成对外开放新空间，加快国际要素资源的汇集。

"一带一路"倡议标志着中国对外开放和区域协调发展格局的重大转变，向西开放从根本上改变了西部内陆地区的经济区位，塑造了区域经济发展新格局。成都从不沿边、不靠海的内陆腹地变为开放前沿，成为国家向西开放的"龙头"，为成都增强对外交通枢纽功能，探索区域合作改革创新，促进贸易投资便利化，提升内陆开放水平，带来前所未有的战略机遇。成都作为西部地区的交通枢纽，具备构建"一带一路"合作大通道的条件和优势，国际班列通达境外 112 个城市，成为全国五大中欧班列集结中心之一。国际航线方面，成都是继上海、北京之后中国内地第三个拥有两座国际枢纽机场的城市，截至 2024 年底，成都国际及地区定期直飞航线已恢复拓展至 73 条，其中客运航线 51 条、货运航线 22 条，通达欧、美、澳、非等地区，还将加大力度拓展国际航线网络，提升全球通达性和便利性。随着国际航线开通、物流枢纽通道建设、数字贸易服务等领域国际合作的深化，2035 年的成都将成为链接太平洋和大西洋的新亚欧大陆桥的国际枢纽门户。

二、 现代化产业体系完善的成都

全球城市也是战略性产业的控制中心。现代化产业体系的形成过程,就是传统产业深度转型、新兴产业和未来产业奔涌勃发进而推动整个产业体系从传统走向现代的过程,使得全球城市能够在全球经济中发挥核心作用,控制和协调全球资本的生产和市场。同时,全球城市具有雄厚的经济实力和巨大的国际高端资源流量与交易。现代化产业体系以数字化、信息化、智能化、绿色化和融合化为特征,推进传统的劳动者、劳动资料和劳动对象及其组合方式实现跃升,成为构成新质生产力的新型生产要素,助推全球城市吸引和集聚高端人才、资本、技术和信息等资源,提升城市的国际竞争力。

当前,成都正在优化产业园区梯度布局体系,以发展制造业、生产性服务业为主的园区整合纳入国家级、省级开发区,以发展商务商贸、文化旅游、农业为主的园区设置为市级园区,全市构建"3+22+N"产业园区体系,并进一步优化调整全市产业园区空间地理布局。同时也在深入实施产业建圈强链,优化调整 8 个产业生态圈,重点发展 30 条产业链。聚焦产业生态"建圈"、重点产业"强链",不断完善链主企业、公共平台、中介机构、产业基金、领军人才等"5+N"产业生态,牵引主导产业上下游、左右岸来蓉集聚发展,协同推进产业链补链强链延链。随着制造强市战略、产业集群培育行动的深入推进,成都已形成电子信息、装备制造两个万亿级产业集群和 10 个千亿级产业集群。未来产业培育方面,成都将布局前沿生物、先进能源、未来交通、数字智能、泛在网络、新型材料六大培育方向 24 条细分赛道。随着传统产业提质增效、提前布局未来产业,2035 年的成都将形成以电子信息、装备制造、医药健康、新型材料、绿色食品、先进能源为框架的现代化产业体系,成为西部高质量发展的重要增长极和新动力源。

三、 科技创新比较优势显著的成都

打造科技创新中心是全球城市的普遍选择,通过培育具有全球影响力的创新型领军企业和打造富有韧性的创新生态系统,实现从"高产出"向"高价值"的进阶,为城市的高质量发展注入新动能,从而再塑其国际竞争优势。

成都在国家战略中占据重要地位,2020 年 1 月,中央财经委员会第六次会议提出推动成渝地区双城经济圈建设,使成渝地区成为具有全国影响力的重要经济中心、科技创新中心。成都打造成为西部地区乃至全国的科创中心城市,具备丰厚的资源条件。一是多类型的科创载体和主体。成都已形成或正在加快构建西部(成都)科学城、成渝综合性科学中心、天府实验室等科创平台,整合全球顶尖创新资源,打造全链条创新体系。二是丰富的科教资源。成都拥有四川大学、电子科技大学等高等院校 58 所,中国科学院光电技术研究所、核工业西南物理研究院等国家级科研机构 30 余家,以及 146 个国家级创新平台,为科创中心的建设提供了坚实的科研基础和人才支撑。三是广泛的国际科创合作。随着成都深度融入"一带一路"科技交流合作,已建成中法、中德、新川、中意、中韩、中日 6 个国别合作园区,并与 80 多个国家的各类创新主体开展了科技交流合作。随着对空间、技术、平台三大布局的优化,协同创新、成果转化、城市治理能力将大幅提升,2035 年的成都将成为西部地区、全国乃至全球有影响力的创新驱动高地、科技成果转化高地与高能级创新城市。

四、 作为内陆新型开放门户的成都

得益于多方面的优势和战略地位,成都正崛起为内陆新型的开放门户。成都是中国西部的中心,位于欧亚航路中点,是连接西南、西北和华中三大区域的天然纽带。其地处内陆腹地,而向西向南看,却又是开放前沿。成都拥有中国中西部地区广阔的市场腹地,从国际视角看,成都是南亚、西亚和日韩的最佳中转地,具有成为南亚、西亚、东南亚、中东及欧洲进入中国的门户的潜力。在交通方面,成都已开通国际(地区)航线 85 条,其中国际(地区)定期直飞航线 73 条,旅客和货邮吞吐量均居中西部城市之首。成都天府国际机场和双流国际机场的"双机场"格局,进一步增强了其航空枢纽地位。这些交通优势,使成都能够高效地连接国内外市场,成为重要的物流、人流、资金流、信息流的汇聚地和中转站,为内陆开放提供了坚实的基础。

从战略机遇来看,成都处于西部大开发、长江经济带、成渝地区双城经济圈、西部陆海新通道、国内国际双循环等多个国家战略的交汇点。这些国家战略的实施,为成都的开放发展提供了政策支持和战略机遇。建设成渝地区双城经济圈,旨在打造带动全国高质量发展的重要增长极和新的动力源,这将极大地提升成都的区域地位和影响力,推动其在对外开放中发挥更大的作用。此外,成都还积极融入"一带一路"建设,通过建设国际门户枢纽,打造内陆开放高地,进一步拓展其对外开放的空间和领域。

当前,成都的国际交流与合作日益频繁,已成为重要的国际交往中心。在国际友城建设方面,成都已与全球多个国家和地区的城市建立了友好关系。在国际会展方面,成都每年举办大量的国际会议和展览,吸引了来自世界各地的运动员和观众,提升了成都的国际知名度和影响力。在参与国际产能合作方面,成都与"一带一路"沿线国家和地区在基础设施建设、能源资源开发等领域开展广泛的合作。通过这些国际交流与合作,2035年的成都将成为内陆新型的开放门户。

五、 生态文明引领示范的成都

在全球城市的演变发展中,出现了交通拥挤、住房紧张、环境污染等一系列"城市病",生态文明有助于实现绿色发展和可持续发展,克服"城市病",实现人与自然协调发展,还能促进城市的经济社会发展,提高居民的生活质量。因而,生态文明对全球城市发展具有重要意义,它不仅关系到城市的生态环境和居民福祉,也是城市可持续发展和全球环境治理的关键。

得益于政策支持、发展措施、公园城市建设等方面的积极探索和实践,成都在生态文明建设方面处于领先地位。成都以公园城市为"形",以新发展理念为"魂",推动高质量发展、创造高品质生活。《成都市美丽宜居公园城市规划(2018—2035年)》明确了公园城市的发展目标,包括生态本底更加厚实、城市空间形态持续优化等。近年来,成都以"五绿润城""百花美城""千园融城"三大行动为抓手,建成各类功能复合的公园1 556个。截至2024年,成都已建成超过9 000公里的城市绿道,串联起绿地、公园、小游园、微绿地等多级城市生态体系。成都还提升了龙门山生态屏障、龙泉山城市"绿心"功能,累计修复大熊猫栖息地16余万亩。从经济效益来看,成都绿色低碳产业产值超2 600亿元,良好的生态环境吸引了高新技术企业布局。

展望2035年,成都将全面建成践行新发展理念的公园城市,生态网络全面形成,生态监测体系全面成型,国省重点保护物种及四川特有物种有效保护比例达到100%;将实现人与自然和谐共生的高品质城乡宜居环境,绿色低碳加快成为城市最厚重的底色、最鲜明的特质和最持久的优势;通过公园城市建设,实现城市内涵发展、精明增长,塑造"雪山下的公园城市、烟火里的幸福成都"城市特质。

六、 不断迈向共同富裕的成都

共同富裕是社会主义的本质要求,更是中国式现代化的重要特征。成都作为西部地区的先进典型城市,肩负着政治责任和时代使命,有能力也有必要率先探索在高质量发展中缩小区域差距、缩小城乡差距、缩小收入差距的中国式现代化道路。因而,共同富裕是成都2035年建成社会主义现代化国际大都市的应有之义。

成都应积极对接"一带一路"国际合作平台、长江经济带、成渝地区双城经济圈等重大建设,抓住历史机遇,加快建设科技创新中心,构建高质量现代产业体系,持续增强全球资源配置、科技创新策源、高端产业引领等核心功能,为建设共同富裕先行城市、创造幸福美好生活筑牢根本支撑和物质基础。在推动城乡融合发展方面,成都不断强化顶层设计,先后出台《成都市城乡融合发展试验区实施方案》《成都市促进共同富裕试点方案》《关于加快推进超大城市城乡融合高质量发展的决定》等系列政策文件,积极实施"乡村CEO"制度、做大成都乡村振兴基金规模、乡村振兴专家人才"组团式"巡回服务成效,构建便捷高效的农业社会化服务体系;深化城乡土地制度改革,优化成都农村产权交易平台功能,丰富"农贷通"应用场景。上述措施有效促进成都城乡间的要素流动,激发乡村活力。在缩小收入差距方面,成都着力扩大中等收入群体规模,促进基本公共服务均等化,加强对高收入的规范和调节,促进人民精神生活共同富裕,促进农民农村共同富裕。在缩小区域差距方面,成都以社会主义市场经济体制完善为重点,推动发展更平衡、更协调、更包容,增强区域发展的平衡性,健全转移支付制度,缩小区域人均财政支出差异,加大对欠发达地区的支持力度。2035年的成都,共同富裕实现显著进步,居民收入和实际消费水平差距、城乡收入差距逐步缩小,基本公共服务实现均等化。

第三节 成都建成社会主义现代化国际大都市的风险约束与推进路径

中长期内成都城市发展始终面临低端约束、资源环境、外部压力、全球产业链嵌入性不足等风险约束。本节将从战略对接、强化联动、提升功能等七个维度,提出推进成都顺利建成社会主义现代化国际大都市具体路径。

一、 成都建成社会主义现代化国际大都市的风险约束

(一)面临低端束缚风险

成都作为中国西部的重要城市,在城市发展过程中,产业基础薄弱、产业结构低端、生产网络发展不均等问题逐渐显现,这些问题对成都的城市发展构成了一定的风险。在产业基础方面,成都的产业结构中传统产业占比较高,高端制造业和现代服务业发展不足。电子信息产业虽规模较大,但部分企业处于产业链中低端环节,附加值较低。同时,农业现代化水平有待提升,农业科技进步贡献率仅为63.2%,远低于上海的80.13%,农业组织化程度不高,高端优质农产品产能不足。在产业结构方面,成都的高端产业引领能力不足,缺乏具有全球竞争力的龙头企业和品牌。当前成都的经济发展模式以承接产业转移为主,应对风险挑战和参与全球竞争能力不足。这种低端的产业结构使得成都在全球产业链中处于价值链末

端,难以实现产业升级和经济转型,增加了城市发展的不确定性。在城乡融合方面,城乡要素流动不畅,城市劳动力和资本下乡的动力不足,进城农民的"半城市化"和入乡居民的"半乡村化"同时存在,带来了资源超占与不足并存、城镇发展动能不足、农业资源无法释放等问题。同时,城乡公共产品均衡配置不足,以政府为主的自上而下供给机制问题仍未完全破解,城乡基础设施、公共服务优质均衡配置还存在差距。这种空间生产网络发展的不均衡导致资源配置的不合理,影响产业整体效率和竞争力的提升,增加成都建设社会主义国际大都市的不稳定性。

（二）面临外部经济、环境资源等约束

当前国际经济社会不确定性增强,成都城市发展面临的外部环境恶化的风险。全球经济下行压力加大,对成都的出口贸易造成一定影响。成都产业链供应链韧性不足,仍以参与国际循环为主,建设内陆开放高地还面临一些现实压力。成都工业在国民经济中的占比持续下滑,产业低端化特征较明显,产业链韧性不足,供应链稳定性不强。成都因地处西部内陆,长期处于全球产业链价值链中低端,经济发展模式以承接产业转移为主,应对风险挑战和参与全球竞争能力不足。成都周边缺乏能够与之实现有效衔接、功能互补的大城市,导致成都在很大程度上以国际分工取代了区域分工,单打独斗参与国际循环,直接影响到其在全球产业分工中的位势和效能。这种产业分工的边缘化使得成都在全球经济中的地位较为脆弱,难以有效参与全球经济的高端竞争。成都经济发展还面临环境资源的约束,面临新时期生态文明建设的重要任务。成都经济必须找到新赛道下具有抗逆力的城市经济发展新势能。成都产业以外生内向型为主,产业大而不优、根植性不强的问题一直存在。成都需要通过深化供给侧结构性改革,以产业园区为具体抓手的产业生态圈建设,聚焦细分产业匹配金融、人才、产业等政策,聚集头部企业、补齐缺链环节,推动产业链、创新链、供应链、价值链、人才链深度融合,推动经济工作组织方式变革,加大逆向调节力度,持续提升城市经济韧性水平和竞争能力。

（三）在全球产业链中的嵌入性尚不强

成都在"双循环"战略平台建设、网络连接度提升、全球产业链嵌入性强化等方面面临挑战和风险。在战略平台建设方面,成都产业链供应链韧性不足,主要参与国际循环,内陆开放高地建设面临压力。尽管加密了国际班列往返频率,推动了国际(地区)航线"客改货",但网络连接度仍有待提高。这表明成都在构建高效国际物流网络方面仍需努力,以提升其在全球供应链中的地位。网络连接度方面,成都远离海洋,直接运输成本高,流通服务领域市场主体发育不充分,市场平台建设较滞后。这不仅增加了企业的运营成本,也限制了成都与国际市场之间的贸易往来。此外,成都的交通网络建设虽然取得了一定成就,但在网络连接度方面仍有待提高,以更好地融入全球物流网络。全球产业链嵌入性方面,成都工业在国民经济中占比持续下滑,产业低端化特征明显,产业链韧性不足,供应链稳定性不强。消费品工业呈现萎缩态势,面向最终消费的产品生产不足,龙头企业和品牌产品数量少,供给体系适配性亟待改善。这些问题导致成都在全球产业链中的嵌入性不强,难以有效参与全球产业分工和竞争,限制了城市经济的高质量发展。上述问题导致成都在全球产业链中的嵌入性不强,难以有效参与全球产业分工和竞争,城市经济的高质量发展受到限制。

二、 成都建成社会主义现代化国际大都市的推进路径

基于成都城市进一步发展面临的挑战和优势分析,针对成都建成社会主义现代化国际大都市提出如下推进路径。

(一)积极对接国家战略,打造"双循环"新链接

成都可以依托"一带一路"倡议,积极参与国际合作,拓展国际市场,实现更广泛的经济发展。一是推动企业"走出去"。积极响应"一带一路"倡议,推动企业拓展国际市场,鼓励企业通过绿地投资、并购投资等形式,在"一带一路"沿线国家进行投资布局,引导企业参与境外并购,提升国际竞争力。二是构建对外开放大通道。合力建设西部陆海新通道,深化与西部省区市的协作,共同建设跨区域平台,统筹设置境内外枢纽和集货分拨节点,推动中欧班列高质量发展,打造西向开放前沿高地,紧密对接丝绸之路经济带。三是高标准实施高层级开放合作项目。推进

战略性互联互通示范项目,推动建设中新金融科技、航空产业、跨境交易、多式联运等领域合作示范区。开展现代服务业国际开放合作示范项目,建设供应链服务中心、先进产业服务中心,推动科技、金融等领域合作。共建"一带一路"对外交往中心;支持举办重要国际会议和赛事,共建"一带一路"科技创新合作区和国际技术转移中心,共同举办"一带一路"科技交流大会,深化文化、教育、医疗、体育等领域国际交流,高质量建设国家文化出口基地,支持本土文化"走出去"。

(二)加强联动,打造高质量发展的全球城市区域

首先,加强与沿海城市的合作可以实现资源共享、市场互通和产业互补,推动成都的产业升级和经济发展。通过合作,成都可以利用沿海城市的优势资源和市场渠道,进一步提升竞争力和吸引力。产业合作与互补方面,成都与东部沿海城市在产业发展上存在梯度差异和互补性,这为双方的分工协作和功能性对接提供了基础。成都可以利用在航空航天、新能源汽车、钒钛等先进材料领域的优势,与东部沿海地区的汽车基地等进行深度对接,改善产业链从属地位,弥补产业链下游短板。科技对接与创新合作方面,与东部沿海城市进行联合攻关,促进创新成果的双向转化。通过协同开展重点领域关键技术攻关和科技成果转化应用,加快与东部沿海地区在平台联建、联合攻关、成果转化等方面的对接合作。市场对接与投资扩大方面,与东部沿海地区在市场对接上着力扩大双向投资,释放新质生产力的发展活力。通过"引进来"和"走出去"战略,与东部沿海地区加强对接,共同打造品牌,推进产业链、供应链、价值链相融合。平台对接与项目合作方面,通过搭建精准对接平台和创新对接模式,促进跨区域项目合作共建、共享。通过探索实行"东部企业＋四川资源""东部市场＋四川产品"等新合作模式,拓展对接深度和广度。

其次,打造西部区域性经济中心,与周边地区实现互利共赢,共同构建更加开放和繁荣的区域经济格局。一是双核引领,区域联动。成都与重庆共同作为成渝地区双城经济圈的双核,通过提升中心城市的综合能级和国际竞争力,强化协同辐射带动作用,推动区域均衡发展。通过与重庆的合作,以大带小、以点带面、以城带乡,形成特色鲜明、布局合理、集约高效的城市群发展格局。二是建圈强链、数实融

合。全面构建现代化产业体系,通过突出建圈强链、数实融合,推动产业升级和经济结构优化。这涉及加强产业链的整合和优化,以及推动数字经济与实体经济的深度融合。三是功能协同与区域协调。应明确具体的区域协调任务安排,包括突出功能协同、区域协调,全面增强极核引领能力,通过强化与周边城市的功能互补和区域合作,提升整体竞争力和影响力。

(三)提升经济功能,打造高端产业引领高地

首先,聚焦优势产业,推动产业高端化发展。成都应依托自身在电子信息、生物医药、装备制造等领域的产业基础,进一步聚焦优势产业,推动产业向高端化迈进。在电子信息产业方面,以成都高新区为核心,加快布局集成电路、新型显示、智能终端等高端产业链条,吸引全球顶尖企业设立研发中心和生产基地,推动本地企业加强技术创新与产品升级,打造世界级电子信息产业集群。鼓励芯片设计企业与制造企业深度合作,提升芯片设计水平和制造工艺,逐步实现高端芯片的国产替代。在生物医药产业领域,成都应充分发挥四川大学华西医院等医疗机构的科研优势,加强基础研究与临床转化,重点发展创新药物、高端医疗器械、精准医疗等高端业态。建设生物医药创新研发平台,为科研人员提供先进的实验设备和资金支持,加速科研成果的转化应用。同时,积极引进国际知名生物医药企业,推动本地企业与国际巨头开展合作,引进先进的研发技术和管理经验,推动本地生物医药企业在新药研发、生产制造等方面实现突破。

其次,培育新兴产业,抢占未来发展制高点。新兴产业是城市经济发展的新动能,成都应积极培育人工智能、大数据、新能源、新材料等新兴产业,抢占未来发展制高点。在人工智能领域,依托电子科技大学等高校的科研实力,加强人工智能基础理论研究和关键技术研发,推动人工智能与实体经济深度融合。建设人工智能产业园区,吸引人工智能企业集聚,形成从基础层、技术层到应用层的完整产业链。例如,在智能制造、智慧医疗、智能交通等领域,推广人工智能技术的应用,提高生产效率和产品质量,改善居民生活品质。在新能源产业方面,成都应抓住全球能源转型的机遇,大力发展光伏、风电、氢能等新能源产业。加强与四川丰富的水电资

源的联动,推动水电与新能源的互补发展,打造清洁能源产业基地。同时,加快新能源汽车产业链的布局,支持本地汽车企业向新能源汽车转型,引进新能源汽车关键零部件企业,建设新能源汽车充电基础设施,推动新能源汽车产业的快速发展。

最后,构建产业生态圈,促进产业协同发展。产业生态圈是产业发展的新形态,成都应以产业园区为载体,构建产业生态圈,促进产业协同发展。进一步优化产业功能区的布局,明确各功能区的主导产业和发展方向,推动产业链上下游企业、科研机构、金融机构等在功能区内集聚,实现资源共享、优势互补、协同发展。建议在成都临空航空经济示范区,以航空制造业为核心,吸引航空维修、航空物流、航空服务业等相关企业入驻,打造航空产业集群,推动航空产业的协同发展。

（四）强化科创功能,建设国际科技创新中心

首先,加强基础研究,提升原始创新能力。基础研究是科技创新的源头,成都应加大对基础研究的投入,提升原始创新能力。依托高校和科研院所,建设一批高水平的基础研究平台,鼓励科研人员开展前沿科学问题研究和基础理论研究。例如,在材料科学领域,支持科研人员探索新型材料的制备方法和性能优化,为产业发展提供基础理论支撑。同时,加强与国内外知名科研机构的合作,引进先进的科研设备和人才,提升基础研究的水平和质量。

其次,完善创新平台,促进科技成果转化。创新平台是科技成果转化的重要载体,成都应进一步完善创新平台建设,促进科技成果的转化和产业化。建设一批科技企业孵化器、众创空间、技术转移中心等创新平台,为科技型中小企业提供创业指导、融资支持、市场拓展等服务。同时,加强创新平台的国际化合作,引进国际先进的技术转移和孵化经验,提升创新平台的服务能力和水平。

最后,优化创新生态,激发创新活力。创新生态是科技创新的土壤,成都应优化创新生态,激发全社会的创新活力。完善科技创新政策体系,加大对科技创新的财政支持力度,落实好研发费用加计扣除、高新技术企业税收优惠等政策,降低企业的创新成本。同时,加强知识产权保护,完善知识产权服务体系,为创新成果的保护和转化提供有力保障。此外,营造良好的创新文化氛围,鼓励创新、宽容失败,

通过举办创新创业大赛、科技论坛等活动,展示成都的创新成果和创新氛围,吸引更多优秀人才投身于成都的科技创新事业。

（五）提升消费功能,打造国际消费中心城市

首先,丰富消费供给,满足多元消费需求。成都应进一步丰富消费供给,满足市民和游客的多元消费需求。在商品消费方面,引进更多的国际知名品牌和时尚潮流品牌,提升商品的品质和档次。同时,发展本土特色品牌,挖掘成都的传统文化和地域特色,打造具有成都特色的文创产品。在服务消费方面,提升餐饮、住宿、旅游、文化娱乐等服务的品质和水平,打造一批高品质的消费服务品牌。例如,成都的川菜美食享誉世界,应进一步提升川菜餐饮企业的服务水平和菜品质量,打造一批具有国际影响力的川菜品牌餐厅。

其次,创新消费模式,引领消费新潮流。随着科技的发展和消费者需求的变化,消费模式也在不断创新。成都应积极拥抱新技术,创新消费模式,引领消费新潮流。发展电子商务和新零售,推动线上线下消费融合发展。例如,支持本地企业建设线上商城和线下体验店,为消费者提供便捷的购物体验。同时,探索无人零售、智能购物等新型消费模式,提升消费的科技感和趣味性。此外,发展体验式消费,打造一批沉浸式体验店、主题乐园、文创园区等,为消费者提供丰富的体验式消费场景。

最后,优化消费环境,提升消费满意度。良好的消费环境是吸引消费者的重要因素,成都应进一步优化消费环境,提升消费者的满意度。加强市场监管,规范市场秩序,打击假冒伪劣商品和价格欺诈等违法行为,保障消费者的合法权益。同时,完善消费基础设施,提升交通、通信、支付等基础设施的便利性和安全性。例如,优化公共交通体系,提高交通出行的便捷性;加强移动支付系统的建设,为消费者提供安全、便捷的支付方式。此外,提升消费服务水平,加强从业人员的培训,提高服务人员的专业素养和服务质量,为消费者提供优质的消费体验。

（六）增强金融功能,建设西部金融中心

首先,完善金融市场体系,提升金融服务能力。成都应进一步完善金融市场体

系,提升金融服务能力。发展多层次资本市场,支持本地企业通过上市、发债等方式进行融资,扩大直接融资规模。同时,积极引进国内外金融机构在成都设立分支机构或区域总部,丰富金融机构的类型和数量,提升金融市场的竞争力。例如,吸引外资银行、证券公司、保险公司等金融机构入驻成都,为本地企业和居民提供多样化的金融服务。

其次,推动金融创新,服务实体经济。金融创新是金融服务实体经济的重要手段,成都应积极推动金融创新,满足实体经济的多样化融资需求。发展供应链金融,为产业链上下游企业提供融资支持,降低企业的融资成本。例如,依托成都的电子信息、生物医药等产业集群,开展供应链金融业务,为中小企业提供便捷的融资渠道。同时,探索绿色金融、科技金融等新兴金融业务,支持绿色产业和科技创新的发展。例如,设立绿色金融基金,为环保项目和绿色企业提供融资支持;开展知识产权质押融资,为科技型企业提供资金支持。

最后,加强金融风险管理,维护金融稳定。金融稳定是金融发展的基础,成都应加强金融风险管理,维护金融稳定。建立健全金融风险监测预警机制,及时发现和处置金融风险隐患。加强金融机构的监管,督促金融机构加强内部控制和风险管理,提高风险防范能力。同时,加强金融消费者权益保护,提高金融消费者的金融素养和风险意识,营造良好的金融生态环境。

（七）拓展门户功能,建设国际门户枢纽城市

首先,完善交通基础设施,提升国际通达性。一是打造国际航空枢纽。成都已拥有双流国际机场和天府国际机场两大航空枢纽,形成了"两场一体"协同运营的格局。未来,成都应继续拓展国际航线网络,增加与全球主要城市的直飞航线,提高航班频次和密度,提升航空运输的效率和便捷性。同时,加强航空货运能力建设,完善航空货运基础设施,提升航空货运的吞吐量和服务水平,打造国际航空货运枢纽。二是建设国际铁路枢纽。成都国际铁路港是全国五大中欧班列集结中心之一。成都应进一步完善铁路基础设施,畅通西部陆海新通道西线通道,提升铁路运输的国际竞争力。同时,推动中欧班列（成都）提质增效,优化班列线路布局,持

续提高班列的运行效率和服务质量,增强成都作为国际铁路枢纽的辐射力和影响力。三是完善公路和水运网络。公路和水运是重要的交通方式,成都应加强公路和水运网络的建设与完善。提升高速公路的通达性和便捷性,加强与周边城市和区域的公路连接,构建高效的公路运输网络。同时,依托长江黄金水道,发展水运物流,提升成都的水运能力。

其次,提升开放平台能级,增强国际经贸合作。一是深化自贸试验区建设,四川自贸试验区是对外开放的重要平台,应进一步深化自贸试验区建设,探索与国际通行规则相衔接的制度创新。在贸易便利化、投资自由化、金融创新等方面加大改革力度,推动自贸试验区在制度型开放上取得更大突破。二是建设国际经贸合作园区。成都应积极建设国际经贸合作园区,吸引国际企业来蓉投资兴业。如建设中德、中法等国际产业合作园区,为国际企业提供良好的投资环境和发展空间。同时,加强与"一带一路"沿线国家和地区的经贸合作,推动成都企业"走出去",拓展国际市场。三是举办国际会展和赛事。国际会展和赛事是展示城市形象、促进国际交流的重要平台。成都应积极申办和举办各类国际会展和赛事。通过这些活动,提升成都的国际知名度和影响力,吸引更多的国际企业和人才来蓉交流合作。

再次,加强国际合作,拓展国际朋友圈。一是深化友城合作。成都已与超过110个国际城市建立了友城和友好合作关系。应进一步深化与友城的合作,拓展合作领域,提升合作水平。在经济、文化、教育、科技等方面加强交流与合作,实现资源共享、优势互补。如与友城开展联合科研项目、文化交流活动、教育合作项目等。二是加强与国际组织的合作。成都应加强与联合国、世界贸易组织、世界银行等国际组织的合作。积极参与国际组织的活动,争取国际组织在成都设立分支机构或代表处。通过与国际组织的合作,提升成都的国际地位和影响力。

最后,提升城市综合服务能力,打造国际化营商环境。一是提升国际化公共服务水平。加强国际优质教育资源共享,打造"蓉会世界"教育国际合作品牌,深化"国际友城＋教育"合作模式。持续提升医疗服务国际化水平,建设一批具有高水平国际化服务能力的医疗机构,支持医疗机构开通国际医疗保险直付服务。二是加强涉外法律服务。深化执法司法国际合作,建立涉外商事诉讼、调解、仲裁"一站式"纠纷解决机制,加快打造成都国际仲裁中心,探索引入国际国内知名仲裁员。三是营造一流营商环境。完善涉外企业全生命周期服务体系,拓展"蓉易+"涉外服务功能,优化 12345 亲清在线国际化服务,推进涉外业务"一件事一次办"。

参考文献

陈春明、贾吉生:《区域发展中的多层次治理与城市空间结构重构》,《城市发展研究》2020 年第 4 期。

陈辉、李娜:《成都文化产业发展的现状与前景分析》,《城市经济》2017 年第 4 期。

陈说:《产业协同集聚对城市群高质量发展的影响研究》,四川大学,2022 年。

陈滢:《国内外国际消费中心城市特点及对天津的启示》,《城市学报》2023 年第 1 期。

成都市建设践行新发展理念的公园城市示范区领导小组办公室:《成都建设践行新发展理念的公园城市示范区发展报告(2022)》,四川人民出版社 2023 年版。

成都市人民政府:《成都市"十四五"绿色转型发展规划》,2022 年。

成都市人民政府:《成都市"十四五"公园城市建设发展规划》,2022 年。

成都市人民政府:《成都市"十四五"生态环境保护规划》,2022 年。

成都市人民政府:《成都市"十四五"文化广电旅游发展规划》,2022 年。

成都市人民政府:《成都市国民经济和社会发展第十四个五年规划和二〇三五年远景目标纲要》,2021 年。

成都市商务局:《成都"制造"变"智造"书写推进新型工业化新篇章》,《成都科技》2024 年 2 月 18 日。

丁瑶等:《建设重庆国际消费中心城市研究》,西南大学出版社 2021 年版。

杜鹏、王孜丹、曹芹:《世界科学发展的若干趋势及启示》,《中国科学院院刊》2020 年第 5 期。

方创琳:《新发展格局下的中国城市群与都市圈建设》,《经济地理》2021 年第 4 期。

公园城市指数研究中心:《2023 公园城市指数》,2024 年。

关利欣:《顶级世界城市的消费中心功能比较及其对中国的启示》,《国际贸易》2022 年第 7 期。

何洁:《成都市建设内陆开放型经济城市探析》,华东师范大学,2015 年。

贺灿飞、王文宇、朱晟君:《"双循环"新发展格局下中国产业空间布局优化》,《区域经济评论》2021 年第 4 期。

洪俊杰、隋佳良:《立足国内大循环　推进高水平对外开放——基于全球价值链位置视角的研究》,《国际商务》2023 年第 2 期。

胡强:《全球文化交流中的地方文化优势:成都文化产业的经验》,《区域经济评论》2021 年第 1 期。

胡曙虹:《全球主要城市发展战略规划中的愿景及目标》,《世界科学》2020 年第 S1 期。

黄文婷:《文化产业与区域经济的双重驱动:成都文创产业模式探讨》,《区域发展研究》2020 年第 9 期。

江小涓、孟丽君:《内循环为主、外循环赋能与更高水平双循环——国际经验与中国实践》,《管理世界》2021 年第 1 期。

姜佳彤、张蒙、黄颖斐:《新冠肺炎疫情对我国产业链的影响及对策:基于关键产业链的初步分析》,《中国科学基金》2020 年第 6 期。

姜巍:《国际航空枢纽发展特征分析及对我国的发展建议》,《价值工程》2018 年第 37 期。

冷强军、王雪舜:《全球价值链重塑背景下成都市制造业国际竞争力提升路径研究》,《现代商业》2024 年第 4 期。

李强:《中国城市化进程中的区域经济协同与治理机制探析》,《经济地理》2019 年第 8 期。

李强:《中国文化产业的全球化发展与文化自信》,《文化产业研究》2020 年第 3 期。

李晓江、吴承照、王红扬等:《公园城市——城市建设的新模式》,《城市规划》2019 年第 3 期。

李宜达、王方方:《"双循环"新发展格局的现实逻辑与区域布局》,《工信财经科技》2022 年第 2 期。

廖茂林、占妍泓、周灵等:《习近平生态文明思想对公园城市建设的指导价值》,《中国人口·资源与环境》2021 年第 12 期。

廖玉姣:《国际消费中心城市建设背景下的首店经济发展研究——以重庆为例》,《重庆社会科学》2023 年第 3 期。

刘军伟、彭星:《成都主动融入双循环新发展格局的路径及对策研究》,《决策咨询》2022 年第 6 期。

刘小平、陈金林:《全球化与中国城市化进程:挑战与对策》,《地理研究》2018 年第 6 期。

刘新智、张鹏飞、史晓宇:《产业集聚、技术创新与经济高质量发展——基于我国五大城市群的实证研究》,《改革》2022 年第 4 期。

宁越敏:《长江三角洲市场机制和全域一体化建设》,《上海交通大学学报(哲学社会科学版)》2020 年第 1 期。

石楠、王波、曲长虹、胡滨:《公园城市指数总体架构研究》,《城市规划》2022 年第 7 期。

孙久文、宋准:《双循环背景下都市圈建设的理论与实践探索》,《中山大学学报(社会科学版)》2021 年第 3 期。

孙久文、殷赏:《"双循环"新发展格局下粤港澳大湾区高质量发展的战略构想》,《广东社会科学》2022 年第 4 期。

汤凯、蔡晓培、完世伟:《临空经济对区域创新的结构性影响研究》,《区域经济评论》2024 年第 1 期。

陶静:《内陆城市开放型经济发展模式探讨》,《老字号品牌营销》2023 第 23 期。

汪光焘:《城市:40 年回顾与新时代愿景》,《城市规划学刊》2018 年第 6 期。

王蕊、李琳钰:《国际消费中心城市:共性分析、发展模式与政策建议》,《西华大学学报(哲学社会科学版)》2023 年第 3 期。

王书铮、周志荣:《中国区域治理模式的创新与发展》,《中国社会科学》2017 年第 12 期。

王香春、王瑞琦、蔡文婷:《公园城市建设探讨》,《城市发展研究》2020 年第 9 期。

王晓羚:《成都加快培育发展未来产业的思考与建议》,《产城》2022 年第 6 期。

文瑞:《中国枢纽经济发展实践与反思》,《区域经济评论》2023 年第 6 期。

吴福龙:《文化自信与全球化:成都文化产业发展的路径选择》,《中国文化经济研究》2018 年第 12 期。

吴福龙:《中国新型城镇化背景下的城市群与区域发展》,《城市规划学刊》2016 年第 5 期。

吴晓琪:《全球标杆城市:理论阐释与愿景展望》,《深圳社会科学》2020 年第 6 期。

杨丹辉、渠慎宁:《百年未有之大变局下全球价值链重构及国际生产体系调整方向》,《经济纵横》2021 年第 3 期。

杨开忠:《完善城市化战略的路径》,《前线》2020 年第 12 期。

杨立群:《成都文创产业如何推动地方文化国际化》,《现代文化产业》2019 年第 5 期。

杨晓斐、武学超,《"四重螺旋"创新生态系统构建研究》,《中国高校科技》2019 年第 10 期。

张楠:《西安、成都、郑州航空物流发展比较分析》,《中国物流与采购》2021 年第 22 期。

张亚男:《文化创意产业与城市经济发展:成都案例分析》,《经济地理》2019 年第 7 期。

赵建军、赵若玺、李晓凤:《公园城市的理念解读与实践创新》,《中国人民大学学报》2019 年第 5 期。

曾刚、胡森林:《百年未有之大变局下中国区域发展格局演变》,《经济地理》2021 年第 10 期。

曾九利、唐鹏、彭耕等:《成都规划建设公园城市的探索与实践》,《城市规划》2020年第 8 期。

曾庆均、易露、唐菁:《我国国际消费中心城市发展水平测度及动态演进》,《中国流通经济》2024 年第 1 期。

周建波、张越:《枢纽经济视角下资源要素流动的机制研究》,《宏观经济管理》2022年第 12 期。

周勇:《中国消费中心城市发展水平及层级体系研究》,《商业经济与管理》2023 年第 9 期。

周振华、张广生主编:《全球城市发展报告 2020:全球化战略空间》,上海格致出版社 2020 年版。

朱春彦:《中国四大机场群多极航空网络复杂性与协同发展研究》,《重庆交通大学》2023 年第 1 期。

Etzkowitz, H. and L. Leydesdorff, 1995, "The Triple Helix-University-industry-government relations: A laboratory for knowledge based economic development", *EASST Review*, vol.14, no.1.

Florida, R., 2002, *The Rise of the Creative Class*, New York: Basic Books.

Hall, T., and P. Hubbard, 1996, "The Entrepreneurial City: Geographies of Politics, Regeneration and Economy", *Progress in Human Geography*, 20(2), 153—174.

He, Y., 2015, "Cultural Industries and Economic Development in China: The Case of Chengdu", *China Quarterly*, 223, 375—391.

Hesmondhalgh, D., 2007, *The Cultural Industries* (2nd ed.), London: Sage Publications.

Kampen, M. V., and T. V. Naerssen, 2008, "Globalization and Urban Governance in Two Asian Cities: Pune (India) and Cebu (The Philippines)", *European Planning Studies*, 16, 941—954.

Keivani, R., and M. Mattingly, 2007, "The Interface of Globalization and Peripheral Land in the Cities of the South: Implications for Urban Governance and Local Economic Development", *International Journal of Urban and Regional Research*, 31, 459—474.

Kent, A., 2012, "Governance and Planning of Mega-City Regions", *Urban Policy and Research*, 30, 339—341.

Prentice, R., and Andersen, V., 2003, "Festival as a Catalyst for the Development of Cultural Tourism in the Urban Context", *Tourism Management*, 24(2), 187—195.

Ramírez-Alesón, M., and M. Fernández-Olmos, 2018, "Unravelling the effects of Science Parks on the innovation performance of NTBFs", *Journal of Technology Transfer*, 43, 482—505.

Scott, A. J., 2000, *The Cultural Economy of Cities*, London: Sage Publications.

Taylor, L., 2006, "Cultural Economy and the Role of Cultural Industries in Urban Regeneration", *Urban Studies*, 43(8), 1479—1501.

University of Catania, 2020, "Study Findings from University of Catania Advance Knowledge in Sustainability Research(On-Demand Flexible Transit in Fast-Growing Cities: The Case of Dubai)", Ecology, Environment & Conservation, 2020.

Wan Y., X. Bai, 2024, "Formation mechanism and management strategy of logistics supply chain risk", *International Journal of Sustainable Development*, 27 (3), 298—310.

Wu, F., 2016, "China's Emergent City-Region Governance: A New Form of State Spatial Selectivity", *International Journal of Urban and Regional Research*, 40, 1134—1151.

Xu, J., and A. Yeh, 2010, "Governance and Planning of Mega-City Regions: An International Comparative Perspective", Routledge.

Zhang, Y., and Q. Guo, 2018, "Globalization and the Role of Cultural Industries in Urban Development: The Case of Chengdu", *Urban Policy and Research*, 36(4), 375—387.

图书在版编目(CIP)数据

成都建设社会主义现代化国际大都市研究 ：基于城市功能视角 / 李霞等著. -- 上海 ：格致出版社 ：上海人民出版社，2025. -- ISBN 978-7-5432-3665-3

Ⅰ. F299.277.11

中国国家版本馆 CIP 数据核字第 2025X8Y827 号

责任编辑 忻雁翔

装帧设计 路　静

成都建设社会主义现代化国际大都市研究
——基于城市功能视角

李　霞　周振华　黄浩森 等著

出　　版　格致出版社
　　　　　　上海人民出版社
　　　　　　(201101　上海市闵行区号景路 159 弄 C 座)
发　　行　上海人民出版社发行中心
印　　刷　上海盛通时代印刷有限公司
开　　本　787×1092　1/16
印　　张　24
插　　页　2
字　　数　350,000
版　　次　2025 年 3 月第 1 版
印　　次　2025 年 3 月第 1 次印刷
ISBN 978 - 7 - 5432 - 3665 - 3/F · 1626
定　　价　108.00 元